# A REPARAÇÃO DE DANOS IMATERIAIS COMO DIREITO FUNDAMENTAL

L975r  Lutzky, Daniela Courtes.
    A reparação de danos imateriais como direito fundamental / Daniela Courtes Lutzky. – Porto Alegre: Livraria do Advogado Editora, 2012.
    264 p.; 25 cm.
    Inclui bibliografia.
    ISBN 978-85-7348-787-9

    1. Direitos fundamentais. 2. Reparação (Direito) - Bens incorpóreos. 3. Personalidade (Direito). 4. Direito de propriedade. 5. Danos (Direito). 6. Responsabilidade (Direito). I. Título.

                                    CDU 347
                                        347.426.6
                                    CDD 342.1


    Índice para catálogo sistemático:
    1. Direito civil                                     347
    2. Compensação, reembolso, indenização dos danos    347.426.6


(Bibliotecária responsável: Sabrina Leal Araujo – CRB 10/1507)

Daniela Courtes Lutzky

# A REPARAÇÃO DE DANOS IMATERIAIS COMO DIREITO FUNDAMENTAL

Porto Alegre, 2012

© Daniela Courtes Lutzky, 2012

*Capa, projeto gráfico e diagramação*
Livraria do Advogado Editora

*Revisão*
Rosane Marques Borba

*Direitos desta edição reservados por*
**Livraria do Advogado Editora Ltda**.
Rua Riachuelo, 1338
90010-273 Porto Alegre RS
Fone/fax: 0800-51-7522
editora@livrariadoadvogado.com.br
www.doadvogado.com.br

Impresso no Brasil / Printed in Brazil

*Dedico este livro ao Mario, ao Gilberto,
à Jane, ao Clovis e à Leda, partes inseparáveis e
insubstituíveis de mim mesma.
E ao pequeno Artur, meu amor infinito, a quem eu
quero mostrar que vale a pena crescer!*

*Toda experiência é confronto, já que ela opõe o novo ao antigo, e, em princípio, nunca se sabe se o novo prevalecerá, quer dizer, tornar-se-á verdadeiramente uma experiência, ou se o antigo, costumeiro e previsível reconquistará a sua consistência.*
(Hans-Georg Gadamer, O problema da consciência histórica).

# Prefácio

### Sobre a autora

No microcosmo dos ambientes acadêmicos relacionados aos programas de pós-graduação, encontramos, frequentemente, pessoas intelectualmente fascinantes, instigantes, comprometidas. E esse encontro é extremamente estimulante para os professores e alunos desses programas, embora fadado à brevidade, diante da transitoriedade dos alunos. Encontro rico, mas efêmero.

A autora cujo livro estou tendo a honra de prefaciar, além desses dotes intelectuais que referi, integra aquele seleto grupo de pessoas cuja grandeza intelectual iguala-se à sua grandeza como ser humano, pessoa sensível, afável, gentil, simpática, prestativa, humana que é. Como compartilho com ela o orgulho de sermos também professores do curso de graduação da Faculdade de Direito da PUC, esse feliz encontro inaugurado anos atrás, adquiriu *status* de permanência. Encontro riquíssimo e duradouro.

Conheci Daniela há alguns anos, quando ela foi minha aluna no Curso de Mestrado da PUCRS. Desde então, Daniela já impressionava seus mestres, por sua ativa e inteligente participação em sala de aula e em Grupos de Pesquisa, apresentando memoráveis seminários e sempre pousando um olhar crítico sobre os temas debatidos naquele instigante e estimulante ambiente que são os cursos de pós-graduação em Direito da PUC/RS.

Encerrada, com distinção, aquela etapa de sua vida acadêmica – e apesar da dedicação intensa que devota à sua família, ao preparo de suas aulas, além de exitoso exercício da advocacia –, Daniela logo procurou prosseguir em seus estudos, dotada de insaciável curiosidade científica. Logrando êxito em disputada seleção para ingresso no concorrido Curso de Doutorado em Direito da PUC/RS, Daniela veio novamente a cruzar a vida acadêmica desse prefaciador. Trouxe consigo imensa bagagem cultural, fruto do amadurecimento por ocasião do Mestrado e também da experiência no magistério. Revelou-se notável estudiosa. Para honra do signatário, tive o privilégio de ter sido seu orientador nessa última etapa acadêmica. Daniela, porém, foi uma daquelas orientandas que, além de pouco exigirem de seus orientadores, com eles compartilham saber, informações, inquietações intelectuais. Uma tese de doutoramento sempre é um trabalho de amadurecimento e crescimento intelectual. Ao acompanhar o desenvolvimento da tese de Daniela, com ela cresci também.

**Sobre a obra que se está a prefaciar**

Como a própria autora esclarece, desde o início de seu trabalho, analisa ela a ligação existente entre o direito à reparação de danos imateriais e os direitos fundamentais. Nos primeiros dois capítulos de seu livro, Daniela faz uma lúcida análise dos direitos fundamentais e, na sequência, dos direitos de personalidade, com ênfase à dignidade humana. Nos dois últimos capítulos, voltados mais especificamente à responsabilidade civil, analisa os efeitos do fenômeno denominado por Anderson Schreiber como erosão dos filtros da responsabilidade civil. Repercorrendo os passos daquele doutrinador, mostra como as barreiras classicamente erigidas à reparação dos danos – a necessidade de se demonstrar a culpa do responsável, a existência inequívoca de um nexo causal entre a conduta e o dano, e a presença apenas de danos materiais como objeto de reparação – foram sendo aos poucos abatidas ou reduzidas. Dentre os efeitos importantes dessas tendências estão a objetivação da responsabilidade civil e a multiplicação dos danos indenizáveis.

A contribuição específica da autora constitui em tentar demonstrar como o direito à reparação dos danos existenciais pode ser considerado um verdadeiro direito fundamental, sob o argumento de que a reparação dos danos imateriais é uma resposta jurídica à violação dos direitos da personalidade. Como estes estão ligados aos direitos fundamentais, o próprio direito à reparação desses danos seria uma espécie de direito fundamental, diante da abertura material do catálogo de direitos fundamentais, nos expressos termos do art. 5º, § 2º, da Constituição Federal: "Os direitos e garantias expressos nesta Constituição não excluem outros decorrentes do regime e dos princípios por ela adotados, ou dos tratados internacionais em que a República Federativa do Brasil seja parte.".

**Sobre o tema**

Pode-se dizer que três séries de fatores podem ser indicadas como tendo contribuído para o desenvolvimento da responsabilidade civil, em sua fase moderna e contemporânea: **fatores econômicos** (os efeitos da revolução industrial, a partir do século XIX, fizeram com que fossem multiplicados os riscos e os acidentes, o que somente aumentou, posteriormente, com a sociedade de consumo, uma sociedade que tem pressa. Ao aumento dos riscos correspondeu um aumento da responsabilidade civil, que, então, sofreu a concorrência do sistema de seguros, seguridade social e fundos de indenização); **fatores sociais** (entre eles a valorização da segurança pessoal) e **fatores intelectuais** (declínio do individualismo, advento de uma ideia de socialização da responsabilidade, absorção da ideia de que às vezes é mais conveniente impor a responsabilidade a quem está em melhores condições de suportar os danos do que impô-la a quem agiu com culpa).[1]

---
[1] Sobre essa visão, v. LAITHIER, Yves-Marie. *Droit Comparé*. Paris: Dalloz, 2009, p. 171/173.

Do ponto de vista histórico, Iturraspe[2] distingue três concepções sobre a evolução da responsabilidade civil: 1) a clássica, ou romana, que via, no dano, a ruptura do equilíbrio entre pessoas e, na sua reparação, o retorno da justiça; 2) a moderna, desenvolvida entre os séculos XVII a XIX, recepcionada no *Code Civil* francês, que incorpora pautas moralistas e exige a presença de uma culpa; 3) a atual, trabalhada nos últimos cinquenta anos, caracterizada pela atipicidade das hipóteses que a engendram e pela variedade dos fatores de imputação. Esta última, ao adentrar no terceiro milênio, torna-se ainda menos individualista e mais solidarista.

Como desdobramento dessa última fase, anota a Profa. Maria Celina B. de Moraes[3] que "o princípio da proteção da pessoa humana, determinado constitucionalmente, gerou no sistema particular da responsabilidade civil a sistemática extensão da tutela da pessoa da vítima, em detrimento do objetivo anterior de punição do responsável. Tal extensão, neste âmbito, desdobrou-se em dois efeitos principais: de um lado, no expressivo aumento das hipóteses de dano ressarcível; de outro, na perda de importância da função moralizadora, outrora tida como um dos aspectos nucleares do instituto".

Um bom caso para ilustrar essa vinculação da responsabilidade civil com direitos fundamentais, bem como para mostrar as dificuldades que certas situações apresentam e a variedade de abordagens possíveis, é o caso envolvendo a Princesa Caroline de Mônaco, que inicialmente tramitou nas cortes germânicas e acabou sendo julgado pela Corte Europeia de Direitos Humanos, em Estrasburgo (onde foi cadastrado como *Von Hannover v. Germany*).

A Princesa Caroline de Mônaco (ou Caroline Grimaldi, ou Caroline Von Hannover) havia ajuizado, na década de noventa, uma série de demandas judiciais contra editores de tabloides alemães, que haviam publicado inúmeras fotografias tiradas por *paparazzi*, sem seu conhecimento e anuência, em locais e situações diversas, durante um período de férias no sul da França. As fotos a mostravam em várias situações – fazendo compras, andando a cavalo, brincando com seus filhos e frequentando restaurantes com seu então amante, um ator francês.

Nas primeiras duas instâncias judiciais, Caroline não teve nenhum êxito, diante do entendimento até então consolidado na jurisprudência alemã, que distinguia entre pessoas privadas e pessoas públicas, para efeito de necessidade ou não de consentimento para publicação de fotos. Em relação a pessoas privadas, imprescindível seria o consentimento para que fossem publicadas fotos suas. Já em relação a pessoas públicas, elas seriam consideradas "sujeitos da sociedade contemporânea", cuja privacidade seria restrita à área residencial. Fora de suas casas, fotografias poderiam ser tiradas e publicadas sem seu consentimento.

---

[2] ITURRASPE, Jorge Mosset. *Responsabilidad por daños. Tomo I – Parte general*. Buenos Aires: Rubinzal-Culzoni Ed., 2004, p. 13/14.

[3] MORAES, Maria Celina Bodin de. "A constitucionalização do direito civil e seus efeitos sobre a responsabilidade civil", in: *Na Medida da Pessoa Humana – Estudos de direito civil-constitucional*. Rio de Janeiro: Renovar, 2010, p. 323.

Em recurso à última instância (*Bundesgerichtshof – BGH*), Caroline conseguiu vitória parcial. O BGH, pela primeira vez, decidiu ampliar a proteção da privacidade das pessoas públicas, afirmando que o simples fato de tais pessoas saírem de casa não poderia implicar uma total ausência de proteção de sua intimidade. O direito à privacidade, segundo esse novo entendimento, as protegeria enquanto estivessem em "áreas reservadas" nas quais pudessem ter uma expectativa de privacidade, com a observação de que houvessem elementos objetivos a indicar tais áreas como sendo "reservadas", e que essas "fronteiras" pudessem claramente ser percebidas por terceiros. Além disso, as fotos tiradas em tais ambientes, para que fossem consideradas indevidas, deveriam ser tiradas de forma secreta, disfarçada, ou então colhendo-se de surpresa a pessoa fotografada. Segundo a decisão do BGH,[4] uma das fotos tiradas, à luz desse novo entendimento, seria indevida – tratava-se de uma foto tirada de grande distância, com teleobjetiva, flagrando o acompanhante da Princesa beijando sua mão, na penumbra de um jardim interno de um restaurante. Quanto às demais fotos, o BGH seguiu a orientação pacificada e não viu problemas na sua divulgação.

Inconformada, a Princesa Caroline ajuizou uma reclamação constitucional perante a Corte Constitucional alemã[5] (*Bundesverfassungsgericht –BVerfG*), insistindo que direitos de personalidade seus estariam sendo violados com tais publicações. Por um lado, o *BVerfG* endossou o entendimento do BGH no sentido da ampliação da proteção das pessoas públicas. Por outro lado, ampliou um pouco mais a proteção, estendendo a proibição de divulgação de fotos que captavam também os filhos da Princesa, sob o argumento de que a constituição alemã protege o contato familiar entre pais e filhos, conforme seu art. 6º. Acrescentou que a presença constante da mídia constitui um perigo substancial para o desenvolvimento das crianças. Por outro lado, igualmente manteve a orientação jurisprudencial consolidada no sentido de que em se tratando de figuras públicas, prevalece o valor da liberdade de imprensa, que protege inclusive os tabloides sensacionalistas.

Inconformada, a Princesa Caroline protocolou uma queixa perante a Corte Europeia dos Direitos Humanos[6] (órgão judicante sediado em Estrasburgo, com jurisdição sobre todos os países que compõem o Conselho da Europa e que firmaram a Convenção Europeia dos Direitos Humanos e Liberdades Fundamentais, de 1951), alegando que os julgamentos dos tribunais alemães violavam o art. 8º da referida Convenção ("Todos têm direito ao respeito de sua vida privada e familiar, sua casa e sua correspondência"). A Corte Europeia dos Direitos Humanos então decidiu que a orientação jurisprudencial restritiva das cortes alemãs efetivamente violava o art. 8º da Convenção Europeia. Os juízes desta Corte partiram de um ponto de vista oposto ao das cortes alemãs. Afirmaram eles que não é uma exceção à regra da não proteção que deve ser provada, mas sim uma exceção ao princípio

---
[4] BGH, 19.12.1995, BGHZ 131, 332.
[5] BVerfG, 15.12.1999, BVerGE 101, 361.
[6] ECtHR, 24.6.2004, [2005] 40 EHRR 1.

da proteção da privacidade. Assim, restou afirmado que para que seja legalmente publicada qualquer fotografia ou outra imagem representando uma pessoa, é imprescindível o consentimento desta. Esse princípio, afirmaram, aplica-se inclusive a celebridades, embora com exceções[7]. Em suma, *every human being has his/her right to privacy* (todo e qualquer ser humano tem o seu direito à privacidade).

Como esse julgamento é oriundo de corte que tem supremacia sobre todas as demais cortes de justiça dos países europeus, esse entendimento deve necessariamente passar a ser adotado igualmente pelos demais Estados, quando confrontados com casos similares.

Esse caso emblemático bem ilustra as divergências de opiniões que circundam casos em que se pretende obter uma tutela estatal, via responsabilidade civil, para proteger direitos fundamentais – no caso, o direito à privacidade.[8]

Não há consensos em tais situações, o que ficou claro ao se compararem as decisões conflitantes das cortes de primeiro e segundo graus alemãs, com a corte de última instância e a Corte Constitucional alemãs, e, ainda, a Corte Europeia dos Direitos Humanos. Houve quatro entendimentos diversos a respeito da mesma situação.

O tema escolhido por Daniela – o direito à reparação de danos imateriais como direito fundamental – é talvez ainda mais controvertido. Mas isso, em vez de obstáculo, foi estímulo para a autora, que agora nos brinda com deliciosa e proveitosa leitura sobre temas tão importantes como direitos fundamentais, direitos da personalidade e a possibilidade de protegê-los pela via da responsabilidade aquiliana.

Boa leitura a todos.

*Prof. Doutor Eugênio Facchini Neto*

Professor dos Cursos de Graduação, Mestrado e Doutorado da PUC/RS
e da Escola Superior da Magistratura/AJURIS
Doutor em Direito Comparado pela Universidade de Florença (Itália)
Mestre em Direito Civil pela Universidade de São Paulo
Desembargador do Tribunal de Justiça/RS

---

[7] Uma dessas exceções diz respeito a situações em que tal pessoa for fotografada enquanto estiver desempenhando uma "função oficial". A outra exceção dizia respeito a situações em que estivessem envolvidos superiores interesses políticos, em que a função imprescindível da imprensa, em sociedades livres, é verdadeiramente inestimável. Todavia, no caso em tela, tais interesses não estavam presentes, pois envolviam publicações em tabloides sensacionalistas, destinados a satisfazer simples curiosidades dos leitores. Quando tais interesses conflitarem com o legítimo interesse na proteção da privacidade de um indivíduo, a balança deve pender em favor desse último, por mais famosa e "pública" que essa pessoa possa ser.

[8] Um ótimo resumo do caso está disponível na obra *Personality Rights in European Tort Law*, editada por Gert Brüggemeier, Aurélia Colombi Ciacchi e Patrick O'Callaghan, pela Cambridge University Press (2010), no capítulo denominado "Protection of personality rights in the Law of delict/torts in Europe: mapping out paradigms", da lavra do Prof. da Universidade de Bremen (Alemanha) Gert Brüggemeier, especialmente às fls. 34 a 37.

# Sumário

Lista de abreviaturas e siglas ..................................................................................17

Introdução....................................................................................................................19

**1. Dos direitos fundamentais**............................................................................23
    1.1. Dos direitos fundamentais como princípios e regras e a sua aplicação pelo Juiz........24
    1.2. Das dimensões dos direitos fundamentais e o enquadramento da reparação de danos imateriais............................................................................................56
    1.3. Do conceito materialmente aberto dos direitos fundamentais como fundamento para a inclusão da reparação de danos neste rol e a dignidade da pessoa humana como limiar..................................................................................................62

**2. Dos direitos de personalidade e suas implicações**................................73
    2.1. Da natureza jurídica dos direitos de personalidade..............................................77
    2.2. Da classificação dos direitos de personalidade....................................................86
    2.3. Da atual tutela da personalidade na Constituição Federal de 1988..........................92

**3. Análise dos fundamentos jurídicos da responsabilidade civil para a configuração da ação de reparação de danos, a erosão destes filtros e a relevância do dano**............107
    3.1. Da erosão dos filtros tradicionais para a reparação de danos.................................108
        3.1.1. Da erosão do elemento culpa..................................................................109
        3.1.2. Da erosão do elemento nexo causal.........................................................121
    3.2. O dano imaterial como elemento de destaque na reparação de danos......................129

**4. Unindo os vértices: reparação de danos e direitos fundamentais**..........153
    4.1. Das funções da responsabilidade civil e os respectivos incentivos para a criação de um novo direito fundamental......................................................................155
        4.1.1. Da função reparatória, compensatória ou satisfativa..................................156
        4.1.2. Das funções punitiva e preventiva...........................................................160
    4.2. A reparação dos danos imateriais como resposta jurídica à violação dos direitos da personalidade e das consequências da reparação de danos como direito fundamental............................................................................................197
        4.2.1. Da aplicabilidade imediata....................................................................199
    4.3. Da necessidade, ou não, da formulação de uma verdadeira cláusula geral de direito à reparação de danos prevista na Lei Maior e das suas consequências..........217
        4.3.1. Fundamentos jurídicos e legais..............................................................219

Considerações finais ................................................................................................247

Referências bibliográficas........................................................................................253

## Lista de abreviaturas e siglas

| | |
|---|---|
| Ap. Cível | Apelação Cível |
| Art. | artigo |
| BFDUC | Boletim da Faculdade de Direito da Universidade de Coimbra |
| BGB | Burgerliches Gesetzbuch (Código Civil Alemão) |
| CC | Código Civil Brasileiro |
| CDC | Código de Defesa do Consumidor |
| CF | Constituição Federal |
| CP | Código Penal |
| CPC | Código de Processo Civil |
| Coord. | Coordenadores |
| DJU | Diário de Justiça da União |
| LL | La Ley |
| LGDJ | Librairie Générale de Droit et de Jurisprudence |
| p. | página |
| RA: | Revista Ajuris |
| RBDC | Revista Brasileira de Direito Comparado |
| RDC | Revista de Direito do Consumidor |
| RDCI | Revista de Direito Civil, Imobiliário, Agrário e Empresarial |
| RDCiv | Rivista di Diritto Civile |
| RDP | Revista de Direito Privado |
| RDPub | Revista de Direito Público |
| RF | Revista Forense |
| RFD/UERJ | Revista da Faculdade de Direito da Universidade Estadual do Rio de Janeiro |
| RFD/UFP | Revista da Faculdade de Direito da Universidade Federal do Paraná |
| RFD/UFRGS | Revista da Faculdade de Direito da Universidade Federal do Rio Grande do Sul |
| RFD/USP | Revista da Faculdade de Direito da Universidade de São Paulo |
| RIL | Revista de Informação Legislativa |
| RJ | Revista Jurídica |
| ROA | Revista da Ordem dos Advogados |
| RT | Revista dos Tribunais |
| RTDC | Revista Trimestral do Direito Civil |
| RTDCom | Revue Trimestrelle de Droit Comercial et de Droit Économique |

| | |
|---|---|
| RTDPC | Rivista Trimestrale di Diritto e Procedura Civille |
| RSTJ | Revista do Superior Tribunal de Justiça |
| ss. | seguintes |
| STF | Supremo Tribunal Federal |
| STJ | Superior Tribunal de Justiça |
| TJRS | Tribunal de Justiça do Rio Grande do Sul |
| TJRJ | Tribunal de Justiça do Rio de Janeiro |
| Trad. | Tradução |
| v. | volume |

# Introdução

Com o desenvolvimento da sociedade humana como um todo, com os avanços tecnológicos, há cada vez mais invasões na vida privada das pessoas, o que acaba por provocar o surgimento de novas modalidades de lesões à personalidade humana, havendo a necessidade de o Legislador pensar em meios de defesa contra esses atentados – surgiram, então, os direitos de personalidade. Muitos desses direitos apresentam características comuns e foram agrupados de acordo com estas.

A crise do Direito Civil, que teve por consequência o fenômeno da constitucionalização e da repersonalização do referido Direito, foi decisiva para a afirmação do direito geral de personalidade. Ditos fenômenos, que se desenvolveram sem pressa durante o transcurso do século XX, ganharam relevo com o fim da Segunda Guerra Mundial, pela profunda transformação econômico-social que abalou o sistema jurídico idealizado pelos codificadores do Direito Civil dos séculos XIX e XX, que criaram o Código com a pretensão de permanência. Essa codificação sistematizada do referido Direito intentava cristalizar todas as categorias jurídicas que tinham por objetivo proteger a vida e as relações humanas, o que possibilitaria, em tese, a perpetuidade dessas categorias.

Observa-se, no entanto, que, com a transformação do Estado Liberal para o Estado Social e com o fim da Segunda Guerra Mundial, houve o início de uma nova ordem econômico-social, reconhecendo-se que o sistema jurídico desenvolvido pela Codificação Civil não mais servia às necessidades do homem. Foi assim que o Direito Civil deixou de ser o ponto fulcral da ordem jurídica dos povos, dando esse lugar à Constituição, que trouxe normas que constituem e que regulamentam as relações sociais.

Atualmente, o entendimento dominante tem sido o de alcançar, ao lidador do Direito, condições de aplicar diretamente os princípios e os valores constantes na Constituição não apenas nas relações entre Estado e indivíduo, mas também entre indivíduos particulares, sendo que a principal fonte de tutela da personalidade é a Constituição e o direito objetivo nela constante.

Que a vida, o nome e a integridade física são importantes, ninguém duvida; no entanto, estão esses direitos no rol de direitos fundamentais para, pelo seu *status*, receber a adequada proteção. Se assim o é, e se suficiente é uma mudança de atitude do Legislador, por que não incluir nesse rol a reparação que dá guarida e tutela a esses direitos? Ou, alternativamente, por que não permitir que, em decorrência da abertura formal, isso aconteça? É fato que um dia teve início a ideia de formar um catálogo de direitos fundamentais. Por que então resistir à proposta da inclusão da reparação de danos imateriais nesse rol, se ela traz consigo os requisitos necessários para tanto, conforme se demonstrará ao longo deste texto?

Deve-se reconhecer que a trilha percorrida pela reparabilidade dos danos imateriais foi bastante sinuosa e entrecortada no curso dos anos, por entendimentos doutrinários e jurisprudenciais contrários e influenciados pela rejeição à ideia de atribuição de valor à dor e a outros sentimentos feridos – tudo, hoje, porém, está sedimentado, bem enraizado, praticamente é consenso.

Certo é que os bens lesados que sofrem danos imateriais são protegidos, atualmente, pela responsabilidade civil, isso está pacificado, mas sempre é tempo de melhorar, de colocar as situações dentro de esquadros mais bem delimitados e eficazmente protetivos. Sempre há tempo de aprimorar uma situação, mesmo que, para isso, seja necessário romper com alguns paradigmas – bons, é bem verdade –, mas que podem ser melhorados, bastando coragem para fazê-lo.

A Lei Maior já deixou portas abertas para que um dos objetivos do presente estudo seja alcançado – a possibilidade de uma outra cláusula constitucional, verdadeiramente geral, prevendo a reparação dos danos imateriais –, e não é porque uma situação está *controlada* – referência que se faz ao fato de já existir a responsabilidade civil para a proteção dos danos em questão – que ela não pode ser alterada, principalmente se for para o bem de todos aqueles que buscam justiça para as vítimas de danos imateriais.

O que foi exposto vai ao encontro da ideia de que a dignidade da pessoa humana é, assim como a vida e o nome, anterior ao Direito, não necessitando, para realmente existir, de um reconhecimento jurídico. Mas então por que esse reconhecimento está vivo entre todos? A existência e a eficácia da dignidade também independem de legitimação pelo reconhecimento expresso no ordenamento jurídico; contudo, pela relevância da dignidade, como princípio basilar do Estado Democrático de Direito, ela vem sendo reconhecida pelo ordenamento jurídico dos povos civilizados e democráticos. Também isso pode vir a ocorrer com a reparação de danos extrapatrimoniais, pois igualmente é relevante e protetora de direitos fundamentais.

Não se vai adentrar aqui nos aspectos processuais de uma ação propriamente dita, para que não haja um desvio de percurso, uma vez que a linha que se pretende seguir dá ênfase aos bens lesados, quais sejam, imateriais, e a necessidade de que, já que são constitucionalmente previstos, igualmente sejam, de forma efetiva, constitucionalmente tutelados. Tal escolha se justifica em face da necessidade científica e metodológica de se proceder a uma delimitação do tema e de se respeitar a linha de pesquisa.

O primeiro capítulo desta tese tratará dos direitos fundamentais como princípios e regras, bem como a sua aplicação pelo Juiz tanto no *Common Law* como no *Civil Law*, analisando as dimensões desses direitos e o enquadramento da reparação de danos imateriais como sendo um deles, abordando, ainda, o estudo do conceito materialmente aberto dos direitos fundamentais como uma porta para a inclusão da reparação de danos.

O segundo capítulo trabalhará os direitos de personalidade, adentrando na sua natureza jurídica, classificação e atual tutela constitucional.

Já o terceiro capítulo analisará os fundamentos jurídicos da responsabilidade civil para a configuração da reparação de danos, a erosão da culpa e do nexo causal, e os danos, com ênfase nos imateriais, decorrentes da erosão desses filtros.

O quarto e último capítulo buscará unir os vértices até então expostos, no sentido de pretender demonstrar a reparação de danos extrapatrimoniais encarada como um direito fundamental, explicando as funções da responsabilidade civil, com destaque ao caráter reparatório e punitivo, além de tratar da aplicabilidade imediata dos referidos direitos fundamentais, bem como da necessidade da formulação, direta ou indireta, de uma previsão, verdadeiramente genérica, da reparação de danos imateriais como um direito fundamental.

Inicia-se, portanto, com os direitos fundamentais; procura-se, em seguida, definir os direitos de personalidade, considerando-se importante realizar um exame acerca dos fundamentos jurídicos da responsabilidade civil, não se podendo deixar de examinar se há, ou não, efetivamente, como se reconhecer a reparação de danos imateriais como um direito fundamental, bem como as consequências advindas deste fato.

Procurou-se, além disso, sempre demonstrar e manter o fio condutor do raciocínio para permitir a melhor compreensão da proposta sem nunca perder de vista o objetivo e o foco principal, qual seja, o estudo da possibilidade e das consequências de se ter a reparação de danos imateriais como um verdadeiro direito fundamental. Partindo das premissas estabelecidas nos capítulos anteriores, defende-se que há esta possibilidade, e que as consequências são benéficas tanto para o lesado como para o próprio sistema jurídico.

Observa-se, assim, que não é tarefa fácil a de unir, em um mesmo texto, temas tão amplos e complexos, como, por exemplo, a diferença entre princípios e regras e a atividade do Juiz, os direitos fundamentais – estes, por si só, permitem pesquisa extensa –, a análise dos direitos de personalidade – com todas as suas nuances –, o instituto da responsabilidade civil e a consequente reparação de danos imateriais – com tudo o que isso implica. São assuntos que dispõem de amplíssima produção bibliográfica: quanto mais se lê e se estuda, mais se constata que há o que pesquisar, dando a sensação de ser uma tarefa infindável. A proposta do estudo em questão é, todavia, expor que há uma ligação entre tudo o que foi mencionado, a fim de demonstrar que a reparação de danos imateriais deve estar vinculada com os danos que a dão existência, merecendo o mesmo tratamento destes últimos.

Cumpre ainda referir que, no que diz respeito às citações, elas foram feitas tanto na língua materna como em línguas estrangeiras. Em relação a estas últimas, fez-se, por vezes, a tradução livre, para ampliar o máximo possível o acesso a importantes fontes bibliográficas, mesmo correndo o risco – que toda tradução traz – de cometer algumas impropriedades, as quais devem ser imputadas exclusivamente a esta autora. A tradução, para o português, de textos legais estrangeiros ocorreu quando se reconheceu a necessidade de facilitar a sua compreensão ou mesmo para destacar um texto considerado relevantíssimo.

## 1. Dos direitos fundamentais

Tendo por base que o presente estudo é prioritariamente centrado nos direitos fundamentais da Constituição pátria,[1] cabe ressaltar que a referida Constituição de 1988 traz diversos sinônimos para os direitos fundamentais: direitos humanos (art. 4º, II); direitos e garantias fundamentais (art. 5º, § 1º); direitos e liberdades constitucionais (art. 5º, LXXI) e, ainda, direitos e garantias individuais (art. 60, § 4º, IV);[2] enfim, independentemente da forma de referência, são esses os direitos que vão embasar este estudo daqui para frente.

A diferença formal entre os direitos fundamentais e os direitos humanos tende a diminuir à medida que a ordem jurídica interna está cada vez mais próxima da supranacional; deste modo, "somente com o reconhecimento da primazia do Direito Internacional sobre a ordem jurídica interna, dentro de uma concepção *monista internacionalista*, a distinção entre os direitos humanos e os direitos fundamentais perderá sua razão de ser".[3] (grifo do autor)

Acerca da correta aplicação dos termos, a expressão *direitos fundamentais* deve ser utilizada para os direitos do ser humano que estejam reconhecidos e positivados na Lei Maior, ao passo que *direitos humanos* servem para fazer referência a posições jurídicas reconhecidas ao ser humano independentemente de sua vinculação com uma determinada ordem constitucional, aspirando à validade universal, para todos os tempos e povos, com caráter supranacional.[4]

---

[1] A Constituição Federal de 1988 traz três características extensivas aos direitos fundamentais, a saber, o caráter analítico, o pluralismo e o forte cunho programático e dirigente. SARLET, Ingo Wolfgang. *A eficácia dos Direitos Fundamentais*. Porto Alegre: Livraria do Advogado, 2009, p. 64.

[2] Cabe ressaltar a especial proteção alcançada aos direitos fundamentais, elevados que foram à condição de limites materiais à reforma constitucional, uma vez que estão incluídos no rol das cláusulas pétreas da Lei Maior.

[3] MAZUOLLI, Valério de Oliveira. *A influência dos Tratados Internacionais de Direitos Humanos no Direito interno*. Disponível em: <http://www1.jus.com.br/doutrina/texto.asp?id=1608>. Acesso em: 03 ago. 2010.

[4] SARLET, 2009, op. cit., p. 33. Idêntico é o pensamento de Edilsom Pereira de Farias, para quem os direitos fundamentais são a positivação dos direitos humanos em uma determinada Constituição, pela transmudação de reivindicações políticas em normas jurídicas. FARIAS, Edilsom Pereira de. *Colisão de direitos*. A honra, a intimidade, a vida privada e a imagem versus a liberdade de expressão e informação. Porto Alegre: Sergio Antonio Fabris Editor, 1996, p. 59-60.

## 1.1. Dos direitos fundamentais como princípios e regras e a sua aplicação pelo Juiz

Direitos fundamentais são direitos voltados para o ser humano e que vêm, em regra, expressos na Lei Maior de cada Estado, sendo aplicados pelo Poder Judiciário.[5]

Há quem defenda que os direitos de personalidade são uma forma de defesa do indivíduo frente a outro indivíduo, ao passo que os direitos fundamentais atuariam como forma de defesa do indivíduo frente ao Estado; dito de outra maneira, os primeiros estariam fundados no Direito Civil, e os últimos, no Direito Constitucional. A diferença estaria, portanto, na norma positiva que regula a matéria, nos sujeitos que participam da relação e nas finalidades a serem alcançadas. Então, os direitos de personalidade pertenceriam "à ordem privada, pois estão reconhecidos e proclamados como uma espécie de direitos dotados de proteção civil"; em contrapartida, os direitos fundamentais constituiriam uma forma de "tutela pública, aspirando a pôr o indivíduo sob a proteção do ordenamento político".[6]

A respeito da diferença entre os direitos de personalidade e os direitos fundamentais, é necessário destacar que, enquanto aqueles dizem respeito a aspectos que não podem deixar de ser conhecidos *sem afetar a própria personalidade humana*, estes últimos demarcam a situação do *cidadão perante o Estado*, tendo por foco a estruturação constitucional.[7]

Sobre o mesmo assunto, traz-se aqui a síntese de Jorge Miranda,[8] que pontua:

> Os direitos fundamentais pressupõem relações de poder, os direitos de personalidade relações de igualdade. Os direitos fundamentais têm uma incidência publicística imediata, quando ocorram efeitos nas relações entre os particulares; os direitos de personalidade uma incidência privatística, ainda quando sobreposta ou subposta à dos direitos fundamentais. Os direitos fundamentais pertencem ao domínio do Direito Constitucional, os direitos de personalidade ao do Direito Civil.

Os direitos de personalidade encontram-se demarcados em um âmbito privado de relações entre os particulares; já os direitos fundamentais se afirmam no âmbito do Direito Público, a favor do cidadão e diante de Poderes

---

[5] No que concerne à aplicação da Lei pelo Judiciário: "Quanto mais amplo é o controle do Poder Judiciário, mais ele poderá zelar para que, a pretexto de interesse geral, os outros órgãos do Estado não abusem de seu poder discricionário de uma forma arbitrária. Mas esse controle sempre delicado, que opõe, dentro do Estado, as Cortes e os Tribunais aos outros Poderes, só poderá exercer-se utilmente nas sociedades em que uma opinião pública vigilante e respeitosa do Direito conceder seu apoio ao mais fraco e ao menos perigoso dos Poderes, o Poder Judiciário". PERELMAN, Chaim. *Ética e Direito*. São Paulo: Martins Fontes, 2005, p. 236.

[6] CIFUENTES, Santos. *Derechos Personalíssimos*. 2. ed. Buenos Aires: Astrea, 1995, p. 225.

[7] BELTRÃO, Sílvio Romero. *Direitos da Personalidade*: de acordo com o Novo Código Civil. São Paulo: Atlas, 2005, p. 47.

[8] MIRANDA, Jorge. *Manual de Direito Constitucional*: Direitos Fundamentais. t. 4. Coimbra: Editora Coimbra, 1993, p. 58.

do Estado – ou seja, o primeiro é pessoal; o segundo apresenta um aspecto político e socioeconômico.[9]

Há quem enfatize, no entanto, a figura do Direito Civil Constitucional, pensando na pluridisciplinaridade do direito de personalidade. Desta forma, na esfera constitucional, são espécies do gênero direitos fundamentais; na perspectiva civil, são direitos inatos à pessoa e que *predominam sobre todos os demais direitos subjetivos privados*.[10]

O que se deve ressaltar, por oportuno, é que há quem defenda que nem todos os direitos de personalidade são direitos fundamentais, pois há direitos de personalidade não essenciais, como a autonomia de vontade e a liberdade contratual,[11] aos quais não correspondem a direitos fundamentais; por outro lado, nem todo o direito fundamental é um direito de personalidade, uma vez que nem todo o direito fundamental tutela um bem diretamente ligado à personalidade humana, como é o caso do direito de propriedade, previsto no art. 5º, inciso XXII, da CF/88. A bem da verdade, é a ampliação do raio de ação da dignidade humana que tem, cada vez mais, inserido os direitos de uma categoria na outra, *estando-se diante de uma inclinação pela constitucionalização dos direitos de personalidade*, além de ocorrer uma vinculação dos direitos fundamentais à esfera personalíssima do indivíduo. Sobre isso, Rabindranath de Souza assevera: "verifica-se uma tendência, face ao reconhecimento constitucional da dignidade da pessoa humana no quadro das relações sociais, para os direitos de personalidade serem também tutelados, no plano constitucional, como direitos fundamentais".[12] O que acaba de ser deduzido pelo autor vem justamente ao encontro do que se busca neste texto, ou seja, constitucionalizar de tal forma os direitos de personalidade que até a reparação por danos a esses direitos faça parte deste movimento.

Direitos fundamentais são posições jurídicas que dizem respeito às pessoas[13] e que foram, por seu conteúdo e por sua importância, agregadas ao

---

[9] VIDE, Carlos Rogel. *Derecho de la Persona*. Barcelona: Cálamo, 2002, p. 127.

[10] NETTO LÔBO, Paulo Luiz. *Direito das Obrigações*. Brasília: Brasília Jurídica, 1999, p. 57.

[11] CAPELO DE SOUZA, Rabindranath Valentino Aleixo. *O Direito Geral de Personalidade*. Coimbra: Coimbra Editora, 1995, p. 581 a 585.

[12] CAPELO DE SOUZA, Rabindranath Valentino Aleixo. *O Direito Geral de Personalidade*. Coimbra: Coimbra Editora, 1995, p. 581, 584, 585. Nesse mesmo sentido, mas levando em conta o Direito português, Rabindranath de Souza pontua que: "Tomando aqui os direitos fundamentais, não só em sentido formal mas também em sentido material, como os direitos básicos quer dos portugueses quer dos estrangeiros ou apátridas que se encontrem ou residam em Portugal, tanto nas relações entre si como nas suas relações com o Estado Português, direitos esses assentes na Constituição, seja na Constituição formal, seja na Constituição material, e abrangendo as suas diversas espécies de direitos, liberdades e garantias pessoais, de direitos, liberdades e garantias de participação política, de direitos, liberdades e garantias dos trabalhadores e de direitos fundamentais económicos, sociais e culturais, logo se concluirá que, embora muitos e diversos direitos de personalidade sejam também constitucionalmente reconhecidos como direitos fundamentais, *nem todos os direitos de personalidade constituem direitos fundamentais e, ao invés, nem todos os direitos fundamentais são direitos de personalidade*". (grifo do autor)

[13] José de Oliveira Ascensão questiona se os direitos fundamentais efetivamente realizam a tutela da pessoa. Indaga se existe uma identidade entre os direitos fundamentais e os direitos da personalidade; em resposta, o referido autor aduz que é certo não haver uma identificação entre essas categorias, pois os direitos fundamentais vão muito mais longe, uma vez que há direitos atribuídos a organizações, que não são pessoas, que há direitos sociais, económicos e culturais que não são direitos da personalidade, mas são fundamentais, e, ainda, por abrangerem as garantias, que em si não são direitos da personalidade.

Texto Constitucional e, por isso, retiradas da esfera de disponibilidade dos poderes constituídos; outrossim, são direitos que, pelo seu conteúdo e pelo seu significado, podem ser alçados ao *status* constitucional, fazendo parte da Constituição Material com ou sem assento na Constituição Formal.[14]

Há, de fato, uma larga coincidência entre os direitos de personalidade e os direitos fundamentais, o que não quer dizer, todavia, que não exista uma autonomia conceitual recíproca, pois tais categorias, mesmo tendo por objeto idênticos bens de personalidade, têm um sentido, uma função e um âmbito distintos nos planos em que se inserem. Assim, os direitos de personalidade valem para as relações paritárias entre os particulares, ou entre particulares e o Estado destituído do seu *ius imperii*, sendo tuteláveis por meio de mecanismos coercitivos juscivilísticos, por exemplo, em matéria de responsabilidade civil e de providências preventivas. Já os direitos fundamentais pressupõem relações juspublicísticas, de Poder, oponíveis ao próprio Estado, no exercício do seu *ius imperii*, a despeito de trazer consequências para as relações entre particulares. Possuem também mecanismos próprios de tutela constitucional, por exemplo, em matéria de conformação legislativa e administrativa, de declaração de inconstitucionalidade por ação ou por omissão, de reserva relativa à competência legislativa e de delimitação de revisão constitucional. A questão, contudo, não é singela, pois há, como já foi referido, direitos fundamentais que não se traduzem em direitos de personalidade, como é o caso da garantia de acesso ao direito e aos Tribunais, das garantias contra a retroatividade da lei criminal, da maioria das garantias de processo criminal, do direito de propriedade privada, do direito à retribuição do trabalho e dos direitos fundamentais dos administradores.[15]

Deve-se atentar, na sequência, para quem tem o dever de aplicar esses direitos; neste sentido, compete ao Judiciário,[16] no plano jurídico-subjetivo, o poder[17] de "exercer positivamente os direitos fundamentais e de exigir omissões dos Poderes Públicos a fim de evitar danos", ou seja, legitima-se a

---

ASCENSÃO, José de Oliveira. Pessoa, Direitos Fundamentais e Direito da Personalidade. In: DELGADO, Mário Luiz; ALVES, Jones Figueirêdo (coords.). *Novo Código Civil*. Questões controvertidas – Parte Geral do Código Civil. v. 6. São Paulo: Método, 2007 (Grandes Temas de Direito Privado), p. 108.

[14] SARLET, 2009, op. cit., p. 77.

[15] CAPELO DE SOUZA, 1995, op. cit., p. 584-585.

[16] John Rawls traz a ideia de uma estrutura básica para uma sociedade bem ordenada e reconhece no Judiciário um dos atores principais: "(...) a estrutura básica da sociedade é a maneira como as principais instituições políticas e sociais da sociedade interagem formando um sistema de cooperação social, e a maneira como distribuem direitos e deveres básicos e determinam a divisão das vantagens provenientes da cooperação social no transcurso do tempo (Teoria, § 2). A Constituição política com um *Judiciário independente*, as formas legalmente reconhecidas de propriedade e a estrutura da Economia (na forma, por exemplo, de um sistema de mercados competitivos com propriedade privada dos meios de produção), bem como, de certa forma, a família, tudo isso faz parte da *estrutura básica*. A estrutura básica é o contexto social de fundo dentro do qual as atividades de associações e indivíduos ocorrem. Uma estrutura básica justa garante o que denominamos de Justiça de fundo (background justice)". (grifo do autor) RAWLS, John. *Justiça como Equidade*. Uma reformulação. Org. por Erin Kelly. Trad. de Claudia Berliner. São Paulo: Martins Fontes, 2003, p. 13-14.

[17] Para Luzia Cabral Pinto: "o poder se justifica por e pela realização dos direitos do homem e que a ideia (sic) de justiça é hoje indissociável de tais direitos". CABRAL PINTO, Luzia Marques da Silva. *Os limites do Poder Constituinte e a legitimidade material da Constituição*. Coimbra: Coimbra Editora, 1994, p. 142.

atividade do Poder Judiciário perante a sociedade como um todo, ainda que diante da resistência de interesses contrariados.[18]

Maria Carmem de Almeida segue a mesma linha de raciocínio: "a prestação jurisdicional, ao lado da função legislativa e executiva, é exercida pelo Estado com o fito de compor conflitos de interesses entre as partes, já que não se admite a autotutela".[19] A grande dificuldade para o Judiciário está, pois, no limite da sua atuação, uma vez que, ao interpretar, o referido Poder não poderá esvaziar os outros Poderes; dito de outra maneira, não poderá substituir o Executivo na escolha das opções políticas de seu Governo, muito menos estabelecer o conjunto normativo que vai reger a sociedade. Mais do que nunca, o Judiciário deverá ser intransigente no que toca às condutas estatais face aos ditames do Poder Constituinte. Com efeito, "trabalhar 'sobre o fio da navalha' exige coragem, discernimento e qualificação técnica" – o tempero de tudo isso é a sensibilidade do Juiz quando da aplicação das leis ao caso concreto.[20] Sobre o tema, Eugênio Facchini Neto[21] pontua que a independência da Magistratura é "a base da legitimação democrática dos Magistrados, juntamente com seu comprometimento com a defesa dos direitos humanos".

De acordo com o referido autor,[22] o Juiz deve nortear a sua atividade, quer quando julga conflitos públicos, quer quando decide conflitos privados, de acordo com o traçado pela Constituição, isto é, perseguindo uma sociedade mais justa, livre e solidária, construída sobre o pilar da dignidade de todas as pessoas. Isso "significa que a Magistratura necessariamente deve ser copartícipe de uma política de inclusão social, não podendo aplicar acriticamente institutos que possam representar formas excludentes de cidadania".[23]

---

[18] ALVARO DE OLIVEIRA, Carlos Alberto. O Processo Civil na perspectiva dos Direitos Fundamentais. *Revista de Processo*, n. 113, p. 13, 2004. Gustavo Tepedino, acerca do papel do Judiciário, conclui que: "sem o Judiciário, não haverá atuação fiscal justa e eficaz". TEPEDINO, Gustavo. Ainda há Juízes no Brasil. *Revista Jurídica Consulex*, ano XI, n. 248, p. 38, 15 mai. 2007.

[19] CAVALCANTI DE ALMEIDA, Maria Carmem. Da legitimidade ativa do Ministério Público nas ações civis públicas de meio ambiente. *Revista de Direito Ambiental*, n. 19, p. 102, 2000.

[20] SOUZA CRUZ, Álvaro Ricardo de. Hermenêutica Constitucional e Democracia. *Revista da Faculdade Mineira de Direito – PUC Minas*, Belo Horizonte, v. 3, n.5, 6, p. 22, 1º e 2º sem. 2000.

[21] FACCHINI NETO, Eugênio. O Poder Judiciário e sua independência – uma abordagem de Direito Comparado. *Direitos Fundamentais & Justiça*, Porto Alegre, ano 3, n. 8, p. 122, jul./set. 2009a.

[22] Id. Reflexões histórico-evolutivas sobre a constitucionalização do Direito Privado. In: SARLET, Ingo Wolfgang (org.). *Constituição, Direitos Fundamentais e Direito Privado*. Porto Alegre: Livraria do Advogado, 2003b, p. 55.

[23] Complementa Gustavo Tepedino, afirmando que: "o papel da Magistratura não é o de guardião da vontade privada, mas da ordem pública constitucional, cabendo-lhe não a fixação de limites para uma intervenção externa nos espaços de liberdade privada, mas a identificação das funções atinentes às situações jurídicas subjetivas e os deveres daí decorrentes para os seus titulares, interpretando-as de acordo com a tábua constitucional de valores. Portanto, o desafio do jurista de hoje consiste na harmonização das fontes normativas, a partir dos valores e princípios constitucionais". TEPEDINO, Gustavo. O Direito Civil e a Legalidade Constitucional. *Revista Del Rey Jurídica*, Belo Horizonte, n. 13, p. 23, 2004.

A interpretação,[24] por seu turno, é um importante instrumento do Juiz na sustentação do Estado Democrático de Direito, visto que o intérprete precisa ter coragem suficiente para impor a vontade constituinte aos casos concretos e, ao mesmo tempo, ter presente que essa vontade não lhe dá livre-arbítrio.[25]

É preciso, então, confiar que o Judiciário tenha o bom-senso suficiente e o necessário equilíbrio para impor, corretamente, as prestações, sejam estas quais forem; porque, quando um Juiz, por exemplo, arbitra honorários do advogado, nos termos do art. 22, § 2º, da Lei n. 8.906/94 ou na forma do art. 20 do CPC, não se constata nenhum óbice a isso, razão pela qual também não há porque existir dúvida quanto ao acertamento dos valores indenizatórios *lato sensu*, uma vez que estão supostamente embasados na equidade e na razoabilidade.[26]

Nas palavras de Ingo Sarlet:[27]

> Se de acordo com um critério formal e institucional os detentores do poder estatal formalmente considerados (os órgãos dos Poderes Legislativo, Executivo e Judiciário)[28] se encontram obrigados pelos direitos fundamentais, também num sentido material e funcional todas as funções exercidas pelos órgãos estatais o são. Por este motivo é que se aponta para a necessidade de todos os poderes políticos respeitarem o âmbito de proteção dos direitos fundamentais, renunciando, em regra, a ingerências, a não ser que presente justificativa que as autorize.

---

[24] No que se refere à interpretação, Peter Häberle comenta que: "A sociedade torna-se aberta e livre, porque todos estão potencial e atualmente aptos a oferecer alternativas para a interpretação constitucional. A interpretação constitucional jurídica traduz (apenas) a pluralidade da esfera pública e da realidade (*die pluralistische Öffentlichkeit und Wirklichkeit*), as necessidades e as possibilidades da comunidade, que constam do texto, que antecedem os textos constitucionais ou subjazem a eles. A teoria da interpretação tem a tendência de superestimar sempre o significado do texto". HÄBERLE, Peter. *Hermenêutica Constitucional*: a sociedade aberta dos intérpretes da Constituição: contribuição para uma interpretação pluralista e "procedimental" da Constituição. Trad. de Gilmar Ferreira Mendes. Porto Alegre: Sergio Antonio Fabris Editor, 2002, p. 43.

[25] SOUZA CRUZ, 2000, op. cit., p. 26.

[26] VAZ, Caroline. *Funções da responsabilidade civil* – da reparação à punição e dissuasão – os *punitive damages* no Direito Comparado e brasileiro. Porto Alegre: Livraria do Advogado, 2009, p. 148.

[27] SARLET, 2009, op. cit., p. 343-344.

[28] Para Perelman: "Os legisladores, os governantes, os juízes, eleitos ou nomeados por aqueles que têm a confiança do povo, devem exercer seus mandatos em conformidade com as aspirações da comunidade que os designou para isso. O papel do legislador, bem como o do juiz – na medida em que este não se contenta em aplicar mecanicamente a lei, mas a interpreta e a completa – não é decidir o que lhes parece justo pessoalmente, sem levar em conta aspirações do público do qual lhes emana poder. O papel do legislador é criador, pois ele deve, ao mesmo tempo em que leva em conta desejos do público, formular regras e precisar critérios que sintetizam esses desejos. Deverá elaborar, assim, uma ordem jurídica à qual grande massa dos cidadãos se submeterá espontaneamente, porque a considera justa. (...) As leis, os costumes e os regulamentos de uma comunidade, pelo próprio fato de estarem em vigor, serão presumidos justos, e não caberá justificá-los enquanto nenhuma crítica se manifestar a respeito deles. Quando ocorrer, a crítica deverá mostrar que esta ou aquela disposição legal não é conforme às aspirações da comunidade, seja por causa de sua ineficácia, porque ela não constitui um bom meio de realizar o fim que se supõe persiga, seja porque é incompatível com um valor reconhecido pela comunidade". PERELMAN, 2005, op. cit., p. 191-192. Sob outro enfoque, Eugênio Facchini Neto comenta que: "No exercício desta função de controlador, se o Judiciário deve realmente proteger as minorias de uma eventual maioria invasiva, então deve ele ser independente não somente dos outros ramos do Governo, mas também, eventualmente, desta ocasional vontade popular majoritária". FACCHINI NETO, Eugênio. O Judiciário no mundo contemporâneo. *Juris Plenum*, ano V, n. 26, p. 53, mar. 2009b.

A despeito de, para alguns,[29] a oposição entre regras e princípios[30] ser cada vez menos perceptível – porquanto toda interpretação de texto requer um fazer produtivo[31] –, não está certo afirmar que toda a regra jurídica contém em determinados limites uma norma-princípio, o que acabaria por reduzir a diferença qualitativa entre ambas as categorias.

Deve-se ter em mente que as regras contêm determinações em um âmbito fático e juridicamente possível, ao passo que a realização dos princípios fica na dependência das possibilidades jurídicas e fáticas, condicionadas pelos princípios opostos, exigindo, desta forma, a consideração dos pesos dos princípios em colisão no caso concreto.[32] Em outras palavras, as regras serão ou não cumpridas, enquanto que os princípios mandam que algo seja realizado na maior medida possível, dentro das possibilidades jurídicas e reais existentes.[33]

---

[29] ALVARO DE OLIVEIRA, 2004, op. cit., p. 14.

[30] Um princípio não pretende estabelecer condições que tornem a sua aplicação necessária. O princípio enuncia uma razão que conduz o argumento para uma certa direção, mas ainda assim precisa de uma decisão particular. Por certo que pode haver outros princípios que argumentem em outra direção; se assim o for, um desses princípios não será usado no caso em questão, o que não significa que não se trate de um princípio de nosso sistema jurídico, pois, em outro caso, quando as considerações em contrário estiverem ausentes ou com menor força, o princípio poderá ser decisivo. DWORKIN, Ronald. *Levando os direitos a sério*. São Paulo: Martins Fontes, 2002, p. 41.

[31] Stephen Breyer afirma que não só para interpretar Textos Constitucionais, mas também Infraconstitucionais deve-se levar em conta os propósitos democráticos da Constituição Federal, cabendo aos Juízes assegurar a liberdade ativa. Sobre isso, comenta que "my thesis is that courts should take greater account of the Constitution's democratic nature when they interpret constitutional and statutory texts. That thesis encompasses well-known arguments for judicial modesty: the judge, compared to the legislator, lacks relevant expertise. The 'people' must develop 'the political experience' and they must obtain 'the moral education and stimulus that come from correcting their own errors'". Referido autor, na sequência da obra comenta que "the Constitution itself as a single document designed to further certain basic general purposes as a whole" e fala, então, do seu propósito: "focus on purpose seeks to promote *active liberty* by insisting on interpretations, statutory as well as constitutional, that are consistent with the people's will. Focus on consequences, in turn, allows us to gauge whether and to what extent we have succeeded in facilitating workable outcomes which reflect that will". (grifo do autor). E como o tema central da obra é a Active Liberty, o seu conceito é "to a sharing of a nation's sovereign authority among its people", isto é, são conexões entre o povo e os seus governantes, para garantir a liberdade de participação na esfera pública e no que favorece a maioridade cívica do cidadão. BREYER, Stephen. *Active Liberty* – interpreting our Democratic Constitution. New York: Vintage Books, 2005, p.3-5, 115.

[32] ALEXY, Robert. *Teoria de los Derechos Fundamentales*. Madrid: Centro de Estudios Constitucionales, 1997, p. 86 e ss.

[33] Para Juarez Freitas, entender-se-á melhor a rede de princípios, de regras e de valores em uma lógica que não é do 'tudo ou nada', mas que deverá ser sempre dialética, aplicando-se a ponderação e a hierarquização axiológica, caso em que se deduz que: "a) a exigência teleológica e operacional do princípio hierárquico axiológico (não mero postulado nem simples máxima) que confere sentido unitário à vontade da Constituição, construída (mais do que descoberta) no inescapável círculo hermenêutico, numa gadameriana 'fusão de horizontes' que acontece tópica e sistematicamente; b) a necessidade, sob o ângulo da coerência, de realizar uma ampliada e robustecida interpretação conforme a Constituição, justamente para assegurar a aludida hierarquização – mais do que lógica, eminentemente teleológica –, observando-se que o diferenciador do sistema jurídico radica no primado principiológico-valorativo; c) a existência de princípios e objetivos em face dos quais – em caso de incompatibilidade internas – devem as normas infraconstitucionais guardar a função instrumental, tendo em vista a realização superior da Constituição e a preponderância (nos últimos tempos, em afirmação mesmo na tradição francesa) dos direitos fundamentais em relação às leis; d) o Direito como sistema aberto e plural, embora com elementos fixos (no sentido de consideradas intangíveis topicamente pelo aplicador), algo que permite melhor avaliar, v.g., o fenômeno histórico da positivação dos direitos fundamentais; e) a plausibilidade, embora com os limites do econômica e politicamente possível, de obtenção do Direito de modo alinhado com os princípios fundamentais, os quais não configuram meros conselhos abstratos, uma vez que dotados de

Diante da colisão de princípios, o Juiz[34] deverá escolher um para ceder diante do outro, conforme o caso concreto, pois eles têm pesos diferentes; além disso, o Juiz não poderá declarar a invalidade do princípio de menor peso, porque o princípio continuará íntegro e válido no ordenamento, podendo prevalecer sobre o princípio que o precedeu, em outro processo.[35] Esse juízo feito acerca dos princípios é um juízo de ponderação,[36] que permite aos direitos fundamentais que eles tenham efetividade em qualquer caso concreto.

O Juiz,[37] ao concretizar os princípios, deverá fundamentar o seu raciocínio por meio do que Alexy chama de *argumentação jurídica correta*, o que vai

---

eficácia e, em todos os casos, vinculantes para o intérprete, dada a fundamentalidade dos mesmos, de sorte que a omissão de providências necessárias ao resguardo dessa 'fundamentalidade' deve ser prudentemente colmatada pelo intérprete, que não pode adiar a preservação do sistema e a salvaguarda do Estado Democrático; f) a completabilidade, que não se confunde com a completude do sistema jurídico, uma vez que se sublinha a dimensão tópica dos princípios fundamentais; g) a escolha hierarquizadora e a preservação da unidade como tarefa máxima do intérprete, especialmente ao lidar com as antinomias (eminentemente axiológicas); h) a sugestão de uma melhor *interpretação tópico-sistemática* dentre as 'n' possibilidades interpretativas, isto é, aquela que souber hierarquizar sistematicamente de modo o mais universalizável no enfrentamento das contradições ou incompatibilidades, contribuindo para o primado do respeito à hierarquia mais ética do que formal, numa intelecção apta a promover a universalização de soluções sem quebra do sistema. O que é mais relevante: a par de tudo e ao mesmo tempo, no conceito de sistema esposado vislumbra-se a possibilidade epistemológica de uma síntese hermenêutica entre as visões da Tópica jurídica e a dos defensores do pensamento sistemático, aparente e só aparentemente em contradição". (grifo do autor). FREITAS, Juarez. *A interpretação sistemática do Direito*. São Paulo: Malheiros Editores, 2004, p. 58-60.

[34] Correlatamente, Jacques Guestin comenta que: "L'interprétation effectuée par le juge, institution habilitée à dire ce qui est droit et ce qu'est le droit être distinguée de celle de la doctrine. (...) la principale raison avancée pour justifier l'inclusion de la jurisprudence dans les sources du droit est la tendance inévitable des juges à reproduire leurs propres décisions antérieures et d'en déduire qu'à ce titre c'est la puissance de conviction des décisions judiciaires qui en ferait une source du droit; car à ce compte toute autre autorité, et particulièrment la doctrine, aurait vocation également à convaincre. Il faut tenir compte de ce que la Cour de cassation et, plus largement, les cours souveraines, tiennent de leur mission institutionelle le pouvoir d'imposer leur jurisprudence. La hiérarchie des juridictions correspond ici à la hiérarchie des normes qui caractérise, nous l'avons vu, lê système étaique". GHESTIN, Jacques. Les donnés positives du Droit. *Revue Trimestrielle de Droit Civil*, Paris, n. 1, p. 20, jan./mars. 2002.

[35] ALEXY, 1997, op. cit., p. 88-92.

[36] Acerca da ponderação, Judith H. Martins-Costa explica e exemplifica: "A consideração pelo intérprete dessa estrutura social provocadora de risco marca, no Código, o ponto pelo qual deve ser efetivada a *ponderação dos bens jurídicos* e dos direitos acaso em conflito. Imaginemos uma situação em que uma empresa jornalística (estrutura social que normalmente não produz riscos) lance uma publicação especializada em 'fofocas' ou em denúncias infundadas, ou pouco fundadas. Nesse caso, deve ser considerado que a empresa se apresenta como uma estrutura social que, por sua natureza, implica danos a direitos de personalidade alheios (honra, ou vida privada, ou intimidade), cabendo maior peso – no conflito entre liberdade de informação e tutela da personalidade – a essa última. Esse 'maior peso' não resulta, porém, tão-só de uma ponderação feita pelo intérprete, mas do perfil do instituto que regulará a espécie no plano infraconstitucional, qual seja, o instituto da responsabilidade objetiva, normalmente mais gravosa ao autor do dano e, por consequência, capaz de melhor conferir tutela à vítima". MARTINS-COSTA, Judith H. Os Direitos Fundamentais e a opção culturalista do novo Código Civil. In: SARLET, Ingo Wolfgang (org.). *Constituição, Direitos Fundamentais e Direito Privado*. Porto Alegre: Livraria do Advogado, 2003b, p. 81.

[37] Eugênio Facchini Neto assevera que há várias figuras do Juiz: o Juiz-descobridor do Direito, o Juiz-aplicador do Direito e o Juiz-resolutor de conflitos, afirmando, sobre este último, que: "(...) compete ao Juiz encontrar a solução mais justa (materialmente, e não apenas formalmente) e adequada ao caso concreto, solução essa que deverá ser compatível com o sistema globalmente considerado. Não se trata, nesse modelo, de uma simples aplicação de uma solução formalmente pré-dada. (...) Esse modelo leva a sério a ideia de que a legislação é apenas uma fonte (embora a mais importante) do Direito, mas com ele não se identifica. Por outro lado, também absorve a ideia ressaltada pela Hermenêutica moderna de que a legislação não contém apenas regras mas também se expressa através de princípios, cláusulas gerais,

possibilitar não apenas o controle da decisão, bem como uma certa segurança jurídica.[38] Por outro lado, quando houver colisão de regras, o problema será de validade, visto que regras são normas que só podem ou não ser cumpridas; em havendo colisão entre elas, uma das regras deve ser considerada inválida ou de exceção.[39]

O que se pode constatar é que por meio da distinção entre princípio e regra[40] fica mais fácil para o Juiz prestar a tutela jurisdicional efetiva, ainda que exista omissão do Legislador,[41] pois basta que o Magistrado harmonize, dentro do caso concreto, o direito fundamental e o princípio com o qual este direito possa estar colidindo, levando também em consideração as regras da adequação e da necessidade.[42] Sem sombra de dúvida, "o Juiz, diante do direito fundamental à tutela jurisdicional, além de ter o dever de rejeitar as interpretações que a ele não correspondem, deve optar expressamente pela interpretação que lhe confira maior efetividade".[43]

---

valores e conceitos indeterminados". FACCHINI NETO, Eugênio. Premissas para uma análise da contribuição do Juiz para a efetivação dos Direitos da Criança e do Adolescente. *Juizado da Infância e Juventude*. Tribunal de Justiça do Estado do Rio Grande do Sul, Corregedoria-Geral da Justiça, Porto Alegre, n. 2, p. 12-15, mar. 2004.

[38] ALEXY, 1997, op. cit., p. 147. A respeito da "segurança jurídica", Hans Kelsen assevera, criticamente, que: "O ponto de vista segundo o qual a interpretação seria o conhecimento do Direito Positivo e, como tal, um processo para extrair novas normas das já vigentes é o fundamento da denominada jurisprudência conceitual, também descartada pela Teoria Pura do Direito. Esta destrói a opinião de que se possam criar novas normas por via do conhecimento, opinião essa que, em última análise, surge da necessidade de representar o Direito como um ordenamento forte, que determina a conduta humana e, em particular, a atividade dos órgãos aplicadores do Direito, principalmente, dos Tribunais; de modo que a função destes, assim como a interpretação, deve ser assim encarada como o processo especial de normas já existentes, que deverão ser descobertas por um determinado procedimento. É a ilusão da segurança jurídica que a teoria tradicional do Direito – consciente ou inconscientemente – se esforça para manter". KELSEN, Hans. *Teoria Pura do Direito*: introdução à problemática científica do Direito. Trad. de J. Cretella Jr. e Agnes Cretella. São Paulo: Editora Revista dos Tribunais, 2007, p. 120.

[39] Para Ronald Dworkin: "Os positivistas sustentam que quando um caso não é coberto por uma regra clara, o Juiz deve exercer seu poder discricionário para decidi-lo mediante a criação de um novo item de legislação. Contudo, teremos que polir nossa compreensão do poder discricionário. (...) O conceito de poder discricionário só está perfeitamente à vontade em apenas um tipo de contexto: quando alguém é em geral encarregado de tomar decisões de acordo com padrões estabelecidos por uma determinada autoridade. (...) O significado exato de poder discricionário é afetado pelas características do contexto. Algumas vezes ele é entendido em sentido fraco, apenas para dizer que que, por alguma razão, os padrões que uma autoridade pública deve aplicar não podem ser aplicados mecanicamente, mas exigem o uso da capacidade de julgar. Usamos esse sentido fraco quando o contexto não é por si só esclarecedor, quando os pressupostos de nosso público não incluem esse fragmento de informação. Ex: o tenente ordena ao sargento que leve em patrulha seus cinco homens mais experientes, mas foi difícil determinar quais eram os mais experientes". DWORKIN, 2002, op. cit., p. 50-51.

[40] As regras atuam, portanto, dentro da lógica do "tudo ou nada", pois a aplicação de uma exclui a de outra, segundo critérios tradicionais de solução de antinomias. BOBBIO, Norberto. *Teoria do ordenamento jurídico*. Brasília: Editora da UnB, 1999, p. 91-114.

[41] Acerca da atividade do Julgador e do Legislador, Peter Häberle destaca: "Indubitavelmente, a expansão da atividade jurisdicional da Corte Constitucional significa uma restrição do espaço de interpretação do legislador. Em resumo, uma ótima conformação legislativa e o refinamento interpretativo do direito constitucional processual constituem as condições básicas para assegurar a pretendida legitimação da jurisdição constitucional no contexto de uma teoria da Democracia". HÄBERLE, 2002, op. cit., p. 49.

[42] MARINONI, Luiz Guilherme. *Técnica processual e tutela dos direitos*. São Paulo: Revista dos Tribunais, 2004, p. 229.

[43] MARINONI, 2004, op. cit., p. 232. Sobre a relação entre a prestação jurisdicional efetiva e a interpretação constitucional, ver: VIVEIROS DE CASTRO, Flávia de Almeida. *Interpretação constitucional e prestação jurisdicional*. Rio de Janeiro: Lumen Juris, 2000.

Ainda sobre o tema e nas palavras de Marinoni:[44]

> Na hipótese que o Estado se omite em editar técnica processual adequada à efetiva prestação da tutela jurisdicional, o Juiz deve justificar que a sua aplicação é necessária em face das necessidades do direito material (das tutelas que devem ser prestadas para que ocorra a efetividade do direito). Partindo-se da premissa de que não há dúvida de que o Juiz deve prestar a tutela efetiva, é fácil justificar, em conformidade com a Constituição, que determinada técnica é imprescindível à tutela da situação concreta.
>
> Assim, se o Juiz, diante da lei processual, é obrigado a optar pela interpretação de acordo com o direito fundamental, cabe a ele, em caso de omissão ou de insuficiência legal, aplicar diretamente a norma que institui o direito fundamental à tutela jurisdicional efetiva, considerando os princípios que com ele possam se chocar diante do caso concreto.

Juarez Freitas[45] ordena um quadro de distinções entre regras e princípios, que, pela importância, se passa a reproduzir:

> Princípios são diretrizes normativas axiologicamente superiores – fonte máxima para o intérprete; regras são prescrições destinadas a propiciar concreção, inclusive quando limitam os princípios. Princípios se voltam para o futuro, mas, quando originários e intangíveis, tendem à vinculação em todos os tempos; regras tendem, de plano, para o futuro, mas podem retroagir beneficamente (desde que sem violação a princípios). Princípios são fundamentais e fundantes; regras são instrumentais e condicionadas à preservação e/ou afirmação máxima dos princípios em rede. Princípios possuem em seu "núcleo" eficácia direta e imediata (ao menos no sistema brasileiro); regras visam a dar máxima e crescente eficácia à rede de princípios e valores. Princípios relativizam-se mutuamente, constituindo-se na interação; regras relativizam-se mutuamente, contudo podem ser suprimidas para preservar a relatividade e a mútua constituição dos princípios. Princípios não admitem subsunção dedutiva estrita (o silogismo dialético); regras não admitem subsunção estrita (o silogismo é dialético, ainda no caso de exclusão ou invalidade). Princípios não devem ser lidos segundo a lógica do "tudo ou nada"; regras a rigor, não são compreensíveis segundo a lógica do "tudo ou nada", inexistindo espaço residual para a aplicação automática e acrítica da regra ao caso. A eventual supressão da norma estrita somente se justifica para a preservação (unidade, abertura e eficácia) dos princípios: não por acaso, admite-se, por exemplo, a declaração de regra ainda constitucional. Princípios – toda a antinomia é resolvida pela hierarquização axiológica (atividade que se identifica com a ponderação); regra – oculta uma antinomia entre princípios, portanto também se resolve, bem observadas as coisas, pela hierarquização axiológica. Princípios formam a unidade da qual emerge a dialética circular hermenêutica; regras são múltiplas prescrições que dialeticamente precisam ser encaradas na unidade dos princípios. Princípios não são contingentes plenamente; regras não são necessárias plenamente (inexiste vinculação automática da escola da exegese), nem plenamente contingentes (inexiste discricionariedade pura). Princípios conferem e asseguram *complexidade* ao sistema; regras conferem e asseguram *efetividade* ao sistema. Princípios devem ser pensados numa teoria sistemática; regras devem ser concatenadas e aplicadas à luz de uma visão sistemática dos princípios. Princípios requerem uma visão constitucionalista em oposição ao fragmentário legalismo estrito; regras devem servir à soberania da Constituição e de seus princípios fundamentais. Princípios devem ser coerentes com a Constituição; regras devem ser vistas (e eventualmente recusadas) à luz da coerência com o sistema. Princípios são indeterminados, em certa medida, mas determináveis; regras são indeterminadas, mas determináveis e, ao serem determinadas, devem servir à harmonização dos princípios. (grifo do autor)

---

[44] MARINONI, 2004, op. cit., p. 233-234.
[45] FREITAS, 2004, op. cit., p. 228-230.

Já no que diz respeito à semelhança entre os dois conceitos, o referido autor[46] ensina:

> São interpretados tópica e sistematicamente, à luz, ao mesmo tempo, do sistema e do caso aporético; possuem força normativa[47] produzida pelo intérprete/aplicador, positivador derradeiro do sistema; quando se contradizem, não necessariamente se contrariam; estão no plano do dever-ser; combinam-se no intérprete (círculo hermenêutico);[48] exigem ser compreendidos numa relação intersubjetiva; requerem uma visão complexa, dialética, não-unidimensional; são compreendidos na historicidade (suplantado o originalismo imoderado); e requerem absorção e superação, simultaneamente.

Podem ser traçados, a título de comparação, alguns critérios distintivos entre princípios e regras, que se passa a explicitar: quanto ao conteúdo, os princípios estão mais ligados à ideia de valor e de direito, formando uma exigência de Justiça, de Equidade e de Moralidade, enquanto as regras carregam conteúdo mais diversificado, e não necessariamente moral; já a origem e a validade dos princípios são consequência do seu próprio conteúdo, enquanto as regras derivam de outras regras ou dos princípios; os princípios, para uma grande maioria, são universais, absolutos, objetivos e permanentes, ao passo que as regras se caracterizam pela contingência e pela relatividade de seus conteúdos, devendo-se levar em conta o tempo e o lugar; os princípios têm função explicadora e justificadora para com as regras, pois guardam em si grande quantidade de informação de um setor ou de todo o ordenamento jurídico; os princípios são mais abstratos que as regras, não mencionando em geral as condições de aplicabilidade – são, pois, usados para um número indeterminado de situações –, já as regras permitem identificar mais facilmente as suas hipóteses de aplicação.[49]

---

[46] FREITAS, 2004, op. cit., p. 230.

[47] A respeito da força normativa da Constituição, tão comentada nos textos de Juarez Freitas, cumpre a lição de Konrad Hesse, que aduz: "A Constituição não deve assentar-se numa *estrutura unilateral*, se quiser preservar a sua força normativa num mundo em processo de permanente mudança político-social. Se pretende preservar a força normativa dos seus princípios fundamentais, deve ela incorporar, mediante meticulosa ponderação, parte da estrutura contrária. Direitos fundamentais não podem existir sem deveres, a divisão de poderes há de pressupor a possibilidade de concentração de poder, o federalismo não pode substituir sem uma certa dose de unitarismo. Se a Constituição tentasse concretizar um desses princípios de forma absolutamente pura, ter-se-ia de constatar, inevitavelmente – no mais tardar em momento de acentuada crise – que ela ultrapassou os limites de sua força normativa. A realidade haveria de pôr termo à sua normatividade; os princípios que ela buscava concretizar estariam irremediavelmente derrogados". (grifo do autor) HESSE, Konrad. *A força normativa da Constituição*. Trad. de Gilmar Ferreira Mendes. Porto Alegre: Sérgio Antônio Fabris Editor, 1991, p. 21.

[48] A compreensão de um texto se dá a partir da compreensão de cada fragmento deste, mas as partes só podem ser entendidas a partir do todo. O círculo hermenêutico é a pré-compreensão que, ao mesmo tempo em que influencia a interpretação geral do texto, é modificada pelo todo; ou seja, a compreensão é um processo dialético entre o horizonte e o intérprete, composto de suas pré-compreensões e do horizonte do próprio texto. "O círculo hermenêutico ocorre no instante em que o sujeito, através de sua pré-compreensão, participa na construção do sentido do objeto (moldado por tais conceitos), ao passo que o próprio objeto, no desenrolar do processo hermenêutico, modifica a compreensão do intérprete". PEREIRA, Rodolfo Viana. *Hermenêutica Filosófica e Constitucional*. Belo Horizonte: Del Rey, 2001, p. 35.

[49] VIGO, Rodolfo Luis. *Los principios jurídicos* – perspectiva jurisprudencial. Buenos Aires: Abeledo-Perrot, 2000, p. 9-20.

Só princípios ou só regras não são suficientes para os direitos fundamentais. A norma,[50] que é o gênero, tem princípios e regras[51] como espécies. As regras devem ser pensadas à luz dos princípios, uma vez que devem concretizá-los. Os princípios[52] são os fundamentos das regras, indicando a estas o que deverá servir como elo e como base para sua compreensão e para sua interpretação. As regras são limitadas, pois não podem prever, em um determinado momento histórico, quais as situações que serão ou não atos contrários à pessoa ou quais serão medidas de prevenção ou de precaução[53] adequadas às novas situações concretas: "Diante do acelerado desenvolvimento da tecnologia e da sociedade, não há como a regra se adiantar aos fatos".[54]

Cabe ressaltar que os *efeitos* que os princípios e as regras produzem são distintos: para os princípios, os efeitos são relativamente indeterminados a partir de certo ponto; para as regras, bastante determinados. Assim, por

---

[50] "Tanto las reglas como los principios son normas porque ambos dicen lo que debe ser". ALEXY, 1997, op. cit., p. 83.

[51] De acordo com Juarez Freitas: "Por princípios fundamentais entendem-se, por ora, os critérios ou as diretrizes basilares do sistema jurídico, que se traduzem como disposições hierarquicamente superiores, do ponto de vista axiológico, às normas estritas (regras) e aos próprios valores (mais genéricos e indeterminados), sendo linhas mestras de acordo com as quais se guiará o intérprete quando se defrontar com as antinomias jurídicas. Diferenciam-se das regras não propriamente por generalidade, mas por qualidade argumentativa superior, de modo que, havendo colisão, deve ser realizada uma interpretação em conformidade com os princípios (dada a 'fundamentalidade' dos mesmos), sem que as regras, por supostamente apresentarem fundamentos definitivos, devam preponderar. A primazia da 'fundamentalidade' faz com que – seja na colisão de princípios, seja no conflito de regras – um princípio, não uma regra, venha a ser erigido como preponderante. Jamais haverá um conflito de regras que não se resolva à luz dos princípios, a despeito de este processo não se fazer translúcido para boa parte dos observadores. (...) Então, devem as normas estritas ou regras ser entendidas como preceitos menos amplos e axiologicamente inferiores aos princípios. Existem justamente para harmonizar e dar concretude aos princípios fundamentais, não para debilitá-los ou deles subtrair a nuclear eficácia direta e imediata. Tais regras, por isso, nunca devem ser aplicadas mecanicamente ou de modo passivo, mesmo porque a compreensão das regras implica, em todos os casos, uma simultânea aplicação dos princípios em conexão com as várias frações do ordenamento. Quanto aos valores *stricto sensu*, em que pese o preâmbulo constitucional mencionar expressamente 'valores supremos', considerar-se-ão quase com o mesmo sentido de princípios, com a única diferença de que os últimos, conquanto encarnações de valores e 'justificadores' do sistema, têm a forma mais concentrada de diretrizes, que falta àqueles, ao menos em grau ou intensidade". FREITAS, 2004, op. cit., p. 58.

[52] Acerca dos princípios, sugere-se ÁVILA, Humberto Bergmann. *Teoria dos princípios*: da definição à aplicação dos princípios jurídicos. São Paulo: Malheiros, 2003.

[53] Juarez Freitas traz esclarecimentos acerca dos princípios da prevenção e da precaução, assim afirmando: "Eis os elementos centrais do princípio da prevenção: (a) altíssima e intensa probabilidade (certeza) do dano especial e anômalo; (b) atribuição e possibilidade de o Poder Público evitá-lo; e (c) o ônus estatal de produzir a prova da excludente 'reserva do possível' ou outra excludente de causalidade, no caso da configuração do evento danoso. A saber, na hipótese de prevenção, antevê-se, com segurança, o resultado maléfico. Correspondentemente, nos limites das atribuições, nasce a obrigação administrativa de escolher as medidas interruptivas da rede causal, de sorte a impedir o dano antevisto. Para ilustrar, há dever de prevenção (não de precaução) no combate aos danos trazidos pela prática de tabagismo em ambientes coletivos, já que os malefícios são sobejamente conhecidos. (...) De sua vez, o princípio constitucional da precaução, igualmente dotado de eficácia direta, estabelece a obrigação de adotar medidas antecipatórias e proporcionais, mesmo nos casos de incerteza quanto à produção de danos fundadamente temidos (juízo de verossimilhança). A não-observância desse dever (não apenas na seara ambiental) configura omissão antijurídica, que, à semelhança do que sucede com a ausência da prevenção, tem o condão de gerar dano (material e/ou moral) injusto e, portanto, indenizável, segundo montante absorvido pela castigada massa dos contribuintes". FREITAS, Juarez. *Controle sistemático das relações administrativas*. São Paulo: Malheiros, 2009, p. 139-140.

[54] MARINONI, 2004, op. cit., p. 353.

exemplo, a regra que veda o trabalho noturno, perigoso, insalubre para os menores de dezoito anos traz um efeito bastante específico: nenhum menor de dezoito anos poderá trabalhar à noite, em uma atividade insalubre ou perigosa. Semelhante é o que acontece com a regra que diz que caberá aos sindicatos a defesa, judicial ou extrajudicial, dos direitos coletivos ou individuais da categoria, pois também aqui o efeito pretendido é claro: o sindicato pode participar de demandas judiciais ou extrajudiciais em prol da categoria. Já se o exemplo disser respeito à dignidade da pessoa humana, que é um princípio, os efeitos, a partir de um determinado momento, são muito indeterminados. O exemplo significa que todas as pessoas têm direito a uma vida digna; porém, quando se passa a tratar da pena de morte, da eutanásia, do aborto, haverá opiniões indeterminadas e diversas sobre os efeitos e sobre o alcance do princípio da dignidade. Pode-se concluir, portanto, que os efeitos que um princípio produz irradiam-se a partir de um núcleo básico determinado – semelhante, até aqui, às regras –, mas na sequência vão tornando-se indeterminados, variando em função de concepções políticas, ideológicas, religiosas, filosóficas, já que há muitas situações indetermináveis às quais o efeito básico do princípio poderá ser aplicado.[55]

Há ainda uma distinção entre princípios e regras no que concerne aos *meios* para se atingir os recém mencionados efeitos, "que é a fórmula usada, em geral, para descrever as chamadas normas programáticas que, nada obstante, estruturalmente consideradas, nada mais são do que espécies de princípios". Como exemplo, pode-se citar a norma constitucional que determina à ordem econômica a busca do pleno emprego, porque não há indeterminação no que diz respeito aos efeitos da norma, uma vez que esta última busca que todos tenham direito a um emprego. Esse resultado, entretanto, pode ser alcançado de *várias maneiras*, assunto que não se tratará em detalhes para fins de não se desvirtuar do assunto aqui proposto.[56]

Pode-se, ainda, falar em princípios-fim e princípios-meio:

> Há princípios-fim, como é o caso da dignidade da pessoa humana; há outros que dispõem de conteúdo material próprio, como a livre iniciativa, e outros que, diferentemente, versam acerca da qualidade que outros fenômenos devem apresentar, como é o caso da legalidade e da impessoalidade. Há também princípios-meio ou instrumentais, categoria na qual se poderia classificar, e.g., o princípio da separação dos poderes.[57]

Alexy[58] diferencia princípios e regras:

---

[55] BARCELLOS, Ana Paula de. *A eficácia jurídica dos princípios constitucionais*: o princípio da dignidade da pessoa humana. Rio de Janeiro: Renovar, 2002, p. 52-53.

[56] Ibid., p. 54.

[57] Ibid., p. 55.

[58] ALEXY, Robert. Colisão de Direitos Fundamentais e realização de Direitos Fundamentais no Estado de Direito Democrático. *Revista da Faculdade de Direito da Universidade Federal do Rio Grande do Sul*, Porto Alegre, Trad. de Luís Afonso Heck, v. 17, p. 275, 1999. Para Juarez Freitas, no entanto, na explanação de Alexy, "faltou notar a colisão oculta de princípios em todos os conflitos de regras, extraindo as consequências em sua teoria dos princípios. A distinção entre regras e princípios apresenta-se, na realidade, mais de grau hierárquico do que de essência, mesmo porque é o intérprete quem imprime o derradeiro significado normativo a ambos (princípios e regras) na circularidade hermenêutica". FREITAS, 2004, op. cit., p. 213.

> Princípios são normas que ordenam que algo seja realizado em uma medida tão ampla quanto possível relativamente a possibilidades fáticas ou jurídicas. Princípios são, portanto, *mandamentos de otimização*. Como tais, eles podem ser preenchidos em graus distintos. A medida ordenada do cumprimento depende não só das possibilidades fáticas, senão também das jurídicas. (...) Regras são normas que, sempre, ou só podem ser cumpridas ou não cumpridas. Se uma regra vale, é ordenado fazer exatamente aquilo que ela pede, não mais e não menos. Regras contêm, com isso, determinações no quadro do fático e juridicamente possível. Elas são, portanto, mandamentos definitivos. A forma de aplicação de regras não é a ponderação, senão a subsunção. (...) Seu ponto decisivo é que atrás e ao lado das regras estão os princípios. (grifo do autor)

Pode-se então reconhecer que as Constituições democráticas modernas têm duas categorias de normas: aquelas que constituem e que organizam o Estado, e aquelas que limitam e que dirigem o Estado, situação que deve sempre lembrar os direitos fundamentais. Há, pois, duas construções de direitos fundamentais: uma estreita e exata, denominada de *construção de regras*; outra larga e ampla, chamada de *construção dos princípios*. Nenhuma delas é realizada puramente, e saber qual delas é a melhor é uma questão de interpretação de cada Constituição.[59]

Para Alexy, na maior parte das vezes, as colisões de direitos fundamentais[60] devem ser qualificadas e identificadas como colisão de princípios,[61] porquanto os princípios[62] e as ponderações representam os dois lados da mesma moeda. Quem pondera está supondo que as normas têm a estrutura de princípios; quem classifica normas como princípios deve chegar a ponderações. Já a aplicação das regras, como foi dito acima, não depende de ponderação, mas sim de subsunção. Com efeito, a teoria dos princípios permite um meio-termo entre vinculação e flexibilidade, ao passo que a teoria das regras conhece somente a validez ou a invalidez, donde se conclui que a teoria dos princípios permite que se leve a sério a Constituição sem exigir o impossível, oferecendo, desta maneira, uma solução ao problema da colisão de direitos fundamentais.[63]

Mais do que nunca, a referida colisão de princípios merece solução. Para tanto, é que surge a proporcionalidade, que pode ser delineada por três aspectos: adequação, necessidade e proporcionalidade em sentido estrito. A adequação "corresponde ao entendimento – se o meio promove o

---

[59] ALEXY, Robert. Direitos Fundamentais, Ponderação e Racionalidade. *Revista de Direito Privado*, n. 24, p. 334, 2005.

[60] Sobre colisões de direitos fundamentais em sentido estrito, idênticos ou diferentes, sobre colisões de direitos fundamentais em sentido amplo bem como as suas soluções e a força vinculativa ou não dos direitos fundamentais, sugere-se, com ênfase, id., 1999, op. cit., p. 269 e ss.

[61] Também de acordo com Marinoni, "os direitos fundamentais têm natureza de princípio. Assim, se os princípios constituem mandado de otimização, dependentes das possibilidades, o direito fundamental à tutela jurisdicional efetiva (por exemplo) – que então pode ser chamado de princípio à tutela jurisdicional efetiva – também constitui mandado de otimização que deve ser realizado diante de todo e qualquer caso concreto, dependendo somente de suas possibilidades, e assim da consideração de outros princípios ou direitos fundamentais que com ele possam se chocar". MARINONI, 2004, op. cit., p. 228.

[62] O que não se pode deixar de mencionar é que já há quem defenda que também a análise das regras admite ponderação. Nesse sentido, ver: FREITAS, 2004, op. cit.

[63] ALEXY, 1999, op. cit., p. 275-279.

fim". A necessidade é, pois, analisar "se entre os meios disponíveis e igualmente adequados para promover o fim, não há outro meio menos restritivo dos direitos fundamentais afetados"; a proporcionalidade em sentido estrito significa perceber se "as vantagens trazidas pela promoção do fim correspondem às desvantagens provocadas pela adoção do meio? A finalidade pública deve ser tão valorosa que justifique a restrição!". Na sequência, o que cabe salientar é que a interferência no exercício de um determinado direito fundamental deve ser absolutamente necessária, tendo por objetivo a busca de um interesse público de superior importância, devendo ser aplicado este direito de forma que cause o menor dano possível ao exercício do direito fundamental constitucionalmente assegurado.[64]

Ainda sobre o assunto, Alexy salienta que, no Direito Constitucional alemão, a ponderação é uma parte daquilo que é exigido pelo princípio da proporcionalidade,[65] composto este de três princípios parciais – em parte algo diverso e em outro aspecto semelhante com o Direito brasileiro –, a saber, o da idoneidade, o da necessidade e o da proporcionalidade em sentido estrito, sendo que todos expressam a ideia da otimização. Neste sentido:[66]

> O princípio da idoneidade exclui o emprego de meios que prejudiquem a realização de, pelo menos, um princípio, sem, pelo menos, fomentar um dos princípios ou objetivos, cuja realização eles devem servir. (...) Uma posição pode ser melhorada sem que nasçam desvantagens para outras.
>
> O mesmo vale para o princípio da necessidade. Esse princípio pede, de dois meios, que, em geral, fomentam igualmente bem P1, escolher aquele que menos intensamente intervém em P2. Se existe um meio menos intensivamente interveniente e igualmente bem idôneo, então uma posição pode ser melhorada, sem que nasçam custas para a outra. A aplicabilidade do princípio da necessidade pressupõe, todavia, que não existe um terceiro princípio P3 que, pelo emprego do meio menos intensivamente interveniente em P2, é afetado negativamente. (...) Se custos ou sacrifícios não podem ser evitados, torna-se necessária a ponderação.
>
> O princípio da proporcionalidade em sentido estrito significa a otimização relativamente às possibilidades jurídicas. Ele é idêntico com uma regra que se pode denominar "lei da ponderação". Ele diz: "Quanto mais alto é o grau do não-cumprimento ou prejuízo de um princípio, tanto maior deve ser a importância do cumprimento do outro". (...)
>
> A lei da ponderação mostra que a ponderação deixa-se decompor em três passos. Em um primeiro passo deve ser comprovado o grau do não-cumprimento ou prejuízo de um princípio. A isso deve seguir, em um segundo passo, a comprovação da importância do cumprimento do princípio em sentido contrário. Em um terceiro passo deve, finalmente, ser comprovado, se a importância do cumprimento do princípio em sentido contrário justifica o prejuízo ou não-cumprimento do outro.

---

[64] VAZ, 2009, op. cit., p. 145.

[65] Salienta-se, outrossim, que "a proteção do núcleo essencial (*Wesensgehalt*) dos direitos fundamentais, o princípio da proporcionalidade, a reserva legislativa (restrições somente mediante leis no sentido formal) teriam sido categorias que, uma vez tendo recebido roupagem nacional, se revelariam extremamente benéficas, servindo como elementos para um tratamento científico e uniforme da matéria". SARLET, 2009, op. cit., p. 69.

[66] ALEXY, 2005, op. cit., p. 338-340. A respeito das críticas de Jürgen Habermas na construção da ponderação, sugere-se Ibid., p. 337-344.

A proporcionalidade é, pois, um critério hermenêutico[67] que permite solucionar o conflito entre direitos fundamentais, vinculando o juízo, uma vez que é uma fundamentação especialmente voltada para o âmbito do Direito Público; já a razoabilidade é um meio de avaliação dos atos da Administração Pública, do Judiciário e do Legislativo, a fim de reconhecer se os referidos atos estão informados pelo valor superior da Justiça,[68] a saber, o que é harmônico, o que corresponde ao senso comum e aos valores do momento vigente, jungindo-se à equidade.[69]

Sobre o tema, Juarez Freitas[70] afirma que o princípio da proporcionalidade tem destaque no embate dos direitos fundamentais e que em nenhum caso um direito fundamental[71] deverá suprimir inteiramente o outro, diante de uma colisão. Apenas "pode e deve preponderar, conforme as matrizes fáticas". Também ressalta que os princípios nunca se eliminam, diferentemente do que acontece com as regras "e, ainda, assim, em última instância,

---

[67] A ciência jurídica está buscando técnicas legislativas que alcancem uma maior efetividade aos critérios hermenêuticos; para tanto, é indispensável, porém não suficiente, a definição de princípios que protejam a pessoa humana, como tem ocorrido de maneira farta nas Diretivas europeias e em Textos Constitucionais, bem como a transposição para Textos Infraconstitucionais. "O legislador percebe a necessidade de definir modelos de conduta (*standarts*) delineados à luz dos princípios que vinculam o intérprete, seja nas situações jurídicas típicas, seja nas situações não-previstas pelo ordenamento". TEPEDINO, Gustavo. Crise de fontes normativas e técnica legislativa na Parte Geral do Código Civil de 2002. *Revista Forense*, Rio de Janeiro, v. 364, p. 116, nov./dez. 2002.

[68] John Rawls apresenta uma concepção de Justiça que chamou de "Justiça como equidade", segundo a qual os princípios mais razoáveis seriam aqueles que fossem resultado de um acordo mútuo entre pessoas em condições equitativas, ou seja, partiu o autor da ideia de "contrato social". Assim: "A ideia mais fundamental nessa concepção de Justiça é a ideia de sociedade como um sistema eqüitativo de cooperação social que se perpetua de uma geração para outra. Essa ideia central é elaborada em conjunção com duas outras ideias fundamentais a ela associadas que são: a ideia de cidadãos (os que cooperam) como pessoas livres e iguais (§ 7); e a ideia de uma sociedade bem-ordenada, ou seja, uma sociedade efetivamente regulada por uma concepção pública de Justiça (§ 3)". O referido autor formula dois princípios de Justiça: "Primeiro princípio – Cada pessoa tem de ter um igual direito ao mais extensivo sistema total de básicas liberdades iguais, compatíveis com um similar sistema de liberdade para todos. Segundo princípio – As desigualdades sociais e econômicas têm de ser ajustadas de maneira que sejam tanto (a) para o maior benefício dos menos privilegiados, consistente com o princípio justo de poupança, e (b) ligadas a cargos e posições abertos a todos", sob uma justa igualdade de oportunidade. RAWLS, 2003, op. cit., p. 7, 232. Juarez Freitas comenta que há um aceso debate em torno da teoria de Rawls; ainda, uma das mais conhecidas polêmicas foi a travada entre Rawls e Habermas. A respeito disso, ver: HABERMAS, Jürgen. *Dèbat sur la Justice Politique*. Trad. de Catherine Audard e Rainer Rochiltz. Paris: Les Éditions du Cerf, 1997 (Humanites). Segundo Juarez Freitas, vale recordar que, para "Rawls, em seu neocontratualismo, a teoria da Justiça deveria ser elaborada tendo como sujeito fundamental a estrutura básica da sociedade, de modo que está só estaria em ordem quando, efetivamente, regulada por um conceito público de Justiça, o qual deveria ser visto como propiciador de um padrão e, ao mesmo tempo, como parte de um ideal social. Com efeito, uma de suas maiores contribuições consistiu em apresentar um conceito de justiça tendente a generalizar-se a conduzir a um patamar de mais alta abstração a teoria do contrato social". FREITAS, 2004, op. cit., p. 136.

[69] VAZ, 2009, op. cit., p. 147. Humberto Ávila, por seu turno, diferencia a proporcionalidade da razoabilidade trazendo que "o postulado da proporcionalidade não se identifica com o da razoabilidade: esse exige, por exemplo, a consideração das particularidades individuais dos sujeitos atingidos pelo ato de aplicação concreta do Direito, sem qualquer menção a uma proporção entre meios e fins". ÁVILA, 2003, op. cit., p. 116.

[70] FREITAS, 2009, op. cit., p. 63.

[71] "O direito fundamental só tem razão de ser se cumprir a sua função de promover o bem da comunidade como um todo, ou pelo menos, de, promovendo individualmente o bem de cada um, acabar por promover o bem de todos. Volta-se, assim, à função promocional do Direito. Afinal, se o direito for conformado à revelia, ou mesmo em sentido contrário ao bem de todos, ele acaba por esvaziar-se em si mesmo". VAZ, 2009, op. cit., p. 109.

por preponderância principiológica, ao menos para o observador atento". Segundo o referido autor, o princípio da proporcionalidade precisa de ponderação/hierarquização axiológica do administrador público e de quem controla as condutas destes, sendo que o poder passa a ser o de universalizar a coexistência proporcional de todas as liberdades e propriedades.

Ainda acerca da proporcionalidade, Caroline Vaz[72] comenta:

> O princípio da proporcionalidade constitui meio adequado e apto para a solução dos conflitos, tendo seu relevante papel de concretizador dos direitos fundamentais, fazendo um controle das atividades restritas a esses direitos e impedindo a violação do texto constitucional, de sorte a vedar a aniquilação de direitos fundamentais sem qualquer reserva de restrição autorizada pela Constituição Federal, protegendo-se, assim, seu núcleo essencial. Este princípio é, por conseguinte, direito positivo em nosso ordenamento jurídico constitucional, embora não haja ainda sido formulado como uma "norma jurídica global"; flui do espírito que anima, em toda a sua extensão e profundidade, o § 2º do artigo 5º que abrange a parte não-escrita e não-expressa dos direitos e garantias cujos fundamentos decorrem da natureza do regime, da essência imposterável do Estado de Direito e dos princípios que este consagra e que fazem inviolável a unidade da Constituição. De todas essas definições, destaca-se a de Willis Santiago Guerra Filho, para quem se afigura desnecessário e incorreto procurar derivar o princípio da proporcionalidade de um ou outro qualquer princípio, como o do Estado de Direito, ou dos direitos fundamentais, para se reconhecer caráter constitucional. Segundo este autor, haveria aí um enfoque distorcido da questão, pois a opção do legislador constituinte brasileiro, por um Estado Democrático de Direito,[73] (art. 1º), com objetivos que na prática se conflitam (art. 3º), bem como pela consagração de um elenco extenso de direitos fundamentais (art. 5º), co-implica a adoção de um princípio regulador dos conflitos na aplicação dos demais, e, ao mesmo tempo, voltado para a proteção daqueles direitos. (...)

O conceito de desproporcionalidade,[74] por outro lado, representa uma relação entre intervenções concorrentes reais e hipotéticas. Uma intervenção em um direito é considerada desproporcional quando não justificada por uma outra intervenção hipotética de, pelo menos, igual intensidade em outro princípio, a qual, pela omissão da primeira intervenção, iria tornar-se real.[75]

Ainda acerca da colisão entre dois ou mais direitos fundamentais, deve-se salientar que caberá ao Juiz[76] a boa aplicação do princípio da concordân-

---

[72] VAZ, 2009, op. cit., p. 144-145.

[73] "Não se pode afirmar que o Brasil é um Estado Democrático de Direito sem vislumbrar, nesta democracia, o pleno respeito aos direitos fundamentais". VAZ, 2009, op. cit., p. 105.

[74] Retornando à proporcionalidade, Humberto Ávila declara que: "o postulado da proporcionalidade pressupõe a relação de causalidade entre o efeito de uma ação (meio) e a promoção de um estado de coisas (fim). Adotando-se o meio, promove-se o fim". ÁVILA, 2003, op. cit., p. 104 e ss. Ainda que apenas ilustrativamente, sobre a diferença entre a proporcionalidade e a razoabilidade, traz-se a ideia comparativa de Otávio Piva: o princípio da proporcionalidade é originário do Direito prussiano – século XIX –, enquanto que o princípio da razoabilidade vem do Direito norte-americano, século XX; a proporcionalidade pressupõe uma relação meio-fim, já razoabilidade uma relação meio-indivíduo; a proporcionalidade analisa a intensidade do meio em relação ao fim desejado, já a razoabilidade analisa a intensidade do meio em relação a determinado sujeito. PIVA, Otávio. *Comentários ao art. 5º da Constituição Federal de 1988 e teoria dos Direitos Fundamentais*. São Paulo: Método, 2009, p. 41.

[75] ALEXY, 2005, op. cit., p. 342.

[76] A respeito da implicação da criatividade do Judiciário ou da jurisprudência, bem como isso se dá na Itália, Guido Alpa assegura que "Creatività del giudice o della girurisprudenza sono espressioni assai implicanti perché, nell'ammettere la possibilita stessa che il giudice possa assere 'creativo', si ammette che la attività non consista semplicemente nell'interpretazione e applicazione del diritto, ma si possa

cia prática ou da harmonização, isto é, a aplicação, ao caso concreto, dos direitos com a necessária ponderação, a fim de diminuir o alcance de um destes, evitando-se, deste modo, a completa destruição de um e de outro.[77]

O Juiz não é, pois, uma máquina silogística,[78] nem o processo se presta para soluções de matemática exata.[79] Isso vale não só para a resolução de questões fáticas e de direito como também para a condução do processo

---

spingere a compiere operazioni più complesse, quali la creazione di uma regola – di carattere generale, ovvero riferita al caso concreto in decisione – che non sai esplicitata dall'ordinamento. (...) La libertà dell'interprete quindi varia non solo da ordinamento a ordinamento, ma all'interno di un singolo ordinamento, tra concezione formale e concezione sostanziale di 'fonte del diritto'. E continua o autor, afirmando que "quanto poi allá creatività in senso proprio, a seconda dello stile della giurisprudenza, si possono distinguire ordinamenti in cui sai obbligatorio o sia prassi seguire i modelli di decisione delle corti superiori da parte dei giudici inferiori, e ordinamenti in cui tale prassi non esista o sia minoritaria, nonché ordinamenti in cui sia osservata la nomofilachia dei giudici superiori. Come è noto, l'ordinamento italiano presenta una legge fontdamentale, è inciso dal diritto comunitario, è codificato, conosce il principio 'iuria novit curia', prevede regole di interpretazione e applicazione del diritto, consente *l'analogia legis* e *l'analogia iuris*, e la giurisprudenza à escritta (almeno oggi) dalla dottrina alle fonti del diritto (...) Vi sono interi dell'ordinamento, e in particolare dell'ordinamento privatistico, in cui le regole di codice costituiscono un mero punto di riferimento o addirittura un supporto marginale, ma le regole applicate nascono dai casi, si ripetono nei casi successivi, via via si 'codificano' nei fatti e così si adattano gradualmente alle esigenze economiche e sociali. Per questi settori verrebe fatto di pensare che i modelli stereotipi con cui si procede didatticamente a distinguire gli ordinamenti codificati da quelli non codificati mostrino profonde crepe, o addirittura finiscano per perdere i connotati originari e quasi per confondersi". ALPA, Guido. *L'arte di Giudicare*. Roma: Gius. Laterza & Figli, 1996. (Biblioteca di Cultura Moderna Laterza), p. 4-5.

[77] Ainda sobre o assunto: "Exemplo concreto da aplicação do princípio da ponderação de bens ocorreu no julgamento, pelo STF (Informativo STF 257 – RCL 2.040, Rel. Min. Néri da Silveira, 21-02-2002), de processo envolvendo famosa cantora mexicana, contra a qual havia pedido de extradição. A extraditanda, enquanto aguardava presa o julgamento do processo extradicional (prisão preventiva para fins de extradição), acusou policiais de praticarem estupro carcerário e, portanto, que sua gravidez seria decorrente dessa conduta criminosa. Os policiais, ofendidos em sua honra, exigiram judicialmente que a cantora realizasse exame de DNA para a comprovação do estupro. A cantora, por sua vez, recusava-se a fazer o exame, pois sua intimidade e de seu filho seria violada. O STF, ponderando os bens em conflito (intimidade da mãe e do filho x honra dos policiais e da própria Instituição) e, considerando que o exame seria feito com material genético da placenta da extraditanda, situação que ofenderia ao mínimo a intimidade (princípio da intervenção mínima), determinou, ao fim, fosse o exame realizado (princípio da proporcionalidade)". PIVA, 2009, op. cit., p. 35.

[78] "(...) não basta a independência externa do Judiciário. Não basta que o Juiz não sofra pressões dos outros ramos dos Poderes. É imprescindível, também, que se garanta sua independência interna e que o Magistrado permanentemente se indague sobre o nível de sua independência psicológica. Juízes devem ser independentes, sim. Mas a independência não é um fim em si mesmo. É um atributo imprescindível, mas instrumental. O Juiz deve ser independente porque precisa portar-se como guardião da Constituição e seus valores. Como tal, deve sentir-se vinculado ao horizonte traçado pelo constituinte, que estabeleceu ser objetivo da República a construção de uma sociedade justa, livre e solidária. Isso implica transformações. Portanto, deve portar-se como defensor não só daquilo que é, mas especialmente daquilo que deve-ser e, por vezes, daquilo que deve-ser contra aquilo que é". FACCHINI NETO, 2009a, op. cit., p. 147. No mesmo sentido, Peter Häberle atesta que "a vinculação judicial à lei e a independência pessoal e funcional dos Juízes não podem escamotear o fato de que o Juiz interpreta a Constituição na esfera pública e na realidade". E continua o autor: "seria errôneo reconhecer as influências, as expectativas, as obrigações sociais a que estão submetidos os Juízes apenas sob o aspecto de uma ameaça a sua independência. Essas influências contêm também uma parte de legitimação e evitam o livre arbítrio da interpretação judicial". HÄBERLE, 2002, op. cit., p. 17-18.

[79] "O Juiz imparcial é justo porque trata da mesma forma todos aqueles aos quais a mesma regra é aplicável, sejam quais forem as consequências. Ele é comparável a uma balança, a uma máquina à qual é alheia qualquer paixão: não se pode intimidá-lo, nem corrompê-lo, ou despertar-lhe a piedade. *Dura lex, sed lex*: a regra é a igualdade perante a lei, ou seja, a permutabilidade dos que estão sujeitos à jurisdição. Nessa concepção de Justiça, o Juiz não tem, enquanto Juiz, de questionar a lei. Essa concepção é fundamentada na doutrina da separação dos Poderes, que concede ao Legislativo o direito exclusivo de legislar, limitando-se o papel da Corte de Cassação a ser o policial, encarregado pelo Poder Legislativo de vigiar para que os Juízes não violem a lei em suas sentenças e arestos. É óbvio que não se pode limitar assim a função do

– em especial, na valorização do material fático de interesse para a decisão.[80] Não se deve esquecer que até mesmo a regra jurídica clara e aparentemente unívoca pode ser transformada, dependendo do caso concreto, justamente pelas valorações e ideias de cada Juiz.[81]

Sobre o tema, Marinoni[82] comenta:

> O Juiz que se omite é tão nocivo quanto o Juiz que julga mal. Prudência e equilíbrio não se confundem com medo, e a lentidão da Justiça[83] exige que o Juiz deixe de lado o comodismo do antigo procedimento ordinário – no qual alguns imaginam que ele não erra – para assumir responsabilidades de um novo Juiz, de um Juiz que trata dos "novos direitos" e que também tem que entender – para cumprir sua função sem deixar de lado sua responsabilidade social – que as novas situações carentes de tutela não podem, em casos não raros, suportar o mesmo tempo que era gasto para a realização dos direitos de sessenta anos atrás.

Os Juízes de hoje em dia "começam a ensaiar a possibilidade de serem porta-vozes não só da segurança dos que já têm mas também da esperança dos muitos que ainda não têm, e que veem no Judiciário uma possibilidade de acesso a certos direitos a prestações do Estado, enquanto cidadãos, e de fazer respeitar, pela sociedade, sua dignidade enquanto seres humanos".[84]

O Direito Ambiental, por exemplo, necessita de normas de direito material que imponham uma conduta negativa (proibição de construção em certo local) ou que determinem uma conduta positiva (obrigação da adoção

---

Juiz quando se lhe reconhece um papel ativo na elaboração da lei nem sobretudo, como na *Common Law*, quando ele deve julgar com equidade". PERELMAN, 2005, op. cit., p. 161.

[80] "Para definir a matéria dos direitos fundamentais no Direito Constitucional pátrio, cumpre fazer referência a dois parâmetros desenvolvidos pela doutrina e pela jurisprudência espanhola com base no Direito Constitucional Positivo daquele país, quais sejam, o *da tutela jurisdicional outorgada aos direitos fundamentais* e a teoria do conteúdo essencial destes". (grifo do autor) SARLET, 2009, op. cit., p. 113.

[81] ALVARO DE OLIVEIRA, 2004, op. cit., p. 14. Reconhecendo o Poder que o Juiz tem e fazendo uma relação com os assuntos que serão tratados no decorrer deste estudo, indica-se que "embora o lesado esteja mobilizado pela ideia de punição, o juízo pode estar convencido de que o caso, por envolver culpa simples do lesante, demanda apenas a fixação de uma soma que desempenhe a função de compensação do dano. O que importaria, do ponto de vista jurídico, seria, então, não a finalidade do demandante, mas o *fim visado pelo julgador*, único intérprete autêntico do Direito, no dizer de Kelsen, e único que poderia, concretamente, imprimir essa ou aquela finalidade à indenização do dano moral, quando da fixação do respectivo *quantum*. Cabe, então, ao Juiz, no caso concreto, sopesando todas as circunstâncias envolvidas, identificar se a indenização do dano moral deve ser fixada a título de compensação ou satisfação da vítima; ou se deve ser empregada como forma de punição do ofensor; ou, ainda, finalmente, se deve realizar ambas as funções". CORRÊA DE ANDRADE, André Gustavo. *Dano moral e indenização punitiva: os punitive damages na experiência da Common Law e na perspectiva do Direito brasileiro*. Rio de Janeiro: Forense, 2009, p. 167.

[82] MARINONI, Luiz Guilherme; ARENHART, Sérgio Cruz. *Manual do Processo de Conhecimento*. São Paulo: Revista dos Tribunais, 2005, p. 198.

[83] De acordo com Canotilho, quando da positivação de princípios e de direitos fundamentais como valores e necessidades reconhecidos de forma consensual pela comunidade histórica e espacialmente situada, o Poder Constituinte e a Constituição transformam-se em "reserva de Justiça". GOMES CANOTILHO, Joaquim José. *Direito Constitucional*. Coimbra: Livraria Almedina, 1992, p. 113.

[84] Ainda: "Depois de ter assumido plenamente sua condição de verdadeiro poder, cada vez mais é chamado a exercer a função de autêntico *contrapoder*, ou seja, um poder que se coloca na condição de controlador dos demais poderes, zelando não só para que não ultrapassem suas competências, mas também para que cumpram estritamente suas funções constitucionais. (...) E, sobretudo, exige um Juiz comprometido com o valor mor dos ordenamentos jurídicos contemporâneos, qual seja, a dignidade do ser humano, com direito a um mínimo existencial e ao pleno respeito aos seus direitos fundamentais". FACCHINI NETO, 2009b, p. 33-34, 56.

de determinada medida de prevenção) a fim de que este direito fique protegido. Desta forma, quando uma dessas normas deixa de ser observada, o Processo Civil assume a responsabilidade e faz atuá-las, significando que o Juiz deverá dar ou um comando de fazer ou de não fazer, conforme seja necessária uma omissão ou uma ação.[85] Já no que toca aos danos imateriais, é sabido que igualmente difícil é a tarefa do Juiz, porque "O melhor critério para a quantificação da indenização por prejuízos extrapatrimoniais em geral, no atual estágio do Direito brasileiro, é por *arbitramento pelo Juiz*, de forma equitativa, com fundamento no postulado da razoabilidade",[86] (grifo do autor) assunto que se voltará a comentar.[87]

Não se pode deixar de mencionar que a equidade serve também para unir os pontos entre a abstração da norma e a concretude do caso em julgamento. Tanto assim o é que Carlos Alberto Alvaro de Oliveira[88] assinala:

> Cuida-se, bem entendido, de aplicar a lei com equidade, atividade conatural ao próprio ato de julgar, e não de substituí-la pela equidade. E nessa aplicação da regra ou do princípio, do direito *tout court*, o sistema funciona como língua, isto é, como sistema de regras de uso das palavras da linguagem jurídica na qual se nomeiam os fatos a serem apreciados e valorizados. Na verdade, os significados expressos na língua jurídica, empregada na aplicação operativa do Direito, são tão ambíguos e opináveis como as regras de uso da língua jurídica ditada pelas normas. Daí a permanente necessidade de contextualizá-los, pela inserção no contorno específico fático da causa, para se extrair a decisão justa e adequada do caso concreto, especialmente com a ajuda dos princípios.
>
> No concernente aos direitos fundamentais e aos princípios, a concretização realiza-se exclusivamente pelo Juiz no caso trazido ao seu conhecimento. Vale dizer que o seu conteúdo só pode ser determinado diante de fatos específicos, considerando-se ainda que para essa aplicação são estabelecidos poucos limites, a não ser a coerência com os fundamentos constitucionais,[89] o sistema jurídico e a linguagem interna do Direito. Em contrapartida, o conteúdo da regra está previsto na própria regra, com maior ou menor precisão.

---

[85] MARINONI, 2004, op. cit., p. 337.

[86] SANSEVERINO, Paulo de Tarso Vieira. *Princípio da reparação integral* – Indenização no Código Civil. São Paulo: Saraiva, 2010, p. 280-281. Na sequência comenta o Ministro que: "No Brasil, embora não se tenha norma geral para o arbitramento da indenização por dano extrapatrimonial semelhante ao art. 496, n. 3, do CC português, tem-se a regra específica do art. 953, parágrafo único, do CC de 2002, que, no caso de ofensas contra a honra, não sendo possível provar prejuízo material, confere poderes ao Juiz para 'fixar, eqüitativamente, o valor da indenização na conformidade da circunstância do caso'. Na falta de norma expressa, essa regra pode ser estendida, por analogia, às demais hipóteses de prejuízos sem conteúdo econômico (LICC, art. 4º)".

[87] Ver o tópico 3.2 desta tese.

[88] ALVARO DE OLIVEIRA, 2004, op. cit., p. 15.

[89] Carlos Alberto Alvaro de Oliveira ainda reforça que a interpretação deve ser conforme a Constituição, ponderando valores entre os direitos fundamentais adequados e o bem protegido pela lei, embora, por vezes, seja necessária a própria correção da lei pelo órgão judicial na busca de proteger direito fundamental (interpretação mais favorável aos direitos fundamentais). Outrossim, o Julgador deve determinar o alcance dos direitos fundamentais e dos princípios que colidem entre si no caso em julgamento, ponderando valores e determinando o que vai prevalecer para a Justiça do caso, com base no princípio da proporcionalidade. Ressalta que, além de conflitarem, os princípios podem se complementar ou se delimitar entre si. Ibid., p. 15-16. Sugere-se, acerca dos temas aqui aventados: ÁVILA, Humberto Bergmann. Distinção entre princípios e regras e a redefinição do dever de proporcionalidade. *Revista de Direito Administrativo*, n. 215, p. 151-179, jan./mar. 1999. Também LARENZ, Karl. *Metodologia da Ciência do Direito*. Trad. de José Lamego. 3. ed. Lisboa: Fundação Calouste Gulbenkian, 1997, p. 483 e ss.

Outrossim, a título de complementação do estudo – a fim de não deixar passar *in albis* a vinculação com o Legislativo e com o Executivo –, tem-se que, quanto ao segundo, "o que importa é a constatação de que os direitos fundamentais vinculam os órgãos administrativos em todas as suas formas de manifestação e atividades, na medida em que atuam no interesse público, no sentido de um guardião e gestor da coletividade". Em contrapartida, no que diz respeito ao Legislativo:

> Num sentido negativo (ou proibitivo), já se referiu a proibição da edição de atos legislativos contrários às normas de direitos fundamentais, que, sob este ângulo, atuam como normas de competência negativas. Na sua acepção positiva, a vinculação do legislador implica um dever de conformação de acordo com os parâmetros fornecidos pelas normas de direitos fundamentais e, neste sentido, também um dever de realização destes, salientando-se, ademais, que no âmbito de sua faceta jurídico-objetiva, os direitos fundamentais também assumem a função de princípios informadores de toda a ordem jurídica.[90]

Não se pode deixar de frisar a importância do Judiciário que, além de aplicar os direitos fundamentais, também faz o controle da constitucionalidade dos atos dos demais órgãos estatais, dispondo os Tribunais do já mencionado poder-dever de não aplicar os atos contrários à Lei Maior e, em especial, os que ofendem os direitos fundamentais. É por isso que se defende que são os Tribunais – em especial a Jurisdição Constitucional e o seu órgão máximo – que acabam por delinear o sentido mais acertado dos direitos fundamentais. Há, por outro lado, e não se pode desprezar, a obrigação de os Juízes e de os Tribunais de conceder aos direitos fundamentais a maior eficácia possível que estes possam alcançar.

Ingo Sarlet distingue direitos de defesa e de prestação: os primeiros trazem consigo uma presunção de aplicabilidade imediata e a máxima da maior eficácia possível, impondo aos Juízes e aos Tribunais que apliquem as normas fundamentais aos casos concretos, permitindo, desta forma, o pleno exercício desses direitos fundamentais com efetividade e com eficácia plena. No entanto, não é o mesmo raciocínio que se aplica para os direitos à prestação que buscam uma conduta positiva (fática ou normativa) por parte do destinatário.

Afora as funções negativa e positiva antes mencionadas,[91] os Tribunais têm o dever de interpretar e de aplicar as leis de acordo com os direitos fundamentais bem como o dever de, como já foi aqui mencionado, preencher as even-

---

[90] SARLET, 2009, op. cit., p. 268-269, 345, 347.

[91] Concomitantemente com os direitos defensivos, que protegem os indivíduos contra a ação do Poder Público impondo a este último deveres de abstenção, existem outros direitos com efeitos positivos e que impõem ao Poder Público deveres de proteção, consistentes em uma obrigação positiva para o Estado, no sentido de adotar medidas hábeis a assegurar a proteção ou a promoção do exercício das liberdades civis e do livre desenvolvimento da personalidade humana. A obrigação de proteção é dirigida ao Estado, considerado este último como o *garante da proteção*, tendo, portanto, a tarefa de fazer cessar as ingerências provenientes tanto de pessoas privadas como de perigos oriundos da própria ingerência. De acordo com David Capitant, "Para satisfazer a essa obrigação, o Poder Público pode fazer atuar todos os meios que estão à sua disposição. Pode tratar-se da regulamentação do Direito Privado, mas, igualmente, da utilização de formas do Direito Público ou do Direito Penal, da adoção de regulamentações ou da determinação de prestações". CAPITANT, David. *Les effets juridiques des Droits Fondamentaux en Allemagne*. Paris: L.G.D.J, 2001, p. 275. O que David Capitant defende, portanto, está ao encontro das ideias expostas

tuais lacunas das normas fundamentais, inclusive na jurisdição cível. Compete ao Judiciário, diante do conflito entre os princípios da legalidade e da constitucionalidade, por óbvio, dar prevalência ao último. Nas palavras de Stephen Breyer,[92] "the judge must examine the consequences through the lens of the relevant constitucional value or purpose. The relevant values limit interpretative possibilities (...) a focus on consequences will itself constrain subjectivity".

No tocante aos já referidos direitos de defesa, a aplicação das diretrizes recém-expostas é tranquila; no entanto, no que diz respeito aos direitos de prestações, a vinculação dos órgãos judiciais é menos intensa, pois entendem os direitos de prestações em regra como normas de eficácia limitada que clamam por uma concretização legislativa.

Vale referir também que os atos judiciais que afrontem os direitos fundamentais poderão ser objeto de controle jurisdicional, sendo que esta fiscalização será exercida em última instância pelo STF, guardião da Lei Maior.

Que cabe ao Judiciário possibilitar a fruição dos direitos fundamentais mediante a colmatação de lacunas, não resta dúvida sobre isso; contudo, isso não quer dizer que não haja limites para esta atividade. Nas palavras de Ingo W. Sarlet:[93]

> Ainda que se pudesse argumentar que a remoção de lacunas pelos órgãos judiciários em todos os casos concretos é, ao menos em tese, sempre possível, inexistindo qualquer afronta ao princípio da separação dos poderes, há certas barreiras que impedem se possa acolher de forma absoluta a solução proposta. Com efeito, especialmente no que concerne aos direitos fundamentais sociais de natureza prestacional, verifica-se que os limites da reserva do possível, da falta de qualificação (e/ou legitimação) dos Tribunais para a implementação de determinados programas socioeconômicos, bem como a colisão com outros direitos fundamentais podem, dentre outros aspectos, exercer uma influência decisiva.

Deixando um pouco de lado os Poderes Públicos, e atentando um pouco para a esfera privada, devem-se destacar duas situações diferentes: as relações que se estabelecem entre o indivíduo e os detentores do Poder Social (manifestamente desiguais) e as relações entre os particulares[94] em geral (virtualmente iguais). Como bem assevera Ingo W. Sarlet:[95]

---

nesta tese, pois, para proteger direitos fundamentais violados, valem normas dispostas dentro do Direito Público, vale dizer, da Lei Maior.

[92] BREYER, 2005, op. cit., p. 120.

[93] SARLET, 2009, op. cit., p. 257.

[94] Como as relações entre particulares são, via de regra, obrigacionais, sobre o tema assevera Jacques Guestin que: "Il est permis de penser que l'utile et le juste sont bien les principes fondamentaux de la théorie générale du contrat et qu'ils permettent, non sans difficultés d'ailleurs, une classification des règles essentielles du contrat, autour des deux notions d'ordre public de direction, justifiant une nullité absolute, et d'ordre public de protection, justifiant une nullité relative. Que la construction ainsi proposée une part de schématisation non dépourvue d'arbitraire, cela n'est pás contestable. La réalité vivante et complexe des relations contractuelles se laisse difficilement enfermer dans des concepts. Il semble cepedant que la référence à ces deux notions, l'utile et le juste, soit plus fécond, que l'application du principe trop simple de l'autonomie de la volonté, quin e permet plus aujourd'hui de rendre compte du droit positif, et qui, surtout, à la différence de l'utile et du juste, ne contient pas les éléments de recherche et de progrès qu'impliquent ces deus notions".GHESTIN, Jacques. L'utile et le juste dans les contrats. *Archives de Philosophie du Droit*, n. 26, p. 57, janv./déc. 1981.

[95] SARLET, 2009, op. cit., p. 359.

No que diz respeito com a primeira alternativa, constata-se a existência de relativo consenso a respeito da possibilidade de se transportarem diretamente os princípios relativos à eficácia vinculante dos direitos fundamentais para a esfera privada, já que se cuida induvidosamente de relações desiguais de poder, similares às que se estabelecem entre os particulares e os poderes públicos. Relativamente à intensidade, sustenta a doutrina majoritária que a vinculação dos particulares aos direitos fundamentais – em se tratando de detentores de poder social – será também equivalente à que se verifica no caso dos órgãos estatais. Pelo contrário, quando se trata de relações igualitárias, o problema não se revela de fácil solução, registrando-se acentuada controvérsia nesta seara.

Prossegue o autor,[96] declarando que não há dúvida de que Estado e particulares estão vinculados aos direitos fundamentais por um dever geral de respeito; entretanto, quando não se trata de relações entre indivíduo-poder, ou seja, quando se está diante de particulares em condições de relativa igualdade, deverá prevalecer, em regra, o princípio da liberdade, com eficácia direta dos direitos fundamentais na esfera privada somente nos casos em que a dignidade da pessoa humana[97] estiver ameaçada. Observa-se, desta maneira, que as normas de Direito Privado não podem afrontar os direitos fundamentais, e que aquelas devem ser interpretadas de acordo com estes.

Como em regra os direitos fundamentais têm aplicabilidade imediata,[98] o Judiciário tem o poder-dever de aplicar imediatamente as normas fundamentais, assegurando, com isso, a sua plena eficácia.[99] Assim, a falta de concretização não poderá ser óbice à aplicação imediata pelos Juízes e pelos

---

[96] SARLET, 2009, op. cit., p. 359.

[97] Complementa a ideia Annelise Steigleder: "Na Constituição Brasileira de 1988, a ênfase é também na proteção da qualidade da vida humana, como corolário da dignidade da pessoa humana, que depende de um ambiente ecologicamente equilibrado, pelo que não ocorreu uma ruptura com o paradigma antropocêntrico: o ser humano continua a ser a finalidade última da proteção jurídica. Trata-se aqui da tutela de um direito de personalidade, embora de titularidade difuso, já que a qualidade ambiental é um bem jurídico indisponível e inapropriável". STEIGLEDER, Annelise Monteiro. *Responsabilidade civil ambiental*: as dimensões do dano ambiental no Direito brasileiro. Porto Alegre: Livraria do Advogado, 2004, p. 111.

[98] Certo é que a aplicabilidade imediata dos direitos fundamentais dá a estes últimos uma *juridicidade reforçada* que é específica de normas constitucionais, garantindo-lhes uma qualidade distintiva. SARLET, 2009, op. cit., p. 73. A aplicabilidade imediata é assunto que será mais amplamente abordado no ponto 4.2.1.

[99] Os direitos fundamentais têm eficácia vertical e horizontal. Nas palavras de Ingo Sarlet: "Poder-se-á falar de uma eficácia de natureza 'vertical' dos direitos fundamentais no âmbito do Direito Privado, sempre que estiver em questão a vinculação das entidades estatais (públicas) aos direitos fundamentais, em última análise, sempre que estivermos falando de vinculação do legislador privado, mas também dos órgãos do Poder Judiciário, no exercício da atividade jurisdicional no que diz com a aplicação das normas do Direito Privado e a solução dos conflitos entre particulares". Já sobre a eficácia horizontal ou a eficácia entre os particulares, assevera o autor: "que sob o prisma material, cuida-se da problemática da existência, ou não, de uma vinculação dos sujeitos particulares aos direitos fundamentais, bem como de verificar sua amplitude e o modo desta vinculação, ao passo que, pelo prisma processual, se estará tratando, em princípio, dos meios processuais para tornar efetivos os direitos fundamentais nas relações interprivadas, assumindo destaque, neste contexto, o problema da possibilidade de o particular, via ação judicial, opor-se diretamente à eventual violação de direito fundamental seu por parte de outro particular". Id. Direitos Fundamentais e Direito Privado: algumas considerações em torno da vinculação dos particulares aos Direitos Fundamentais. In: ——. (org.). *A Constituição concretizada*: construindo pontes com o público e o privado. Porto Alegre: Livraria do Advogado, 2000, p. 109. Deve-se salientar, ainda, a fim de fazer uma ligação com os assuntos a serem abordados na sequência, que, para a concretização da função punitiva e dissuasória da responsabilidade civil, deve-se observar o aspecto vertical da eficácia dos direitos fundamentais.

Tribunais, uma vez que o Judiciário está obrigado não só a assegurar a plena eficácia dos direitos fundamentais como também a remover alguma lacuna pela falta de concretização, usando, como justificativa para isso a norma do art. 4º da LICC: "Quando a lei for omissa, o Juiz decidirá o caso de acordo com a analogia, os costumes e os princípios gerais de direito".[100]

Já que se está falando dos poderes e dos deveres do Juiz, não se pode deixar de referir que, de acordo com o art. 130 do CPC, o Juiz tem o poder de, quando os fatos ainda não lhe parecerem suficientemente esclarecidos, determinar prova de ofício, ainda que a parte já tenha perdido a oportunidade processual para tanto.[101]

Como o Juiz tem o dever de esclarecer o fato, aplicando o art. 130 do CPC, e só depois julgar, não é possível impor àquele a condição de mero expectador da demanda, sob pena de que ele não cumpra bem a sua tarefa.[102] Outrossim, a sujeição do Juiz à lei e à Lei Maior transforma-o em garante dos direitos fundamentais, inclusive contra o Legislador, por meio do reconhecimento judicial da invalidade de leis que violem referidos direitos; desta forma, a interpretação judiciária da lei acaba sendo um juízo sobre a própria lei, cabendo ao Juiz escolher apenas os significados que estejam de acordo com a Constituição e os direitos fundamentais nela estatuídos.[103]

De acordo com Marinoni:[104]

> O Juiz que se omite em decretar a produção de uma prova relevante para o processo estará sendo parcial ou mal cumprindo sua função. Já o Juiz que determina a realização da prova de ofício, especialmente porque lhe deve importar apenas a descoberta da "verdade", e não aquele que resulta vitorioso (o autor ou réu), estará voltado apenas para a efetividade do processo.

Em outras palavras, se precisa de um Juiz investigativo, atento e com uma vontade direcionada para a solução da lide.

É oportuno neste ponto do estudo, por se estar falando dos Juízes e das suas atividades, analisar a distinta forma de agir dos Julgadores no sistema brasileiro – *Civil Law* – bem como no *Common Law*, assunto que se passa a analisar.

---

[100] SARLET, 2009, op. cit., p. 256.

[101] STJ: "Processual Civil. Benefício Acidentário. Perícia Médica. Determinação *ex officio* pelo Juiz. Possibilidade. Em se tratando de ação para a concessão de benefício acidentário, é possível ao Juiz determinar *ex officio* a realização de perícia médica, tendo em vista a sua importância para a solução da lide, ainda que o segurado, motivado pelo deferimento do benefício no âmbito administrativo, tenha requerido o julgamento conforme o estado do processo, por entender desnecessária a prova técnica. Recurso não conhecido". STJ, 5ª Turma, rel. Min. Félix Fischer, Resp 285872, DJ de 09.04.2001.

[102] Para Cármen Lúcia Antunes Rocha: "(...) incumbe ao Poder Judiciário fazer-se alerta para interpretar os direitos fundamentais considerando o texto e o contexto constitucional, a sede e a afluência dos direitos sobre os quais se questionam, estender-se tão amplamente quanto seja necessário e possível para que ele realize uma tarefa de justiça social e não de injustiças menores. Ao Judiciário cabe a tarefa de oferecer respostas concretas e engajadas às questões que lhe são postas em condições históricas definidas e experimentadas". ANTUNES ROCHA, Cármen Lúcia. O Constitucionalismo contemporâneo e a instrumentalização para a eficácia dos Direitos Fundamentais. *Revista Trimestral de Direito Público*, v. 16, p. 40, 1996.

[103] FACCHINI NETO, 2009b, op. cit., p. 36.

[104] MARINONI; ARENHART, 2005, op. cit., p. 286.

Há, pois, o sistema romano-germânico,[105] denominado *Civil Law*, no qual se encontra o Direito brasileiro; em contrapartida, o sistema do *Common Law*,[106] que não deve ser confundido com o sistema inglês (porque aplicado a vários países, embora nascido na Inglaterra), nem com o britânico (adjetivo relativo a Grã-Bretanha, entidade política que inclui a Escócia, que pertence ao sistema da família romano-germânica), nem com o anglo-saxão (porque esse adjetivo designa o sistema dos direitos que regiam as tribos, antes da conquista normanda da Inglaterra, portanto, anterior à criação do *Common Law* naquele País).

Fato marcante da família romano-germânica foi a compilação e a codificação do Direito Romano, que cristalizou, em textos harmônicos, normas costumeiras, normas escritas esparsas, decisões jurisprudenciais e doutrinárias, juntamente com a obra dos glosadores que, aos poucos, foram, em particular nas universidades medievais,[107] dando uma feição racional às soluções casuísticas e assistemáticas dos jurisconsultos romanos. Na sua gênese, portanto, nota-se a preocupação com uma ordem racional de conceitos, surgindo o Direito como um sistema, a saber, um conjunto de preceitos que deveriam estar agrupados.[108] É, assim, o Direito *escrito* que busca, sob o manto da segurança e da previsibilidade, regular os mais variados aspectos da vida social por meio da formulação de regras gerais e abstratas previamente criadas. Este sistema exige a interpretação de fórmulas gerais e abstratas, para a aplicação em casos concretos, com quase nenhuma margem para lacunas a serem preenchidas pelo Juiz, que não tem como não se ver limitado pelas balizas preestabelecidas pelo Legislador, preponderando o raciocínio dedutivo.[109]

O problema a ser evitado no *Civil Law* era – e de certa forma continua sendo – o casuísmo na lei, a despeito de se defender, no presente estudo,

---

[105] Um pensador que bem caracteriza o sistema romano-germânico é Hans Kelsen, com sua *Teoria Pura do Direito*. Defende que o Direito é uma construção escalonada, tão racional e geométrica que, por isso mesmo, tem a forma de uma pirâmide, no ápice da qual se encontra uma norma fundamental, a partir da qual as normas menos gerais retiram a sua eficácia e vão perdendo a sua generalidade, até aquelas normas colocadas na base (os contratos e as sentenças) em que o princípio geral guarda a sua eficácia, após percorrer outros campos de particularismos crescentes, como a Constituição, a Lei Ordinária, o Artigo. No entanto, a preocupação deveria ser, a bem da verdade, com o acentuado desprezo pelos resultados, na vida corrente. KELSEN, 2007, op. cit., passim.

[106] A expressão *Common Law* designa um sistema jurídico em que uma das fontes primárias do Direito é a decisão ou o precedente judicial, ou seja, um caso decidido que fornece as bases para resolver casos mais recentes que tratem de fatos ou de assuntos similares. O conjunto dessas decisões (*case-law* – conjunto de casos julgados que forma o corpo de leis em uma determinada jurisdição), vinculadoras do julgamento de casos futuros, constitui o *Direito Comum* aplicável, preferencialmente, em relação às normas estabelecidas abstratamente em leis ou em outros diplomas emanados de órgãos com competência legislativa. A característica desse sistema é a criação do Direito pelo Juiz (*judge-made law*), em contraposição ao Direito estabelecido por órgão não-integrante do Poder Judiciário (*statute law*). CORRÊA DE ANDRADE, 2009, op. cit., p. 169-170.

[107] Guido Soares lembra que: "Nas universidades medievais, estudantes (futuros juízes, advogados e legisladores) e professores antes estavam preocupados com a racionalidade e logicidade do sistema, do que com os reais efeitos da aplicação da norma jurídica (que era sempre uma proposição abstrata e geral), na vida corrente da sociedade". SILVA SOARES, Guido Fernando. *Common Law*: introdução ao Direito dos EUA. São Paulo: Revista dos Tribunais, 1999, p. 28.

[108] SILVA SOARES, loc. cit.

[109] CORRÊA DE ANDRADE, 2009, op. cit., p. 171.

ainda que de forma alternativa, uma previsão expressa, na Lei Maior, para a reparação dos danos imateriais, uma vez que lesam os direitos de personalidade,[110] bem este dos mais preciosos das pessoas. A certeza da existência e do conteúdo da norma que o Direito escrito apresentava bem como a busca das generalidades racionais que o conjunto normativo (código) representava fizeram com que a jurisprudência casuística (glosa judiciária) fosse afastada em favor da doutrina (glosa erudita); além disso, que tanto o costume geral como o costume judiciário (jurisprudência)[111] fossem desprezados em benefício da lei escrita (e, sempre que possível, reunida em conjuntos harmônicos e racionais: os códigos).[112]

O descaso do *Civil Law* representado pela falta de atenção com os resultados alcançados no dia a dia continua sendo um problema. Como exemplo,

---

[110] Acerca dos direitos de personalidade, Judith H. Martins-Costa assegura que: "Marquemos, pois, a distinção: todos somos igualmente dignos, cada um de nós tem uma personalidade singular. Nossa humanidade está na alçada de proteção do princípio da dignidade da pessoa, nossa autonomia e nossa singularidade estão inseridos na órbita do princípio do livre desenvolvimento da personalidade. A personalidade é única, inigualável e irreprodutível, é, em suma, individual, embora se exerça tanto no recôndito da vida privada quanto sob as luzes da vida comunitária. A dignidade é geral, todos igualmente a têm, ela se reproduz em cada um dos integrantes do gênero humano. Proposta a distinção, podemos tirar dela as seguintes consequências: a) há um sentido geral para o princípio da dignidade da pessoa: o indicar que a pessoa humana é o 'valor fonte' do ordenamento e, como tal, deve ser respeitada e tutelada; b) há uma função geral para o princípio da dignidade da pessoa: o de servir como valor estruturante da República e como fundamento de todos os demais princípios e regras; c) há um sentido próprio para o princípio da dignidade da pessoa: o indicar o que, em cada concreta pessoa, diz respeito à sua pertença ao gênero humano e, como tal, deve ser respeitado; d) como tal, a relação entre a dignidade da pessoa humana e os direitos da personalidade opera: no sentido de (a) e (b) como fundamento geral; no sentido de (c) apenas de forma mediata, e não imediata, pois o princípio não diz respeito, diretamente, à esfera da singularidade da pessoa, nem à sua liberdade e auto-determinação; e) a esfera da singularidade da pessoa é protegida imediatamente pelo princípio do livre desenvolvimento da personalidade; f) a autonomia, auto-determinação e a liberdade das pessoas estão, de forma imediata, abrangidas pelo princípio do livre desenvolvimento da personalidade e, apenas de modo mediato, pelo princípio da dignidade humana; g) a ordem econômica e as relações nela desenvolvidas, bem como as normas atinentes a essa ordem constituem a área de incidência do postulado normativo da 'existência digna' do art. 170 da Constituição Federal; h) o postulado normativo da 'existência digna' serve (inclusive) para modular o exercício de direitos da personalidade (ou, por outro ângulo, a intensidade de bens da personalidade) na ordem econômica". MARTINS-COSTA, Judith H. *Pessoa, Personalidade, Dignidade* – ensaio de uma qualificação. Tese de Livre Docência em Direito Civil apresentada à Congregação da Faculdade de Direito da Universidade de São Paulo. São Paulo, 2003a, p. 158-159. Fazendo uma relação com a ordem econômica, sugere-se KRUGMAN, Paul. *A Crise de 2008 e a Economia da Depressão*. Trad. de Afonso Celso da Cunha Serra. Rio de Janeiro: Elsevier, 2009; SEN, Amartya Kumar. *Sobre Ética e Economia*. Trad. de Laura Teixeira Motta. São Paulo: Companhia das Letras, 1999; SALOMÃO FILHO, Calixto. *Regulação da atividade econômica* – princípios e fundamentos jurídicos. São Paulo: Malheiros Editores, 2001.

[111] Mesmo quando se trata de um Juiz que se contenta em seguir as trilhas batidas da jurisprudência e que não deseja inovar a matéria, o seu papel não é puramente passivo. O Juiz íntegro será levado a fazer coincidir o Direito e o seu sentimento íntimo da Justiça. Baseando-se em certos indícios ou negando-lhes a importância, levando em conta certos fatos ou interpretando-os de modo que se esvaziem de qualquer significado, o Juiz pode fornecer uma imagem diferenciada da realidade e dela deduzir uma aplicação diferente das regras de Justiça. PERELMAN, 2005, op. cit., p. 29.

[112] O *Common Law* foi criticado severamente pelos doutrinadores do *Civil Law*, sobretudo após a doutrina da separação dos Poderes, de Montesquieu, pois, para este último, dar aos Juízes o Poder de fazer a lei era ir contra o postulado da separação dos Poderes. Reforça-se, assim, a concepção piramidal do Direito no sistema romano-germânico: o Judiciário é um Poder que tem atributos dos mais amplos, não sendo controlado por nenhum dos outros dois, porém não tem iniciativa e o seu Poder é limitado pela *res judicata*. Sobre a separação dos Poderes na visão de Montesquieu, permita-se sugerir LUTZKY, Daniela Courtes. O controle do Poder. In: ASSIS, Araken de; ANDRADE MADEIRA, Luís Gustavo (coords.). *Direito Processual Civil* – As reformas e questões atuais do Direito Processual Civil. Porto Alegre: Livraria do Advogado, 2008, p. 115-136.

tem-se a preocupação em definir a tipologia dos ilícitos em função da gravidade abstrata do dano à sociedade, sem dar tanta importância para uma definição em que os tipos penais partam dos remédios necessários para a solução desses problemas. Nessa linha de pensamento, trazer a reparação[113] de danos, o remédio, para *dentro* da Carta Magna, direta ou indiretamente, poderia representar um avanço, pois mudanças relevantes são alcançadas paulatinamente, com persistência e fundamento.

Porque foram apresentados os problemas, devem ser propostas soluções, e a equidade[114] é uma delas: é, pois, a virtude de temperar o rigor da lei por forçar o Legislador e o Juiz a lembrarem que o Direito é uma construção que tem a sua validade, porquanto frontalmente proíbe a aplicação da lei se em confronto com a ideia de realização da Justiça.[115] Igualmente, as súmulas e a possibilidade de recorrer a fim de harmonizar a jurisprudência do mesmo ou de outro Tribunal, uma vez que não se tem como negar a força presente em um e em outro. Vale recordar, portanto, que "o casuísmo é o grande mal que o sistema romano-germânico teme, de tal forma, que mesmo a higidez do estudo de casos é, de certa forma, evitado ou, pelo menos, olhado com suspeição de vir a causar caos no edifício geométrico e piramidal".[116]

Já o *Common Law* é considerado um sistema jurídico complexo e que se contrapõe, no mundo ocidental, ao sistema continental. Sobre o assunto, Guido Alpa[117] assinala:

> Le *differenze* che si sottolineano rispetto a questi ultimi (codificati, tributari dell'eredità romana, illustrati con categorie generali e astratte) risguardano sopratutto: a) l'assenza di una costitu-

---

[113] Acerca da correta terminologia, Carlos Ghersi pontua que: "Con respecto al fundamento terminológico, el vocablo 'reparación' es de mayor claridad que el de 'responsabilidad', y se asienta sobre dos ideas básicas: la de compensar y la de satisfacer un daño o una ofensa". GHERSI, Carlos A. *Teoría general de la reparación de daños*. Buenos Aires: Editorial Astrea, 1997, p. 25.

[114] Para Perelman: "O papel da equidade na aplicação da lei não nos permite afirmar que, para que uma decisão seja justa, cumpre e basta que ela se conforme à regra de Justiça. Esta nos ensina que um ato é *formalmente justo* se trata um membro de uma determinada categoria de um modo conforme à maneira pela qual devem ser tratados todos os membros dessa categoria. O ato é formalmente justo porque é conforme à conclusão de um silogismo judiciário". (grifo do autor). PERELMAN, 2005, op. cit., p. 166. Sobre a equidade, Fábio S. de Andrade destaca: "É certo que o uso da equidade é recomendável, mas o estabelecimento de padrões rigorosos e harmônicos – com o emprego, quando disponível, de normas técnicas – estimularia a sensação de segurança das vítimas". ANDRADE, Fábio Siebeneichler. Responsabilidade civil do advogado. *Revista da Ajuris*, Porto Alegre, n. 59, ano XX, p. 103, nov. 1993.

[115] Rafael Dresh comenta que "é possível concluir que Aristóteles, ao definir os sentidos de Justiça, estava realizando um estudo no plano prescritivo determinando, dessa maneira, uma forma de Justiça para uma comunidade em que todos são livres e iguais. Aristóteles deixa claro, ainda, que esta Justiça ideal é possível à comunidade em que todos buscam a felicidade e o bem comum (a felicidade de todos). Contudo, não é a única maneira pela qual a Justiça é implementada diante de uma realidade que não apresenta as condições ideais de liberdade e igualdade, havendo, nas comunidades reais, Justiças metafóricas". VALLE DRESH, Rafael de Freitas. *Fundamentos da responsabilidade civil*: pelo fato do produto e do serviço: um debate jurídico-filosófico entre o formalismo e o funcionalismo no Direito Privado. Porto Alegre: Livraria do Advogado, 2009, p. 135.

[116] SILVA SOARES, 1999, op. cit., p. 30.

[117] Ainda, para Guido Alpa: "Un diritto a base giudiziaria dovrebbe ricomprendere solo la descrizione della creazione delle regole da parte dei giudici mediante la decisione dei casi che diventano modelli di decisione futura (e perciò prevedibili) e la loro evoluzione. *Tuttavia, i giuristi inglesi non ragionano così*: poiché il common law è un diritto eminentemente casistico, le sue due componenti sono: l'interpretazione delle leggi scritte (*statutes*), la decisione del caso (*case law*)". (grifo nosso) ALPA, 1996, op. cit., p. 17.

zione scritta (esistente solo negli Stati Uniti d'America); b) l'assenza di una codificazione; c) la struttura portante della creazione giurisprudenziale (*judge-made law*); d) l'osservanza della regola del precedente; e) stile empirico e induttivo del ragionamento. (grifo nosso)

O *Common Law* pertence à maioria dos direitos dos Estados da Federação norte-americana, em contraste com os direitos romano-germânicos ao qual se filia o Direito brasileiro.

A primeira acepção de *Common Law* é a de "Direito Comum", ou seja, aquele nascido das sentenças judiciais dos Tribunais de Westminster, Cortes constituídas pelo Rei e que lhes são subordinadas diretamente, acabando por suplantar os direitos costumeiros e particulares de cada tribo dos primitivos povos da Inglaterra (antes, portanto, da conquista normanda em 1066, o denominado Direito anglo-saxônico, o que denota, na História do *Common Law*, uma primeira oposição de conceitos: *Common Law versus* Direito anglo-saxônico, este constituído de direitos locais, tribais e costumeiros, que somente deixaram alguns traços para Direitos locais ingleses, mas que pouco influenciaria o *Common Law* que se formou a partir do *jus scriptum* e jurisprudencial posterior à conquista normanda).

Hoje, na Inglaterra, pertencem ao domínio do *Common Law* as seguintes matérias: o Direito Criminal, todo o Direito dos Contratos e o da Responsabilidade Civil (*torts*),[118] nos quais se especializaram os *Commons Lawyers*.

Eugênio Facchini Neto[119] traz resumida e pontualmente pontos de divergência e de convergência entre os dois sistemas:

> O estudo do direito comparado costuma apontar para uma tendência de diminuição de diferenças entre os sistemas da *Common Law* e do chamado direito romano-germânico. Dentre os sinais dessa aproximação entre os dois grandes sistemas de direito contemporâneo, está o fato de que aumenta cada vez mais o fenômeno da legislação no âmbito dos países de *Common Law*, ao passo que nos países de origem romano-germânica cada vez mais a jurisprudência opera como verdadeira fonte de direito (o fenômeno das súmulas vinculantes em nosso país poderia ser indicado como um sinal dessa tendência). Outros sinais dessa tendência seriam o aumento da importância da jurisdição constitucional em todos os países ocidentais, uma certa padronização de institutos do direito comercial (a nova *lex mercatoria*), a difusão do modelo das agências regulatórias, dentre outros.

---

[118] Caroline Vaz pontifica que "em geral, os doutrinadores norte-americanos dividem o estudo das *torts* em três grandes campos: *intentional torts, negligence and strict liability*, havendo diferentes subdivisões que mudam de um Estado para outro da Federação Americana. A primeira (*intentional torts*) se refere à responsabilidade civil derivada de atos ilícitos praticados intencionalmente; a segunda (*negligence*), dos atos ilícitos acarretados por negligência do agente, e a terceira é a responsabilidade objetiva que deriva da inobservância de uma conduta que deve ser sempre seguida, especialmente no desempenho de atividades consideradas de risco". VAZ, 2009, op. cit., p. 49.

[119] FACCHINI NETO, Eugênio. Estrutura e funcionamento da Justiça norte-americana. *Revista da Ajuris*, n. 113, ano XXXVI, p. 147-148, mar. 2009c. O referido autor, porém em outro texto, comenta que: "John H. Merryman, analisando a tendência de uma evolução convergente entre os países de tradição de *Civil Law* e os de *Common Law*, identifica uma dessas tendências no fato de que em ambas as tradições cada vez há maior consenso no sentido de uma necessidade de definição e proteção dos direitos fundamentais, sendo crescente a preocupação internacional com a matéria. E isso também, segundo ele, acarreta uma tendência em direção a um maior ativismo judicial". MERRYMAN apud FACCHINI NETO, 2009b, op. cit., p. 54.

Todavia, os juscomparatistas costumam apontar os sistemas judiciários como um aspecto do direito que é mais avesso a uma tendência de uniformização. Dentre todos os institutos e instituições jurídico-políticas, o sistema judiciário é um daqueles que mais está relacionado à história e tradição cultural de um país – e por isso mesmo menos suscetível de ser "globalizado".

Aproveitando o ensejo, cumpre adentrar no estudo da responsabilidade civil[120] (*tort law ou law of torts*) no sistema de *Common Law*, referindo que esta apresenta traços bem peculiares. O *tort* (do latim *tortus*, torcido, torto, tortuoso) é definido como o ato ilícito[121] (*wrong* ou *civil wrong*) – diferente, para alguns[122] – do inadimplemento contratual (*damage, injury, harm, loss*). Há, todavia, quem entenda[123] que, embora o *tort* não esteja comumente vinculado a nenhuma relação jurídica preexistente entre vítima (*victim*) e ofensor (*wrongdoer*), pode decorrer, também, do descumprimento de obrigação contratual. Constata-se, assim, que a responsabilidade civil (*tort*), assim como no Brasil, pode estar fundada tanto na desatenção a uma obrigação geral de cuidado como no descumprimento de uma relação jurídica prévia, entre duas ou mais pessoas, por isso adequada é a definição que Edward Kionka[124] dá ao *tort*: "uma ofensa de natureza civil, pela qual a conduta de alguém causa um dano indenizável à pessoa, à propriedade, ou a interesses legítimos de outrem, violando um dever imposto pelo Direito".

O conhecimento do *tort* abarca a análise de diferentes tipos de ilícitos civis.[125] Por ter ainda poucas regras escritas a seu respeito, o *tort law* pode ser considerado como um ramo do Direito bastante representativo do *Common Law*, tanto que Edward Kionka[126] aduz que "mesmo nesta era de legislação,

---

[120] Bem ressalta Rui Stoco que: "A responsabilidade penal abrange uma área muito restrita, visto compreender apenas as pessoas físicas, os indivíduos, posto que as pessoas jurídicas – privadas ou públicas – não são passíveis de apenação no âmbito criminal". STOCO, Rui. *Tratado de responsabilidade civil*: responsabilidade civil e sua interpretação doutrinária e jurisprudencial. São Paulo: Revista dos Tribunais, 2004, p. 93. O óbvio salta aos olhos: apenas pessoas físicas podem ir presas, cabendo às pessoas jurídicas, ainda que criminalmente, outros tipos de sanções.

[121] De acordo com Carlos Alberto Bittar, para que se esteja diante de um ilícito, devem-se conjugar os seguintes fatores: a existência de uma ação/omissão; a violação da ordem jurídica; a imputabilidade e a penetração na esfera de outrem. BITTAR, Carlos Alberto. Responsabilidade civil nas atividades perigosas. In: CAHALI, Yussef Said (coord). *Responsabilidade civil* – doutrina e jurisprudência. São Paulo: Saraiva, 1988, p. 93-95.

[122] "Falando de modo geral, um *tort* é uma infração de natureza civil, diferente do inadimplemento contratual, contra a qual a Corte fornecerá um remédio sob a forma de uma ação de indenização". No original: "Broadly speaking, a tort is a civil wrong, other than a breach of a contract, for wich the court will provide a remedy in the form of an action for damages". KEETON, William Page. *Prosser and Keeton on Torts*. Minnesota: West Group, 2001, p. 2.

[123] "Alguns definem *tort* excluindo do conceito o 'mero' inadimplemento contratual, mas isso encobre o fato de que o inadimplemento contratual, sob certas circunstâncias, pode constituir a base da responsabilidade civil". No original: "Some have defined tort by excluding 'mere' breaches of contract, but this glosses over the fact that the breach of a contractual duty under certain circumstances can be the basis for tort liability". KIONKA, Edward J. *Torts in a Nutshell*. Minnesota: West Group, 1999, p. 3.

[124] No original: "A civil wrong, wherein one person's conduct causes a compensable injury to the person, property, or recognized interest of another, in violation of a duty imposed by law". Ibid., p. 4.

[125] *Trespass*: ato ilícito cometido contra a pessoa ou contra a propriedade alheia, em especial, entrada ilegal em propriedade alheia; *defamation*: ato de danificar a reputação de outrem através de afirmação falsa feita à terceira pessoa; *battery*: aplicação de força em relação a outrem, da qual resulta contato ofensivo ou prejudicial. CORRÊA DE ANDRADE, 2009, op. cit., p. 175.

[126] No original: "Even in this age of legislation, with its proliferation of codes and uniform acts, tort law remain uncodified and in a large part unaffected by statute". KIONKA, 1999, op. cit., p. 2.

com a proliferação de códigos e atos uniformes, o *tort law* permanece não codificado e em grande parte não afetado pela lei", o que significa que é na solução dos *cases* que vão surgindo as características da responsabilidade civil.[127] Outrossim, é amplamente difundido que o *tort law* busca não só a reparação do dano como ainda a prevenção de danos futuros, atuando como fator de dissuasão (*deterrence*) de ilícitos,[128] caso em que entram em cena os *punitive damages* que serão analisados na sequência deste texto, mais precisamente dentro do ponto que trata da função punitiva.

Pode-se ainda dizer que "the continuing importance of the law of torts is due not only to the increase in the number of accidents, but also to the fact that the more developed a society becomes the more willing it apparently is to look sympathetically at a wider spectrum of complaints". Além disso, tal fenômeno se pronunciou de forma singular nos Estados Unidos pelo fato de parecer que poucos americanos toleram mais do que cinco minutos de frustrações sem processar alguém, pois "what happens in the United States has the habit, however, of reaching this country (in one way or another) after an interval of ten or fifteen year; and there are signs that increased litigiousness is appearing in mainland Europe as well".[129]

Observa-se, portanto, que o *Common Law* se refere ao direito criado pelo Juiz (*judge-made law*) que se contrapõe, igualmente, ao direito criado pelo Legislador (*statute law* – Tratados Internacionais, Constituição Federal, Constituições Estaduais e Locais). Deve-se entender o *Common Law* como "*laid down by the courts, rather than by legislature*". Dito de outra maneira, o contraste entre *case law*[130] *versus statute law*, entendendo-se como *case* o precedente judiciário, o *judge-made law*. Nas palavras de Antonin Scalia,[131] "it is not 'customary law', or a reflection of the people's practices, but is rather law developed by the judges".

Assim descrito, o sistema do *Common Law*, à primeira vista, parece totalmente diverso do sistema continental, porém "si tratta di un modello stereotipo, forse fedele un tempo alla realtà delle cose, ma oggi falsificante".

---

[127] E tanto é assim que o conceito de dano imaterial não é encontrado no *tort law* "que trata esparsamente de figuras assimiláveis àquele e que poderiam ser compreendidas nas denominações mais genéricas de *nonpecuniary loss* ou *general damages*. São ainda inseridas no conceito de dano moral as expressões *personal tort* e *personal injury* (por oposição ao *property tort*). Mais comum é a expressão *pain and suffering*, alusiva ao sofrimento físico e mental decorrentes de um ato lesivo". CORRÊA DE ANDRADE, 2009, op. cit., p. 176.

[128] Brazier e Murphy ressaltam que: "a imposição de responsabilidade civil opera não simplesmente para transferir os prejuízos relevantes da vítima para o ofensor mas também para impedir a conduta ilícita em questão". BRAZIER, Margaret; MURPHY, John. *Street on Torts*. Londres: Butterworths, 1999, p. 14.

[129] MARKESINIS, Basil; DEAKIN, Simon; JOHNSTON, Angus. *Tort Law*. Oxford: Clarendon Press, 1996, p. 2.

[130] O *case law* não se confunde com o *decisional law* que, embora possa ter a metodologia do estudo e da aplicação dos precedentes, em analogia com os julgados pelo Judiciário, refere-se às decisões em matéria contenciosa pelos Tribunais ou pelos órgãos judicantes do Executivo (*administrative courts*, no sentido de Justiça de órgão quase-Judiciário do Executivo e não no sentido de Justiça Administrativa), como o Conseil d'Etat francês, órgão judiciário especializado na aplicação do Direito Administrativo, que, ademais, inexiste no Direito dos EUA, da Inglaterra ou do Brasil.

[131] SCALIA, Antonin. *A matter of interpretation*: Federal Courts and the Law: an essay. Princeton, New Jersey: Princeton University Press, 1997, p. 4.

Mais do que nunca, o *Common Law* e o *Civil Law* se diferenciam pela História e pela tradição, mas gradualmente tendem a convergir entre si.[132]

Certamente, a questão é de método: enquanto no Direito brasileiro a primeira leitura do Advogado e do Juiz é a lei escrita e, subsidiariamente, a jurisprudência, no *Common Law*, o caminho é inverso: primeiramente, os *cases* e, a partir da constatação da lacuna, vai-se à lei escrita. Cabe recordar que a Inglaterra, considerada com um sistema de *Common Law* puro,[133] desconhece a primazia de uma Constituição escrita e que se coloque em uma organização jurídica piramidal, como o *Civil Law*. A ausência de um conjunto detalhado de regras escritas acaba impulsionando o Julgador na busca de soluções solidamente fundadas na razão e na argumentação – esta falta de um conjunto sistematizado de regras alcança plasticidade ao *Common Law*.

Aspecto a se considerar a respeito do tema é saber se o Juiz cria ou revela o Direito preexistente. No *Civil Law*, a discussão é importante pela já comentada e existente separação dos poderes presente nos países da família dos Direitos romano-germânicos; de outra banda, no *Common Law*, prevalece a teoria de que o Juiz verdadeiramente "cria" o Direito, ou, para ser bem preciso, declara ou enuncia o Direito.

Considera-se, então, que, como o Direito americano é jurisprudencial (*case law*), baseado na decisão dos Tribunais e no *stare decisis*, e quase nada legislado, têm ênfase os procedimentos cujo conhecimento é adquirido pela prática – justamente por conta disso, o grande jurista é o Juiz, pois é este quem esmiúça os casos concretos. Já nos ordenamentos romano-germânicos a regra de Direito está presente nos códigos, e o primado será a doutrina, sendo um "'direito dos professores' – os que mais a fundo conhecem aquela ciência – e que demanda, ao menos tendencialmente, uma postura neutra, autônoma e, sobretudo, universalizante". Tem-se, assim, um paralelo entre a universalização e a casuística; a regra de lei e a precedente; a ciência e a experiência, ou seja, distinções entre o *Civil Law* e o *Common Law*. Contudo, como já foi referido, a despeito de diferenças, há uma aproximação entre essas duas famílias com a transposição de institutos e de procedimentos americanos para o *Civil Law*, como é o caso, com temperamentos, dos *punitive damages*.[134]

Tanto nos EUA[135] como na Inglaterra bem como nos demais países pertencentes ao *Common Law*, o ponto nodal do sistema é a denominada *doctrine*

---

[132] ALPA, 1996, op. cit., p. 18-25.

[133] Já nos EUA os precedentes judiciários, segundo os *cases laws* dos Estados, são a regra, ao passo que as decisões baseadas na lei federal são aquelas intersticiais; por se tratar de um sistema misto entre o *Common Law* e o *Civil Law*, os EUA permanecem com um traço característico do sistema do *Common Law* que é o *judge-made law*.

[134] BODIN DE MORAES, Maria Celina. *Punitive damages* em sistemas civilistas: problemas e perspectivas. *Revista Trimestral de Direito Civil*, ano 5, v. 18, p. 46, abr./ jun. 2004.

[135] A respeito dos meios alternativos de solução de conflitos, com origem nos EUA, Eugênio Facchini Neto comenta que o movimento das *Alternative Dispute Resolution (informal justice)* não está sedimentado e que as avaliações sobre a sua operacionalidade e sobre os seus resultados não são unânimes, pois a questão é complexa. Facchini sugere que "quem sabe o mais conveniente seja identificar os setores nos quais é indispensável a intervenção de uma Magistratura profissional, pública, organizada de forma in-

*of stare decisis* ou *doctrine of precedents*,[136] sendo que a melhor tradução para *doctrine* é regra, ou seja, regra do precedente. *Precedent*, por seu turno, é a única ou são as várias decisões de um *appellate court*, órgão coletivo de segundo grau, que obriga sempre o mesmo Tribunal ou os Juízes que lhe são subordinados. Uma decisão que se tenha constituído em regra importante, em torno da qual outras decisões gravitam (com especificações, exceções interpretativas, extensões de aplicação), denomina-se *leading case*,[137] que passa a ser decisiva para o estudante e para o advogado, como primeiro *approach* na solução de uma questão prática.

Uma *judicial decision*, termo usado para traduzir uma sentença ou um acórdão, tanto na Inglaterra como nos EUA,[138] tem dupla função: a) decide o caso *sub judice* e faz coisa julgada, sendo que nos EUA é assim que se cria

---

dependente, que opere mediante procedimentos formalizados"; além disso, que esta forma de exercício da jurisdição, que é mais cara, deveria ser reservada apenas para os conflitos que não podem ou que não devem ser resolvidos por controles administrativos prévios (mediante agências reguladoras), ou pela mediação ou arbitragem, que são tidos como uma espécie de "Justiça complementar, alternativa, talvez 'menor', mas não necessariamente contraposta à Justiça togada", ou seja, meios de solucionar conflitos de forma mais barata e mais rápida, não esquecendo, por certo, que o fator Justiça é mais importante do que a celeridade. Certo é, no entanto, que "a *alternative dispute resolution* não veio para substituir o processo judicial tradicional, mas sim para colocar-se como opção ao seu lado", afora o fato de que o deslocamento de determinadas causas para as técnicas de ADR (*Alternative Dispute Resolution*) pode diminuir o fluxo das demandas judiciárias, o que faria com que os Juízes resolvessem mais rapidamente os processos sob seu encargo, "e uma maior celeridade da Justiça comum tornará novamente atraente a via judicial, chegando-se, destarte, a um novo ponto de equilíbrio". FACCHINI NETO, Eugênio. A outra Justiça – Ensaio de Direito Comparado sobre os meios alternativos de resolução de conflitos. *Revista da Ajuris*, n. 115, ano XXXVI, p. 113-114, set. 2009d.

[136] A expressão *stare decisis et quieta non movere* pode ser traduzida como manter-se fiel às decisões e não mexer com o que está quieto. Neste sentido, "uma decisão tomada por uma Corte de Justiça mais elevada deve ser seguida pelas Cortes Inferiores da mesma jurisdição quando as circunstâncias de fato no caso subseqüente sob análise forem as mesmas do caso precedente, que atua como paradigma. Busca-se, pois, aplicar as razões de decidir de casos passados. (...) O precedente só é obrigatório (*binding precedent*) em se tratando de decisão anterior proferida por um Tribunal (*appellate court*) em relação a um órgão judicial de primeiro grau ou proferida por um Tribunal Superior em relação a um Inferior. Nos Estados Unidos da América, as decisões proferidas por Tribunais Federais geralmente constituem precedente obrigatório para as Cortes Estaduais. Entre órgãos judiciários de igual hierarquia, os precedentes não têm força obrigatória, mas meramente persuasiva (*persuasive precedents*), o mesmo ocorrendo com decisões de uma Corte Estadual em relação a órgãos judiciários de outro Estado. (...) A regra do *stare decisis* é flexibilizada pela possibilidade de mudança da jurisprudência (*overrule a precedent*). As regras estabelecidas nos *precedents* podem ser modificadas pela própria Corte da qual emanaram ou por Corte de hierarquia superior. Tais mudanças são mais freqüentes na jurisprudência americana do que na inglesa, o que é explicado pela própria complexidade da sociedade americana e de seu sistema jurídico". CORRÊA DE ANDRADE, 2009, op. cit., p. 172-173.

[137] André Corrêa de Andrade assinala: "São denominados *leading cases* os precedentes considerados especialmente importantes, seja porque regularam pela primeira vez uma questão ou porque trouxeram balizamentos importantes para ela. Servem de guia para advogados e juízes no julgamento de determinadas matérias e são freqüentemente citados nos casos subseqüentes". Ibid., p. 172.

[138] "Os Estados Unidos, diferentemente da Inglaterra, possuem uma Constituição escrita, datada de 1787 e acrescida de diversas emendas. Muitas de suas disposições sofreram importantes mudanças de interpretação ao longo dos anos, para adaptá-las à evolução social. Além disso, cada um dos cinqüenta Estados americanos goza de relativa autonomia e possui sua própria Constituição. O exemplo mais flagrante dessa autonomia é o Estado da Louisiana, que, em decorrência da histórica influência francesa e espanhola sobre a região, é o único Estado americano a adotar o sistema de *Civil Law*. É natural que haja diferenças irredutíveis entre o Direito aplicado nos diversos Estados e nas relações destes com a União, o que torna 'conveniente um enfraquecimento da regra'. De todo modo, a tendência, tanto no sistema americano quanto no inglês, é pela manutenção do *precedent*". CORRÊA DE ANDRADE, 2009, op. cit., p. 174.

o Direito, cabendo ao Legislador limitar-se às questões em controvérsia (*issues*) e às partes – nesse particular, não é muito diferente do sistema do Brasil, salvo o fato de o Juiz *criar* o Direito; b) tem um efeito além das partes ou da questão resolvida – e aqui a tipicidade do *common law* – pois cria o precedente com força obrigatória para os casos futuros.[139]

Como aspectos positivos do *Common Law*, pode-se mencionar: a) a *equality* (possibilidade de que, em futuros casos iguais ou semelhantes aos julgados, a solução tenderá a ser a mesma); b) a *predictability* (virtualidade de que futuros casos com elementos factuais semelhantes ao decidido serão julgados de igual modo, o que permite ao advogado, em particular ao consultor, um melhor aconselhamento de seus clientes na prevenção de futuros pleitos); c) a *economy* (a economia processual, uma vez que já há *issues* decididos, imprimindo mais rapidez às matérias a serem julgadas); d) o *respect* (soluções que dão grande responsabilidade, pela sua força suasória, ao próprio Judiciário).[140]

O mérito do jurista do *Common Law* consiste não no renunciar a experiência e a razão, recorrendo a fórmulas gerais e abstratas, mas sim no fato de buscar na experiência e no bom senso a administração do Direito da melhor maneira possível.[141]

Antonin Scalia,[142] por seu turno, elogia e reflete, simultaneamente, sobre o *Common Law*, afirmando que no seu ponto de vista "not that the common law should be scraped away as a barnacle on the hull of democracy. I am content to leave the common law, and the process of developing the commom law, where it is. It has proven to be a good method of developing the law in many fields – and perhaps the very best method". Todavia, o autor complementa: "An argument can be made that development of the bulk of private law by judges is a desirable limitation upon popular democracy".[143]

Analisado o alcance (princípios e regras) dos direitos fundamentais que, caso lesados, ensejam a reparação por danos imateriais, bem como o papel importante desempenhado pelo Juiz nesse mister, tanto no *Civil Law* como no *Common Law* – inclusive e principalmente como intérprete da *Lex Mater* –, passam-se às dimensões desses direitos bem como em quais destas fica mais bem enquadrado o direito fundamental à reparação por danos imateriais.

---

[139] O precedente não é uma regra abstrata, mas uma regra intimamente ligada aos fatos que lhe deram origem, razão pela qual o conhecimento das razões da decisão é imprescindível, pois não se pode aplicar um precedente fixado em matéria de motivos de divórcio, por exemplo, à resolução de uma questão que verse sobre contratos ou sobre obrigações alimentícias.

[140] SILVA SOARES, 1999, op. cit., p. 32-47.

[141] De acordo com informações de Guido Alpa, no *Common Law*, a reparação *in natura* e a compensação pecuniária, por delitos extracontratuais, são alternativas e não cumulativas. ALPA, 1991, op. cit., p. 537-538. Convém lembrar que no Brasil, como na Itália, quando a reparação *in natura*, como o desagravo, por exemplo, não for suficiente, haverá a cumulação da reparação *in natura*, na medida do possível, com a compensação em dinheiro, para fins de se tentar uma reparação mais justa possível ao lesado.

[142] SCALIA, 1997, op. cit., p. 12.

[143] Para não desviar do tema proposto no presente estudo e, ao mesmo tempo, para não ficar silente sobre o assunto *democracia*, sugere-se: BOBBIO, Norberto. *O futuro da Democracia*. Trad. de Marco Aurélio Nogueira. São Paulo: Paz e Terra, 2000a; Id. *Teoria Geral da Política*. A Filosofia Política e as lições dos clássicos. Cap. 8. Trad. de Daniela Beccaccia Versiani. Rio de Janeiro: Elsevier, 2000b.

## 1.2. Das dimensões dos direitos fundamentais e o enquadramento da reparação de danos imateriais

Primeiramente, cumpre ressaltar a escolha pelo termo *dimensões*, e não *gerações*, pois este último quer implicar substituição gradativa de uma geração por outra, o que não condiz com a realidade em questão. Falar em dimensões de direitos fundamentais significa a cumulação de processos evolutivos, bem como a complementaridade entre si desses direitos, ainda no sentido de unidade e de indivisibilidade.

Os direitos fundamentais de primeira dimensão dirigem-se a uma abstenção do Estado, ou seja, eles têm um aspecto negativo no sentido de resistência, de oposição perante o Estado. Cabe a este último, portanto, abster-se, não interferir, e isso ganha contornos no que se refere ao direito à vida, à propriedade, à liberdade, à igualdade[144] perante a lei. Nesse rol também estão: a liberdade de expressão coletiva como a de imprensa, de associações; os direitos de participação política como o direito de voto; o direito de igualdade formal, isto é, perante a lei; algumas garantias processuais como o *habeas corpus* e o devido processo legal. Está-se diante, desta maneira, dos direitos civis e políticos.[145]

Ainda, no entanto, que esses direitos de primeira dimensão sejam bem mais buscados e alcançados do que os das outras dimensões, longe se está de uma situação satisfatória, pois a vida, a liberdade, a dignidade da pessoa humana[146] continuam sendo mal tratados, desconsiderados, a despeito de todos os instrumentos jurídicos postos à disposição.

Os direitos de primeira dimensão, neste sentido, são os direitos civis e políticos oponíveis ao Estado e às faculdades da pessoa, tendo a subjetividade como traço mais marcante. São direitos negativos[147] que impõem ao

---

[144] Acerca da igualdade, Perelman comenta que: "São seres essencialmente semelhantes os seres entre os quais não existem diferenças essenciais, ou seja, diferenças que importam e que cabem levar em conta no caso". PERELMAN, 2005, op. cit., p. 160.

[145] SARLET, 2009, op. cit., p. 47.

[146] Para Edilsom Pereira de Farias, os direitos fundamentais acabam por se concretizar pelo princípio da dignidade da pessoa humana. FARIAS, 1996, op. cit., p. 54.

[147] Os juristas norte-americanos Stephen Holmes e Cass R. Sunstein sustentam o equívoco da distinção entre direitos negativos e positivos, demonstrando que não há direitos exclusivamente negativos, sendo errado defender que os direitos de liberdade não geram custos para o Poder Público. Os autores aduzem que "direitos individuais e de liberdade dependem fundamentalmente de uma intensa ação do Estado, de modo que a proteção de qualquer direito, inclusive os direitos de liberdade, exige a mobilização de recursos financeiros, administrativos, legislativos e judiciais. Sem que o Estado gaste dinheiro, nenhum direito é protegido (*a penniless state cannot protect rights*)". HOLMES, Stephen; SUNSTEIN, Cass R. *The cost of Rights*: why liberty depends on taxes. New York: W.W. Norton, 1999, p. 14. No original: "individuals rights and freedoms depend on fundamentally on vigorous state action". Ingo Sarlet concorda com a crítica recém mencionada trazendo o exemplo da saúde, considerada como um direito social (segunda dimensão – positivo), mas não garantida apenas com obrigações de cunho prestacional, pois há casos em que há a necessidade de impedir o Estado de editar normas que possam causar danos à saúde da população ou até mesmo de evitar a violação direta, pelo Estado, da integridade física de determinada pessoa. Ademais, não é toda a obrigação positiva que significa gasto para o Estado. SARLET, Ingo Wolfgang. Algumas considerações em torno do conteúdo, eficácia e efetividade do direito à saúde na Constituição de 1988. *Revista Interesse Público*, São Paulo, n. 12, p. 98, 2008.

Estado o dever de não agir, nem de intervir na esfera do indivíduo, enaltecendo o homem isoladamente, como que com liberdades abstratas – é o chamado homem mecanicista da sociedade civil.[148] De acordo com Gustavo Tepedino,[149] "a clivagem entre público e privado foi elemento constitutivo da chamada primeira geração dos direitos fundamentais", e "o livre estabelecimento de relações jurídicas interprivadas era reputado suficiente para a concretização dos direitos fundamentais, tais como então concebidos".

Na segunda dimensão, estão os direitos econômicos, sociais e culturais, sendo considerada a dimensão positiva. Quer significar, assim, não mais evitar a intervenção do Estado nas liberdades individuais, mas sim de este poder participar, de certa forma, do bem-estar social. São, como se pode reconhecer, aqueles que concedem à pessoa direitos e prestações estatais como a assistência social, a saúde, a educação e o trabalho que são liberdades materiais concretas. Nessa seara estão as liberdades sociais, isto é, a liberdade de sindicalização, o direito de greve, o direito a férias, o repouso remunerado, a limitação da jornada de trabalho, entre outros. Vai-se, portanto, além dos direitos de cunho prestacional, sem confundir com os direitos de cunho coletivo e ou difusos que são os da terceira dimensão. Ainda, os direitos da segunda dimensão são considerados uma "densificação do princípio da justiça social, além de corresponderem a reivindicações das classes menos favorecidas (...) em virtude da extrema desigualdade que caracterizava as relações com a classe empregadora".[150]

Os direitos de segunda dimensão dominam o século XX, da mesma forma que os de primeira dimensão dominaram o século XIX. São direitos sociais,[151] culturais e econômicos, coletivos ou da coletividade, e estão ligados

---

[148] VAZ, 2009, op. cit., p. 98.

[149] TEPEDINO, Gustavo. A incorporação dos Direitos Fundamentais pelo ordenamento brasileiro: sua eficácia nas relações jurídicas privadas. *Revista Jurídica*, n. 341, ano 54, p. 12, mar. 2006.

[150] SARLET, 2009, op. cit., p. 48. De acordo com o autor: "Partindo-se de possível e prestigiada (embora não incontroversa) distinção entre uma dimensão negativa e positiva dos direitos fundamentais, convém relembrar que, na sua função como direitos de defesa, os direitos fundamentais constituem limites (negativos) à atuação do Poder Público, impedindo ingerências indevidas na esfera dos bens jurídicos fundamentais, ao passo que, atuando na sua função de deveres de proteção (imperativos de tutela), as normas de direitos fundamentais implicam uma atuação positiva do Estado, notadamente, obrigando-o a intervir (preventiva ou repressivamente) inclusive quando se tratar de agressão oriunda de outros particulares, dever este que – para além de expressamente previsto em alguns preceitos constitucionais contendo normas jusfundamentais –, pode ser reconduzido ao princípio do Estado de Direito, na medida em que o Estado é o detentor do monopólio tanto da aplicação da força quanto no âmbito da solução dos litígios entre os particulares, que (salvo em hipóteses excepcionais, como o da legítima defesa), não podem valer-se da força para impedir e, especialmente, corrigir agressões oriundas de outros particulares". Id. Constituição e proporcionalidade: o Direito Penal e os Direitos Fundamentais entre proibição de excesso e de insuficiência. *Revista de Estudos Criminais*, n. 12, ano 3, p. 105, 2003b.

[151] Tratando do Direito do Trabalho como um ramo do Direito Social, Fábio S. de Andrade comenta que: "Em face de regra expressa no parágrafo único do art. 8º da Consolidação das Leis do Trabalho, admite-se que o Direito Comum seja fonte subsidiária do Direito do Trabalho no que não for incompatível com os seus princípios fundamentais. Por conseguinte, sendo o Direito Civil como um dos ramos admitidos como Direito Comum ao Direito do Trabalho, constitui-se em ponto relevante a análise da aplicabilidade dos elementos da teoria dos Direitos da Personalidade, especialmente os elencados no Código Civil de 2002, às relações trabalhistas". ANDRADE, Fábio Siebeneichler de. Considerações sobre o desenvolvimento dos Direitos da Personalidade e sua aplicação às relações do trabalho. *Direitos Fundamentais & Justiça*, n. 6, ano 3, p. 163, jan./mar. 2009.

ao princípio da igualdade, já que esta é a razão de eles existirem, tendo dominado nas Constituições Pós-Guerra de Weimar, Alemanha (1919). São os que exigem uma prestação material do Estado, isto é, um comportamento positivo, salientando que a Lei Maior já prega esses direitos como autoaplicáveis, uma vez que também são direitos fundamentais.[152] Observa-se, portanto, que "a tarefa de promover a justiça não se limita a evitar que os órgãos estatais façam alguma coisa de errado, mas abrange também a tentativa de garantir que eles cumpram corretamente o seu dever".[153]

Deve-se constatar, no entanto, que foi necessária uma Segunda Guerra Mundial e numerosos campos de extermínio para que se considerasse que não bastavam os direitos de primeira e de segunda dimensão, porquanto as agressões ao ser humano já estavam nas entranhas de um sistema que estimulava a voracidade do lucro, o desejo pelo poder, a destruição da família e a vida fácil.[154]

Na terceira dimensão, está-se diante dos direitos de fraternidade ou solidariedade cuja peculiaridade é ter como foco a proteção de grupos humanos (família, povo, nação) sendo, portanto, de titularidade difusa ou coletiva. Paulo Bonavides[155] entende que esses direitos têm por destinatário "o gênero humano mesmo, num momento expressivo de sua afirmação como valor supremo em termos de existencialidade concreta". Na terceira dimensão, encontram-se os direitos à paz, à autodeterminação dos povos, ao desenvolvimento, ao meio ambiente e à qualidade de vida, à conservação e à utilização do patrimônio histórico e cultural e o direito à comunicação. De acordo com Pérez Luño,[156] são direitos que surgiram em resposta à "poluição de liberdades" e são estes direitos os responsáveis pela erosão e pela degradação dos direitos e das liberdades fundamentais pelo uso das novas tecnologias, como é o caso do meio ambiente, da qualidade de vida e do direito à informática. Este último ainda traz dúvida quanto à sua localização nas dimensões por se tratar, também, de um direito individual, mas, ao mesmo tempo, de haver um controle cada vez maior das liberdades individuais no que toca a esse ponto.

Os direitos de terceira dimensão buscam tanto a proteção do indivíduo como a de um grupo de pessoas ou de determinado Estado, tendo por destinatário o ser humano. Dizem respeito ao desenvolvimento, à paz, ao meio ambiente equilibrado, ao direito de propriedade sobre o patrimônio comum da Humanidade e ao direito à comunicação.[157]

Ingo Sarlet[158] salienta que garantias contra a manipulação genética, o direito de morrer com dignidade, o direito à mudança de sexo são conside-

---

[152] VAZ, 2009, op. cit., p. 99.
[153] FACCHINI NETO, 2009b, op. cit., p. 47.
[154] GHERSI, 1997, op. cit., p. 55.
[155] BONAVIDES, Paulo. *Curso de Direito Constitucional*. São Paulo: Malheiros, 2004, p. 523.
[156] PÉREZ LUÑO, Antonio-Enrique. Las generaciones de Derechos Humanos. *Revista del Centro de Estudios Constitucionales*, n. 10, p. 206 e ss, 1991.
[157] VAZ, 2009, op. cit., p. 99.
[158] SARLET, 2009, op. cit., p. 50.

rados direitos de terceira dimensão, mas não de forma pacífica, pois já há a defesa de uma quarta dimensão. Para o autor, parte desses direitos representa nova faceta decorrente do princípio da dignidade da pessoa humana,[159] estando, portanto, vinculados à liberdade/autonomia, à proteção da vida e a demais bens fundamentais contra o Estado e particulares. São, assim, novas liberdades fundamentais de cunho excludente, negativo e defensivo, o que configuraria direitos de primeira dimensão.

Os direitos das primeiras, das segundas e das terceiras dimensões refletem os três postulados da Revolução Francesa, a saber, liberdade, igualdade e fraternidade. Cabe salientar, no entanto, que a tríade resta incompleta visto que não faz referência ao direito à vida e à dignidade da pessoa humana, imprescindíveis e insubstituíveis.

A quarta dimensão[160] ainda pende de reconhecimento nas ordens constitucionais internas e no Direito Internacional. Paulo Bonavides[161] defende uma quarta dimensão, afirmando ser esta o resultado da globalização de direitos fundamentais, ou seja, composta pelo direito à democracia, à informação e ao pluralismo. A vantagem de um efetivo reconhecimento dessa quarta dimensão seria fazer surgir uma nova fase para os direitos fundamentais. Os direitos da quarta dimensão representam direitos em processo de formação, no sentido de *law in making*, e não podem ser desprezados, como bem assevera Riedel.[162]

Sylvio Motta[163] defende, ainda, uma quinta dimensão para representar os direitos ligados à realidade virtual, ou seja, direitos relacionados com os avanços da Cibernética e da Internet, levando-se em consideração, principalmente, o rompimento das fronteiras físicas, bem como a necessidade de uma internacionalização da jurisdição constitucional.[164] No mesmo sentido,

---

[159] Acerca da dignidade da pessoa humana em um contexto multicultural e na busca de uma concepção fundamentalista da dignidade, reconhece Ingo W. Sarlet que, embora o conceito da dignidade humana fosse universal e, portanto, comum a todas as pessoas e a todos os lugares, não se teria como evitar um conflito sempre que houvesse a necessidade de examinar se alguma conduta é ou não ofensiva à dignidade, uma vez que cada sociedade civilizada tem os seus próprios padrões, o que varia de acordo com a época e com o local. Para o autor, há a necessidade de um diálogo intercultural possibilitado por uma Hermenêutica diatópica, que não pretende alcançar uma completude em si mesma inatingível, mas, apenas, aumentar ao máximo a consciência da incompletude mútua entre as diversas culturas. "Certamente um dos papéis centrais do Direito e da Filosofia do Direito é o de assegurar, por intermédio de uma adequada construção e compreensão da noção de dignidade da pessoa humana, a superação de qualquer visão unilateral e reducionista e a promoção e proteção da dignidade de todas as pessoas em todos os lugares". Id. As dimensões da dignidade da pessoa humana: construindo uma compreensão jurídico-constitucional necessária e possível. In: ——. (org.). *Dimensões da dignidade*: ensaios de Filosofia do Direito e Direito Constitucional. Trad. de Ingo Wolfgang Sarlet, Pedro Scherer de Mello Aleixo, Rita Dostal Zanini. Porto Alegre: Livraria do Advogado, 2005, p. 37-40.

[160] Para Norberto Bobbio, os direitos da quarta dimensão estão relacionados à pesquisa biológica que "(...) permitirá manipulações do patrimônio genético de cada indivíduo". BOBBIO, Norberto. *A era dos direitos*. Rio de Janeiro: Campus, 2004, p. 6.

[161] BONAVIDES, 2004, op. cit., p. 524-526.

[162] RIEDEL, Eibe. Menschenrechte der dritten dimension. *EUGRZ*, p. 17, 1989.

[163] MOTTA, Sylvio; BARCHER, Gustavo. *Curso de Direito Constitucional*. São Paulo: Campus, 2007, p. 153.

[164] Igualmente defendendo o referido direito de quinta dimensão, ver: BECHARA, Marcelo. A inclusão digital à luz dos Direitos Humanos. CGI.br (Comitê Gestor da Internet no Brasil) *Pesquisa sobre o uso das*

isto é, reconhecendo uma quinta dimensão, Paulo Bonavides[165] – porém com outro conteúdo, qual seja, a paz – assevera que esta teria o papel de supremo direito da Humanidade e, consequentemente, seria um direito a legitimar o estabelecimento da ordem, da liberdade e do bem comum para a convivência dos povos.

Observar as dimensões recém-referidas permite reconhecer os seus avanços, os seus retrocessos e as suas contradições; dito de outro modo, os direitos fundamentais são, além de materialmente abertos, como veremos adiante, também mutáveis. Percebe-se, outrossim, que alguns dos direitos mais clássicos, como o à vida, à liberdade, à dignidade da pessoa humana estão ganhando diferente roupagem pelas novas formas de agressão aos valores tradicionais e já agregados à Humanidade.

Ingo Sarlet[166] enfatiza que o mais importante é que todas as pessoas tenham uma postura ativa e responsável no que diz respeito à afirmação e à efetivação dos direitos fundamentais de todas as dimensões, ainda que de forma heterogênea e multicultural, pois só assim se alcançará um direito constitucional altruísta e fraterno.

Depois de explicadas e examinadas as dimensões dos direitos fundamentais, cabe esclarecer em qual destas se enquadra melhor o direito à reparação de danos, partindo de premissas já existentes.

Os direitos da segunda dimensão, ou seja, os direitos prestacionais caracterizam-se pela postura ativa do Estado, tendo este a obrigação de colocar à disposição dos indivíduos prestações de natureza jurídica e material (fática), como o acesso à Justiça, o direito à segurança e à assistência jurídica integral e gratuita que, de certa maneira, já satisfariam, ainda que de forma indireta, a pretensão do presente estudo. Os direitos prestacionais não estão, portanto, ligados apenas e tão somente aos direitos sociais, abrangendo toda uma gama de direitos. Ingo Sarlet[167] comenta que "os direitos a prestações abrangem um feixe complexo e não necessariamente uniforme de posições jurídicas, que podem variar quanto ao seu objeto, seu destinatário e mesmo quanto à sua estrutura jurídico-positiva, com reflexos na sua eficácia e efetivação".

---

*tecnologias na Informação e da Comunicação 2005*. São Paulo: [s.e.], 2006, p. 33-37.

[165] BONAVIDES, Paulo. Disponível em: <http://www.hseditora.com.br/DFJ/3_DOUTRINA_5_.htm>. Acesso em: 06 jul. 2010.

[166] SARLET, 2009, op. cit., p. 57.

[167] Ibid., p. 187. O autor, agora em outro texto, comenta que: "ao imporem deveres de proteção, as normas de direitos fundamentais implicam uma atuação positiva do Estado, notadamente, obrigando-o a intervir (preventiva ou repressivamente) inclusive quando se tratar de agressão oriunda de outros particulares, dever este que, para além de expressamente previsto em alguns preceitos constitucionais contendo normas jusfundamentais, pode ser reconduzido ao princípio do Estado de Direito, na medida em que o Estado é o detentor do monopólio tanto da aplicação da força quanto no âmbito da solução dos litígios entre os particulares, que (salvo em hipóteses excepcionais, como da legítima defesa) não podem valer-se da força para impedir e, especialmente, corrigir agressões oriundas de outros particulares". Id., 2000, op. cit., p. 127.

Tão só do exposto pode-se concluir que o direito à reparação de danos imateriais, uma vez incluído no rol dos direitos fundamentais,[168] intuito principal desta tese, é um direito de segunda dimensão, ou seja, um direito prestacional, pois caberá ao Estado dar condições efetivas, de maneira eficiente, e com a relevância que merecem essas reparações. Corroborando esta ideia, Caroline Vaz refere: "se irá tomar em consideração primordialmente os direitos fundamentais como direitos a prestações do Estado".[169]

O fato de já existir arcabouço jurídico para a proteção desses danos[170] não significa que eles estejam com a proteção de que precisam e que merecem, porque ser elevado ao *status* de direito fundamental faz com que existam maiores cuidados por parte, até mesmo, do aplicador do Direito, já por saber que são assuntos que dizem respeito, em regra, à dignidade da pessoa humana; afinal, o que se busca é que a tutela aquiliana tenha a mesma natureza do direito violado.

Assim, analisadas as diversas e diferentes dimensões dos direitos fundamentais bem como o razoável enquadramento da reparação de danos como sendo pertencente a direitos da segunda dimensão, passa-se para o exame do conceito materialmente aberto dos referidos direitos, inclusive para fins de uma inserção da reparação de danos imateriais no rol dos direitos fundamentais, seja pelo viés da dignidade da pessoa humana, seja por cláusula própria, ou implicitamente decorrente da Lei Maior.

---

[168] Cumpre mais uma vez ressaltar que o rol do art. 5º da CF/88, apesar de analítico, não é taxativo, o que encontra semelhanças com a Constituição portuguesa de 1976 (art. 16, nº1), bem como com as Constituições da Argentina (art. 33), do Peru (art. 4º), da Guatemala (art. 44) e da Venezuela (art. 50). Nesse sentido a expressão *lista aberta* igualmente pode ser usada no sentido da abertura material da Constituição, como faz Diógenes Ribeiro. HASSAN RIBEIRO, Diógenes V. O permanente reconhecimento dos Direitos Fundamentais. *Revista da Ajuris*, n. 79, p. 96 e ss, 2000. A respeito do assunto, cumpre trazer como informação que é crescente, na Argentina, o uso das expressões *dano à pessoa* e *danos extrapatrimoniais*, tendo em vista que a primitiva redação do Código Civil argentino não continha, porque foi editado em 1871, nenhuma menção aos direitos da personalidade ou aos danos à pessoa, embora previsse, em regra ainda vigente, que "habrá daño siempre que se causare a otro algún perjuicio susceptible de apreciación pecuniaria, o directamente en las cosas de su dominio o posesión, o indirectamente por el mal hecho a su persona o a sus derechos o facultades" (art. 1.068). Mosset Iturraspe recorda que os Tribunais argentinos evoluíram com a doutrina e criaram novas fronteiras aos danos à pessoa; nos últimos tempos, a Corte Suprema de Justicia de La Nación demonstrou "su preocupación intensa por salvaguardar la dignidad, el honor, la intimidad de las personas". Já o princípio da dignidade da pessoa humana, embora não conste expressamente na Constituição argentina, tem sido deduzido pela jurisprudência dos Tratados Internacionais, da Declaração Americana dos Direitos Humanos, acolhidos com hierarquia constitucional. ITURRASPE, Jorge Mosset. El daño fundado en la dimensión del hombre en su concreta realidad. Daños a la persona. *Revista de Derecho Privado y Comunitario*, Buenos Aires, t. 1, p. 30, 1995.

[169] VAZ, 2009, op. cit., p. 104. Ingo W. Sarlet não deixa de mencionar pensamento semelhante quando aduz que: "os direitos fundamentais não se limitam à função precípua de serem direitos subjetivos de defesa do indivíduo contra atos do Poder Público, mas que, além disso, constituem decisões valorativas de natureza jurídico-objetiva da Constituição, com eficácia em todo o ordenamento jurídico e que fornecem diretrizes para os órgãos legislativos, judiciários e executivos". A perspectiva objetiva significa, em linhas bastante amplas, "uma espécie de mais-valia jurídica, no sentido de um reforço da juridicidade das normas de direitos fundamentais". SARLET, 2003b, op. cit., p. 97-98.

[170] De acordo com Zannoni: "O sistema legal não pode deixar sem repúdio toda uma série de condutas não expressamente vedadas, mas cuja proibição surge da consideração harmônica do sistema jurídico como plexo normativo". ZANNONI, Eduardo. *El daño en la responsabilidad civil*. Buenos Aires: Astrea, 1987, p. 4.

## 1.3. Do conceito materialmente aberto dos direitos fundamentais como fundamento para a inclusão da reparação de danos neste rol e a dignidade da pessoa humana como limiar

Antes de tudo, cumpre ressaltar que deverá o Direito pátrio servir como parâmetro para a escolha do rol dos direitos fundamentais, já que é indiscutível que estes não formam um sistema fechado.[171] O conteúdo do § 2º do art. 5º da CF/88 demonstra existirem direitos fundamentais expressos em outras partes do Texto Constitucional, em tratados internacionais, decorrentes do regime e dos princípios da Constituição, bem como, ainda, em direitos não escritos, ou seja, implícitos nas normas da Lei Maior.[172]

Ao fazer referência aos direitos "decorrentes do regime e dos princípios", a Lei Maior acabou por aceitar direitos fundamentais não escritos; assim, "cumpre reconhecer que, paralelamente aos direitos fundamentais fora do Catálogo (com ou sem sede na Constituição formal), o conceito materialmente aberto de direitos fundamentais abrange direitos não expressamente positivados",[173] pois, conforme Carlos Maximiliano, pode-se considerar constitucional não apenas o que vem escrito na Carta Maior mas também o que se deduz do sistema, além do conjunto das franquias dos indivíduos e dos povos universalmente consagrados.[174]

A abertura material do Catálogo[175] abrange os direitos individuais de cunho negativo, voltados à proteção do sujeito, o que se deduz tanto da expressão literal da norma quanto da sua localização no Texto, bem como os direitos sociais, o que se deduz tanto da expressão literal do § 2º do art. 5º que não faz nenhuma restrição a existência de outros direitos fundamentais,

---

[171] No sentido de o rol dos direitos fundamentais não ser taxativo, ganha peso o princípio hermenêutico do *inclusio unius alterius est exclusius*, ou seja, também está incluso na Constituição o que não foi expressamente previsto, mas que pode ser deduzido. Veja-se sobre o tema, PONTES DE MIRANDA, Francisco Cavalcanti. *Comentários à Constituição de 1967* (com a Emenda n. 1, de 1969). v. 5. São Paulo: Revista dos Tribunais, 1970, p. 658 e ss. e BARBOSA, Rui. *Comentários à Constituição Federal brasileira*. v. 6. 1970, p. 263 e ss.

[172] Menelich de Carvalho Neto afirma que o § 2º, do art. 5º, traz "a moldura de um processo de permanente aquisição de novos direitos fundamentais". CARVALHO NETO, Menelick de. A Hermenêutica Constitucional e os desafios postos aos Direitos Fundamentais. In: SAMPAIO, José Adércio (org.). *Jurisdição Constitucional e os Direitos Fundamentais*. Belo Horizonte: Del Rey, 2003, p. 154. Lênio Luiz Streck comenta que: "a realização dos direitos previstos na Constituição – quer sob a forma de preceitos, quer sob a forma de princípios – não pode depender apenas de mecanismos cuja titularidade afaste o cidadão". STRECK, Lênio Luiz. *Jurisdição Constitucional e Hermenêutica*: uma nova crítica do Direito. Rio de Janeiro: Forense, 2004, p. 835.

[173] SARLET, 2009, op. cit., p. 85.

[174] MAXIMILIANO, Carlos. *Comentários à Constituição brasileira*. v. 3. Rio de Janeiro: Jacintho Ribeiro dos Santos, 1918, p. 175.

[175] "Na verdade, essa conclusão deriva da concepção do Direito como sistema aberto. A interpretação constitucional deve estar em harmonia com a sociedade concreta, com seus aspectos plurais e abertos". Ver: BRASILEIRO BORGES, Roxana Cardoso. *Direitos de Personalidade e autonomia privada*. 2. ed. São Paulo: Saraiva, 2007, p. 29. Gustavo Tepedino complementa, aduzindo que: "O reconhecimento da força normativa dos princípios constitucionais e dos preceitos internacionais recebidos pelo Estado brasileiro torna-se método indispensável para a abertura do horizonte de proteção dos direitos humanos, especialmente nas relações jurídicas de Direito Privado, em cujo domínio seria impossível ao legislador disciplinar todas as situações em que a pessoa humana demanda proteção específica na sociedade tecnológica". TEPEDINO, 2006, op. cit., p. 15.

como da acolhida dos direitos sociais no título relativo aos direitos fundamentais, a despeito de presentes em outro capítulo da *Lex Mater*. De acordo com Rui Medeiros,[176] "não há um fim da história em matéria de direitos fundamentais".

Ingo Sarlet[177] aduz que, se reconhecermos a existência de um sistema de direitos fundamentais, "este necessariamente será, não propriamente um sistema lógico-dedutivo (autônomo e autossuficiente), mas, sim, um sistema aberto e flexível, receptivo a novos conteúdos e desenvolvimentos, integrado ao restante da ordem constitucional, além de sujeito aos influxos do mundo circundante".

Além de outras circunstâncias comuns que dizem respeito ao conteúdo dos direitos fundamentais, pode-se inferir a existência de um direito fundamental pelo fato de este ter uma aplicabilidade imediata e, também, pelo fato de ter a sua proteção reforçada contra a ação erosiva do legislador, ou seja, ser erigido à condição de cláusula pétrea. Isso possui especial relevância no momento em que se tem uma abertura do rol desses direitos sem, portanto, uma lista taxativa dos mesmos, mas com uma imensa necessidade de identificá-los.[178]

Ser fundamental apresenta, pois, dois sentidos: a fundamentalidade formal e a fundamentalidade material. A primeira conduz ao Direito Constitucional Positivo. Resulta do fato de ser parte integrante da Constituição escrita, de ser um direito pétreo, e ainda de ter aplicabilidade imediata que vincula entidades públicas e privadas.[179] Já a segunda remete ao conteúdo, à matéria; liga-se ao fato de as decisões acerca dos direitos fundamentais se referirem à estrutura básica do Estado e da sociedade. Não está, todavia, pacificada a ideia de direitos apenas materialmente fundamentais, ou seja, ainda não se tem certeza se eles podem ou não ser equiparados no que tange ao regime jurídico dos direitos fundamentais.[180]

Bruno Miragem[181] comenta que a expressão *direitos fundamentais* revela a importância e a função desses direitos, estabelecendo diretrizes a todo o sistema. Assim, "o caráter material das normas de direito fundamental vão

---

[176] MEDEIROS, Rui. O Estado de Direitos Fundamentais português: alcance, limites e desafios. *Anuário Português de Direito Constitucional*, Coimbra, v. 2, p. 25, 2002.

[177] SARLET, 2009, op. cit., p. 72.

[178] Gustavo Tepedino complementa, afirmando que: "a proteção constitucional da pessoa humana supera a setorização da tutela jurídica (a partir da distinção entre os direitos humanos, no âmbito do Direito Público, e os direitos da personalidade, na órbita do Direito Privado), bem como a tipificação de situações previamente estipuladas, nas quais pudesse incidir o ordenamento". TEPEDINO, Gustavo. Cidadania e Direitos da Personalidade. *Revista Jurídica*, n. 309, p. 11, jul. 2003.

[179] José Carlos Vieira de Andrade e Joaquim José Gomes Canotilho defendem a existência de direitos apenas formalmente fundamentais, já partindo, no entanto, de uma presunção de materialidade dos direitos fundamentais expressos na Constituição. Ver: VIEIRA DE ANDRADE, José Carlos. *Os Direitos Fundamentais na Constituição portuguesa de 1976*. Coimbra: Livraria Almedina, 1987, p. 78 e ss. e GOMES CANOTILHO, 1992, op. cit., p. 539 e ss.

[180] Acerca do tema, ver: NOVAIS, Jorge Reis. *As restrições aos Direitos Fundamentais não expressamente autorizados pela Constituição*. Coimbra: Coimbra Editora, 2003, p. 47-48.

[181] MIRAGEM, Bruno. *Responsabilidade civil da imprensa por dano à honra*: o novo Código Civil e a Lei de Imprensa. Porto Alegre: Livraria do Advogado, 2005, p. 91.

se caracterizar por conterem as decisões sobre a estrutura normativa básica do Estado e da sociedade".

O certo é que, para a inclusão da reparação de danos imateriais como um direito fundamental, é necessário defender a existência de direitos materialmente fundamentais, pois ainda não estão expressos na Carta Maior; todavia, não se pode descartar a possibilidade da inserção de uma cláusula geral no art. 5º da CF/88, incluindo o direito à reparação de danos como sendo um dos direitos formalmente fundamentais, porque conteúdo e importância para tanto não faltam ao tema em questão.

Também se ressalta que um direito fundamental pode advir tanto de textos legais nacionais – aqui, especificamente, tem-se, por exemplo, o Código Civil de 2002, mais precisamente o artigo 186, combinado com o artigo 927 – bem como pode decorrer de textos internacionais, aprofundamento que não cabe no momento. Desta forma consegue-se identificar, claramente, quais são os direitos que podem ser considerados fundamentais, seja pelo seu conteúdo, seja pela sua fonte.

Reforçando a ideia proposta, Paulino Jacques[182] comenta:

> O legislador Constituinte, ao referir os termos "regime" e "princípios", quis ensejar o reconhecimento e a garantia de outros direitos que as necessidades da vida social e as circunstâncias dos tempos pudessem exigir. É uma cláusula, por conseguinte, consagradora do princípio da "equidade" e da "construção jurisprudencial", que informam todo o direito anglo-americano, e que, por via dele, penetram no nosso sistema jurídico. Também entre nós, não é a lei a única fonte do direito, porque o "regime", quer dizer, a forma de associação política (democracia[183] social), e os "princípios" da Constituição (república federal presidencialista) geram direitos.

Efetivamente se pode concluir que o conceito materialmente aberto se refere à possibilidade de uma identificação e de uma construção jurisprudencial de direitos fundamentais tanto não escritos bem como constantes em outras partes da Constituição e, até mesmo, em tratados internacionais. Em outras palavras, é realmente possível aproveitar a abertura material do art. 5º, § 2º, da CF/88 para incluir, pela especialidade e pela essencialidade, a reparação de danos imateriais nesse rol.

Ingo Sarlet[184] salienta que é por meio do Direito Constitucional Positivo (art. 5º, § 2º, da CF) "que a noção de fundamentalidade material permite a abertura da Constituição a outros direitos fundamentais não constantes de seu texto e, portanto, apenas materialmente fundamentais", constatação que abre as portas para receber a reparação de danos imateriais como um direito fundamental. Para o autor, há uma celeuma relativa à existência de direitos fundamentais com assento na legislação infraconstitucional – hipótese que, segundo ele, *a priori,* não deve ser excluída, exigindo apenas cautela. Neste sentido, "não nos parece de todo desarrazoada uma interpretação de cunho extensivo que a venha a admitir uma abertura do catálogo dos direi-

---

[182] JACQUES, Paulino. *Curso de Direito Constitucional*. Rio de Janeiro: Forense, 1983, p. 453.
[183] De acordo com Juarez Freitas: "o Constitucionalismo jamais se opõe à Democracia, bem entendida, porque nasce com ela". FREITAS, 2004, op. cit., p. 192.
[184] SARLET, 2009, op. cit., p. 75, 87-88.

tos fundamentais também para posições jurídicas reveladas, expressamente, antes pela legislação infraconstitucional", pois entende o autor que, não raras vezes, é ao legislador ordinário que se pode atribuir o pioneirismo de reconhecer valores fundamentais para a sociedade, antes mesmo de uma constitucionalização. Sem dúvida, tem-se aqui a plausibilidade da ideia em pauta, uma vez que se está diante de situações relevantes para a sociedade que não pode sofrer pela falta do direito à reparação dos seus danos, pelo menos, imateriais.

Pode-se usar como exemplo da possibilidade da também inclusão do direito à reparação de danos imateriais como um direito fundamental o já reconhecido direito aos alimentos,[185] prestação de caráter existencial, que, independentemente de uma previsão legal, tem como ser buscado e acolhido pelo direito à vida com dignidade. O legislador reconheceu a obrigação no plano legal, definiu sujeitos passivos e ativos, tratou de questões processuais, porém há uma defesa constitucional – material – desse direito. Nessa mesma linha de raciocínio, pode-se incluir o direito à personalidade, igualmente deduzido de uma cláusula geral[186] de proteção dessa personalidade com esteira no direito geral de liberdade e no princípio da dignidade da pessoa humana;[187] aliás, como ocorre com o direito ao nome, já referido pelo STF.[188] Trata-se, portanto, de um direito fundamental implícito na Lei Maior.

---

[185] Há quem defenda os alimentos como um direito fundamental. Sobre isso, ver: SPAGNOLO, Juliano. Uma visão dos alimentos através do prisma fundamental da dignidade da pessoa humana. In: PORTO, Sérgio Gilberto; USTÀRROZ, Daniel (orgs.). *Tendências constitucionais no Direito de Família*. Porto Alegre: Livraria do Advogado, 2003, p. 147 e ss.

[186] Para Judith H. Martins-Costa, "estando esses [os referidos] princípios e garantias expressos em cláusulas gerais, permite-se o desenvolvimento jurisprudencial de novas hipóteses mediante o emprego do raciocínio tópico, podendo-se, assim, falar na elaboração de um direito geral da personalidade que não se esgota no reconhecimento dos tradicionais atributos, tais como a honra, o nome, a imagem, a intimidade e a vida privada, mas tem alargada possibilidade de expansão". MARTINS-COSTA, Judith H. Os danos à pessoa no Direito brasileiro e a natureza da sua reparação. In: ——. (org.). *A reconstrução do Direito Privado*. São Paulo: Revista dos Tribunais, 2002, p. 415. Trabalhando os direitos "especiais" de personalidade, Rabindranath de Souza aduz que: "Estes direitos de personalidade jurisprudenciais ou doutrinais, especiais em termos de valoração jurídica, não esgotam o direito-mãe geral de personalidade, quer por traduzirem sedimentações de certos casos típicos dotados de alguma homogeneidade interna, quer, sobretudo, porque a unidade, a multiformidade, a complexidade, a dinâmica e o desenvolvimento da personalidade postulam uma unidade jurídica essencial no bem jurídico geral da personalidade e comportam, e comportarão sempre, zonas, elementos ou expressões não-traduzíveis, mesmo juridicamente, por sectoriais fórmulas abstractas, necessariamente redutoras e algo simplistas. Por tudo isto, bem se compreende a conveniência em não dilatar os âmbitos de previsão dos direitos especiais de personalidade consagrados pela jurisprudência ou pela doutrina, adentro do reconhecimento do direito geral de personalidade". CAPELO DE SOUZA, 1995, op. cit., p. 561.

[187] Judith H. Martins-Costa comenta que a cacofonia e a desordem regem o emprego das palavras personalidade e dignidade, pois reconhece a autora que a dignidade por vezes está intimamente ligada à personalidade, outras à felicidade, outras à Humanidade, às condições de uma existência digna; por outro lado, há situações em que a dignidade se opõe à autonomia, à liberdade, em outras as realiza ou as possibilita. Judith constata que a dignidade da pessoa humana acaba servindo como um conceito tampão, ao querer tudo significar e acabando por nada dizer. MARTINS-COSTA, 2003a, op. cit., p. 4.

[188] Ver Recurso Extraordinário n. 248.869-1, de 07.08.2003, que teve como relator o Ministro Maurício Corrêa, em que ficou consignado o nome no conceito da dignidade da pessoa humana, razão pela qual o estado de filiação é direito indisponível. Tecendo comentários relevantíssimos acerca de um dos direitos de personalidade, qual seja, o nome, Maria Celina Bodin de Moraes profere que: "As regras gerais que regem o direito ao nome civil delineiam-se, como não poderia deixar de ser, à luz dos valores

Um dos critérios para que se possa estabelecer um conceito material de direito fundamental e assim incluir o direito à reparação de danos como tal, é que este último deverá equivaler, em seu conteúdo e dignidade, aos direitos fundamentais da Lei Maior. Isso é o que acontece se se parar para pensar na reparação de danos como um meio hábil e necessário para a composição de danos, ainda mais danos que alcancem a esfera subjetiva do sujeito. Outrossim, todo o direito fundamental tem um radical subjetivo, pois todos outorgam ao sujeito determinadas posições subjetivas, afora o fato de que todos os direitos têm função protetiva, porquanto claramente buscam proteger bens individuais ou coletivos essenciais.[189]

Como argumenta Ingo Sarlet,[190] poder-se-á considerar um direito fundamental fora do Catálogo, se, por seu conteúdo e por sua importância, ele puder ser equiparado aos que compõem o rol dos elencados no Título II da Constituição. É necesssário frisar que tanto a substância quanto a relevância estão agregadas entre si e são imprescindíveis para o conceito aberto de direitos fundamentais. De fato, substância e relevância não faltam à reparação de danos imateriais.

Trata-se, pois, não de um olhar isolado sobre os preceitos do Catálogo, mas sim de voltar os olhos para os elementos comuns a todos os direitos fundamentais, o que se coaduna, novamente, com o direito à reparação de

---

constitucionais, dentre os quais, o maior deles, a dignidade da pessoa humana. A mitigação da regra da imutabilidade do prenome encontra sua justificativa principal nesta dignidade. Assim é que, na prática, a jurisprudência tem garantido que o direito da personalidade à real e adequada individualização da pessoa suplante a tradicional proibição de alteração do prenome, principalmente através do alargamento da exceção da 'exposição ao ridículo', podendo-se bem entender que esta expressão – expor ao ridículo seu portador – em sentido ainda mais amplo, como representativa do que não é condigno à individualização da personalidade humana. Como algumas outras categorias de direitos, o nome responde a um interesse que é, a um só tempo, público e individual. Ao nome, as pessoas estão vinculadas por razões de ordem administrativa e por razões de ordem psicológica. Enquanto direito da personalidade, é sinal distintivo da pessoa, contribuindo para a sua dignidade; enquanto dever de identificação, corresponde ao interesse público que se reconduz ao poder de polícia, justificado pela necessidade social de identificar os indivíduos em sociedade. Adequar ambos os interesses parece mais simples se não se admitir a imutabilidade do prenome como regra, o que é plenamente compatível com o atual teor do art. 58 da LRP. Poderá mudar seu prenome a pessoa que não o usa – portanto, a quem ele não individualiza –, desde que por relevantes razões de ordem psicológica, objetivamente apreciáveis. Já com relação ao sobrenome, dissolvido o vínculo conjugal, configura-se o direito a conservá-lo se este traduz o sinal distintivo com o qual a pessoa é conhecida no meio social. Tal entendimento se encontra, hoje, em grande parte, absorvido pelo Código Civil de 2002. A mudança de perspectiva acerca do tema refere-se à nova visão de que não se pretende manter o nome de outra pessoa (o ex-cônjuge), mas, tão-somente, o próprio sinal designativo, que possui autonomia em relação à sua origem, ao modo pelo qual foi adquirido, desvinculando-se seja da relação conjugal, seja da relação familiar, sendo de se lhe atribuir relevância própria na medida em que é parte integrante e indissociável da personalidade (subjetividade) de quem o porta. A regra, então, não é mais a da imutabilidade do prenome ou da alteração obrigatória do sobrenome após, por exemplo, o desconhecimento da paternidade. O princípio geral, no Direito Civil atual, será sempre o da dignidade da personalidade humana. Isto significa, no que toca ao direito ao nome, que o Juiz deverá aplicar, conforme as circunstâncias do caso concreto, a regra que melhor servir a tutelar a individualidade humana porque dela deflui e para ela aflui a dignidade. A finalidade do nome civil é individualizar e distinguir as pessoas humanas, durante sua vida e mesmo após sua morte, pela memória que deixa nos sucessores e pela estima pessoal. Em virtude do nome, *non omnis moriar* (não morremos de todo)". BODIN DE MORAES, Maria Celina. A tutela do nome da pessoa humana. *Revista Forense*, Rio de Janeiro, n. 364, v. 98, p. 227-228, nov./dez. 2002.

[189] VIEIRA DE ANDRADE, 1987, op. cit., p. 83, 85, 87.
[190] SARLET, 2009, op. cit., p. 92.

danos imateriais, uma vez que não se tem como negar que o direito à vida e à saúde, por exemplo, são sucedâneos da dignidade da pessoa humana e, ao mesmo tempo, objeto precípuo da reparação em comento.

Significa dizer, portanto, que há, em tese, três opções: ou se cria um direito fundamental à reparação de danos imateriais, dando a este último um lugar no Texto Maior; ou traz-se a reparação de danos imateriais como um direito fundamental, porém decorrente do campo de incidência de um direito fundamental já expressamente previsto na Lei Maior, qual seja, a dignidade da pessoa humana; ou, ainda, alternativamente, por meio da abertura material da Constituição no que concerne aos direitos fundamentais. As duas últimas possibilidades já estão em completa harmonia com a sistemática da Constituição, além de não esbarrarem no princípio da separação dos Poderes.[191]

No sentido de que não deve ser aumentada a lista dos direitos fundamentais, tem-se o pensamento de José de Oliveira Ascensão,[192] que argumenta que o objetivo das listas constitucionais de direitos fundamentais se torna cada vez mais o de consolidar as reivindicações de grupos de interesses, indo assim em um sentido oposto ao da construção nuclear do primado da pessoa. Ainda assevera o autor que a ampliação do número de direitos fundamentais tem como consequência a diluição da categoria, e que cada novo direito apaga mais um pouco a marca do que é verdadeiramente fundamental. Para Ascensão, com essa degradação, consagram-se como direitos fundamentais aspectos que exprimem apenas pretensões de grupos ou de classes que não atendem ou que podem ser contrários à dignidade da pessoa humana.

De acordo com Tércio Sampaio Ferraz Júnior,[193] "a personificação do homem foi uma resposta cristã à distinção, na Antiguidade, entre cidadãos e escravos. Com a expressão pessoa obtete-se a extensão moral do caráter de ser humano a todos os homens, considerados iguais perante Deus". De fato, a noção de pessoa[194] como subjetividade, com valor em si mesma, surge da síntese das culturas grega, romana e judaico-cristã, operada por Santo Agostinho, principal expoente da chamada Filosofia Patrística.[195]

Partilha desse ponto de vista Celso Lafer,[196] ao destacar que é o Cristianismo que retoma e que aprofunda o ensinamento judaico e grego, buscando aclimatar ao mundo pela evangelização a ideia de que cada pessoa tem um valor que é absoluto no plano espiritual e que, portanto, o ensinamento cristão é um dos elementos formadores da mentalidade que tornou possível o tema dos direitos humanos.

---

[191] Sobre o tema, permita-se remeter o leitor para LUTZKY, 2008, op. cit., p. 115-136.

[192] ASCENSÃO, 2007, op. cit., p. 110.

[193] FERRAZ JÚNIOR, Tércio Sampaio. *Introdução ao estudo do Direito*. São Paulo: Atlas, 1996, p. 156.

[194] "É que a noção de pessoa que cada sociedade constrói para si não está divorciada das formas econômicas subjacentes a essa mesma sociedade, das tessituras da História". MARTINS-COSTA, 2003a, op. cit., p. 87.

[195] ALVES, Gláucia Correa. Sobre a dignidade da pessoa humana. In: MARTINS-COSTA, Judith H. (org.). *A reconstrução do Direito Privado*. São Paulo: Revista dos Tribunais, 2002, p. 215.

[196] LAFER, Celso. *A reconstrução dos Direitos Humanos*: um diálogo com o pensamento de Hannah Arendt. São Paulo: Companhia das Letras, 1998, p. 119.

Thomas Hobbes,[197] no *Leviatã*, em capítulo intitulado *Das pessoas, autores e coisas personificadas*, define a pessoa pela sua função,[198] pelo seu papel social, como se verifica na seguinte passagem:

> *Uma pessoa é aquele cujas palavras ou ações são consideradas quer como suas próprias quer como representando as palavras ou ações de outro homem, ou de qualquer outra coisa a que sejam atribuídas, seja com verdade ou por ficção. Quando elas são consideradas como suas próprias, ele se chama pessoa natural.* Quando são consideradas como representando palavras e ações de um outro, chama-se-lhe *uma pessoa fictícia ou artificial*. A palavra "pessoa" é de origem latina. Em lugar dela os gregos tinham prósopon, que significa rosto, tal como em latim persona significa o disfarce ou a aparência exterior de um homem, imitada no palco. E por vezes mais particularmente aquela parte dela que disfarça o rosto, como máscara ou viseira. E do palco a palavra foi transferida para qualquer representante da palavra ou da ação, tanto nos tribunais como nos teatros. De modo que uma pessoa é o mesmo que um ator, tanto no palco como na conversação corrente. E personificar é representar, seja a si mesmo ou a outro; e daquele que representa outro diz-se que é portador de sua pessoa, ou que age em seu nome (...). Recebe designações diversas, conforme as ocasiões: *representante, mandatário, lugar-tenente, vigário, advogado, deputado, procurador, ator e outras semelhantes*. (grifos do autor)

O que se pode reconhecer é um forte resquício medieval na definição da pessoa pelo seu papel; no entanto, esse tipo de concepção, em que o valor da pessoa está atrelado ao papel que ela exerce, não é algo que pode ser abandonado como uma parte histórica: é algo, pois, que se reflete em alguns julgados do STF.[199]

Já as raízes mais próximas da noção de pessoa podem ser encontradas no "penso, logo existo", de Descartes.[200] Ele duvida de tudo, não resta nenhuma crença, é um estágio de dúvida generalizada. A reintrodução da certeza, isto é, a construção de uma base sólida após a hiperbolização da dúvida é engendrada a partir do *cogito*. A primeira certeza será a da existência do eu como algo pensante. Eis, então, o momento inaugural do sujeito moderno e da sua razão solitária. A partir de Descartes, a pessoa passa a ser o sujeito do conhecimento (*res cogitans*), e o mundo, o seu objeto (*res extensa*). O pensante passa a ser a medida de todas as coisas ou, melhor ainda, eu existo como algo pensante. Investiga-se, agora, como o ser pensante-existente, o sujeito

---

[197] HOBBES, Thomas. *Leviatã*. Trad. de João Paulo Monteiro e Maria Beatriz Nizza da Silva. São Paulo: Abril Cultural, 1983, p. 96.

[198] Judith Martins-Costa refere: "Foi Thomas Hobbes, nos meados do séc. XVII, quem plasmou a concepção da pessoa como indivíduo que será acolhida pelo Constitucionalismo e pela Codificação vindos à luz entre os séculos XVIII e XIX. Ao conectar essas ideias – pessoa e indivíduo – Hobbes forneceu as armas para produzir uma verdadeira revolução. (...) Hobbes encontrou – e ainda operou – com a ideia estatutária, é dizer: pessoa é denotativo do status ocupado na organização social". MARTINS-COSTA, 2003a, op. cit., p. 23.

[199] "Delito de injúria contra Magistrado, imputado a advogado, no exercício profissional. Expressões que, em tese, constituem agressão à dignidade funcional do Magistrado. Ao Juiz compete presidir a instrução do processo e efetuar o seu julgamento. Daí o descabimento da excludente prevista no art. 142, I, do CP, que compreende a parte ou seu procurador". (RHC 58953/PR, rel. Min. Djaci Falcão, 2ª Turma, DJ 03.07.1981, p. 6.647). Ainda os seguintes julgados: RHC 69325/GO, rel. Min. Néri da Silveira, Tribunal Pleno, DJ 04.12.1992, p. 23.058; MS 22724/MG, rel. Min. Carlos Velloso, Tribunal Pleno, DJ 07.11.1997, p. 57.237; RE 91525/SP, rel. Min. Cordeiro Guerra, Segunda Turma, DJ 06.02.1981, p. 515.

[200] DESCARTES, René. *Meditações*. Trad. de Bento Prado Júnior e Jaime Ginsburg. São Paulo: Nova Cultural, 1988, p. 17 e ss.

moderno, tornou-se um sujeito ao qual a dignidade é atribuível como sucedâneo da pessoa.[201]

Com Kant,[202] o sujeito moderno, cognoscente, torna-se um sujeito moral. Aqui, a noção de Hobbes de que a dignidade do sujeito corresponde ao seu *status* social fica para trás, e Kant inaugura a noção de que a pessoa tem dignidade como tal, ou seja, como ser humano.[203] Para Kant, na *Fundamentação da Metafísica dos Costumes*, "no reino dos fins, tudo tem ou um preço ou uma dignidade. Quando uma coisa tem um preço, pode pôr-se em vez dela qualquer outra como equivalente; mas quando uma coisa está acima de todo o preço, e portanto não permite equivalente, então ela tem dignidade". E continua o autor: "[dignidade] constitui a condição só graças à qual qualquer coisa pode ser um fim em si mesma, não tem somente um valor relativo, isto é, um preço, mas um valor íntimo".

Neste sentido, Kant defende que a dignidade de uma pessoa não depende de seu *status* social, do cargo que ocupa, da sua popularidade, de sua utilidade para os outros, porque esses fatores são mutáveis; já a dignidade atribuída ao ser humano como agente moral, não.[204] Por isso não se pode

---

[201] José de Oliveira Ascensão comenta que se parte da observação da existência aparente de uma concordância prática universal da pessoa humana e da sua inerente dignidade como o mais forte esteio das atuais sociedades ou, pelo menos, das sociedades ocidentais; no entanto, a reflexão sobre os direitos fundamentais, segundo o autor, revelou que *essa concordância esconde graves divergências*, porque se procede a toda uma extensão de matérias que nada têm a ver com a defesa da pessoa humana. Para Ascensão, a solução está na *noção subjacente de pessoa*: enquanto esta não for esclarecida, todos os equívocos serão possíveis. Na continuidade de seu texto, Ascensão esclarece que só são objeto dos direitos de personalidade aspectos fundamentais da pessoa, pois só estes podem pretender reconhecimento por todos e desfrutar desta tutela, o que leva a distinguir os tipos de direito de personalidade, admissíveis em três zonas: a) o núcleo – que merece proteção em qualquer caso; b) a periferia – que abrange aqueles aspectos que, embora estando formalmente compreendidos em um tipo, não têm a ver com a personalidade ôntica, como aspectos banais da vida privada; c) a orla – que é constituído por aquelas situações em que a personalidade está implícita., mas com menor significado que nos aspectos nucleares. Ainda sobre o assunto, Ascensão traz que a pessoa se reflete no Direito por várias facetas, quais sejam: I. Como *sujeito* de Direito – a pessoa como ator da vida jurídica; II. Como *fundamento* do Direito – pois é porque há homem que o Direito existe, ou seja, a justificação profunda do Direito está sempre na realidade da pessoa; III. *Fim* do Direito – pois o homem não só funda o Direito como este também se destina a servir o homem, isto é, é para a realização do homem que a ordem jurídica existe. ASCENSÃO, 2007, op. cit., p. 115-121.

[202] KANT, Immanuel. *Fundamentação da Metafísica dos Costumes*. Trad. de Paulo Quintela. Porto: Porto Editora, 1995, p. 71-72.

[203] Para Romualdo dos Santos: "a noção de dignidade da pessoa humana existe desde a Antiguidade, mas somente a partir de Immanuel Kant adquiriu os contornos de uma definição racional. A dignidade da pessoa humana decorre do fato de que o homem, por ser racional, possui a capacidade de se autodeterminar, seguindo as leis por ele mesmo criadas, ao passo que as coisas, por serem destituídas de razão, não podem estabelecer fins para si mesmas e, por isso, são apenas meios dispostos pelo homem para atingir seus fins. Logo, a dignidade da pessoa humana importa em reconhecer que o ser humano não pode ser tratado como coisa, isto é, não pode ser usado para a consecução de fins nem se lhe pode atribuir preço ou outro valor equivalente". SANTOS, Romualdo Baptista dos. Responsabilidade civil e dignidade da pessoa humana. In: NOVAES HIRONAKA, Giselda Maria Fernandes; DIAZ FALAVIGNA, Maria Clara Osuna (coords.). *Ensaios sobre responsabilidade civil na Pós-Modernidade*. Porto Alegre: Magister, 2007, p. 385. Para entender melhor o Direito kantiano, sugere-se VALLE DRESH, 2009, op. cit.

[204] Já Judith H. Martins-Costa infere que a "dignidade da pessoa humana, como princípio jurídico, vai designar não o 'modo de ser da pessoa', não a sua autonomia, ou liberdade, nem a sua honra ou vida privada, não o direito à opção sexual, ao nome, à associação ou a uma moradia, ou a um eletrodoméstico que não pode ser penhorado, nem ao fato de os contratos deverem obedecer à sua função social, ou cumpridos segundo a boa-fé, nem à circunstância de o Estado dever certas prestações sociais como o trabalho, a escola ou ao acesso ao sistema de saúde. Indicará, primária e precipuamente, a 'humanidade da pessoa'. Sua função será a de obstar as práticas – provenham de entes públicos ou pessoas privadas – que atinjam

dizer que uma pessoa tenha mais dignidade do que outra,[205] pois, se ela não admite equivalente, aquele dotado de dignidade não pode ser trocado ou sacrificado sob qualquer pretexto. Kant afirma que uma pessoa pode perder o seu estatuto cívico, a sua dignidade de cidadão, por ter cometido crimes muito graves, por exemplo. Sustenta, porém, que essa pessoa não poderá, de forma alguma, ver-se privada de todo o respeito como ser humano, visto que, segundo o referido autor, a dignidade repousa sobre a autonomia (fazer leis e agir de acordo com estas, sob pena de imputação), devendo a referida dignidade ser atribuída a todos os agentes morais.

Hans Hattenhauer[206] defende que o direito de personalidade é "aquele que garante ao seu sujeito o domínio sobre um setor da própria esfera de personalidade. Com esse nome designam-se 'os direitos da própria pessoa'". Conforme Hattenhauer,[207] o fundamento do conceito de pessoa, para Kant, reside na noção do homem como ser responsável por sua conduta. Todavia, é na ideia da pessoa como um fim em si mesma que reside o cerne da dignidade humana para Kant.

A posição kantiana[208] não é unânime, e uma das posições mais polêmicas é a dos defensores dos direitos dos animais e dos partidários do respeito ho-

---

a carga de humanidade que em nós está contida" A autora defende que o princípio da dignidade da pessoa humana "é a última *ratio* da argumentação, porque sua função é a de vedar o que está no limite da inumanidade: a tortura, o genocídio, o racismo (...)". MARTINS-COSTA, 2003a, op. cit., p. 155. Na doutrina francesa, Edelman sustenta a dignidade da pessoa humana como atributo próprio da *humanitas* da pessoa, ao que há de Humanidade nas pessoas. EDELMAN, Bernard. La dignité de la personne humaine, un concept nouveau. In: *La personne en danger*. Paris: PUF, 1999, p. 509.

[205] HILL JÚNIOR, Thomas E. Dignité et respect de soi. In: CANTO-SPERBER, Monique (dir.). *Dictionnaire d'Éthique et de Philosophie Morale*. Paris: PUF, 1997, p. 415.

[206] HATTENHAUER, Hans. *Conceptos fundamentales del Derecho Civil*. Trad. para o espanhol de Pablo Salvador Coderch. Barcelona: Ariel, 1987, p. 22-24. O referido autor, nas mesmas páginas, credita as origens da teoria das pessoas à personalidade aos juristas Georg Karl Neuer, Edouard Hölder e Otto Von Gierke, este último o grande responsável por sua sistematização. Essa teoria tinha por função criar novas formas de tutela que suprissem as lacunas dos direitos fundamentais do século XIX, como as relativas à honra, à intimidade, à saúde, à integridade física e à vida privada. A despeito de seu desenvolvimento ter-se dado antes da elaboração do BGB, a primeira expressão legislativa foi o Código Suíço de 1907. Para Orlando de Carvalho, todavia, o BGB é um Código anti-humanista, pois reduz o homem a mero elemento da relação jurídica. Não é de surpreender, portanto, que o capítulo do Código destinado à pessoa não use, com exceção do título, nenhuma vez a palavra. CARVALHO, Orlando de. Les droits de l'homme dans le Droit Civil portugais. *Boletim da Faculdade de Direito da Universidade de Coimbra*, n. XLIX, p. 8, 1973. No entanto, Karl Larenz diz ser o personalismo ético kantiano uma das bases ideológicas fundamentais do BGB – isso não desmente, porém, o jurista português. Afinal, a visão kantiana de personalismo ético diz muito mais respeito ao homem como sujeito de direito, a seus deveres jurídicos e à responsabilização, ou seja, a uma redução à pessoalidade, em detrimento da personalidade. Na conhecida formulação de Larenz, resta traduzido o personalismo ético pelo qual o Direito Privado "atribuye al hombre, precisamente porque es 'persona' en sentido ético, un valor en sí mismo – no simplemente um medio para los fines de otros – y, en este sentido, una dignidad". LARENZ, Karl. *Derecho Civil*: parte general. Trad. de Miguel Izquierdo y Macías-Picavea. Madrid: Editorial Revista de Derecho Privado/Edersa, 1978, p. 45-46.

[207] HATTENHAUER, 1987, op. cit., p. 18.

[208] Kant, ao mesmo tempo em que informou as bases para uma nova classificação da razão, representou o fecho de vários séculos de pensamento filosófico quanto à questão moral da liberdade. A obra kantiana sofreu confessada influência de Rosseau e, em grau ainda mais alto, do filósofo escocês David Hume, conforme indica Ímaz (ver: ÍMAZ, Eugenio. Prólogo. In: KANT, Immanuel. *Filosofía de la Historia*. Trad. de Eugenio Ímaz. México: Fondo de Cultura Econômica, 1941, p. 2). Ver também: LUDWIG, Marcos de Campos. O direito ao livre desenvolvimento da personalidade na Alemanha e possibilidades de sua aplicação no Direito Privado brasileiro. In: MARTINS-COSTA, Judith H.(org.). *A reconstrução do Direito Privado*. São Paulo: Revista dos Tribunais, 2002b, p. 273.

lístico ao meio ambiente, que sustentam que a crença na dignidade humana tem origens puramente religiosas e não racionais; no entanto, para não haver um desvio de foco, não se analisarão aqui as críticas aprofundadamente.

Ratificando, no entanto, as posições de Kant, Jaspers[209] observa:

> Não há resposta satisfatória para a indagação a propósito do que o homem é. As potencialidades do homem enquanto homem permanecem ocultas em sua liberdade. Não cessarão de manifestar-se pelas consequências dessa liberdade. Enquanto existirem, os homens serão seres empenhados na conquista de si mesmos. Quem se interroga a respeito do homem gostaria de ver dele esboçar-se imagem verdadeira e válida, mas isto não é possível. A dignidade do homem reside no fato de ele ser indefinível. O homem é como é, porque reconhece essa dignidade em si mesmo e nos outros homens. Kant o disse de maneira maravilhosamente simples: nenhum homem pode ser, para outro, apenas meio; cada homem é um fim em si mesmo.

O que se denota, portanto, é que o conteúdo dos direitos fundamentais *pode* advir da dignidade da pessoa humana,[210] mas *não necessariamente* disso,[211] porque "reduzir a uma fórmula abstrata e genérica aquilo que constitui o conteúdo da dignidade da pessoa humana, em outras palavras, seu âmbito de proteção, não parece ser possível, a não ser mediante a devida análise do caso concreto".[212] O certo é que a dignidade da pessoa humana encontra as suas vertentes no respeito e na proteção da integridade física e corporal da pessoa.

Sem respeito pela vida, pela integridade física da pessoa, sem condições mínimas de subsistência, sem proteção da intimidade, da identidade e da igualdade, não haverá a proteção da dignidade da pessoa humana (*lex generalis*) que consta no art. 1º, inciso III, da CF/88 e que, mais que norma ética e moral, é expressamente constitucional – como tal, deverá ser respeitada para produzir os seus efeitos.[213]

---

[209] JASPERS, Karl. *Introdução ao pensamento filosófico*. Trad. de Leonidas Hegenberg e Octanny Silveira da Mota. São Paulo: Cultrix, 1997, p. 53-54.

[210] Ainda acerca da dignidade humana, Judith H. Martins-Costa doutrina: "De uma cada vez mais torrencial doutrina, podemos deduzir, das afirmações doutrinárias, o seguinte quadro: a) a dignidade humana é um princípio; b) a dignidade humana é um valor; c) a dignidade humana é uma qualidade inerente ao ser humano; d) a dignidade humana decorre dos traços peculiares do homem, a saber, a capacidade para o diálogo e para o amor; e) a dignidade humana fundamenta a autodeterminação; f) a dignidade humana fundamenta a liberdade; g) a dignidade humana fundamenta a razoabilidade; h) a dignidade humana fundamenta a felicidade; i) a dignidade humana tem um valor transformista, camaleônico, no sentido de preencher todos os direitos fundamentais, servindo para justificar a necessidade de um 'alojamento decente' ou de escolha sexual livre tanto quanto serve para proibir a tortura ou as experiências eugênicas com seres humanos". MARTINS-COSTA, 2003a, op. cit., p. 122.

[211] De acordo com Carlos Siqueira de Castro, a dignidade da pessoa humana é elemento proliferador de direitos fundamentais. Contudo, repisa-se, onde há dignidade da pessoa humana, tem-se o direito fundamental; em contrapartida, nem sempre que existe um direito fundamental, este último decorre da dignidade da pessoa humana. SIQUEIRA CASTRO, Carlos Roberto. *A Constituição aberta e os Direitos Fundamentais*. Rio de Janeiro: Forense, 2003, p. 21.

[212] SARLET, 2009, op. cit., p. 103.

[213] Bruno Miragem assinala que "a doutrina passa a distinguir, então, duas espécies de efeitos dos direitos fundamentais nas relações entre particulares, classificados como efeito direto ou efeito indireto. O efeito direto (...) reconhece a possibilidade de aplicação desses direitos nas relações entre particulares sem a necessidade de mediação de lei infraconstitucional que especifique o conteúdo da norma de direito fundamental. Já o efeito indireto refere a necessidade de que os efeitos dos direitos fundamentais, quando se irradiarem para as relações entre particulares, deverão ser mediados por norma infraconstitucional que lhe estabeleça seu conteúdo concreto. Determina assim um dever ao legislador ordinário de promover a concretização dos direitos fundamentais, ou mesmo do Juiz de um litígio, o qual deverá observar tais direitos na elaboração da norma para o caso". MIRAGEM, 2005, op. cit., p. 92.

A respeito disso bem assevera Pérez Luño[214] que "a dignidade da pessoa humana constitui não apenas a garantia negativa de que a pessoa não será objeto de ofensas ou humilhações mas implica também, em um sentido positivo, o pleno desenvolvimento da personalidade de cada indivíduo".

E, para fazer o fecho deste tópico, ligando-o com o primeiro, no sentido de relembrar a importância da atividade do Juiz na identificação de uma norma fundamental, têm cabimento as palavras de Ingo Sarlet,[215] que alerta:

> Cuida-se, por certo, de atividade essencialmente cometida ao Poder Judiciário, tratando-se de uma espécie de criação jurisprudencial do Direito (...), embora possa haver grande divergência sobre seus limites. Os critérios (...) objetivam, num primeiro momento, demonstrar o quão complexa e árdua é a tarefa de idenficação dos elementos integrantes do conceito material de direitos fundamentais subjacentes a nossa ordem constitucional.

Tem-se, deste modo, como essencial a atividade do Poder Judiciário, no sentido de dar a relevância e a devida aplicação aos direitos fundamentais.[216] Por certo, em razão do princípio da separação dos poderes,[217] não cabe ao Judiciário, em regra, criar direito; deve trabalhar, sim, na identificação e na localização de direitos fundamentais que estão fora do Catálogo, mas, principalmente, revelar o que já existe, ao fazer uso de uma atividade criadora complementar.

Saindo-se do genérico para se chegar ao mais específico, ponto a ser alcançado ao fim deste estudo, deve-se agora lançar um olhar atento sobre os direitos de personalidade, para fins de se entender melhor o alcance e a extensão destes, bem como reconhecer a sua natureza jurídica, classificação e atual tutela, porque, uma vez lesados, dão ensejo à reparação por danos imateriais.

---

[214] PÉREZ LUÑO, Antonio-Enrique. Derechos Humanos y Constitucionalismo en la actualidad. In: ──. (org.). *Derechos Humanos y Constitucionalismo ante el Tercer Milenio*. Madrid: Marcial Pons, 1996, p. 318.

[215] SARLET, 2009, op. cit., p. 115.

[216] "(...) o intérprete atua na 'construção jurisprudencial do Direito', revelando os direitos fundamentais que se encontram em estado latente em nossa Carta". Ibid., p. 139.

[217] "Foi a ideia de tripartição de Poderes recriada por Montesquieu que permitiu a independência dos Juízes frente ao Poder Executivo e Legislativo, uma vez que possibilitou a supremacia do Direito sobre o público, criando, assim, o Estado de Direito". LUTZKY, 2008, op. cit., p. 133. Sobre a independência do Judiciário, Eugênio Facchini Neto comenta que há três espécies de independência: a externa, a interna e a psicológica. Assim: "O conceito de independência externa está ligado à possibilidade dos Juízes desempenharem suas atividades ao abrigo de condicionamentos e pressões de outros Poderes, políticos ou econômicos. Essa é a espécie de independência tratada há mais tempo e que até algumas décadas atrás era praticamente a única preocupação de quem se debruçava sobre o tema da independência da Magistratura. Era essa 'a' independência, e não uma de suas manifestações. Fala-se, ao contrário, de independência interna, quando se quer focar a relação entre o Magistrado singular e seus superiores hierárquicos, isto é da possibilidade do Juiz decidir livremente, sem sujeição ao poder de controle dos Juízes de grau superior (obviamente que não se está aqui a referir ao inelininável controle jurisdicional exercido através das vias recursais) (...) Existe, porém, uma terceira acepção de independência, que se pode chamar de independência psicológica do Magistrado frente à sociedade. Trata-se, aqui, de garantir ao Juiz a possibilidade de desenvolver opiniões autônomas, livre dos condicionamentos derivados dos instrumentos de pressão de que se servem os centros de Poder político e econômico para uniformizar a opinião pública, bem como garantir decisões que sejam imunes às pressões culturais e ideológicas da sociedade. (...) Independência psicológica também significa liberdade de condicionamentos de todas as espécies, mormente aqueles mais insidiosos, como o condicionamento religioso e ideológico". FACCHINI NETO, 2009a, op. cit., p. 125-128.

## 2. Dos direitos de personalidade e suas implicações

O Código Civil de 1916 não tratou dos direitos de personalidade, muito provavelmente porque o anteprojeto do Código foi redigido em 1899, por Beviláqua, momento histórico em que ainda não tinha ocorrido a divulgação dos referidos direitos. A despeito de existir a tese de que os direitos de personalidade remontam a autores do século XVI, ainda no final do século XIX, a doutrina civilística questionava-se acerca dos contornos desses direitos, sendo que apenas uma minoria aceitava a existência e a autonomia destes últimos, definindo-os como aqueles que pretendiam tutelar o domínio sobre a própria esfera pessoal.[218]

Poucos assuntos, em tão curto tempo, tiveram uma trajetória tão fulgurante quanto os direitos de personalidade, embora "relegados a uma trativa tópica na codificação do final do século XIX, como no caso do BGB, ou mesmo ignorados pelo codificador, como no caso brasileiro, alcançaram o *status* de direito fundamental antes do final do século XX".[219]

Importa reconhecer os direitos de personalidade[220], porque são eles que, se violados, dão ensejo à reparação por danos imateriais, sem olvidar, nesse momento, o art. 52 do CC/02 que diz: "Aplica-se às pessoas jurídicas, no que couber, a proteção dos direitos da personalidade".[221] Acerca do conteúdo do referido Artigo, agiu bem o Legislador ao não conferir às pessoas jurídicas direitos informados por valores inerentes à pessoa, mas sim ao permitir a aplicação, por empréstimo, da técnica de proteção da personalidade às pessoas jurídicas, uma vez que estas não têm todos os elementos justificadores

---

[218] ANDRADE, Fábio Siebeneichler de. Considerações sobre a tutela dos Direitos da Personalidade no Código Civil de 2002. In: SARLET, Ingo Wolfgang (org.). *O novo Código Civil e a Constituição*. Porto Alegre: Livraria do Advogado, 2006, p. 101-102.

[219] Id., 2009, op. cit., p. 162.

[220] De acordo com Alberto Trabucchi: "os direitos de personalidade são direitos essenciais que visam a garantir as razões fundamentais da vida da pessoa e o desenvolvimento físico e moral de sua existência, tendo por objeto modos de ser da mesma pessoa". TRABUCCHI, Alberto. *Instituciones de Derecho Civil*. Trad. da 15. ed. italiana por Luis Martínez-Calcerrada. Madrid: Editorial Revista de Derecho Privado, 1967, p. 105.

[221] Vários autores são, todavia, contrários ao cabimento dos danos morais às pessoas jurídicas. Ver: MINOZZI, Alfredo. *Studio sul danno non patrimoniale (danno morale)*. Milano: Società Editrice Libraria, 1917, p. 41; TUHR, Andreas Von. *Derecho Civil*. Teoria General del Derecho Civil alemán. v. 1, t. 2. Buenos Aires: Editorial Depalma, 1948, p. 115; LARENZ, 1978, op. cit., p. 169; SILVA, Wilson Melo da. *O dano moral e sua reparação*. Rio de Janeiro: Forense, 1983, p. 650; ALVIM, Agostinho. *Da inexecução das obrigações e suas consequências*. São Paulo: Saraiva, 1980, p. 219.

da proteção à personalidade, apreciáveis em situações existenciais.[222] Soma-se a isso o conteúdo da Súmula 227 do STJ: "As pessoas jurídicas podem sofrer danos morais".

Voltando às pessoas físicas, significa dizer, portanto, que, além dos direitos economicamente apreciáveis há outros, tão importantes quanto, inerentes ao sujeito, e ligados a este perpétua e permanentemente; desta forma, algumas prerrogativas individuais, inerentes à pessoa humana, foram sendo reconhecidas pela doutrina, pelo ordenamento jurídico e pela jurisprudência. São direitos inalienáveis, que estão fora do comércio e que, por certo, fazem *jus* a uma proteção legal.

Personalidade é o primeiro bem jurídico pertencente à pessoa: através da própria personalidade, pode-se adquirir e defender outros bens.[223] Direitos de personalidade[224] são faculdades jurídicas que têm por objeto os diversos aspectos da pessoa bem como as suas emanações e prolongamentos.[225] Destinam-se, a bem da verdade, a resguardar a dignidade da pessoa humana, preservando-a contra terceiros.

O dano à pessoa aparece como resposta a uma corrente *personalista* ou *existencialista* do Direito que, como um novo Renascimento, volta a colocar a pessoa humana como o centro das preocupações jurídicas. Neste sentido, no II Congresso Internacional de Derecho de Daños, celebrado em Buenos Aires, em 1991, tratou-se na Comissão I "de la tesis de la inviolabilidad del

---

[222] TEPEDINO, 2002, op. cit., p. 119.

[223] TELLES JUNIOR, Goffredo. Direito Subjetivo. *Enciclopédia Saraiva de Direito*. v. 28. São Paulo: Saraiva, 1977-1982, p. 315. A bem da verdade: "Il tema dell'oggetto dei c.d. diritti della personalità, è un tema, me ne rendo ben conto, squisitamente dogmatico, la qualcosa lo rende forse non proprio popolare, considerate le recenti tendenze della dottrina civilistica tutt'altro che favorevoli, al dogmatismo e al concettualismo, ritenuti superati e, dunque, inattuali". FERRI, Giovanni B. Oggetto del Diritto della Personalità e danno non patrimoniale. In: BUSNELLI, Francesco D.; SCALFI, Gianguido (orgs.).*Rivista Responsabilità Civile e Previdenza*. Milano: Giuffrè Editore, 1985, p. 132.

[224] A perspectiva constitucionalista dos direitos de personalidade tem, de acordo com Gomes Canotilho, um forte componente antropológico. Para esse autor, seriam cinco os elementos constitutivos da teia de direitos, formativa da dignidade humana: 1) a afirmação da integridade física e espiritual do homem como dimensão irrenunciável de sua individualidade autonomamente responsável; 2) o livre desenvolvimento da personalidade; 3) a libertação da angústia da existência, mediante mecanismos de socialidade, entre os quais se encontram a garantia de condições mínimas de subsistência e o direito ao trabalho; 4) a garantia da defesa da autonomia individual, através da vinculação dos Poderes Públicos ao Estado de Direito; 5) a igualdade formal. Identifica-se, portanto, que uma série de direitos fundamentais de primeira, de segunda e de terceira dimensões encontram-se subsumidos pela teia de direitos, formativa da dignidade humana. GOMES CANOTILHO, 1992, op. cit., p. 363. Sobre isso, portanto, Teresa Negreiros reconhece no moderno Estado Constitucional de Direito uma íntima relação entre a dignidade humana e a construção de uma sociedade solidária, por um lado, e o livre desenvolvimento da personalidade como o desenvolvimento econômico, por outro. Do mesmo modo, também se posiciona Norbert Reich, ao relacionar o livre desenvolvimento da personalidade com a liberdade de iniciativa econômica e profissional. NEGREIROS, Teresa. *Fundamentos para uma interpretação constitucional do princípio da boa-fé*. Rio de Janeiro: Renovar, 1998, p. 218-219. REICH, Norbert. *Mercado y Derecho*. Trad. de Antoni Font. Barcelona: Ariel, 1985, p. 89 e ss. Cumpre ressaltar, no entanto, a despeito de não haver a intenção de aprofundar tal tema, que a questão da associação do livre desenvolvimento da personalidade com a liberdade econômica e profissional, embora indispensável, gera um paradoxo. Em uma sociedade capitalista, em que há a alienação do trabalho como regra, este último integra o patrimônio do indivíduo, também dizendo respeito, portanto, como direito de personalidade patrimonializado, ao campo da pessoalidade. Em sentido contrário, ver: LARENZ, op. cit., p. 407-408.

[225] FRANÇA, Rubens Limongi. Direitos da Personalidade I(verbete). *Enciclopédia Saraiva do Direito*. v. 28. São Paulo: Saraiva. 1977-1982, p. 140.

patrimonio a la inviolabilidad de la persona" e se recomendou que: I) A inviolabilidade da pessoa humana, como um fim em si mesma, supõe a sua primazia jurídica como valor absoluto (unânime); II) A pessoa deve ser protegida não só pelo que tem e pode ter mas também pelo que é na integridade de sua projeção (unânime); III) Deve hierarquizar-se a esfera espiritual, biológica e social do homem, sem desejar levar em conta que os bens materiais são necessários para preservar a sua dignidade (unânime); IV) O dano à pessoa configura um âmbito lesivo de significação e de transcendência, podendo gerar prejuízos morais e patrimoniais (unânime).[226]

A partir da repersonalização do Direito, o sujeito passou a ser mais valorizado e protegido, posto no centro como primeiro e como principal destinatário da ordem jurídica. A repersonalização do Direito evidencia que "o direito, não sendo um sistema lógico, como pretendia a jurisprudência conceptual, é, todavia, um sistema axiológico, um sistema ético a que o homem preside como o primeiro e mais imprescindível dos valores".[227] Observa-se, então, que todo o Direito, independentemente da categoria, tem um radical antropocêntrico.

A personalidade humana,[228] direito que representa a parte intrínseca do sujeito, só podia encontrar a sua efetiva proteção ao tornar-se uma cláusula geral pétrea. Por essa razão, não encontra proteção apenas no Código Civil[229] mas também, e principalmente, na Constituição Federal, como no art. 5º, inciso X que traz: "são invioláveis a intimidade, a vida privada,[230] a

---

[226] ITURRASPE, Jorge Mosset. *Responsabilidad por daños*. Parte General. t. 1. Buenos Aires: Rubinzal-Culzoni, 1998, p. 281.

[227] CARVALHO, Orlando de. *Para uma teoria geral da relação jurídica*. Coimbra: Centelha, 1981, p. 90.

[228] De acordo com Gustavo Tepedino: "Permanecem os manuais brasileiros, em sua maioria, analisando a personalidade humana do ponto de vista exclusivamente estrutural (ora como elemento subjetivo da estrutura das relações jurídicas, identificada com o conceito de capacidade jurídica, ora como elemento objetivo, ponto de referência dos direitos da personalidade) e protegendo-a em termos apenas negativos, no sentido de repelir as agressões que a atingem. Reproduz-se, desse modo, a técnica do direito de propriedade, delineando-se a tutela da personalidade de modo setorial e insuficiente". Para o autor: "Parece lícito considerar a personalidade não como um novo reduto de poder do indivíduo, no âmbito do qual seria exercida a sua titularidade, mas como valor máximo do ordenamento, modelador da autonomia privada, capaz de submeter toda a atividade econômica a novos critérios de legitimidade". TEPEDINO, 2002, op. cit., p. 117-118.

[229] O Código Civil de 2002 reservou novo capítulo aos direitos da personalidade (arts. 11 a 21), buscando, de acordo com Miguel Reale, "a sua salvaguarda, sob múltiplos aspectos, desde a proteção dispensada ao nome e à imagem até o direito de se dispor do próprio corpo para fins científicos ou altruísticos". Prossegue o mesmo autor, afirmando que "tratando-se de matéria *de per si* complexa e de significação ética essencial, foi preferido o enunciado de poucas normas dotadas de rigor e clareza, cujos objetivos permitirão os naturais desenvolvimentos da doutrina e da jurisprudência". REALE, Miguel. *O Projeto do novo Código Civil*. São Paulo: Saraiva, 1999, p. 65. Ainda: "a escolha do Código, que é metodológica: não consagra um direito geral da personalidade, mas também não admite a leitura exegética que encontraria, em dez artigos, um rol taxativo de bens isolados ou desarticulados". MARTINS-COSTA, 2003a, op. cit., p. 237.

[230] Fábio S. de Andrade comenta que: "Um exemplo neste sentido aparece em decisão que considerou presente a autorização para uso de fotos da pessoa em revista de cunho erótico, em decorrência do conjunto probatório, que continha – a par do contrato firmado pela parte – também entrevista que confirmava o consentimento do uso da imagem [REsp. 230306/RJ, Rel. Min. Sálvio de Figueiredo Teixeira, 4ª Turma, j. 18.05.2000, in LexSTJ vol. 135/203]. Em outro caso, o STJ considerou presente o consentimento tácito ao decidir que se ocorre a exposição da imagem em cenário público – e na hipótese tratava-se de *topless* – não se poderia considerar como indevida a sua exposição pela imprensa, uma vez que a proteção

honra[231] e a imagem das pessoas, assegurado o direito à indenização pelo dano material ou moral decorrente de sua violação".[232]

Como se sabe, há duas categorias para os direitos de personalidade: os *inatos*, como o direito à vida e à integridade física e moral, e os *adquiridos*, que decorrem do *status* individual e existem porque o Direito Positivo assim os prevê.[233] Os que compõem a Escola Positivista não aceitam a ideia da existência de direitos de personalidade inatos, tendo por fundamento que não há personalidade decorrente da realidade psicofísica, mas apenas da concepção jurídico-normativa.[234] Já a Escola de Direito Natural, ao contrário, defende ferrenhamente direitos inerentes à pessoa humana, prerrogativas reconhecidas pelas legislações modernas.

Carlos Alberto Bittar[235] sustenta lucidamente que caberia "ao Estado apenas reconhecê-los e sancioná-los em um ou outro plano do direito positivo (...) dotando-os de proteção própria, conforme o tipo de relacionamento a que se volte, a saber: contra o arbítrio do Poder Público ou as incursões de particulares".

Alexandre dos Santos Cunha,[236] por seu turno, afirma que: "pode e deve o Direito regular a patrimonialização dos direitos de personalidade, indispensável que é à sociedade contemporânea". Por *Direito* devemos entender o todo, senão a Lei Maior, e por *patrimonialização* pode-se identificar a necessidade de valorar danos causados a esses direitos de personalidade que, mesmo sem valor econômico imediato, passam a receber valor depois de não respeitados.

Da violação da personalidade humana decorrem, direta e principalmente, danos não materiais; dito de outra maneira, prejuízos de ordem biológica, espiritual, moral, que, por serem insuscetíveis de avaliação pecuniária, por não integrarem propriamente o patrimônio do lesado, podem ser compensados por uma obrigação pecuniária imposta ao lesante, e não exatamente

---

à privacidade encontra limite na própria exposição realizada. [REsp. 595600/SC, Rel. Min. Cesar Asfor Rocha, 4ª Turma, j. 18.03.2004]". ANDRADE, 2006, op. cit., p. 113.

[231] Sobre a responsabilidade civil por dano à honra, sugere-se: MIRAGEM, 2005, op. cit.

[232] Silvana Cecília defende que o art. 5º, inciso X da CF/88, trabalha com uma responsabilidade objetiva, declarando que: "arriscamo-nos a afirmar, ter o legislador constitucional instituído uma modalidade de responsabilidade objetiva. Essa dicção é extraída do próprio texto constitucional que assegurou o direito à indenização pelo dano material [sic], tendo como pressuposto único: sua violação. O dispositivo constitucional demonstra-se auto-aplicável, não fazendo qualquer referência à necessidade da constatação de culpa do agente violador – a chamada responsabilidade subjetiva". LAMATTINA CECÍLIA, Silvana Louzada. A dignidade da pessoa humana como objeto da responsabilidade civil. In: NOVAES HIRONAKA, Giselda Maria Fernandes; DIAZ FALAVIGNA, Maria Clara Osuna (coords.). *Ensaios sobre responsabilidade civil na Pós-Modernidade*. Porto Alegre: Magister, 2007, p. 399.

[233] Os direitos de personalidade adquiridos são aqueles que existem nos termos e na extensão de como o Direito o regra; já os inatos, como o direito à vida, à integridade física e moral, estão acima de qualquer condição legislativa.

[234] DE CUPIS, Adriano. *Os Direitos da Personalidade*. Lisboa: Morais, 1961, p. 33.

[235] BITTAR, Carlos Alberto. *Os Direitos da Personalidade*. Rio de Janeiro: Forense Universitária, 2003, p. 7.

[236] CUNHA, Alexandre dos Santos. Dignidade da pessoa humana: conceito fundamental do Direito Civil. In: MARTINS-COSTA, Judith H. (org.). *A reconstrução do Direito Privado*. São Paulo: Revista dos Tribunais, 2002, p. 261.

indenizados. Pelo menos indiretamente, entretanto, podem resultar danos patrimoniais, isto é, prejuízos de ordem econômica que se refletem no patrimônio do lesado e que são suscetíveis de avaliação pecuniária, podendo ser estritamente indenizados, como acontece em casos de tratamentos decorrentes de uma ofensa corporal causadora de doença, ou de uma incapacidade para o trabalho, ou, ainda, de uma diminuição de clientela por conta de uma injúria ou difamação. Contudo, não se pode deixar de mencionar que: "são indenizáveis pela violação ilícita e culposa dos direitos e interesses legítimos de personalidade, nos termos gerais, tanto os danos presentes como os danos futuros",[237] ou seja, aqueles que se ligam por uma situação elástica, com um dano atual, e que resultam de séria comprovação científica.

## 2.1. Da natureza jurídica dos direitos de personalidade

Para fins de introduzir o assunto, vale lembrar que o atual Código Civil traz em seu artigo 2º que "a personalidade civil da pessoa começa do nascimento com vida;[238] mas a lei põe a salvo, desde a concepção, os direitos do nascituro".[239] A despeito da expressa informação do Código Civil no sentido de que a personalidade só começa a partir do nascimento com vida,[240] há quem entenda não ser essa a opinião dominante,[241] defendendo ser o nascituro portador de personalidade e sujeito de direitos.

O próprio Código Civil de 2002 outorga ao nascituro direitos desde a concepção, como se pode concluir pelo parágrafo único do art. 1.609, pelo art. 1.779 e pelo art. 1.798. Então, para alguns, pode-se abandonar a antiga concepção genético-desenvolvimentista, dando ao nascituro e ao conceptu-

---

[237] CAPELO DE SOUZA, 1995, op. cit., p. 458-460.

[238] De acordo com Caio Mário da Silva Pereira: "A personalidade jurídica, no nosso Direito, continuamos a sustentar, tem começo no nascimento com vida. Dois os requisitos de sua caracterização: o nascimento e a vida". SILVA PEREIRA, Caio Mário da. *Instituições de Direito Civil*. Rio de Janeiro: Forense, 2004, p. 219.

[239] Trazida à baila a discussão de quando começam os direitos de personalidade, não se poderia deixar passar em branco o momento em que acabam tais direitos. Certo é que o Direito Civil atual não prevê nenhuma hipótese de perda da personalidade em vida, pois apenas com a morte acaba a personalidade jurídica, não significando a abolição disso a cassação de direitos políticos, prevista no art. 15 da CF/88. A questão, então, é quando ocorre a morte? Para o Direito, no momento da cessação das funções orgânicas, como a ausência de batimentos cardíacos, o fim dos movimentos respiratórios e da contração pupilar; para a ciência, é a partir da morte cerebral, tanto que depois desta é que pode ser feita a remoção de órgãos, de acordo com a Resolução CFM n. 1.480/97. Sobre o tema, cabe à lembrança do art. 14 do CC/02: "É válida com objetivo científico, ou altruístico, a disposição gratuita do próprio corpo, no todo ou em parte, para depois da morte"; na ausência dessa orientação, entra a vontade dos parentes, de acordo com a Lei n. 9.434/97, art. 4º.

[240] Defendendo que a personalidade só começa a partir do nascimento com vida, ver: AMARAL, Francisco. *Direito Civil*: introdução. Rio de Janeiro: Renovar, 2002, p. 210.

[241] Nesse sentido, ver: BEVILÁQUA, Clóvis. *Teoria Geral do Direito Civil*. Rio de Janeiro: Ed. Rio, 1976, p. 85. Teixeira de Freitas já explicava que "todos os entes que apresentarem sinais característicos da humanidade, sem distinção de qualidades ou acidentes, são pessoas de existência visível"; porque são pessoas, têm personalidade e capacidade de Direito, com a devida representação. SCHIPANI, Sandro. *Augusto Teixeira de Freitas e il Diritto latino americano*. Padova: Cedam, 1988. arts. 35; 53; 221-226.

ro direitos de personalidade[242] – não cabem aqui maiores digressões sobre o assunto, sob pena de desvirtuamento do foco.[243]

---

[242] Eduardo de Oliveira Leite aduz que o Direito Civil brasileiro aponta que os codificadores adotaram a teoria concepcionista, para a qual o conceptura, o embrião e o nascituro são, desde a fecundação, seres humanos individualizados, distintos da mãe, e portadores de autonomia genético-biológica sendo, portanto, pessoa e sujeito de direitos. LEITE, Eduardo de Oliveira. *Procriações artificiais e o Direito*. São Paulo: RT, 1995, p. 385. Nessa mesma linha de raciocínio: "O embrião e o nascituro constituem uma *spes personae*". SZANIAWSKI, Elimar. O embrião excedente – O primado do direito à vida e de nascer. *Revista Trimestral de Direito Civil*, v. 8, p. 91, 2001.

[243] Tepedino, Barboza e Bodin de Moraes sintetizam que: "Permanece fortemente majoritária, em nosso ordenamento, a opção segundo a qual 'antes do nascimento a posição do nascituro não é, de modo algum, a de um titular de direitos subjetivos; é uma situação de mera proteção jurídica (...). Desde o momento em que o recém-nascido teve respiração pulmonar, está feita a prova de ter tido vida. Se ele não teve respiração pulmonar, se não conheceu outro veículo respiratório senão aquele que a distribuição do sangue materno lhe dava, então ele não viveu, é um natimorto, a sua personalidade não chegou a se formar' (DANTAS, San Tiago. *Programa*, p. 134-135). (...) Ainda acerca dos direitos do concebido, sustentou-se em doutrina que 'também ao nascituro se assegura o direito de indenização por danos morais decorrentes do homicídio de que foi vítima seu genitor. É desimportante o fato de ter nascido apenas após o falecimento do pai. Mesmo que não o tenha conhecido, por certo, terá o menino, por toda a vida, a dor de nunca ter conhecido o pai. Certamente, esta dor é menor do que aquela sentida pelo filho que já conviveu por muitos anos com o pai e vem a perdê-lo. Todavia, isso só influi na gradação do dano moral, eis que sua ocorrência é incontroversa. Todos sofrem com a perda de um familiar, mesmo aquele que nem o conheceu. Isso é normal e presumido. O contrário é que deve ser devidamente provado' (CAHALI, Yussef. *Dano moral*, p. 162). Nesse sentido, decidiu o Superior Tribunal de Justiça: 'O nascituro também tem direito aos danos morais pela morte do pai, mas a circunstância de não tê-lo conhecido em vida tem influência na fixação do *quantum*'. (STJ, 4ª T., Rec. Esp. 399028/SP, Rel. Min. Sálvio Figueiredo Teixeira, julg. 26.02.2002, publ. DJ 15.04.2002). (...) As opiniões mais favoráveis à indenização a nascituros parecem ser as de Maria Helena Diniz (*Reflexões sobre a problemática das novas técnicas científicas de reprodução humana*, p. 221), que considera dano moral 'as deformações congênitas que o nascituro sofrer durante a vida intra-uterina', e Tânia da Silva Pereira (*Direito da Criança e do Adolescente*, p. 148), quando afirma: 'A falta de proteção da vida intra-uterina poderá acarretar, para o novo ser humano, deformações, traumatismos e mesmo moléstias comprometedoras de seu desenvolvimento, exigindo do Direito a delimitação da responsabilidade por dano moral, também ao nascituro'. Nestes casos, porém, será imprescindível diferenciar: de um lado, os danos causados por terceiros a nascituros, que venham depois a repercutir em sua vida quotidiana; por outro, os danos eventualmente causados pela mãe durante a gestação, em decorrência de seu estilo de vida, principalmente da falta de exames pré-natais, alcoolismo, obesidade mórbida, tabagismo ou drogas. Na primeira situação, há numerosos precedentes, principalmente na jurisprudência estrangeira: casos de rubéola não-diagnosticada; de transfusão de sangue contaminado; de aborto malsucedido. No segundo caso, as hipóteses se tornam bastante raras, podendo entender-se que o direito ao próprio corpo, da mulher, é mais abrangente ou, por outra, da mesma forma como ocorria no Direito Romano, o início da personalidade jurídica se dá apenas com o nascimento com vida, não se considerando o não-nascido como pessoa; é, portanto, parte do corpo da mãe; ou, ainda, que tais prejuízos, em relação ao nexo de causalidade, são eventuais e de difícil prova. (...) As mencionadas circunstâncias de danos causados pelas próprias genitoras são, na atualidade, no mais das vezes, consideradas patologias de ordem psicofísica e não mera expressão de sua vontade". TEPEDINO, Gustavo; BARBOZA, Heloisa Helena; BODIN DE MORAES, Maria Celina. *Código Civil interpretado* – conforme a Constituição de República. Parte Geral e Obrigações (arts. 1º a 420º). v. 1. Rio de Janeiro: Renovar, 2007, p. 7-10. Curiosa e pertinente foi uma decisão proferida pela *Cour de Cassation* francesa, reunida em Plenário, que se pronunciou favoravelmente à reparação do dano sofrido por Nicolas Perruche, na época, um adolescente de 17 anos, deficiente físico e mental, pelo "fato de ter nascido", ou seja, pelo fato de não ter sido abortado, por dois erros precípuos: um, do médico; outro, do laboratório que não diagnosticou a rubéola contraída pela mãe com dois meses de gravidez. A Corte entendeu haver nexo de causalidade entre as deficiências do rapaz e o erro médico e laboratorial que impediram a mãe de recorrer, como teria sido a sua vontade, a um aborto terapêutico. Referida decisão contrariou a jurisprudência firmada no Conselho de Estado, segundo a qual "o nascimento ou a supressão da vida não podem ser considerados como sorte ou azar de que se possa tirar consequências jurídicas". Nicolas teve, ao fim, negado o "direito de não nascer", o qual seria, no entender da Corte, para ele mais vantajoso, uma vez que, do puro fato "nascimento com vida", teria resultado o dano. Para a Suprema Corte francesa, a proteção da dignidade humana, no caso exposto, estaria na sua não-existência. (99-13701, Arrêt du 17 novembre 2000, Cour de Cassation – Assemblée Plénière). O inteiro teor do acórdão está disponível em <http://www.courdecassation.fr/agenda/arrets/arrets/99-13701arr.htm>. Acesso em: 22 jul. 2010.BODIN DE MORAES, Maria Celina. O conceito de dig-

Independentemente de quem seja o titular dos direitos de personalidade – se o nascituro ou apenas o nascido com vida –, importa saber qual é a natureza jurídica desses direitos.

A expressão *direitos de personalidade*[244] não é pacífica dentre os estudiosos: por haver várias denominações, surge a controvérsia acerca da sua natureza jurídica. Apesar de ser predominante a denominação *direitos de personalidade*, consagrada por Gierke, "Windscheid e Campo Grande denominam-nos de direitos sobre a própria pessoa; Koehler, de direitos individuais; Rotondi, de direitos personalíssimos; Gangi e De Cupis, de direitos essenciais da pessoa".[245]

Não foi pacífico, portanto, na doutrina,[246] o estudo da natureza jurídica dos direitos de personalidade, e duas foram as controvérsias iniciais. A primeira consistiu em saber se os direitos de personalidade eram ou não direitos subjetivos; a segunda preocupou-se em responder qual é a natureza desses direitos subjetivos propriamente ditos.

Acerca da primeira controvérsia – de ser ou não direito subjetivo –, Fábio S. de Andrade[247] pontua que: "Em relação à natureza jurídica, os Direitos da Personalidade eram qualificados como sendo direitos privados, considerando-os como sendo direitos subjetivos – absolutos –, que deveriam ser por todos reconhecidos e observados". Assegura-se assim um caráter não patrimonial para esses direitos, reconhecendo-se, todavia, que eles podem ter um conteúdo patrimonial.

Por direito subjetivo público dos particulares entende-se o poder de os particulares exigirem do Estado ou de outras entidades públicas, investidas de soberania, "um determinado comportamento positivo ou negativo, por virtude de interesses próprios dos particulares tutelados directamente por normas de Direito Público", como regras de Direito Constitucional, Administrativo, Tributário e Processual. Outrossim, a Administração Pública, no exercício do seu *ius imperii*, resta obrigada a respeitar os direitos de personalidade previstos tanto em normas de Direito Público como em normas de Direito Privado.[248]

---

nidade humana: substrato axiológico e conteúdo normativo. In: SARLET, Ingo Wolfgang (org.). *Constituição, Direitos Fundamentais e Direito Privado*. Porto Alegre: Livraria do Advogado, 2003b, p. 146-147. Sobre o tema, cumpre ressaltar a reação da sociedade – inclusive e principalmente pela resposta legislativa que o assunto trouxe –, no sentido de prever que, em nenhum caso, o fato de alguém ter nascido poderá dar margem a uma indenização, recordando-se que já foi comentado que o próprio Código Civil de 2002 outorga ao nascituro direitos desde a concepção, como se pode concluir pelo parágrafo único do art. 1.609, pelo art. 1.779 e pelo art. 1.798. Então, para alguns, pode-se abandonar a antiga concepção genético-desenvolvimentista, dando ao nascituro e ao concepturo direitos de personalidade.

[244] Gustavo Tepedino frisa que a personalidade não pode ser pensada "como um novo reduto de poder do indivíduo, no âmbito do qual seria exercido a sua titularidade, mas como valor máximo do ordenamento, modelador da autonomia privada, capaz de submeter toda a atividade econômica a novos critérios de validade". TEPEDINO, Gustavo. A tutela da personalidade no ordenamento civil-constitucional brasileiro. In: ——. (coord.). *Temas de Direito Civil*. Rio de Janeiro: Renovar, 1999a, p. 47.

[245] SZANIAWSKI, Elimar. *Direitos de Personalidade e sua tutela*. 2. ed. São Paulo: Revista dos Tribunais, 2005, p. 71.

[246] Para minuciar as discussões doutrinárias acerca da aceitação dos direitos de personalidade como um direito subjetivo, sugere-se: Ibid., p. 72-80.

[247] ANDRADE, 2006, op. cit., p. 102.

[248] CAPELO DE SOUZA, 1995, op. cit., p. 586-587.

Cabe aos Tribunais, face às especificidades das normas de Direito Público, não apenas respeitar como também assegurar a defesa de muitos *direitos subjetivos públicos* de personalidade, dentre os quais se podem citar: o direito de todas as pessoas de recusar legitimamente a sua colaboração para a descoberta judicial da verdade, quando a obediência significar violação da intimidade, da vida privada e familiar, da dignidade humana ou do sigilo profissional, ou causar dano à honra do recusante, de seu descendente ou ascendente, irmão ou cônjuge; bem como o direito de os executados exigirem que a penhora judicial não recaia sobre objetos indispensáveis para a sua cama e vestuário ou sobre bens cujo valor seja tão pequeno que a penhora só sirva para fins vexatórios do executado. Os direitos subjetivos públicos dos particulares abrangem muitas posições jurídicas ativas das pessoas face ao Estado e a outros entes públicos, as quais, frequentemente, não incidem diretamente sobre a personalidade do titular desses direitos. Objetivam, sobretudo, a proteção de bens patrimoniais do titular do direito subjetivo público, o justo relacionamento obrigacional com os entes públicos e, igualmente, a busca das funções públicas associadas a direitos sociais e econômicos subjetivos juspublicísticos e direitos políticos individuais, não diretamente ligados à personalidade humana.[249]

A tutela dos *direitos juscivilísticos* de personalidade, de acordo com Rabindranath de Souza,[250] é feita por meio de sanções civis, como a responsabilidade civil, ao passo que a tutela dos *direitos subjetivos públicos* dos particulares é garantida por ações administrativas, como a anulação e a suspensão de atos administrativos. Assim, enquanto que a responsabilidade civil, por exemplo, vale para as relações paritárias entre particulares ou entre particulares e o Estado destituído do *ius imperii*, as previsões normativas geradoras de direitos públicos subjetivos dos particulares devem ser integradas no Direito Público, sempre pressupondo relações entre particulares e o Estado revestido do seu *ius imperii*, do que decorrerá uma autonomia regulativa e interpretativa. Conclui-se, pela fala do autor, que os direitos subjetivos públicos de personalidade, como, por exemplo, o direito que as pessoas têm de pedir ao Estado medidas de política habitacional ou de saúde legalmente fixadas, estão sob um regime bastante diverso do regime dos direitos juscivilísticos de personalidade, não podendo, pelo menos em princípio, obter providências preventivas ou atenuadoras de sua lesão.

Adriano De Cupis,[251] por sua vez, enfatiza que os termos *direitos personalíssimos* e *direitos pessoais* não servem para consubstanciar os direitos fundamentais,[252] porque o primeiro serve para designar o que é *intuito personae*;

---

[249] CAPELO DE SOUZA 1995, op. cit., p. 587-588.

[250] Ibid., p. 589.

[251] DE CUPIS, 1961, op. cit., p. 18, 32.

[252] Também para Sílvio Beltrão: "Os direitos da personalidade distinguem-se dos direitos pessoais, pois a base dos direitos de personalidade é o fundamento ético da dignidade da pessoa humana, enquanto que os direitos pessoais são desprovidos deste fundamento, e acabam por significar um direito não-patrimonial, em relação aos direitos susceptíveis de avaliação em dinheiro, com um campo muito mais vasto de incidência do que os dos direitos da personalidade". BELTRÃO, 2005, op. cit., p. 50.

o segundo, para se referir aos direitos obrigacionais, o que nada tem a ver com os direitos de personalidade. Para o referido autor, o pressuposto para a existência de um direito subjetivo[253] é a ocorrência de um dano que tenha por origem ou a culpa, ou alguma situação que gere a responsabilidade civil. Nicolo,[254] em contrapartida, refuta a ideia de que o direito subjetivo seja uma situação estática até que ocorra a sua violação e, por isso, "a possibilidade que o sujeito tem de produzir a sua reintegração mediante a atuação da sanção não representa o núcleo essencial do mesmo direito".

Superada a discussão, aceitando-se a corrente predominante[255] tanto nacional como internacional[256] que os direitos de personalidade efetivamente são direitos subjetivos, passa-se à análise dessa categoria de direitos, mas não sem antes recordar que os direitos de personalidade, como categoria de direito subjetivo,[257] são algo relativamente recente, como reflexo da Declara-

---

[253] Para Caio Mário da Silva Pereira: "Como *facultas agendi*, o direito subjetivo é a expressão de uma vontade, traduz um poder de querer, que não se realiza no vazio, senão a perseguir um resultado ou visando à realização de um interesse. (...) O direito subjetivo é um poder da vontade, para a satisfação dos interesses humanos, em conformidade com a norma jurídica. (...) Poder de ação, interesse e submissão ao direito objetivo, eis os elementos componentes do direito subjetivo. (...) O direito subjetivo, traduzindo, desta sorte, um poder do seu titular, sugere de pronto a ideia de um *dever* a ser prestado por outra pessoa. (...) Nas situações em que o indivíduo realiza a liberdade, ou as suas atividades, visando a fins econômicos ou hedonísticos, vemos direitos subjetivos (os direitos de personalidade) tão nitidamente caracterizados quanto os que traduzem as relações de crédito, porque implicam um poder de ação do indivíduo, seja contra qualquer outro que se oponha à sua efetivação, seja contra o próprio Estado, se é um agente seu que transpõe o limite entre a harmonia social e a esfera individual. (...) São estes, em resumo, os elementos essenciais do direito subjetivo: o sujeito, que tem o poder de exigir; o objeto, que traduz a satisfação daquele poder; e a relação ou vínculo jurídico, que é o meio técnico de que se vale a ordem legal, para a integração efetiva do poder da vontade". (grifo do autor). SILVA PEREIRA, 2004, op. cit., p. 35-45. Na mesma linha de raciocínio: "trata-se da faculdade conferida ao indivíduo de invocar a norma em seu favor, ou seja, da faculdade de agir sob a sombra da regra, isto é, a *facultas agendi*". RODRIGUES, Sílvio. *Direito Civil*. v. 1. São Paulo: Saraiva, 2002, op. cit., p. 6. Ainda: "direito subjetivo é o poder que a ordem jurídica confere a alguém de agir e de exigir de outrem determinado comportamento". AMARAL, 2002, op. cit., p. 181. Para este último autor, os direitos de personalidade são "direitos subjetivos que têm por objeto os bens e valores essenciais da pessoa, no seu aspecto físico, moral e intelectual". Ibid., p. 243. Ferri, no mesmo sentido, avisa que: "Noi crediamo, consapevoli di suscitare forse dissensi, che lo schema e i contenuti di questa tutela generale sono quelli propri del diritto soggettivo; più specificamente del diritto soggettivo assoluto". FERRI, 1985, op. cit., p. 134.

[254] NICOLO apud DE CUPIS, 1961, op. cit., p. 38.

[255] Os autores brasileiros orientam-se no sentido de considerar os direitos de personalidade como direitos subjetivos. Dentro desse pensamento, Goffredo Telles Junior insere os direitos de personalidade na categoria de direitos subjetivos de primeiro grau, considerando a personalidade o primeiro bem de uma pessoa. Assim, o direito objetivo outorga à pessoa que tiver a sua personalidade atacada os meios de defendê-la tal como se defende qualquer bem. Igualmente Fábio Maria de Mattia se posiciona ao lado de Limongi França, adotando a sua concepção e a classificação dos direitos de personalidade. Ver: TELLES JUNIOR, op. cit., p. 315; MATTIA, Fábio Maria de. Direitos da Personalidade II. *Enciclopédia Saraiva do Direito*. v. 28. São Paulo: Saraiva, 1977-1982, p. 148.

[256] Nesse diapasão: RODRIGUES, 2002, op. cit., p. 64; DE CUPIS, 1961, op. cit.; MARTY, Gabriel; RAYNAUD, Pierre. *Droit Civil*. t. 1. v. 1: les obligations. Paris: Dalloz, 1963, p. 87; MORAES, Walter. Direito da personalidade. *Enciclopédia Saraiva do Direito*. v. 26. São Paulo: Saraiva, 1977-1982, p. 29.

[257] De acordo com Elimar Szaniawski: "Os direitos de personalidade pertencem à categoria especial dos direitos subjetivos. As divergências, atualmente superadas, entre os autores que negam ou admitem esta categoria de direitos subjetivos, repousavam no fato de não haver uma concepção unânime acerca do conceito de direito subjetivo, resultando em tais controvérsias. Igualmente se revela superada a teoria que afirma possuírem os direitos de personalidade natureza positiva, segundo propunha De Cupis". SZANIAWSKI, 2005, op. cit., p. 241. Boris Starck assegura que, para a felicidade das sociedades humanas, não há, salvo raras exceções, o *direito subjetivo* ou *liberdade individual* que autorize a pessoa a matar, a machucar os semelhantes, nem mesmo a destruir ou a deteriorar bens materiais, caso em que se estará

ção dos Direitos do Homem, de 1789[258] e de 1948, das Nações Unidas, bem como da Convenção Europeia de 1950. Hoje, portanto, é certo que os direitos de personalidade são direitos subjetivos.[259]

Levando-se em conta a segunda controvérsia – a natureza jurídica dos recém-comentados direitos subjetivos –, a corrente antiga e atualmente já abandonada aduz que os direitos de personalidade são direitos que o sujeito possui sobre a sua própria pessoa.[260]

Aqueles que defendem[261] que os direitos de personalidade são *direitos que o sujeito possui sobre a sua própria pessoa* aceitam que o *indivíduo* é considerado uma unidade física e moral, atuando em todas as suas faculdades físicas e morais, indistintamente, ao passo que o *objeto* de cada um dos direitos sobre a pessoa é uma manifestação determinada da personalidade humana, ou seja, uma manifestação especial da personalidade. Essa ideia surgiu do forte apego à antiga concepção romana que admitia a escravatura, que uma pessoa podia ser propriedade de outra, transformando-se em objeto de direito.[262]

---

diante dos danos causados sem direito – isso por si só é ilegal, pois constitui uma violação dos direitos de segurança da vítima. O poder de matar os semelhantes, aduz o autor, nunca foi acordado a título de direito subjetivo; o poder de violar a integridade física de outro só é admitido quando é necessário para o exercício da cirurgia; há, ainda, alguns esportes violentos, como boxe, que implicam o direito de bater nos parceiros. STARCK, Boris. *Essai d'une théorie générale de la responsabilité civile considérée en sa double fonction de garantie et de peine privée*. Paris: L. Rodstein Libraire -Editeur, 1947, p. 46.

[258] Caio Mário da Silva Pereira pontua que: "A Declaração dos Direitos do Homem e do Cidadão, de 1789, concretizando os ideais dos Enciclopedistas do séc. XVIII, foi a grande proclamação que a Revolução Francesa ofereceu ao mundo moderno. Quase simultaneamente o *Bill of Rights* foi pronunciado nos Estados Unidos (Convenção de Virgínia, de 12 de junho de 1776). Mais modernamente, já mesmo em nossos dias, a Carta das Nações Unidas, de meados do séc. XX, propôs suprimir os abusos e desmandos que tiveram origem na Segunda Guerra Mundial, violentando a consciência humana, como Nação, como etnia, como indivíduo". SILVA PEREIRA, 2004, op. cit., p. 239.

[259] Maria Celina Bodin de Moraes, no entanto, ressalta que: "tampouco há que se falar exclusivamente em 'direitos' (subjetivos) da personalidade, mesmo se atípicos, porque a personalidade humana não se realiza apenas através de direitos subjetivos, mas sim através de uma complexidade de situações jurídicas subjetivas, que podem se apresentar, sob as mais diversas configurações: como poder jurídico, como direito potestativo, como interesse legítimo, pretensão, autoridade parental, faculdade, ônus, estado – enfim, como qualquer circunstância juridicamente relevante". BODIN DE MORAES, 2003b, op. cit., p. 142.

[260] Limongi França assevera que os direitos de personalidade são direitos naturais, direitos que o ser humano tem para poder cumprir um fim social, e que não devem ser considerados nem individuais, nem públicos. Define os direitos de personalidade "como as faculdades jurídicas cujo objeto são os diversos aspectos da própria pessoa do sujeito, bem assim, as suas emanações e prolongamentos", opondo-se, portanto, à tese positivista de De Cupis, aduzindo que não é só a lei, fonte de Direito, mas também o costume e as conclusões da ciência jurídica, reconhecendo, assim, o direito ao nome, à imagem e o direito moral do autor como tipificações dos direitos de personalidade não-previstos expressamente pela legislação italiana, defendendo também que não são direitos de personalidade apenas os previstos expressamente pelo ordenamento positivo. FRANÇA, 1977-1982, op. cit., p. 140-142.

[261] Ver: GRANDE *apud* TOBEÑAS, José Castan. *Los Derechos de la Personalidad*. Madrid: Réus, 1952, p. 17.

[262] Orlando Gomes preleciona que os direitos de personalidade têm por objetivo resguardar a dignidade da pessoa humana, protegendo-a dos ataques que possa vir a sofrer por parte de outras pessoas, sendo essenciais ao desenvolvimento humano. São, para o autor, bens jurídicos nos quais se "convertem as projeções físicas ou psíquicas da pessoa humana por determinação legal, que os individualiza para lhes dispensar proteção". Para o referido autor, a diversidade de conceitos formulados acerca da categoria pode ser resolvida com um alargamento do conceito jurídico de bem, que não deve ser confundido com significado atribuído pela Economia, como vem sendo utilizado pelos juristas. Para Orlando Gomes, as projeções da personalidade humana consistem em objetos de direitos de *natureza especial* que devem ser tutelados pelo ordenamento jurídico. GOMES, Orlando. Direitos de Personalidade. *Revista Forense*, n. 216, p. 6-7, 1966.

Contrariamente, Pontes de Miranda[263] defende que o direito de personalidade é um *direito nato*, por nascer juntamente com o indivíduo. Para o autor, é um direito subjetivo que consiste em se exercer os poderes que estão contidos no próprio conceito de personalidade, tendo por suporte fático o nascimento do homem. Pontes nega, veementemente, a doutrina que entende serem os direitos de personalidade direitos sobre a própria pessoa, pois, para ele, o indivíduo adquire a personalidade a partir do nascimento com vida, afastando-se, assim, da teoria concepcionista.

Considerar, outrossim, os direitos como uma categoria autônoma, *similar ao direito natural*,[264] foi a defesa de Jacques Michel Grossen.[265] É também relevante a ideia antiga, porém lúcida, de Vicente Paiva, ponderando a ligação dos direitos de personalidade com a dignidade da pessoa humana:[266] "a primeira qualidade do homem, e que abrange todas as outras, é a de pessoa, da qual lhe resulta a dignidade moral e jurídica (...)". E prossegue: "o direito de personalidade, pois, considerado objetivamente, compreende todas as condições necessárias para a conservação e desenvolvimento da personalidade, e para o reconhecimento e respeito da dignidade moral e jurídica do homem". Paiva Neto ainda refere que os direitos que possuem um grau elevado de dignidade são facilmente perceptíveis e absolutos, pois só encontram limites no direito alheio.[267]

Há quem prefira considerar os direitos de personalidade como *manifestações essenciais da personalidade*. A alegação é a seguinte: é impossível uma pessoa ser, ao mesmo tempo, sujeito e objeto, pois admitir essa possibilidade implicaria a legitimação do suicídio.[268]

San Tiago Dantas[269] considera os direitos de personalidade como *direitos absolutos*, existindo, por via de consequência, a obrigação de todos os indivíduos em respeitá-los bem como um efeito *erga omnes*, isto é, o dever de os demais concidadãos honrarem a personalidade alheia. Há, ainda, quem assevere que os direitos de personalidade são direitos absolutos como os direitos reais, que estão fora da pessoa, na obrigação que tem a coletividade de não violar os direitos inerentes a qualquer pessoa, como uma obrigação negativa geral.[270]

---

[263] PONTES DE MIRANDA, Francisco Cavalcanti. *Tratado de Direito Privado*. v. 7, t. 2. Rio de Janeiro: Borsoi, 1971a, p. 2, 13.

[264] Modernamente, o Direito Natural desenvolve-se sob o nome de Jusnaturalismo e é reconhecido como "expressão de princípios superiores ligados à natureza racional e social do homem". BIANCA, C. Massimo. *Diritto civile*: il contratto. v. 1. Milano: Giuffrè, 1984, p. 19.

[265] GROSSEN, Jacques Michel. La protection de la personalité en Droit Privée. *Revue de Droit Suisse*, n. 79, p. 101, 1960.

[266] Neste ponto remete-se o leitor para o item 1.3 do presente estudo.

[267] PAIVA NETO, Vicente Ferrer. *Elementos de Direito Natural ou de Phillosophia de Direito*. Coimbra: Imprensa da Universidade de Coimbra, 1850, p. 52-53.

[268] MESSINEO, Francesco. *Manual de Derecho Civil y Comercial*. t. 3. Buenos Aires: Jurídicas Europa-América, 1954, p. 5.

[269] DANTAS, San Tiago. *Programa de Direito Civil*. v. 1. Rio de Janeiro: Ed. Rio, 1979, p. 194.

[270] FERRARA, Francesco. *Trattato di Diritto Civile italiano*. Roma: Athenaeum, 1921, p. 85. Para Rabindranath de Souza: "O titular do direito geral de personalidade pode por actos materiais ou por simples actos jurídicos alterar o conteúdo da sua personalidade (mudança de nome, autoria de obra literária ou

Existe também quem pregue que são direitos relativos a apenas uma ou a algumas partes da pessoa, e ainda há quem defenda que são direitos que estão fora da própria pessoa, consubstanciando, desta maneira, uma obrigação negativa geral, no sentido de que a coletividade deve respeitá-los.[271]

O peso para se encontrar a natureza dos direitos de personalidade pode decorrer, segundo Pierre Kayser,[272] pelo fato de a expressão *direitos de personalidade* poder ser empregada tanto para os direitos do homem e do cidadão como para os direitos naturais. O referido autor defende os direitos de personalidade como uma *aplicação* dos direitos subjetivos,[273] afirmando que tais direitos têm uma natureza especial para que outros direitos, que não os verdadeiramente de personalidade, não sejam com estes confundidos. Em síntese, para o autor, direito subjetivo é aquele que confere ao seu titular um determinado poder, ou seja, é um poder reconhecido aos particulares pelo direito objetivo.[274]

A ideia de direitos do homem, cumpre referir, tem-se sedimentado progressivamente no âmbito do Direito Internacional, também com importantes repercussões na ordem jurídica interna. Por direitos do homem pode-se entender o "conjunto de direitos essenciais inerentes a todo o ser humano, pelo simples facto de existir, e reconhecidos pela ordem jurídica internacional na

---

sua destruição, alteração física por intervenção cirúrgica, mudança de religião, alteração da imagem física, etc.), desde que licitamente (arts. 334 e 340 do Código Civil [português]), do que resulta alteração do conteúdo da obrigação passiva universal. Mas pode também circunscrever os actos materiais a certas pessoas, com cessação de deveres de respeito de determinadas expressões ou manifestações da personalidade (autorização da leitura de um diário pessoal, dádiva de um retrato pessoal, etc.). Além disso, o titular do direito geral de personalidade pode, por negócio jurídico, constituir, modificar ou extinguir relações de personalidade, de um modo inclusivamente duradouro (v.g. nos casos de casamento e de contrato de trabalho), mas então os efeitos negociais produzem-se inter partes e não afectam o essencial do direito geral de personalidade. O caráter pessoal ou não patrimonial do direito geral de personalidade permite distingui-lo dos direitos reais, enquanto a sua natureza de direito absoluto diferencia-o dos direitos de família". CAPELO DE SOUZA, 1995, op. cit., p. 619.

[271] SZANIAWSKI, 2005, op. cit., p. 80. Salienta o autor que "muitos autores preferiram denominar os direitos de personalidade de direitos de propriedade imaterial. Incluíram, nesse âmbito e sob o nome de direito de personalidade, todos os direitos cujo objeto fosse incorpóreo. Outros, ainda, dentro dessa mesma corrente, entendiam que toda a lesão praticada contra um crédito ou contra a propriedade implicava, ao mesmo tempo, uma lesão ao seu titular, vindo daí a ideia de que os direitos de personalidade vêm intimamente ligados a todo Direito Privado". Ibid., p. 82

[272] KAYSER, Pierre. Les Droits de la Personalité – aspects théoriques et pratiques. *Revue Trimestrielle de Droit Civil*, n. 3, p. 455-456, 1971.

[273] No mesmo sentido, Rabindranath de Souza frisa: "Cremos que também nesta concepção será viável considerar o direito geral de personalidade como um direito subjetivo, pois a personalidade humana é um bem unitário afectado pelo art. 70º do Código Civil [português] aos fins juscivilisticamente tutelados do seu titular". E em seu texto continua o autor, asseverando que: "Temos, pois, que o direito geral de personalidade é um insofismável direito subjectivo privado". CAPELO DE SOUZA, 1995, op. cit., p. 611, 614.

[274] Para Kayser, o fato de o direito à vida e à integridade física serem tidos por direitos subjetivos deve-se à tentativa de explicar o desenvolvimento da responsabilidade civil sem culpa provada ou decorrente do risco, mesmo diante da impossibilidade teórica de reconhecer como essa responsabilidade sem culpa desapareceria quando constatada a culpa exclusiva da vítima. Isso, porque a responsabilidade civil tem como fundamento a garantia dos direitos subjetivos de toda a pessoa no que se refere à sua segurança pessoal bem como a de seus bens. Para Kayser, esses não são direitos subjetivos por não trazerem em si o *poder determinado*, essência de todo o direito subjetivo. O autor vê nessas situações, não direitos, mas sim interesses das pessoas com proteção garantida pela responsabilidade civil de quem causa o dano, pois só a partir do dano é que a vítima terá um direito subjetivo de receber a reparação desse dano. KAYSER, 1971, op. cit., p. 456 e ss.

unidade e na variedade dos seus espaços territoriais, quer no plano civil e político quer ainda no plano econômico, social e cultural";[275] em outras palavras, há um certo parentesco entre os direitos de personalidade e os direitos do homem, mas não se pode negar aqui uma diferenciação. Há direitos do homem, em particular os denominados *civis*, que tutelam bens humanos também protegidos pelos direitos de personalidade, como a vida, a integridade física, a intimidade, entre outros, não se podendo olvidar, todavia, que o recurso a instâncias internacionais para a tutela dos direitos do homem está subordinado ao prévio esgotamento das vias de recurso internas, havendo, algumas vezes, um concurso de normas de direitos do homem e de direitos de personalidade que pesam sobre o mesmo bem da personalidade humana, prevalecendo as normas internacionais enquanto não se soluciona o conflito na esfera nacional. Por outro lado, como já foi sinalizado, há *diferenças* entre os direitos do homem e os direitos de personalidade. Assim, no que concerne à natureza e aos âmbitos dos objetos de tutela de cada um desses tipos jurídicos, há direitos do homem, em especial os políticos, cujo objeto não é protegido pelos direitos de personalidade, e há expressões de bens da personalidade humana tutelados por direitos de personalidade que não estão protegidos pelos direitos do homem, como em matéria de imagem, de autoria moral, de sentimentos e de aspirações; no que toca à interpretação e à integração, os direitos do homem têm de respeitar as regras do Direito Internacional Público aplicável – já os direitos de personalidade estão sujeitos às regras juscivilísticas gerais; no que diz respeito às sanções e aos mecanismos coercitivos, enquanto que os direitos do homem têm mecanismos coercitivos próprios e autônomos do Direito Internacional Público, os direitos de personalidade se valem, por exemplo, da responsabilidade civil.[276]

Nicola Coviello,[277] por sua vez, nega a existência dos direitos de personalidade, tendo por inconcebível aceitar que uma pessoa tenha direitos cujo objeto seria a sua própria pessoa.

De acordo com Elimar Szaniawski,[278] todavia, o melhor é descartar todas essas teorias "afirmando-se que o objeto dos direitos de personalidade não se encontra nem na própria pessoa nem externamente (...) mas nos bens constituídos por determinados atributos ou qualidades, físicas ou morais, do homem, individualizado pelo ordenamento jurídico".

Cabe ressaltar agora que o objeto dos direitos de personalidade são projeções físicas ou psíquicas da pessoa ou as suas características mais importantes. As projeções da personalidade, as suas expressões, os seus atributos são bens jurídicos e se apoiam no Direito Positivo. Os direitos de personalidade conformam uma categoria especial, diferentemente tanto dos direitos obrigacionais como dos direitos reais, pois tutelam a essência da pessoa e as suas principais características. Desta forma, os objetos dos direitos de per-

---

[275] CAPELO DE SOUZA, 1995, op. cit., p. 590.
[276] Ibid., p. 591-592.
[277] COVIELLO, Nicola. *Doctrina General del Derecho Civil*, n. 9, p. 27, 1949.
[278] SZANIAWSKI, 2005, op. cit., p. 87.

sonalidade são os bens e os valores considerados essenciais para o ser humano.[279] Observa-se, portanto, não haver confusão entre sujeito e objeto: a personalidade propriamente dita é o sujeito, e as suas várias qualidades são os bens jurídicos.

Analisada a natureza jurídica dos direitos de personalidade – que não é algo pacífico, porém ficou aqui esclarecida –, vai-se em busca da classificação desses direitos, aspecto que ainda suscita discordâncias.

### 2.2. Da classificação dos direitos de personalidade

Antes de adentrarmos propriamente na classificação dos direitos de personalidade, cabe examinar quais são as características próprias desses direitos. De acordo com o que dispõe o art. 11 do CC,[280] com "exceção dos casos previstos em lei, os direitos de personalidade são intransmissíveis e irrenunciáveis, não podendo o seu exercício sofrer limitação voluntária". Além dessas características, no entanto, ainda se pode apontar o fato de serem absolutos, ilimitados, imprescritíveis, impenhoráveis, inexpropriáveis e vitalícios.

Em apertada síntese, os direitos de personalidade são indisponíveis, a despeito de alguns atributos da personalidade admitirem a cessão de seu uso, a exemplo da imagem que pode ser explorada comercialmente, cabendo, inclusive, aos sucessores o direito de reparação pela ofensa a um desses direitos, conforme art. 943 do CC de 2002.[281]

O caráter absoluto é em razão de sua oponibilidade *erga omnes*, pois eles impõem a todos um dever de abstenção; ainda, são também absolutos porque são inerentes a toda a pessoa humana. Também, é ilimitado o número de direitos de personalidade, trazendo o Código Civil um rol apenas exemplificativo.[282] São imprescritíveis, porquanto não se extinguem pelo uso

---

[279] Trazendo à baila os direitos de personalidade especiais, isto é, construídos pela doutrina e pela jurisprudência, Rabindranath de Souza comenta que: "estão, pois, legalmente regulados no interior do direito geral de personalidade, os seus pressupostos e efeitos são os da tutela geral da personalidade e as próprias valorações especiais das suas particulares áreas da personalidade humana ponderam-se em parte, também, com referência ao bem global da personalidade e são apenas teoricamente arquetipizadas. (...) Posto isto, diga-se semelhantemente que não merece melhor acolhimento no nosso direito a negação da existência de um direito geral de personalidade e a sua substituição por diversos direitos sectoriais de personalidade, mesmo que com caráter não taxativo". CAPELO DE SOUZA, 1995, op. cit., p. 565-566.

[280] Judith Martins-Costa assegura que "a estrutura fala", uma vez que tanto na Constituição Federal como no Código Civil, os direitos de personalidade estão situados bem no início dos respectivos Textos, proporcionando a chave de leitura dos demais princípios e das regras atinentes ao sistema geral de tutela à pessoa. MARTINS-COSTA, 2003a, op. cit., p. 233.

[281] Art. 943 do CC/02: "O direito de exigir a reparação e a obrigação de prestá-la transmitem-se com a herança".

[282] Há direitos fundamentais não inseridos no art. 5º da CF/88. São, pois, exemplificativamente: art. 37, I (direito de acesso aos cargos públicos); art. 37, VI e VII (direito de greve dos servidores públicos); art. 41 (direito à estabilidade do cargo); art. 61, § 2º (direito à iniciativa popular); art. 93, IX (direito à publicidade e fundamentação das decisões judiciais); art. 150 (limitações constitucionais ao poder de tributar); art. 220 (direito à manifestação do pensamento, criação, expressão e informação); art. 225 (direito ao meio ambiente); art. 226, § 5º (direito à igualdade entre os cônjuges); art. 227, § 6º (direito dos filhos ao tratamento

e pelo decurso do tempo. Vale aqui a ressalva de que as ações de reparação por danos imateriais (pela lesão a um dos direitos de personalidade) estão sujeitas aos prazos prescricionais por terem um *caráter patrimonial*,[283] ou seja, pelo fato de depois de ter havido a lesão a um bem, em princípio, sem valor econômico imediato, ser necessária a imputação de um valor a título de reparação do dano. É, portanto, prescritível a ação de reparação por danos imateriais, embora se trate de ofensa a direitos de personalidade.

Mais do que nunca, os direitos de personalidade são direitos da pessoa humana, desta indissociáveis – logo, são impenhoráveis e, pela mesma razão, não estão sujeitos à desapropriação.[284] O caráter de vitaliciedade existe, visto que acompanha a pessoa desde a concepção[285] até a sua morte, podendo, por vezes, ser resguardados após a morte, como o respeito ao morto,[286] por sua honra ou por sua memória.

Quanto à classificação encontram-se na doutrina várias classificações dos direitos de personalidade, umas mais sintéticas, outras mais analíticas. Observa-se que diversas são as formas de classificação em face da diversidade desses direitos. Com o objetivo de revisão bibliográfica, algumas serão trazidas à tona.

A primeira divisão a que se faz menção é a que divide os direitos de personalidade em *direitos gerais de personalidade*[287] (categoria entendida de

---

igualitário e não-discriminatório); art. 228 (inimputabilidade penal). Então, resumidamente, os direitos e as garantias fundamentais se encontram: nos artigos 5 a 17 da CF/88; esparsos na Constituição, como o meio ambiente, decorrentes do regime e dos princípios adotados pela Lei Maior (art. 5º, § 2º da CF/88), e nos tratados e acordos internacionais. PIVA, 2009, op. cit., p. 26, 27.

[283] Nesse sentido, já decidiu o STJ. Ver: Revista do Superior Tribunal de Justiça, n. 71, p. 183.

[284] Ressalva feita ao resultado dos direitos autorais.

[285] Sobre o tema, remete-se o leitor para o tópico 2.1 desta tese.

[286] Art. 12, parágrafo único, do CC/02 diz que terá legitimação para ação de reparação de danos do *de cujus* "o cônjuge sobrevivente, ou qualquer parente em linha reta, ou colateral até o quarto grau". Cabe ressaltar, todavia, que, pelo disposto no art. 226, § 3º da CF/88, o Enunciado 275 da IV Jornada de Direito Civil realizada pelo Conselho da Justiça Federal proclamou: "O rol dos legitimados de que tratam os artigos 12, parágrafo único, e 20, parágrafo único, do Código Civil, também compreende o companheiro". Na mesma senda: "Não obstante seu caráter personalíssimo, os direitos da personalidade projetam-se na família do titular. Em vida, somente este tem o direito de ação contra o transgressor. Morto ele, tal direito pode ser exercido por quem ao mesmo esteja ligado pelos laços conjugais, de união estável ou de parentesco. Ao cônjuge supérstite, ao companheiro, aos descendentes, aos ascendentes e aos colaterais até o quarto grau, transmite-se a *legitimatio* para as medidas de preservação e defesa da personalidade do defunto. Há, contudo, que se distinguir. As medidas de pura defesa podem ser intentadas por qualquer deles, sem observância da ordem de sua colocação. No caso, entretanto, de indenização por perdas e danos, há que respeitar a ordem de vocação hereditária". SILVA PEREIRA, 2004, op. cit., p. 243. Fábio S. de Andrade, por seu turno, pontifica que: "Evitando posicionar-se sobre uma teoria específica, o STJ opta por uma orientação finalística: o fato de a pessoa já haver falecido não retira de seus sucessores a possibilidade de resguardar a sua imagem, concedendo-lhe o direito à indenização. (...) No texto do parágrafo único do art. 12 (...) não se circunscreve a legitimidade ativa apenas aos parentes mais próximos. A redação dada em ambos os casos permite a interpretação de que mesmo descendentes distantes uma ou várias gerações da pessoa falecida poderão pleitear a indenização e a eventual inibição da violação de direitos de personalidade. Esta solução, porém, pode configurar-se como excessiva em relação à tutela dos direitos da personalidade *post mortem* (...) Uma solução que poderia servir melhor à adequação de eventuais conflitos neste campo seria a de restringir a defesa dos direitos da personalidade *post mortem* aos descendentes de primeiro ou segundo graus – uma geração –, facultando a outros parentes esta possibilidade, com base em circunstâncias a serem apreciadas pelo Juiz". ANDRADE, 2006, op. cit., p. 109-110.

[287] Elimar Szaniawski declara: "O direito geral de personalidade consagrou-se *na Suíça*, por ocasião da promulgação do seu Código Civil, em 10 de dezembro de 1907", (grifo do autor) que em seu art. 28 trouxe

modo unitário, como um único direito que emana da personalidade) e *direitos de personalidade tipificados* (fracionamento da categoria em múltiplos tipos, dependendo do atributo da personalidade).

Nos direitos de personalidade tipificados, os referidos direitos são fracionados e tipificados em grupos fechados, dependendo do tipo de atributo da personalidade, caso em que são divididos em dois grupos: direitos de personalidade públicos e direitos de personalidade privados,[288] podendo ainda existir um terceiro ramo, o dos direitos de personalidade sociais.

Os públicos são aqueles previstos e tutelados pela Declaração Universal dos Direitos do Homem e do Cidadão e pelas demais convenções internacionais, tendo por objetivo a defesa do indivíduo dos atentados praticados pelo próprio Estado ou a defesa da sociedade das agressões perpetradas por certos particulares. Já os privados fazem alusão aos aspectos privados da personalidade nas relações dos particulares entre si. E os sociais[289] são os originários da evolução de alguns direitos humanos de categoria social e econômica, como o direito à saúde, ao trabalho, à informação e ao silêncio.[290]

---

expressamente um direito geral de personalidade. "O direito geral de personalidade ressurgiu e se afirmou no *Direito alemão* a partir da promulgação da Lei Fundamental de Bonn, ou *Grund Gesetz*, em 23 de maio de 1949 (...), que em seu art. 1º declara ser intangível a dignidade do homem e, em seu art. 2º, reconhece que todos possuem o direito ao livre desenvolvimento da personalidade humana. A dignidade do homem e o direito ao livre desenvolvimento de sua personalidade são, portanto, elementos integrantes do direito geral de personalidade que, através da ordem jurídica, são garantidos como direitos subjetivos a respeito de todas as pessoas. Essa abrupta mutação na tutela da personalidade humana e o sucesso do Tribunal Federal da Justiça (BGH), introduzindo o direito geral de personalidade na prática jurídica alemã, é atribuída a razões históricas. (...) A doutrina alemã passou a defender a tese de que o direito geral de personalidade, trazido pela Constituição de Bonn, encontrava sua tutela no próprio Código Civil, no § 823, I, sob a rubrica 'outros direitos', além dos direitos de personalidade já tipificados naquele dispositivo legal. (...) Na Itália a jurisprudência demonstra que a tutela dos direitos de personalidade tem-se dado dentro de uma ideia de direito natural e da intangibilidade da personalidade humana, formando objeto de várias autônomas disposições que protegem o indivíduo da intrusão alheia, afirmando, isoladamente, os singulares atributos essenciais da pessoa, isto é, as diversas qualidades e modos de ser da mesma". (grifo do autor). SZANIAWSKI, 2005, op. cit., p. 93-114.

[288] Para Elimar Szaniawski: "a teoria tipificadora e fracionária, ao contrário do que sustentam seus adeptos, não possui cientificismo algum, contribuindo para o estabelecimento de um verdadeiro caos no que tange à classificação destes direitos. (...) os direitos privados de personalidade seriam os mesmos que os direitos públicos de personalidade, somente, considerados por outro ponto de vista. Enquanto os direitos de personalidade públicos seriam os direitos de personalidade inerentes à pessoa humana, qualificados como direitos fundamentais, tutelados pelas Convenções e Declarações Universais e pela Constituição de cada país, os direitos privados de personalidade constituem-se pelos direitos inerentes à pessoa humana que dizem respeito aos aspectos privados da personalidade, tutelados, tão-somente, pelo Código Civil ou por outra lei extravagante de natureza privada". Prossegue o autor, asseverando que: "contrariamente ao pensamento de grande número de autores brasileiros, inspirados nas lições dos irmãos Mazeud, não podemos aceitar uma divisão de direitos de personalidade em públicos e privados (...) a divisão dos direitos de personalidade em públicos e privados é matéria superada, não tendo bases sólidas de apoio. Nossa concepção de direitos de personalidade se aproxima da doutrina alemã e, de uma maneira especial, do pensamento do italiano Pietro Perlingieri. Somos, portanto, defensores da superação da distinção do Direito em Direito Público e Privado, somente aceitando essa divisão para fins didáticos e melhor colocação das disciplinas jurídicas em um quadro sistematizado para o ensino". Ibid., p. 123-124; 244-245.

[289] Para Pierre Kayser, grande parte dos direitos de personalidade sociais são *falsos direitos de personalidade* por não corresponderem nem à noção, nem às características dos direitos de personalidade, e outros até correspondem à categoria, mas podem ser enquadrados ou como públicos, ou como privados. KAYSER, 1971, op. cit., p. 457.

[290] SZANIAWSKI, 2005, op. cit., p. 87.

Os direitos de personalidade privados, por seu turno, são agrupados em classes: I – direito à vida e à integridade física; II – direito sobre as partes destacadas do corpo e o direito sobre o cadáver; III – direito à liberdade; IV – direito ao resguardo (direito à honra, ao resguardo e ao segredo); V – direito à identidade pessoal (direito ao nome, ao sinal pessoal); VI – direito moral de autor.[291]

Orlando Gomes[292] classifica os direitos de personalidade como: I) direitos à integridade física, Ia) direito à vida, Ib) direito sobre o próprio corpo, Ib1) direito sobre o corpo inteiro, Ib2) direito sobre partes separadas; II) direitos à integridade moral, IIa) direito à honra, IIb) direito à liberdade, IIc) direito ao recato ou direito à intimidade, IId) direito à imagem, IIe) direito ao nome, IIf) direito moral do autor.

Francisco Amaral[293] aduz que entre os direitos de personalidade estão: 1) no aspecto físico: 1a) direito à vida, 1b) direito ao próprio corpo; 2) no aspecto intelectual: 2a) direito à liberdade de pensamento, 2b) direito de autor, 2c) direito de inventor; 3) no aspecto moral: 3a) direito à liberdade, 3b) direito à honra, 3c) direito ao recato, 3d) direito ao segredo, 3e) direito à imagem, 3f) direito à identidade.

Na classificação de Pontes de Miranda,[294] são direitos de personalidade: o direito da personalidade como tal, o direito à vida, à integridade física, à integridade psíquica, à liberdade, à verdade (*exceptio veritatis*), à honra, à própria imagem, de igualdade, ao nome, à intimidade e o direito autoral de personalidade.

Pierre Kayser,[295] por sua vez, dividiu os direitos de personalidade em dois grandes grupos, para que direitos que fossem surgindo pudessem ser agrupados aos já existentes, a fim de evitar uma classificação incompleta desses direitos. Dividiu-os em: I – direitos de personalidade, comparáveis aos direitos reais, no sentido de poderem ser defendidos (nome, uso e defesa do nome de família, direito sobre o corpo vivo e morto) e II – direitos de personalidade, comparáveis aos direitos de crédito, no sentido de poderem ser cobrados (vida privada, oposição à divulgação e à investigação da vida privada, direito de resposta, direito moral do autor e inventor). A crítica que se faz a essa classificação é que "não pode existir uma obrigação de fazer como um ônus de uma ou mais pessoas, enquanto que o dever jurídico de não se imiscuir nem divulgar a vida alheia existe como um ônus para todos".[296]

Com intuito semelhante ao de Kayser, ou seja, o de incluir novos direitos que fossem surgindo, Rubens Limongi França[297] classifica os direitos

---

[291] DE CUPIS, 1961, op. cit., p. 35.
[292] GOMES, Orlando. *Introdução ao Direito Civil*. Rio de Janeiro: Forense, 2003, p. 158.
[293] AMARAL, 2002, op. cit., p. 54.
[294] PONTES DE MIRANDA, Francisco Cavalcanti. *Tratado de Direito Privado*. Direito de Personalidade. Direito de Família. Rio de Janeiro: Borsoi, 1955, p. 7.
[295] KAYSER, 1971, op. cit., p. 458 e ss.
[296] SZANIAWSKI, 2005, op. cit., p. 93.
[297] FRANÇA, Rubens Limongi. *Instituições de Direito Civil*. São Paulo: Saraiva, 1999, p. 412.

de personalidade em: direito à integridade física, à integridade intelectual e à integridade moral, salientando, no entanto, que tais direitos não são estanques; por exemplo, o direito à imagem, ora pode ter natureza física, ora moral. Por sua vez, o direito à integridade física engloba: direito à vida e aos alimentos; direito sobre o corpo vivo; direito sobre o próprio corpo, morto; direito sobre o corpo alheio, vivo; direito sobre o corpo alheio, morto; direito sobre partes separadas do corpo, vivo; direito sobre partes separadas do corpo, morto. Já o direito à integridade intelectual envolve: direito à liberdade de pensamento; direito pessoal de autor científico; direito pessoal de autor artístico; direito pessoal de inventor. E, por fim, o direito à integridade moral comporta: direito à liberdade civil, religiosa e política; direito à honra; direito à honorificência; direito ao recato; ao segredo pessoal, doméstico e profissional; à imagem e à identidade familiar, pessoal e social. Desta forma, o autor propõe uma classificação mais abrangente para outros direitos de personalidade pelo caráter evolutivo da matéria.

Na mesma linha de pensamento há quem defenda uma classificação mais flexível pela possibilidade de surgimento de novos direitos de personalidade, como Carlos Alberto Bittar,[298] que considera que os direitos de personalidade classificam-se em: a) direitos físicos; b) direitos psíquicos; c) direitos morais. Tal classificação, em um primeiro momento, considera a pessoa individualmente, destacando os seus dotes físicos ou atributos corporais – elementos extrínsecos da personalidade. Depois disso, vêm os direitos psíquicos, atributos de inteligência ou do sentimento – elementos íntimos, intrínsecos. Por outro lado, há os direitos morais, as qualidades da pessoa em razão de sua valoração na sociedade – conceituação para a coletividade. São direitos físicos: direito à vida, à higidez corpórea, ao corpo, a partes do corpo (próprio e alheio), ao cadáver, à imagem e à voz. Entre os psíquicos: direito à liberdade (de pensamento, de expressão, de culto), à intimidade, à integridade psíquica, ao segredo. E, por último, os de cunho moral são: direito à identidade, à honra objetiva ou subjetiva, ao respeito (dignidade, sentimento das próprias qualidades morais), ao decoro e às criações intelectuais.

Diante do relativismo das diversas formas de classificação há, ainda, a classificação alemã, que deriva da tripartição útil e didática de Hubmann,[299] partindo dos seguintes elementos: a dignidade humana, a individualidade e a pessoalidade. A *dignidade* é o elemento indicativo da posição predominante de todo e qualquer homem no Universo, englobando o que é comum a todo ser humano, como o direito à vida, à saúde, à locomoção e até direitos complementares, como a legítima defesa como instrumento para o direito de personalidade. Já a *individualidade* supõe a pessoa socialmente situada e garante a autonomia necessária, sendo dividida em três esferas: a maior – individual (nome, imagem, honra, palavra escrita, falada); a do meio – privada (poucas pessoas estão autorizadas a participar); a menor

---
[298] BITTAR, 2003, op. cit., p. 68-69.
[299] HUBMANN apud ASCENSÃO, José de Oliveira. *Teoria Geral do Direito Civil*. Coimbra: Editora Coimbra, 1997, p. 97 e ss.

– secreta (garantida pela reserva mental de cada pessoa, direito ao silêncio, e às vezes limitada a um grupo muitíssimo restrito de pessoas, e que ainda devem guardar segredo). Permanece, todavia, a dificuldade em delimitar a fronteira entre o público e o privado, entre a esfera individual e a privada, e entre a esfera privada e a secreta. Por fim, a *pessoalidade*, que é a garantia de um espaço de atuação de cada indivíduo, é uma ideia de liberdade que compreende a liberdade de ação em geral, a atividade da força de trabalho, a liberdade de associação, cultural, de expressão do pensamento, entre outras liberdades.[300]

Em razão de toda essa variedade, o Código Civil preferiu apresentar um rol residual,[301] tendo em vista que boa parte dos direitos de personalidade vem expressos na Constituição Federal como direitos fundamentais, como já foi mencionado nos pontos anteriores do presente estudo. Deve-se, contudo, mencionar, a título de sugestão, que uma boa classificação pode ser aquela que – frente à natural evolução do Direito que proporciona o surgimento de outros novos direitos de personalidade – permite uma lista provisória e apenas exemplificativa desses direitos, divididos em dois grandes grupos: direitos de personalidade públicos (buscam a defesa da pessoa contra danos causados pelo Estado ou tutelam a sociedade como um todo quando de danos causados por outros particulares) e direitos de personalidade privados (entram neste rol os direitos inerentes ao indivíduo e que tocam aspectos privados da personalidade). À medida que surjam desconhecidos e inéditos direitos, estes possam caber automaticamente em uma ou em outra classificação. Continua havendo, todavia, um problema de delimitação de fronteiras entre um e outro, pois são os mesmos direitos tratados sob diferentes pontos de vista. Defende-se aqui a necessidade de uma classificação por se tratar de uma forma didática de se estudar e de se analisar o assunto.

Ainda sobre o assunto, cientes da problemática da classificação dos direitos de personalidade, busca-se demonstrar a atual proteção dedicada aos referidos direitos na Lei Maior.

---

[300] Nem toda a liberdade deve ser classificada como direito ao desenvolvimento da personalidade, pois a liberdade de consciência, por exemplo, está jungida ao direito à individualidade; a liberdade de locomoção, ao direito de personalidade à dignidade humana; e a liberdade religiosa, ao direito à individualidade. Sobre a liberdade, Fábio S. de Andrade comenta que: "Os membros das profissões liberais defendem sempre a liberdade como sendo um requisito indispensável para o bom desempenho de seu ofício. Dentre eles, o advogado é o que melhor personifica esta reivindicação. A responsabilidade nada mais é do que a contrapartida normal desta liberdade. Do contrário, esta propalada independência teria um cunho exclusivamente corporativista, beneficiando apenas o advogado". ANDRADE, 1993, op. cit., p. 110.

[301] De acordo com Sílvio R. Beltrão: "O tratamento dispensado pelo Novo Código Civil ao direito de personalidade demonstra que não estão compreendidas as figuras mais significativas, como os direitos à vida, ao desenvolvimento da personalidade e à liberdade. Verifica-se que os direitos que estavam disciplinados na Constituição Federal não são retomados, dando-se relevo no novo Código Civil às figuras que não se destacam perante uma Carta Política, como o direito ao nome e o direito à imagem". BELTRÃO, 2005, op. cit., p. 49.

## 2.3. Da atual tutela da personalidade na Constituição Federal de 1988

Ressalta-se, desde já, que o objetivo do tópico em análise diz respeito à proteção dos direitos fundamentais na Lei Maior, embora, em alguns momentos e sem maiores aprofundamentos, se faça menção às tutelas previstas no Código Civil.[302]

A despeito de alguns direitos de personalidade estarem regulados na Constituição Brasileira de 1891, os referidos direitos eram de caráter político, sem a sensibilidade necessária à pessoa propriamente dita; assim, o Código Civil não regulava os direitos de personalidade com o intuito de não duplicar a Constituição, e a Lei Maior não regulava os direitos civis, pois o seu foco era a relação entre o Estado e o cidadão. Denota-se, então, que "o tratamento dispensado aos direitos da personalidade até a publicação do Código Civil de 2002 vinha inserido na Constituição Federal, apesar de esse direito *ser uma matéria suficientemente específica para dar origem a um novo ramo*" (grifo nosso); outrossim, na *Lex Mater* atual, a maior parte dos preceitos relativos aos direitos de personalidade é tratada como direitos e como garantias fundamentais. O referido esquema do Código Civil atual imita o Código Civil português e italiano, definindo apenas as características gerais e regulando alguns aspectos especiais dos direitos de personalidade – os principais direitos são, pois, mantidos na Constituição.[303]

O certo é que a proteção dos direitos de personalidade pode dar-se de diversas formas, porque toda pessoa tem o direito de se proteger contra atentados voltados à sua personalidade.

Ainda sob o ponto de vista infraconstitucional, é sabido que o resguardo dos direitos de personalidade objetiva proteger a dignidade humana; para tanto, pode o sujeito se valer de medidas judiciais adequadas e ajuizadas pelo lesado direto ou indireto.

As medidas preventivas têm plena aplicabilidade no campo da tutela dos direitos de personalidade, visto que são danos não integralmente ressarcíveis ou mesmo não satisfatoriamente compensáveis em dinheiro ou *in natura*; neste sentido, "para que a defesa e o desenvolvimento da personalidade humana sejam eficazmente garantidos, há que, desde logo, sancionar as ameaças de ofensas à personalidade". A respeito disso, há medidas preventivas judicialmente decretáveis a fim de proibir e de sancionar, por exemplo, o acesso e o registro de informações ou de dados da vida privada

---

[302] O Código Civil de 1916, sob a influência da doutrina civilística alemã predominante, que não aceitava a categoria dos direitos de personalidade, deixou de tratar desses direitos. Referida omissão deu-se em razão da ideologia do Legislador que preferiu dar ênfase aos direitos patrimoniais das classes dominantes, dando-se por satisfeito com as garantias individuais previstas no artigo 72 da Constituição de 1891. Os direitos de personalidade foram protegidos, em especial, pelo Código Penal de 1940, mas encontraram verdadeira guarida em Leis extravagantes como o Código Brasileiro de Telecomunicações (Lei n. 4.117/62), a Lei que dispõe sobre os crimes contra o serviço postal (Lei n. 6.538/78), a Lei que trata da retirada e do transplante de tecidos (Lei n. 5.479/68) e a Lei dos Direitos Autorais (Lei n. 5.988/73). SZANIAWSKI, 2005, op. cit., p. 135.
[303] BELTRÃO, 2005, op. cit., p. 45-46.

das pessoas, sobretudo por meio de computadores. Também podem ser providenciadas medidas preventivas com o intuito de impedir o uso, a reprodução ou a divulgação abusiva de imagens alheias ou que busquem vedar a publicação não autorizada de cartas confidenciais, de memórias familiares e de outros escritos confidenciais. Há, ainda, um espaço destinado às medidas preventivas para fins de obstar a publicação e a divulgação de livros, de filmes ou de outras criações intelectuais, se lesivas de direitos do seu autor, ou quando contenham graves ofensas à honra de terceiros, dentre outros casos.[304]

Referidas ações podem, portanto, ser cautelares,[305] com cunho eminentemente preventivo,[306] com o intuito de suspender atos que ofendam a integridade física, intelectual e moral, propondo-se a ação principal dentro de 30 dias, conforme reza o art. 806 do CPC, ou as ações podem ser cominatórias, com fundamento nos artigos 287, 461[307] e 644 do CPC, para evitar a efetiva ameaça de lesão.[308] Outra possibilidade é mover-se, desde logo, a ação de

---

[304] CAPELO DE SOUZA, 1995, op. cit., p. 474-475.

[305] Não se tem como negar que a prevenção é um cuidado muito importante no que concerne ao resguardo dos direitos fundamentais. Cármen Lúcia Antunes Rocha lembra que, quanto mais o sistema entregar ao indivíduo e às instituições meios acautelatórios para que as ameaças cessem antes da prática prejudicial aos direitos, mais bem atendidos estarão os objetivos do ordenamento jurídico. ANTUNES ROCHA, 1996, op. cit., p. 41.

[306] Ascensão, com o olhar voltado ao Código Civil brasileiro, comenta que "os direitos de personalidade devem ser incondicionalmente protegidos, independentemente da correspondência a formas pré-estabelecidas de tutela. E isso implica duas manifestações: 1. possibilidade de serem judicialmente decretadas providências atípicas de qualquer espécie, mesmo em geral não-admissíveis; 2. possibilidade de serem intentados procedimentos e decretadas providências que vão além das providências cautelares, nomeadamente por não serem dependência de processo definitivo a instaurar posteriormente". ASCENSÃO, José de Oliveira. Os Direitos de Personalidade no Código Civil brasileiro. *Revista Forense*, Rio de Janeiro, v. 342, p. 127, abr./jun. 1998.

[307] Se uma pessoa causa danos que não se exaurem instantaneamente, ou seja, pratica um ato atentatório que se protraia no tempo, a interdição da perturbação enseja tutela inibitória, que, além de fazer cessar o atentado atual e contínuo removendo os efeitos danosos, também possui natureza preventiva contra a possível prática de novos atentados pelo mesmo autor. Está-se falando na ação inibitória antecipada, na ação de preceito cominatório, da tutela antecipada e das cautelares típicas, como busca e apreensão e seqüestro, além das cautelares atípicas. A antecipação da tutela inibitória tem por escopo impedir danos tanto a própria pessoa como a seus familiares que podem ser atingidos de modo reflexo caso tenha início ou continuidade o atentado. Para ser eficiente, há a necessidade de liminares e de sanções pecuniárias a fim de tornar eficaz o resultado prático equivalente ao adimplemento. Referida multa será imediatamente exequível, a menos que imposta na sentença quando a sua execução ficará dependente do resultado do julgamento em segunda instância, se atacada a decisão por recurso com efeito suspensivo, ou se sujeita ao duplo grau de jurisdição. A obrigação se converterá em perdas e danos caso se torne impossível a tutela específica ou a obtenção do resultado prático equivalente. Deve-se, cuidar, todavia, para que o Juiz, ao deferir as medidas previstas no § 5º do artigo 461, não cometa inconstitucionalidade ou grave atentado a direito de personalidade do réu ao determinar providências que violem essa mesma esfera, pois é vedado ao Magistrado atentar contra a inviolabilidade do domicílio, contra o direito à liberdade, contra o direito à privacidade, podendo, apenas, e em casos de colisão de direitos fundamentais, balancear referidos direitos por meio da proporcionalidade – conforme já foi analisado no ponto 1.1. desta tese. SZANIAWSKI, 2005, op. cit., p. 250-251.

[308] BITTAR, Carlos Alberto. *Reparação do dano moral*. v. 1. São Paulo: Revista dos Tribunais, 1997, p. 131. O referido autor, porém em outro texto, acentua que tem defendido, com frequência, tanto por meio de textos doutrinários como no foro "a tese da plenitude do ordenamento jurídico processual no que pertine à defesa de direitos personalíssimos, principalmente os de personalidade (...). Desse modo, dispõe o titular de direitos personalíssimos de toda e qualquer medida capaz de propiciar a satisfação de seus interesses e a realização consequente de Justiça ao caso concreto. (...) É que, diante da negação ou da violação de direito dessa natureza, o sistema jurídico-processual põe à disposição do lesado diferentes mecanismos

reparação de danos materiais e imateriais, de natureza repressiva, e, se for o caso, com pedido de antecipação de tutela.[309]

Se houver lesão ou ameaça contra um direito de personalidade, o seu titular investe-se de legitimação ativa para obter a medida cautelar ou punitiva contra o lesante e, por certo, se houver prejuízo, ainda cabe ação de reparação desses danos,[310] mesmo que não sejam esses direitos dotados de patrimonialidade.[311]

Erasmo Ramos aduz que a lesão a um direito de personalidade com danos à pessoa dá ensejo à responsabilidade civil extracontratual do agente, pela prática de ilícito,[312] e o direito subjetivo à reparação é encarado de acor-

---

de reação, que, no âmbito judicial, se consubstanciam em rico manancial de ações, ordinárias, cautelares e outras, tudo em função dos objetivos visados pelo autor e sem prejuízo de projeções outras possíveis nas esferas penal e administrativa. (...) Realiza-se, assim, com o exercício da ação e o pronunciamento do Juiz aquilo que na lei se contém, ou seja, alcança-se o resultado material assegurado na norma legal, através da execução da sentença que o Juiz deve proferir no processo". Id. Tutela judicial civil de Direitos Personalíssimos. *Revista dos Tribunais*, v. 718, ano 84, p. 13-15, ago. 1995.

[309] O artigo 273 do CPC prevê a antecipação de tutela. Sobre o tema, Rui Stoco comenta que: "A tutela antecipada pode ser buscada, exemplificativamente: a) para o cancelamento dos efeitos da inscrição do nome de pessoa perante o Serviço de Proteção ao Crédito ou a inclusão do seu nome na relação do sistema Serasa, indicando a existência de impedimento ao crédito quando, evidentemente, essa providência se mostre indevida; b) para suspender o protesto indevido de título de crédito; c) para impedir ou suspender a publicação de fotografia, divulgação de voz, entrevista ou programa com conotação vexatória ou ofensiva da imagem da pessoa; d) para impedir a publicação de fotografia, entrevista, inquirição ou divulgação de reportagem com imagens de crianças e adolescentes, por força de vedação expressa no Estatuto da Infância e Juventude, etc." STOCO, Rui. Tutela antecipada nas ações de reparação de danos. *Informativo Jurídico Incijur*, p. 24-25, s.d. Já Elimar Szaniawski acentua que: "A tutela antecipada do direito de personalidade no Direito Positivo brasileiro é encontrada no art. 461 do CPC, de acordo com a redação dada pela Lei n. 8.952/1994. Este dispositivo, inspirado no art. 84 da Lei n. 8.078/90, possui por escopo assegurar o resultado prático dos processos de conhecimento e de execução, através da ampliação dos poderes do Juiz, buscando a tutela específica da obrigação ou o resultado prático equivalente. A tutela específica das obrigações de fazer e de não-fazer, mediante tutela inibitória antecipada, fundada no art. 461 do CPC, não se vincula ao momento específico da postulação, como normalmente ocorre com o pedido de tutela antecipada baseado no art. 273 do mesmo Código". SZANIAWSKI, 2005, op. cit., p. 249.

[310] A respeito do tema, mais precisamente sobre a reparação dos danos imateriais como resposta jurídica à violação dos direitos de personalidade, encaminha-se para a leitura do ponto 4.2 deste texto.

[311] Cumpre lembrar que há efeitos patrimoniais que resultam dos direitos de personalidade; em razão disso referidos efeitos podem ser objeto de renúncia, de transação, de transferência ou de limitações, sem perderem as suas características já mencionadas no tópico 2.2 desta tese.

[312] Oportuna, neste momento, é a noção de ilícito e a sua distinção da culpa e do antijurídico. De acordo com Bruno Miragem, o ilícito que enseja o dever de reparar está no plano da existência. O autor comenta que há ilícito sem culpa. Cita como exemplo os artigos 936, 937 e 938 do Código Civil, relativos à responsabilidade por fato de animais, pela ruína de prédio ou por coisas que caiam ou que sejam lançadas do prédio, pois são situações em que há ilícito, porém a responsabilidade é objetiva, o que se pode denominar de "antijuridicidade objetiva", uma vez que a reação da ordem jurídica não leva em conta o comportamento do agente, mas sim o resultado de sua conduta. Bruno Miragem assevera, ainda, que é o caso do art. 187 do CC, visto que o Artigo faz referência expressa ao ilícito; entretanto, não está contida no texto nem a ideia de culpa, nem a necessidade do ato danoso, sendo considerado ato ilícito porque rejeita o exercício de direito que exceda manifestamente os limites impostos pela mesma norma. Na sequência, Bruno Miragem distingue o ilícito e o antijurídico, pontificando que a contrariedade a direito (antijurídico) ultrapassa a mera violação expressa de preceito normativo (ilícito ou ilegal). "Isso é bem demonstrado nas hipóteses em que se estabelece a responsabilidade de indenizar prejuízos decorrentes de atos lícitos, como, por exemplo, o artigo 188, inciso II, cujo dever de indenizar, ainda que não se trate de ilícito (na medida em que se exclui a ilicitude), é previsto nos artigos 929 e 930, ambos do Código Civil. O ilícito, em visão tradicional, possui como requisitos: (a) a existência de uma conduta, (b) a violação do ordenamento jurídico, (c) a imputabilidade desta conduta e (d) sua penetração na esfera jurídica alheia. Pressupõe, assim, uma violação ao ordenamento jurídico. A antijuridicidade resulta de conceito mais amplo do que o de ilicitude. Isto porque ilicitude é espécie de antijuridicidade, mas não esgota sua definição. Contudo,

do com a Constituição Federal, uma vez que a responsabilidade pela violação do direito de personalidade *não permanece exclusivamente no nível civil*;[313] dito de outro modo, Erasmo M. Ramos defende, por via de consequência, que a reparação de danos *pode* estar presente no plano constitucional, dentro da ideia nuclear do presente estudo.

Tem-se, agora, que adentrar na análise e no conteúdo da personalidade e de seus elementos, limitando-se essa verificação a atentados praticados por terceiros que dificultam o livre desenvolvimento da personalidade. Sem sombra de dúvida, esta última não deve ser tratada de maneira simplista.

A proteção da personalidade humana entrou no Direito brasileiro através da *iniura* e da respectiva *actio iniurarium*, isto é, uma cláusula geral de proteção da personalidade, vigendo de 1532 às vésperas do Código Civil de 1916.[314]

Vale frisar também que o Código Civil de 2002 apresenta duas cláusulas gerais ligadas à tutela dos direitos de personalidade, presentes nos artigos 12 e 21. O primeiro artigo refere que: "Pode-se exigir que cesse a ameaça, ou a lesão, a direito de personalidade, e reclamar perdas e danos, sem prejuízo de outras sanções previstas em lei";[315] e o segundo Artigo afir-

---

ambos possuem um elemento de convergência: tanto o ilícito quanto o antijurídico são fato jurígenos, na medida em que deles resultam uma eficácia jurídica. (...) Neste sentido, a definição de ilicitude tradicionalmente é indicada a situações em que se tem a contrariedade ao ordenamento jurídico causada por um ato humano subjetivamente reprovável e imputável, em geral um ato lesivo causado por dolo ou culpa. Por outro lado, é possível considerar-se como ato objetivamente ilícito os praticados em circunstâncias nas quais não se examina o elemento subjetivo do agente (dolo ou culpa), tais como as hipóteses de atos justificados (quando inexigível conduta diversa), ou atos praticados por incapazes a que não se possa imputar a responsabilidade. Trata-se, nesta visão, de uma concepção ampla de ilicitude, a qual se confunde com a noção de antijuridicidade. (...) E nesta linha de entendimento, a distinção de uma ilicitude ampla, objetiva, e de uma ilicitude subjetiva, tida como 'verdadeira', será a existência ou não da possibilidade de se atribuir ao agente uma conduta censurável". MIRAGEM, Bruno. *Abuso de direito*: proteção da confiança e limite ao exercício das prerrogativas jurídicas no Direito Privado. Rio de Janeiro: Forense, 2009, p. 52-59. Também: "O antijurídico se dá quando uma conduta que viola o ordenamento jurídico não encontra nele ou em seu contexto valorativo uma causa de justificação". GHERSI, Carlos Alberto. *Reparación de daños*. Buenos Aires: Editorial Universidad, 1992, p. 164. E mais: "em síntese, a diferenciação entre culpabilidade e antijuridicidade no interior do conceito de ilicitude, que é sutil e delicada na análise concreta, e nem sempre desperta a atenção dos constitucionalistas, mostra-se, na aferição do dano ressarcível, de fundamental importância. A culpabilidade não pode interferir no método de verificação do dano, sob pena de jogar por terra todo o instituto da responsabilidade objetiva – já que fazer depender o dano da culpa resultaria em excluir a reparação na sua ausência. A antijuridicidade, sim, é componente importante da investigação do dano ressarcível, e, mesmo em sede constitucional, as referências à ilicitude devem ser compreendidas como restritas ao seu componente puramente objetivo. (...) Há antijuridicidade, na medida em que, embora a conduta seja inicialmente lícita, violou a regra de prevalência, invadindo a área de atuação legítima de um interesse tutelado. (...) Pode-se argumentar que, consoante este raciocínio, a existência de dano sempre implica a existência de antijuridicidade. Nada mais verdadeiro: a separação entre dano e antijuridicidade, embora tradicional na construção moderna da responsabilidade civil, corresponde a uma fragmentação artificial e histórica entre o direito do lesado e o dever do agente lesivo, mais precisamente entre a disciplina do interesse lesado e do interesse lesivo". SCHREIBER, Anderson. *Novos paradigmas da responsabilidade civil*. Da erosão dos filtros da reparação à diluição dos danos. São Paulo: Atlas, 2007 a, p. 155, 181.

[313] RAMOS, Erasmo M. Estudo comparado do Direito de Personalidade no Brasil e na Alemanha. *Revista dos Tribunais*, São Paulo, n. 799, v. 91, p. 31, mai. 2002.

[314] SZANIAWSKI, 2005, op. cit., p. 134.

[315] Fábio S. de Andrade aduz que "o artigo 12 não contém preceito expresso acerca da existência de um Direito geral da Personalidade, isto é, acerca da existência de um complexo de interesses relativo à esfera pessoal, que é merecedor de proteção, quando se verificar a incidência dos pressupostos estabelecidos

ma que: "A vida privada da pessoa natural é inviolável, e o juiz, a requerimento do interessado, adotará as providências necessárias para impedir ou fazer cessar ato contrário a esta norma". De acordo com Gustavo Tepedino,[316] os dois dispositivos, isoladamente, não trazem grande novidade, pois não há dúvida de que a vida privada é constitucionalmente inviolável (art. 5°, *caput*, e X, CF) e que ameças e lesões permitem tutela jurisidicional (art. 5°, XXXV, CF); no entanto, tais preceitos ganham significado quando interpretados como especificação analítica da cláusula geral de tutela da personalidade, consoante os arts. 1°, III (dignidade como valor fundamental), 3°, III (igualdade) e 5°, § 2° (possibilidade de expansão do rol dos direitos fundamentais). A partir disso, refere o autor, "deverá o intérprete romper com a ótica tipificadora seguida pelo Código Civil, ampliando a tutela da pessoa humana não apenas no sentido de admitir uma ampliação de hipóteses de ressarcimento mas, de maneira muito mais ampla, no intuito de promover a tutela da personalidade mesmo fora do rol de direitos subjetivos previstos pelo legislador codificado".

Em codificações anteriores, as cláusulas gerais deram margem a desconfianças em razão do alto grau de discricionariedade atribuída ao intérprete, porque, ou eram consideradas letras mortas, ou ficavam na dependência de uma construção doutrinária que lhes atribuísse algum conteúdo não tão subjetivo. Desta feita, com o intuito de superar referida objeção, o Legislador contemporâneo procura construir normas que não prescrevem uma determinada conduta, mas que definem valores e parâmetros hermenêuticos, oferecendo ao intérprete os critérios axiológicos, bem como os limites para a aplicação de todas as outras disposições normativas. Dito de outro modo, "as cláusulas gerais do novo Código Civil poderão representar uma alteração relevante no panorama do Direito Privado brasileiro desde que lidas e aplicadas segundo a lógica da solidariedade constitucional e da técnica interpretativa contemporânea".[317]

Nas palavras de Hubmann:[318]

> A tutela da personalidade humana se revela como a parte nuclear de uma esfera ética, cuja atuação dar-se-á através do direito de personalidade. Uma vez reconhecida a existência da categoria *direito de personalidade* (*das Recht der Persönlichkeit*), será necessário proteger-se a permanente aspiração de valores e a atuação dinâmica desta *personalidade*, que se traduz no direito ao livre desenvolvimento da personalidade (*das Recht auf der freie Entfaltung der Persönlichkeit*). Por outro lado, a vida de toda a pessoa é envolvida por um círculo que apresenta as esferas interna e externa de existência do sujeito, dentro das quais se inserem forças e valores que devem ser protegidos. Essas forças e valores constituem um direito, denominado de *direito em relação à personalidade* (*das Recht na der Persönlichkeit*). Finalmente, será necessário o reconhecimento e a proteção das características individuais de cada ser humano,

---

pelo ordenamento"; no entanto, na sequência, ainda comenta o autor que: "Na doutrina brasileira, há quem considere desnecessária esta solução, em face do reconhecimento no Direito brasileiro da dignidade humana, prevista no artigo 1° da Constituição Federal". ANDRADE, 2009, op. cit., p. 166-167.

[316] TEPEDINO, 2002, op. cit., p. 117.

[317] Id., 2003, op. cit., p. 12-13.

[318] HUBMANN apud SZANIAWSKI, 2005, op. cit., p. 115.

no que diz respeito à sua auto-imagem, seu mundo particular, seus valores pessoais, que se traduzem no *direito à individualidade* (*das Recht auf die Individualität*) (...) Sendo que essa proteção só poderá ser realizada através do expresso reconhecimento pelo direito positivo de uma *cláusula geral* de proteção ampla da personalidade. (...) O direito geral de personalidade[319] se revela como o meio jurídico necessário para a tutela do direito ao livre desenvolvimento da personalidade do ser humano. (grifos no original)

Da personalidade, portanto, irradiam direitos, pensando-se na personalidade como o ponto de apoio de todos os direitos e obrigações;[320] ainda, deve-se lembrar que os direitos já mencionados e elencados no inciso X do art. 5º da CF/88 são apenas o mínimo, outros podendo ser arrolados, de acordo com o já comentado § 2º do art. 5º da CF/88.

Referidos direitos demonstram que o homem é sujeito de relações jurídicas que representam para o seu titular um valor, embora, intrinsecamente, sejam despidos de valor econômico imediato.

Correto é referir que os fundamentos do direito geral de personalidade têm por base duas ordens jurídicas: 1) uma, supranacional, composta pela Declaração Universal dos Direitos do Homem e pela Convenção de Haia, de 1993, exemplificativamente;[321] 2) outra, nacional, representada pela Constituição Federal, que pode conter ou permitir uma cláusula geral de tutela da personalidade, seja formal como materialmente, como na Lei Fundamental da Alemanha[322] e da Espanha,[323] ou a partir de vários princípios fundamentais sistematizados que trazem a dignidade da pessoa humana como núcleo central, como se dá na Lei Maior do Brasil.

A despeito de o presente estudo ter por foco o Direito brasileiro, é necessário comentar, ainda que em breve escorço, os passos da Alemanha para

---

[319] No tocante aos direitos de personalidade no Direito português, comenta Rabindranath de Souza que: "Em suma, mais do que uma possibilidade, ainda com virtualidades por desenvolver, o direito geral de personalidade é uma necessidade jurídica, para a defesa e desenvolvimento das personalidades humanas no espaço português, e é já um elemento imprescindível do património jurídico da comunidade portuguesa de pessoas livres, iguais em direitos e solidárias". CAPELO DE SOUZA, 1995, op. cit., p. 627.

[320] Sobre a dignidade como valor ou princípio, sugere-se: ALVES, Cleber Francisco. *O princípio constitucional da dignidade da pessoa humana*: o enfoque da doutrina social da Igreja. Rio de Janeiro: Renovar, 2001; BARCELOS, 2002, op. cit.

[321] Igualmente pela Convenção Europeia dos Direitos do Homem, que só vincula os países-membros do Conselho da Europa, a mais antiga organização europeia, fundada no final da década de 40 e que abrange quase 50 países, ou seja, quase o dobro dos membros da União Europeia. Desta feita, para os países europeus, também há essa fonte, inexistente no Brasil, como fonte normativa.

[322] A Constituição alemã, além de trazer o princípio da dignidade da pessoa humana como princípio mãe, aponta uma cláusula geral de proteção da personalidade. A Lei Fundamental alemã traz nos seus artigos 1º e 2º que: "Art. 1º – 1. A dignidade da pessoa humana é sagrada. Todos os agentes da autoridade pública têm o dever absoluto de a respeitar e proteger. 2. O povo alemão reconhece, pois, a existência de direitos do homem, invioláveis e inalienáveis, como fundamento de toda a comunidade humana, da paz e da Justiça do mundo. 3. (...)". "Art. 2º – 1. Todos têm direito ao livre desenvolvimento da sua personalidade, nos limites dos direitos de outrem, da ordem constitucional e da ordem moral. 2. Todos têm direito à vida e à integridade física. A liberdade da pessoa é inviolável. Só a lei pode restringir estes direitos".

[323] A Constituição espanhola, na mesma senda, traz, no seu art. 10, uma cláusula geral de tutela da personalidade. "Art. 10 – 1. A dignidade da pessoa humana, os direitos invioláveis que lhe são inerentes, o livre desenvolvimento da personalidade, o respeito pela lei e pelos direitos dos outros são fundamento da ordem política e da paz social. 2. As normas relativas aos direitos fundamentais e às liberdades reconhecidas pela Constituição serão interpretadas em conformidade com a Declaração Universal dos Direitos do Homem e os tratados e acordos internacionais sobre essas matérias ratificadas pela Espanha".

fins de uma possível comparação crítica. O direito ao livre desenvolvimento da personalidade está expressamente consagrado nesse País pelo art. 2, I, da Lei Fundamental, tendo exercido, desde o Pós-Guerra, importante influência sobre as relações jusprivadas, pela perspectiva constitucional adotada e trabalhada pelos Tribunais maiores daquela Nação. A Corte Constitucional Germânica, desde 1951, desempenha importante papel no que pertine ao assunto.[324]

A evolução jurisprudencial germânica não se deu por acaso, visto que tinha por suporte vários séculos de doutrina teológica, filosófica e jurídica, que culminaram na elaboração do que veio a ser chamado, já no final do século XIX, de direito geral de personalidade. Essa teoria, construída a partir da recepção pela ciência do Direito da noção de ética de personalidade, passou por um período de ocaso durante os anos da ruptura totalitária proporcionada pelo regime nacional-socialista, sendo retomada pela jurisprudência alemã do Pós-Guerra.[325]

Falar no Direito alemão sobre direitos de personalidade é falar, novamente, em Kant,[326] que em 1785 publicou uma *Fundamentação da Metafísica dos Costumes*, estudo preparatório à sua *Crítica da razão prática* (1788), com a qual ambicionou formular uma Filosofia Moral Pura, ou seja, despida de qualquer fator empírico, a qual se dá o nome de *apriorismo*.[327] É inegável que a ênfase dada por Kant à questão da liberdade no uso da razão humana, com a concomitante produção de uma "vontade boa em si mesma",[328] acabou por

---

[324] Marcos Ludwig comenta que: "Em 23 de maio de 1949, em Bonn, é aprovada a Lei Fundamental. Em vigorosa oposição ao totalitarismo nacional-socialista do passado, concede especial relevo aos direitos fundamentais, compreendidos como direitos imanentes a todo e qualquer ser humano. Isso se pode comprovar mesmo pelas condições topográficas das respectivas normas, que encabeçam a Lei Fundamental alemã (arts. 1 a 19). Outro fato de importância ímpar para a superação jurídica da ruptura totalitária na Alemanha é a implantação de uma Corte Constitucional, em 12 de março de 1951. O BVerfG, de fato, previsto no art. 92 e ss. da Lei Fundamental, impõe-se como uma instituição-chave do novo sistema constitucional germânico, nos moldes de uma jurisdição constitucional efetiva, conforme imaginada por Kelsen. Concomitantemente passa a ganhar força uma interpretação constitucionalista de todo o ordenamento jurídico e, em especial, do Direito Privado. Os Juízes, imbuídos de um certo sentimento de culpa, buscam a todo o custo destacar a proteção dos direitos fundamentais, alicerçados novamente em noções jusnaturalistas, após terríveis acontecimentos gerados pela consagração do organicismo e pela ruptura totalitária na Alemanha. Renasce, assim, em virtude da nova perspectiva proporcionada pela Lei Fundamental, o conceito jusnaturalista de pessoa, desenhando ao seu redor um 'mínimo ético' que não pode ser violado pelo Estado nem pelos outros membros da sociedade. A partir daí, discute-se a questão de serem ou não aplicáveis, também em relação a particulares, os direitos fundamentais assegurados pela Constituição: é o tema da *Drittwirkung* (i.e., eficácia perante terceiros), que vem ocupando a doutrina jurídica germânica desde a metade do século. (...) Adiantamos, porém, que a tese acolhida pelo BVergG divergiu do entendimento antes firmado pelo Tribunal Superior do Trabalho alemão, ao optar pela eficácia mediata (*mittelbare Drittwirkung*) dos direitos fundamentais entre particulares, com base numa interpretação restritiva do texto do art. 1, 3, da Lei Fundamental, que assim dispõe: 'Os direitos fundamentais a seguir enunciados vinculam, como direito diretamente aplicável, os Poderes Legislativo, Executivo e Judicial'". LUDWIG, 2002b, op. cit., p. 285-287.

[325] Ibid., p. 265-266.

[326] Se o reconhecimento da personalidade como categoria ética foi atingido em sua plenitude na obra de Kant, o problema da sua tutela jurídica, contudo, conheceu graves problemas práticos no desenrolar do século XIX.

[327] MARTINS, José Salgado. *Preparação à Filosofia*. Porto Alegre: Globo, 1978, p. 50-54.

[328] KANT, 1995, op. cit., p. 205.

dar espaço a um voluntarismo que até hoje é combatido pelos juristas.[329] Ao mesmo tempo, todavia, aplicada ao jusracionalismo iluminista, consistiu em um passo fundamental para a consagração dos direitos humanos, já a partir da Declaração Francesa de 1789.[330] É sensível, portanto, em Kant, a vinculação da personalidade ao dever ético de utilizar autônoma e racionalmente a liberdade, em atinência com a natureza humana.[331]

Cabe ainda enfatizar que a Alemanha[332] e a Itália[333] construíram um direito geral de personalidade a partir de normas infraconstitucionais, consubstanciadas, contudo, em princípios constitucionais e supranacionais, normas vigentes e autoaplicáveis como as normas internas.[334]

Diferentemente, portanto, do que é previsto nas Constituições da Alemanha[335] e da Itália, a Constituição Brasileira de 1988 não traz uma cláusula geral expressa de proteção ampla à personalidade, além da dignidade da pessoa humana.[336] A vantagem de se ter uma cláusula expressa que garanta o livre desenvolvimento da personalidade, ao lado da dignidade, significa encerrar as discussões em torno da existência ou não de um direito geral de personalidade. Preferiu o Legislador Constituinte trazer direitos especiais de personalidade,[337] como a vida, a igualdade, a intimidade e outros. Não se pode olvidar, no entanto, que de certa forma a Lei Maior absorveu a doutri-

---

[329] Não se vai adentrar nesse ponto específico – muito rico, sem dúvida –, por fugir ao tema proposto para esta tese.

[330] Sobre o posicionamento de Kant em relação aos eventos da Revolução Francesa, sugere-se: BOBBIO, Norberto. Kant e a Revolução Francesa. In: ——. *A era dos direitos*. Trad. de Carlos Nelson Coutinho. Rio de Janeiro: Campus, 1992, p. 131-141.

[331] LUDWIG, 2002b, op. cit., p. 275-276.

[332] O Pós-Guerra representou um período de mudança radical na doutrina alemã, que, professando a fé na democracia, buscou uma interpretação constitucionalista do Direito como um todo, ao procurar construir anteparos a um possível retorno do totalitarismo. A Lei Fundamental de Bonn, como expressão máxima dessa nova fé, consagrou a *Menschenwürd*, a dignidade da pessoa humana como valor fundamental, e a *freie Entfaltung der Persönlichkeit*, o livre desenvolvimento da personalidade, como o fim de toda a ordem jurídica. HATTENHAUER, 1987, op. cit., p. 26-28.

[333] A Itália foi o primeiro país a sistematizar no Código Civil (Codice Civile, Livro I, Título I, arts. 5º a 10º) os direitos de personalidade; além disso, cunhou a expressão "danos à pessoa", por obra de Guido Gentile, em 1962. A primazia foi atribuída por Jorge Mosset Iturraspe; por sua vez, a expressão foi usada por Guido Gentile. Outrossim, o desenvolvimento das expressões *dano à pessoa*, *dano à saúde* e *dano biológico* consta, na doutrina e na jurisprudência italianas, para irem além do artigo 2.059 do Codice Civile, para o qual a responsabilidade não-patrimonial é admitida "solo nei casi determinati dalla legge", ou seja, permitindo-se a reparação apenas quando o dano for consequência de um fato que tipifique um crime, havendo situação semelhante na Alemanha, pela regra limitativa do § 254 do BGB, todavia, dilargada pelos Tribunais.Ver: ITURRASPE, 1995, op. cit.

[334] Acerca da aplicabilidade imediata, remete-se o leitor para o ponto 4.2.1 desta livro.

[335] A cláusula geral do direito de personalidade, na Alemanha, vem expressa na Lei Fundamental de Bonn, que afirma: art. 2º, alínea 1: "Todos têm direito ao livre desenvolvimento de sua personalidade, nos limites dos direitos de outrem, da ordem constitucional e da ordem moral". Alínea 2: "Todos têm direito à vida e à integridade física. A liberdade da pessoa é inviolável. Só a lei pode restringir estes direitos".

[336] No Brasil, devido às peculiaridades que caracterizaram nossa experiência jurídica, um alcance similar ao formulado pela Lei Fundamental alemã só veio a ocorrer com a promulgação da Constituição de 1988 e com a superação democrática do período ditatorial militar.

[337] Não se pode esquecer o tratamento concedido pela Constituição brasileira à ordem econômica e financeira, pois isso diz respeito fundamentalmente ao livre desenvolvimento da personalidade, sem dúvida, conforme se depreende do texto do *caput* do art. 170, que assim dispõe: "A ordem econômica, fundada na *valorização do trabalho humano e na livre iniciativa*, tem por fim assegurar a todos existência digna, conforme os ditames da justiça social (...)". (grifo nosso)

na do direito geral de personalidade, ao adotar, no Título I, a dignidade da pessoa humana.

Está a dignidade humana entre os fundamentos constitucionais em defesa dos direitos de personalidade, de acordo com o art. 1º, III da CF/88. O artigo 5º, inciso X, por seu turno, traz, especificamente, os mais destacados, como a intimidade, a vida privada, a honra e a imagem das pessoas, sendo assegurada a reparação por danos materiais e morais decorrentes da violação de algum desses direitos. Dito de outra maneira, o Direito brasileiro tem um sistema geral de proteção da personalidade, ao lado de direitos especiais de personalidade tipificados na Constituição, todos convivendo e atuando harmonicamente.

Uma vez inserido no ordenamento, por meio do art. 1º, inciso III da CF/88, o valor da dignidade torna-se, explicitamente, um princípio, uma norma de dever-ser, com caráter jurídico e vinculante.[338]

Pode-se, portanto, entender e defender que a Constituição brasileira traz direitos e garantias individuais e coletivos e consagra a dignidade da pessoa humana como cláusula geral de tutela da personalidade. Outrossim, o princípio constitucional da igualdade perante a lei[339] é a definição do conceito geral de personalidade como atributo de todas as pessoas, independentemente de sexo, de condição de desenvolvimento físico ou intelectual e de origem.

Há quem sustente que é a partir da composição de todas as normas constitucionais asseguradoras de direitos e de garantias fundamentais, com fulcro comum na dignidade da pessoa humana, que se torna possível compreender o direito ao livre desenvolvimento da personalidade como "princípio geral do Direito brasileiro",[340] embora não haja, em nossos Textos Legais, referência expressa a isso. Eros Grau[341] sustenta que: "os princípios gerais de direito não são resgatados fora do ordenamento jurídico, porém descobertos no seu interior".

Segredo não é que a dignidade da pessoa humana é a coluna mestra na Constituição brasileira (art. 1º, inciso III), mas os demais princípios funda-

---

[338] No mesmo sentido, José Antonio Seoane destaca: "la dignidad de la persona, en cuanto potencial humano universal, es presupuesto o fundamento de la universalidad de los derechos humanos: una condición o cualidad universalmente compartida por los seres humanos. La dignidad de la persona se erige en principio incondicionado o absoluto, que no admite excepción ni sustituición. Se trata de un principio fundamental y fundamentante: la persona es el presupuesto y el fin del orden moral y del orden jurídico. En atención a su unicidad, individualidad o irrepetibilidad, toda persona es merecedora de consideración y respeto". SEOANE, José Antonio. La universalidad de los Derechos Humanos y sus desafios (los "derechos especiales" de las minorías). *Persona y Derecho*, Pamplona, n. 38, p. 192, 1998.

[339] Para Perelman: "O princípio da igualdade perante a lei impõe aos funcionários, em especial aos Juízes, certa uniformidade na aplicação do Direito; ele garante os jurisdicionados contra a parcialidade e a arbitrariedade dos agentes do Poder. Mas não protege contra a arbitrariedade e a injustiça do Legislador, que poderia introduzir na própria lei discriminações injustificadas". PERELMAN, 2005, op. cit., p. 231.

[340] LUDWIG, 2002b, op. cit., p. 292. Por certo "princípio geral de Direito brasileiro" não no sentido de ser usado subsidiariamente, nos termos do art. 4º da LICC.

[341] GRAU, Eros Roberto. *O Direito Posto e o Direito Pressuposto*. São Paulo: Malheiros, 1998, p. 46.

mentais perfazem as colunas de sustentação de todo o sistema jurídico,[342] a exemplo de toda a pessoa poder possuir um patrimônio mínimo, de toda a pessoa ter direito à saúde, ter direito de possuir uma família e planejá-la. Referidos princípios dão corpo ao direito geral de personalidade e informam os direitos especiais de personalidade. Vê-se, portanto, a dignidade como um supraprincípio, ou seja, a chave de leitura e interpretação tanto dos demais princípios como dos direitos e das garantias fundamentais da Lei Maior.

Sem sombra de dúvida, a dignidade humana é o núcleo essencial dos direitos fundamentais uma vez que se encontra, em regra, imune a restrições,[343] pois uma violação a esse núcleo essencial será sempre considerada desproporcional.[344] Desta forma, pode-se pensar em proteção dos direitos de personalidade mediante a tutela da dignidade da pessoa humana[345], operando esta última como "limite dos limites".[346]

Helmut Coing[347] defende o princípio da dignidade humana sob dois aspectos: no primeiro, a dignidade diz respeito à proteção da pessoa quanto à sua integridade, significando impedir ofensas físicas e psíquicas contra a pessoa, no sentido do *neminem laedere*;[348] no segundo, ela pode ser considerada sob o aspecto de se respeitar a pessoa como ser intelectual, isto é, de garantir ao indivíduo o direito de ir e vir, de escolher um lugar para viver, tudo em um exercício de cidadania.

---

[342] Juarez Freitas defende o conceito de sistema jurídico como "uma rede axiológica e hierarquizada topicamente de princípios fundamentais, de normas estritas (ou regras) e de valores jurídicos cuja função é a de, evitando ou superando antinomias em sentido amplo, dar cumprimento aos objetivos justificadores do Estado Democrático, assim como se encontram consubstanciados, expressa ou implicitamente, na Constituição". FREITAS, 2004, op. cit., p. 61.

[343] Isso como regra, porque, ao se ter a dignidade da pessoa humana como elemento limitador e integrante dos direitos fundamentais, pode-se, por vezes, afetar a dignidade de outra pessoa, não sendo aquela totalmente infensa a restrições ou a relativizações. Certamente, existe um dever de respeito recíproco da dignidade alheia – isso nos leva a pensar na hipótese de um conflito direto entre as dignidades de pessoas diversas –, impondo-se, nesse caso, a hierarquização (de acordo com Juarez Freitas) ou a ponderação (de acordo com Alexy), caso em que se remete o leitor para o ponto 1.1 do presente estudo. Resta claro, portanto, que, mesmo sendo a dignidade valor supremo do ordenamento jurídico, esta não possui uma absoluta intangibilidade.

[344] Adotando a mesma ideia, CALIL DE FREITAS, Luiz Fernando. *Direitos Fundamentais*. Limites e restrições. Porto Alegre: Livraria do Advogado, 2006, p. 220 e ss.

[345] Embora se negue à dignidade humana, no mais das vezes, uma supremacia formal em relação às demais normas constitucionais, àquela se atribui uma espécie de superioridade material ou axiológica. Sobre isso:"Haverá que dizer, sem vacilar, que à vida humana e, do mesmo modo, à dignidade humana, corresponde um escalão superior ao de outros bens, em especial os bens materiais". LARENZ, 1997, op. cit., p. 586.

[346] SARLET, Ingo W. *Dignidade da Pessoa Humana e Direitos Fundamentais na Constituição Federal de 1988*. Porto Alegre: Livraria do Advogado, 2010, p. 136-137.

[347] COING, Helmut. *Elementos fundamentais da Filosofia do Direito*. Trad. de Elisete Antoniuk. Porto Alegre: Sergio Antonio Fabris Editor, 2002, p. 246-247.

[348] Sobre o respaldo constitucional do *neminem laedere*, Antônio Jeová Santos pontua que: "é no art. 5º que a Constituição garante o *neminem laedere*, ao expor sobre a inviolabilidade do direito à vida, à liberdade, à igualdade, à segurança e à propriedade. Considerados como direitos da personalidade, porque inatos, intransferíveis e imprescritíveis, ditos direitos dão origem a todos os outros direitos públicos subjetivos. Alarga-se a regra de não prejudicar terceiros em todos os 77 incisos do art. 5º, repontando sempre a proteção do ser humano e os meios postos à disposição de qualquer pessoa (seja física ou jurídica, maior ou menor, brasileira ou estrangeira, etc.), para a efetiva garantia contra atos de terceiros, sejam particulares ou advindos do Poder Público". SILVA SANTOS, Antônio Jeová da. *Dano moral indenizável*. São Paulo: LEJUS, 1999, p. 28-29.

Pode-se afirmar, portanto, de acordo com Jesus Gonzáles Pérez,[349] que o princípio da dignidade exige do Poder Público e da sociedade um empenho para que:

> Se facilite al hombre todo que éste necesita para vivir una vida verdaderamente humana, como son el alimento, la vestimenta, la vivienda, el derecho a la libre elección de estado y a fundar una família, a la educación, al trabajo, a la buena fama, al respeto, a una adecuada informaci-ón, a obrar de acuerdo con la norma reta de sua conciência, a la protección de la vida privada, a la justa libertad también en matéria religiosa.

Constitui-se a dignidade, a bem da verdade, em uma conquista que a pessoa realizou com o passar do tempo, surgida para combater a crueldade e as atrocidades perpetradas pelos próprios humanos, uns contra os outros.[350]

Ingo Sarlet[351] diz que se pode afirmar, com relativa certeza, que "a busca de uma proteção eficaz da dignidade da pessoa de longe ainda não encontrou uma resposta suficientemente satisfatória para todos e se constitui em permanente desafio para aqueles que, com alguma seriedade e reflexão, se ocuparem do tema".

Pelo exposto e uma vez entendido e aceito que a reparação de danos pode ser um direito fundamental, seja pelo caminho da dignidade da pessoa humana, seja pela criação de uma norma específica para tanto, formal ou materialmente, proposta que se traz à luz de toda a doutrina ventilada, deve-se obrigatoriamente mencionar que o art. 60, § 4º, IV da CF/88 coloca os direitos e as garantias individuais como o núcleo essencial e imodificável da Lei Maior.

A respeito disso, é oportuno o comentário de Manoel Gonçalves Ferreira Filho,[352] que ressalta que a proteção das cláusulas pétreas não significa a proibição de todo o tipo de modificação nessas matérias, mas apenas a proibição de emendas que queiram abolir referidos conteúdos, sendo possível à emenda "(...) reequacioná-los, modificá-los, alterar suas condições ou efeitos, pois isso não é vedado pelo texto constitucional".

A proteção dos direitos de personalidade se dá, portanto, por meio da previsão da dignidade humana como princípio norteador, considerada, que pode ser, como cláusula geral da tutela dos referidos direitos, sem a existência de outra cláusula geral com semelhante conteúdo; soma-se a isso a tutela que o inciso IV do § 4º do art. 60 da CF/88 traz, reconhecendo-a como cláusula pétrea.

Interpretando-se o inciso IV do § 4º do art. 60 da CF/88, têm-se que são cláusulas pétreas os direitos e as garantias individuais, então como ficam os

---

[349] PÉREZ, Jesus Gonzáles. *La dignidad de la persona*. Madrid: Civitas, 1986, p. 61. SILVA SANTOS, 1999, op. cit., p. 29.
[350] RIZZATTO NUNES, Luiz Antonio. *O princípio constitucional da dignidade da pessoa humana*. São Paulo: Saraiva, 2002, p. 48.
[351] SARLET, 2010, op. cit., p. 162.
[352] FERREIRA FILHO, Manoel Gonçalves. *Curso de Direito Constitucional*. São Paulo: Saraiva, 2008, p. 288. No mesmo sentido: DIMOULIS, Dimitri. O art. 5º, § 4º, da CF: dois retrocessos políticos e um fracasso normativo. In: TAVARES, André Ramos; LENZA, Pedro; LORA ALARCÓN, Pietro de Jesús (coords.). *Reforma do Judiciário analisada e comentada*. São Paulo: Método, 2005, p. 116.

coletivos? Igualmente protegidos por essa norma? Por certo que sim: conferida uma leitura restritiva e literal a esse inciso IV, até mesmo os direitos coletivos do rol do art. 5º estariam de fora do manto protetivo das cláusulas pétreas, com o que não se pode concordar, em absoluto, até mesmo pela interpretação sistemática[353] do ordenamento[354]. Pensar de forma restritiva afastaria, inclusive, os direitos sociais (arts. 6º a 11), os direitos de nacionalidade (arts. 12 e 13) e os direitos políticos (arts. 14 a 17) da proteção do inciso IV do § 4º do art. 60 da CF/88, situação que este estudo não se propõe nem a discutir.[355]

Como bem assevera Otávio Piva:[356] "se assim é, a proteção das cláusulas pétreas não está restrita ao disposto em determinado artigo (art. 5º) ou mesmo lançado em certo Título (Título II) da Constituição, mas protege também os demais artigos cuja *matéria* tratada seja considerada como direito ou garantia fundamental" (grifo no original). Depreende-se, portanto, que é a *matéria* da reparação de danos imateriais carente de proteção para alcançar o *status* merecido e para receber a proteção necessária, porque trabalha diretamente com a violação de direitos fundamentais; com isso, reforça-se o argumento da necessidade da inclusão dessa reparação no rol dos direitos fundamentais, direta ou indiretamente.

Em um grande número de decisões, observa-se ainda vigente a noção arcaica de que somente o Código Civil, e não a Lei Maior, aplica-se ao Direito Privado, representando a perspectiva constitucional, nesse particular, uma corrente francamente minoritária, situação que se pretende ser revista.

Ao se fazer a pesquisa em julgados da Corte brasileira mais alta, constata-se, com pesar, que as menções feitas ao termo *personalidade* discutem a natureza das pessoas jurídicas, se públicas ou privadas, porém não adentram o tema mais pertinente, qual seja, quais são os valores que irradiam da pessoa humana. Igualmente causa estranheza reconhecer que as exceções encontradas no STF pertencem ao período anterior à promulgação da atual Constituição. A primeira de tais decisões data de 02 de janeiro de 1951, tendo como relator o Ministro Orosimbo Nonato, que reconheceu a inalienabilidade dos direitos de personalidade envolvidos em um caso específico de fiança sem outorga uxória;[357] o segundo julgamento deu-se em 28 de junho de 1984, resultando na seguinte ementa:

---

[353] Para Inocêncio Coelho, uma norma constitucional faz pouco sentido isoladamente e até pode parecer em contradição com outra norma constitucional. Porquanto, para que se entenda a Constituição, deve-se ter o conhecimento do todo; por isso, "a visão estrutural, a perspectiva de todo o sistema, é vital". Assim, a interpretação sistemática é "fruto da ideia de unidade do ordenamento jurídico"; por meio disso, o intérprete realiza as conexões internas que dizem respeito às instituições e às normas jurídicas. COELHO, Inocêncio Mártires. *Interpretação constitucional*. São Paulo: Saraiva, 2007, p. 135. Para uma análise crítica e para uma comparação entre a interpretação sistemática e a tópica, ver: ZANITELLI, Leandro Martins. Tópica e pensamento sistemático: convergência ou ruptura? In: MARTINS-COSTA, Judith H. (org.). *A reconstrução do Direito Privado*. São Paulo: Revista dos Tribunais, 2002, p. 121-144.

[354] De acordo com esse pensamento: FERREIRA FILHO, Manoel Gonçalves. *Do Processo Legislativo*. São Paulo: Saraiva, 2001, p. 290.

[355] Igualmente negando a interpretação restritiva do inciso IV do § 4º do art. 60 da CF/88, ver: SARLET, 2009, op. cit., p. 402 e ss.

[356] PIVA, 2009, op. cit., p. 37.

[357] RE 16.934, STF, 2ª Turma, rel. Min. Orosimbo Nonato, j. em 02.01.1951, DJ de 13.09.1951.

> Direito ao recato ou à intimidade. Garantia constitucional. Interceptação de comunicação telefônica. Captação ilegítima de meio de prova. Art. 153, § 9º, da Constituição. Art. 332 do Código de Processo Civil.
>
> Infringente da garantia constitucional do direito da personalidade, moralmente ilegítimo é o processo de captação de prova, mediante a interceptação de telefonema, à revelia do comunicante, sendo, portanto, inadmissível venha a ser divulgada em audiência de processo judicial, de que nem sequer é parte. (...)[358]

Por outro lado, a jurisprudência do STJ está mais próxima do modelo mais afinado com os objetivos do presente estudo, tendo a seu favor a égide da Constituição Federal de 1988. São bastante mais frequentes as referências aos direitos de personalidade nos julgados dessa Corte, evidenciando, deste modo, uma linha de pensamento mais arejada em relação aos valores constitucionais, a despeito de estarem ligados, em regra, ou a direitos autorais, ou à violação, pela imprensa, da honra ou da imagem.[359]

Desta forma, verifica-se que, por enquanto, ainda não há como se falar no reconhecimento integral de um direito geral de personalidade pelos Tribunais Superiores brasileiros. No entanto, alguns Tribunais estaduais, como o TJRS, têm notável força criadora dentro do Brasil. O resultado obtido após análise no TJRS foi bem mais profícuo, o que se deve, precipuamente, a duas razões: a perspectiva constitucional do Direito Privado vem reconhecida em vários acórdãos tanto em relação à proteção da imagem e da honra pessoais, com menção expressa ao art. 5º, X, da CF/88,[360] como quando se identifica a existência de uma tensão entre princípios constitucionais díspares, partindo-se para uma solução que satisfaça às peculiaridades do caso concreto[361] – uma inegável conquista em relação à jurisprudência dominante no resto do País; também, pelo alcance, bem mais alto,[362] dado aos direitos de personalidade, não se limitando à proteção dos direitos autorais, da imagem ou

---

[358] RE 100.094/PR, STF, 1ª Turma, rel. Min. Rafael Mayer, j. em 28.06.1984, DJ de 24.08.1984.

[359] Quanto à violação pela imprensa de direitos de personalidade, como o direito à honra e à imagem embora haja dispositivo constitucional específico de tutela (art. 5º, X, da CF/88), não são todos os acórdãos que partem dessa perspectiva. Sem mencionar a Constituição, cita-se: REsp 58.101/SP, STJ, 4ª Turma, rel. Min. César Asfor Rocha, j. em 16.09.1997, DJ de 09.03.1998, in RSTJ n. 104, p. 326; REsp 109.470/PR, STJ, 3ª Turma, rel. Min. Carlos Alberto Menezes Direito, j. em 15.12.1997, DJ de 21.06.1999; REsp 192.786/RS, STJ, 3ª Turma, rel. Min. Nilson Naves, j. em 23.11.1999, DJ de 27.03.2000. Por outro lado, alegando violação do art. 5º, X, da CF/88 pelo art. 52 da atualmente revogada Lei de Imprensa, n. 5.250/67, cita-se: REsp 85.019/RJ, STJ, 4ª Turma, rel. Min. Sálvio de Figueiredo Teixeira, j. em 10.03.1998, DJ de 18.12.1998.

[360] Por exemplo, no julgamento da AC 598.532.414, Porto Alegre, TJRS, 5ª Câm. Cível, rel. Des. Clarindo Favretto, j. em 23.09.1999.

[361] Foi o que ocorreu, por exemplo, nos seguintes julgados: AC 596.142.562, Canoas, TJRS, 5ª Câm. Cível, rel. Des. Araken de Assis, j. em 22.08.1996; AC 597.035.849, Arroio do Meio, TJRS, 5ª Câm. Cível, rel. Des. Araken de Assis, j. em 27.03.1997. Nos dois casos, houve um conflito entre o direito à imagem e à honra e a liberdade de expressão e crítica (art. 5ª, IV da CF/88). De acordo com o que já foi visto no presente estudo e segundo Alexy, deve-se buscar a ponderação entre esses direitos e garantias fundamentais em aparente conflito, a fim de averiguar qual prevalecerá no caso concreto.

[362] Os direitos de personalidade são utilizados como fundamento decisório em casos bastante distintos como: ilicitude do cadastramento do cliente bancário em razão da devolução de cheque com fundos suficientes (AC 597.113.257, Porto Alegre, TJRS, 5ª Câm. Cível, rel. Des. Araken de Assis, j. em 07.08.1997); indenização por danos morais causados pelo fornecimento de produto impróprio ao consumo humano bem como por danos à saúde oriundos de ingestão daquele (AC 597.261.874, Pelotas, TJRS, 4ª Câm Cível, rel. Des. Araken de Assis, j. em 13.05.1998), dentre outros.

da honra. Certamente, o poder criador, característico do TJRS, tem papel indiscutível na atividade hermenêutica de reconhecimento dos mais variados tipos de manifestações do direito de personalidade, em especial no âmbito jusprivado[363].

Todo esse pensamento mais congruente e adequado atingiu o seu auge em uma decisão proferida pelo próprio TJRS, ao julgar um pedido de retificação de registro civil feito por um transexual:[364]

> É preciso, inicialmente, dizer que homem e mulher pertencem à raça humana. Ninguém é superior. Sexo é uma contingência. Discriminar um homem é tão abominável como odiar um negro, um judeu, um palestino, um alemão ou um homossexual. As opções de cada pessoa, principalmente no campo sexual, hão de ser respeitadas, desde que não façam mal a terceiros.
>
> O direito à identidade pessoal é um dos direitos fundamentais da pessoa humana. A identidade pessoal e a maneira de ser, como a pessoa se realiza em sociedade, com seus atributos e defeitos, com suas características e aspirações, com sua bagagem cultural e ideológica, é o direito que tem todo o sujeito de ser ele mesmo. A identidade sexual, considerada como um dos aspectos mais importantes e complexos compreendidos dentro da identidade pessoal, forma-se em estreita conexão com uma pluralidade de direitos, como são aqueles atinentes ao livre desenvolvimento da personalidade etc.
>
> Para dizer assim, ao final: se bem que não é ampla nem rica a doutrina jurídica sobre o particular, é possível comprovar que a temática não tem sido alienada para o Direito vivo, quer dizer, tem sido buscado e correspondido e atendido pelos juízes, na falta de disposições legais e expressa. No Brasil, aí está o art. 4º da Lei de Introdução do Código Civil, a permitir a equidade e a busca da Justiça.
>
> Por esses motivos, é de ser deferido o pedido de retificação do registro civil para alteração de nome e de sexo.

O que se pode ler do julgado acima transcrito é que a expressa referência ao direito ao livre desenvolvimento da personalidade, com argumentos, ainda que não arquitetados propositadamente, de inspiração kantiana, demonstra a aplicação de um princípio que vige no ordenamento jurídico; ainda, embora este último esteja submerso em seu interior, apenas aguarda, nos termos utilizados por Eros Grau,[365] ser integralmente *descoberto*. Acaba, portanto, sendo tarefa da jurisprudência,[366] descobrir e trabalhar todas as potencialidades do tema.

---

[363] LUDWIG, 2002b, op. cit., p. 298-299.
[364] AC 593.110.547, Porto Alegre, TJRS, 3ª Câm. Cível, rel. Des. Luiz Gonzaga Pilla Hofmeister, j. em 10.03.1994.
[365] GRAU, 1998, op. cit., p. 46.
[366] Sobre a força da jurisprudência em comparação com o *precedent*, do *Commom Law*, cabe referir que: "Nos países de tradição romano-germânica, como o Brasil, a jurisprudência, que tem força meramente persuasiva, é, comumente, citada pela sua ementa. Na invocação de um julgado, dá-se grande importância à parte dispositiva, pouca à sua fundamentação e quase nenhuma às circunstâncias de fato subjacentes. Já no sistema de *Common Law*, o *precedent* é examinado em seu conjunto. Cumpre distinguir, de seu inteiro teor, aquilo que lhe é essencial, ou seja, a determinação da regra de Direito (*holding* ou *ratio decidendi*), que deverá ser seguida no futuro, daquilo que lhe é incidental e que, por não se relacionar diretamente com o caso, não tem força obrigatória (*obiter dictum* ou, simplesmente, *dictum*)". CORRÊA DE ANDRADE, 2009, op. cit., p. 173.

Uma vez violados os direitos fundamentais, com ênfase nos direitos de personalidade, cumpre o entendimento da responsabilidade civil e de seu papel como mecanismo de reparação, além da constatação do desgaste da culpa e do nexo causal como elementos indispensáveis à configuração do cenário da indenização.

## 3. Análise dos fundamentos jurídicos da responsabilidade civil para a configuração da ação de reparação de danos, a erosão destes filtros e a relevância do dano

A teoria geral da responsabilidade civil[367] tem sido "a grande vedete do Direito Civil mundial".[368]

A utilização da responsabilidade civil como instrumento de proteção dos direitos fundamentais[369] foi resultado de uma batalha pacificada com a Constituição Federal de 1988, visto que o dano moral passou a ser expressamente previsto, facilitando a sua configuração para os lidadores do Direito. Cumpre enfatizar, no entanto, que "dificilmente haverá no Direito Civil matéria mais vasta, mais confusa e de mais difícil sistematização que a da responsabilidade civil".[370]

As transformações sofridas pela responsabilidade civil nos últimos tempos[371] acabaram fazendo com que os seus pressupostos tradicionais fossem mitigados – ou até mesmo descartados – e substituídos por outros critérios não suficientemente claros e sistemáticos. Isso representa, mais do que nunca, um contexto de crise. Deve-se recordar que a responsabilidade civil tradicional baseava-se exclusivamente na proteção da propriedade e de outros

---

[367] A responsabilidade civil pode ser entendida como o dever de indenizar o dano que é consequência ou do descumprimento de preceitos previstos em um contrato ou decorrentes da inobservância de normas legais. AZEVEDO, Álvaro Villaça. *Teoria Geral das Obrigações*. São Paulo: RT, 1997, p. 272.

[368] JOSSERAND, Louis. Evolução da responsabilidade civil. *Revista Forense*, Rio de Janeiro, n. 454/456, v. 86, p. 548, abr./jun. 1941.

[369] Caroline Vaz ressalta que: "Imprescindível, pois, que sejam buscadas, na sociedade civil, as influências, as expectativas, as objeções e as concepções comuns para a conformação do âmbito de proteção dos direitos fundamentais, dentro do contexto do momento histórico em que essa sociedade vive". VAZ, 2009, op. cit., p. 108.

[370] FACCHINI NETO, Eugênio. Da responsabilidade civil no novo Código. *Juris Plenun*, n. 18, ano III, p. 31, nov. 2007a.

[371] Sobre o assunto, Judith Martins-Costa acentua que: "para além do alargado campo da ilicitude, foram incorporados à responsabilidade civil, vários princípios dotados de elevada carga axiológica: exemplificativamente, o princípio da equidade, estabelecido no parágrafo único do art. 928, em caso de dano causado por incapaz; o princípio da proporcionalidade, contido no parágrafo único do art. 944; o princípio da gravidade da culpa concorrente da vítima, posto no art. 945, e ainda as regras especiais a certos tipos de dano dos arts. 948 a 954, além da importantíssima cláusula geral da responsabilidade objetiva pelo risco, a teor do parágrafo único do art. 927, assentada na noção de estrutura social". MARTINS-COSTA, 2003b, op. cit., p. 81.

bens patrimoniais, porém hoje a dignidade da pessoa humana influencia, e muito, o dever de ressarcir.

O reconhecimento da erosão dos filtros tradicionais é incontestável: significa a mitigação ou até o desaparecimento dos parâmetros pelos quais, antigamente, selecionavam-se os danos passíveis de ressarcimento, causando, nos tempos atuais, uma incerteza do que é efetivamente necessário para uma devida indenização.

Está-se falando do ocaso da culpa[372] e do nexo causal, elementos até pouco tempo indispensáveis e palpáveis, mas que, com o número crescente de acidentes (resultado da complexificação social e da industrialização), estão ficando em segundo plano. A dificuldade da prova da culpa do agente (prova diabólica), aliada ao risco inerente a determinadas atividades, acabou acarretando a necessidade do uso de outros critérios de imputação. Nessa mesma linha de raciocínio, a preocupação com a identificação do procedimento utilizado para estabelecer onde há relação de causalidade para fins de efeitos jurídicos é igualmente relevante para a seleção dos danos ressarcíveis, sobretudo diante de uma responsabilidade objetiva. No entanto, culpa e nexo causal estão, sim, sofrendo uma visível erosão, causa de proliferação dos danos ressarcíveis.

A ampliação desmesurada da responsabilização é preocupação tanto do *Civil Law* como do *Common Law*, mas a busca, contudo, é unívoca a fim de se evitar a escalada progressiva do número de pedidos de indenização, pois tal situação conduziria a uma inundação de ações no Poder Judiciário.

### 3.1. Da erosão dos filtros tradicionais para a reparação de danos

A responsabilidade civil estava fundamentada em três pilares: a culpa, o dano e o nexo causal. Agostinho Alvim[373] assim já se manifestava, referindo que "os requisitos ou pressupostos da obrigação de indenizar são três: o prejuízo, a culpa e o nexo causal", sendo que a prova da culpa e do nexo causal chegaram a ser chamados de filtros da responsabilidade civil, pois eram tratados como óbices que tinham por objetivo promover a seleção das reparações que, efetivamente, mereciam acolhida jurisdicional, evitando-se,

---

[372] A culpa, nas palavras de Rabindranath de Souza, existirá: "quando o autor proceder sem aqueles elementos volitivos e intelectuais do dolo, mas com omissão de deveres de cuidado, previdência, perícia e diligência exigíveis para evitar a violação do direito ou bem de personalidade alheios, tanto quando o agente previu como possível o resultado ilícito mas por leviandade, precipitação, desleixo ou incúria crê na sua não-verificação e só por isso não toma as providências necessárias para evitar tal resultado (culpa consciente), como quando o agente por imprevidência, descuido, imperícia ou inaptidão não teve consciência de que do acto poderia decorrer o resultado ilícito, embora objetivamente este fosse provável e portanto previsível, se o agente usasse da diligência devida (culpa inconsciente)". Na sequência, o autor trata das causas de escusa da culpa no Direito português, a saber, o medo essencial e invencível, o erro de fato, essencial e desculpável, e a não-exigibilidade da omissão do comportamento devido por ocorrência de um motivo tão justo que seria desumano exigir ao lesante responsabilidade pelo seu não-cumprimento. CAPELO DE SOUZA, 1995, op. cit., p. 457.
[373] ALVIM, 1980, op. cit., p. 194.

assim, uma enxurrada descabida de demandas. Hodiernamente, contudo, a responsabilidade civil vive um momento de erosão desses filtros, em razão da perda da importância da prova da culpa e do nexo causal. Igualmente, quando se trata de responsabilidade por atos ilícitos culposos, deve-se pensar, também, na voluntariedade e na ilicitude.[374]

Maria Celina Bodin de Moraes[375] ressalta que "ressarcíveis não são os danos causados, mas sim os danos sofridos[376], e o olhar do Direito volta-se totalmente para a proteção da vítima".[377] Em outras palavras, "no afã de proteger a vítima, o Poder Judiciário dispensa, com facilidade, a prova da culpa e do nexo causal, interessando-se não em quem gerou o dano, mas sim em quem pode suportá-lo".[378]

### 3.1.1. Da erosão do elemento culpa

A culpa,[379] cuja prova configurava etapa dificílima a ser superada pelo autor da demanda, hoje vem praticamente descartada, conservando um papel coadjuvante, sendo presumida ou aferida de modo facilitado, ao contrário do que ocorria tempos atrás, quando era a estrela da responsabilidade civil.[380] Foi quando se reconheceu que a responsabilidade civil deveria voltar os seus olhos para a vítima, no afã de garantir a reparação de um dano injusto, que os juristas contemporizaram a importância da culpa, passando esta

---

[374] CAPELO DE SOUZA, 1995, op. cit., p. 456.

[375] BODIN DE MORAES, Maria Celina. Deveres parentais e responsabilidade civil. *Revista Brasileira de Direito de Família*, v. 31, p. 55, 2005.

[376] E tanto é assim que, na Argentina, país com grande tradição na área da responsabilidade civil, costuma-se denominar, muitas vezes, a responsabilidade civil de *derecho de daños*, a indicar o acento no dano e não na figura do seu responsável.

[377] Convém ressaltar, no entanto, a chamada *vitimização do dano imaterial*, que é o reverso da moeda. Antônio Jeová da Silva Santos alerta que: "Pessoas que posam de vítima ou que provocam o fato para se tornarem ofendidos, criando, assim, condições para o pleito ressarcitório, por certo merecerão todo o repúdio do órgão jurisdicional. Enquanto o Direito brasileiro está vivendo nova fase quanto à efetiva proteção aos direitos de personalidade, é necessário que os cuidados sejam redobrados para evitar condenações de pessoas que foram vítimas de supostos ofendidos por danos morais. Nesse trabalho de joeirar, deve ser vasculhada a motivação do pedido. (...) A pessoa se predispõe a ser vítima. Aproveita-se de eventual erro para que seja criada a possibilidade da indenização. (...) Há de se pôr cobro a qualquer tentativa de lucro fácil. (...) Não raro em qualquer petição, embute-se pedido de indenização por dano moral, sem que exista a causa de pedir, ou fundamentos jurídicos do pedido. (...) O suposto dano é tão insignificante, aquilo representou tão pouco no espírito do ofendido, que não deveria estar no estrado judicial". SILVA SANTOS, 1999, op. cit., p. 126-127.

[378] SCHREIBER, 2007a, op. cit., p. 7.

[379] Planiol, Ripert e Boulanger definem o conceito de culpa como sendo a infração a uma obrigação preexistente. Neste sentido: "não se estaria em falta se não houvesse alguma obrigação. Ora a obrigação é precisada pela lei ou por um contrato; ora ela é dada pelos preceitos gerais da Moral e do Direito, que o Juiz deve fazer respeitar". PLANIOL, Marcel; RIPERT, Georges; BOULANGER, Jean. *Traité Élémentaire de Droit Civil*. t. 2. Paris: Générale de Droit et de Jurisprudence, 1947, p. 311. Já Pietro Trimarchi considera que a culpa é a: "possibilità di prevedere e di evitare il danno". TRIMARCHI, Pietro. *Rischio e responsabilità oggettiva*. Milano: Giuffrè Editore, 1961, p. 18.

[380] Marcos Bernardes de Mello doutrina que: "A arraigada ideia de que a culpa seria um componente essencial da ilicitude levou a doutrina a adotar soluções técnicas para justificar a sua presença onde na realidade não existe". Marcos Bernardes de Mello, referindo-se ao fato de que, como já demonstrado no presente estudo, nem todo o ilícito é culposo, mas a doutrina teima em fazê-lo. MELLO, Marcos Bernardes de. *Teoria do fato jurídico*. Plano da existência. São Paulo: Saraiva, 2003, p. 240.

a ser apenas um dos fundamentos usados para justificar a transferência do dano para o lesante; entretanto, na falta da culpa, houve a necessidade de se encontrar um outro fundamento que pudesse ser invocado para justificar a passagem do prejuízo da vítima para quem o causou, ou até mesmo para outras pessoas, físicas ou jurídicas, responsáveis por ato de terceiros, como no caso de pais e empregadores.[381]

O sistema de responsabilidade civil calcado na culpa tem por base o ilegítimo exercício da liberdade individual. Isso também ocorria na doutrina francesa em que o ponto nodal da responsabilidade civil consistia no "uso culpável da liberdade, que moralmente demanda uma sanção"[382] – tem-se, então, que a culpa tem uma forte conotação moral.[383]

Para definir a culpa, muito autores, como Massimo Bianca,[384] valiam-se de elementos psicológicos ou anímicos, típicos de uma avaliação moral e subjetiva da conduta individual.[385] A conotação psicológica da culpa, aliada à exigência de sua demonstração, trouxe como resposta uma modelagem jurisprudencial e doutrinária, já que se tratava de um obstáculo sólido à reparação dos danos. A própria fórmula tríplice da negligência, imprudência e imperícia,[386] incorporada a tantas codificações e apresentada frequentemente como substitutivo à definição de culpa, revela o caráter moral e psicológico que reveste o conceito.

O caráter moral da noção de culpa repercutiu na construção do sistema moderno de responsabilidade, no sentido de assegurar uma justificativa éti-

---

[381] FACCHINI NETO, Eugênio. A função social do Direito Privado. *Revista da Ajuris*, n. 105, ano XXXIV, p. 188, mar. 2007b.
[382] Wunenburger afirmava que "toute faute résulte donc, à des degrés divers, d'un usage coupable de sa liberté qui mérite moralement une sanction". WUNENBURGER, Jean-Jacques. Le procès de la responsabilité. *Droits – Revue Française de Théorie Juridique*, Paris, n. 5, p. 95, 1985.
[383] Boris Starck comenta que muitos danos não permitiram mais descobrir a culpa daqueles a quem esta última era atribuída; além disso, a responsabilidade, que era construída sobre uma pedra, começava a se desmanchar em alguns lugares, como no caso dos transportes. Ressalta o autor, todavia, que a criação de segurança, nos contratos de transporte, repousa sobre a vontade das partes contratantes e que o caráter artificial dessa construção é dificilmente contestável. Por outro lado, a segurança absoluta nos transportes é irrealizável no estado atual da técnica, fazendo com que se conclua que é a lei ou o costume jurisprudencial que impõem ao transportador a obrigação de segurança. STARCK, 1947, op. cit., p. 52-53.
[384] Massimo Bianca apresenta o seguinte argumento: "alla nozione soggettiva continua tuttavia a fare riferimento una larga parte della dottrina privatistica, che definisce la colpa come l'elemento soggettivo o psicologico dell'illecito, ragione di un giudizio morale di condanna del soggeto". BIANCA, Massimo. *Diritto Civile*. v. 5. Milano: Giuffrè, 1994, p. 576.
[385] Cabe recordar o sentido da expressão *culpa objetiva*, que não se confunde com *responsabilidade objetiva*: "La concepción de culpa objetiva admite, en cambio, que pueda haber culpa aun sin voluntariedad, bastando la comparación de la conducta efectivamente obrada con la que habría sido diligente. Aunque sin confundirse con la denominada responsabilidad objetiva, puesto que mientras en ella rige la simple causalidad material – sin exigir que promedie algún descarrío de conducta –, en la idea de culpabilidad objetiva subyace la necesidad de una conducta irregular. Un perturbado mental que, por carecer de voluntad jurídica, no tiene aptitud de incurrir en culpa subjetiva, puede sin embargo obrar con culpa objetiva, y ser responsabilizado". ALTERINI; LOPEZ CABANA, 1992c, op. cit., p. 214-215.
[386] A respeito da origem desses conceitos, sugere-se: DE MARTINI, Demetrio. *I fatti produttivi di danno risarcibile*. Padova: Cedam, 1983, p. 62. Sobre o papel excessivamente relativo que podem os lidadores do direito assumir na avaliação da conduta individual, confira-se: ALTAVILLA, Enrico. *La colpa*. v. I. Torino: UTET, 1957, p. 42: "Ora parlare di negligenza, imprudenza, significa esprimere dei criteri estremamente relativi, che nella loro indeterminatezza possono inspirare i più contrastanti giudizzi. Lo stesso si dica dell'imperizia".

ca ao dever de reparar danos, o que encontra respaldo também na lição de Ripert:[387] "como a obrigação moral de não causar prejuízo existe para com o próximo, a vítima é titular dum direito à reparação e é um direito subjetivo que figura no seu patrimônio e que pode transmitir em certas condições. Existe, de fato, um poder próprio da vontade humana, é o poder de exigir o cumprimento do dever moral de reparação".

É inconteste que a prova da culpa exige dos julgadores um exercício de previsibilidade do dano e de análises psicológicas que são incompatíveis com os limites naturais da atividade judiciária – tarefa esta verdadeiramente hercúlea.[388]

Observa-se que, com o passar do tempo, com o desenvolvimento do capitalismo industrial e com a consequente proliferação de acidentes[389] ligados às novas tecnologias, a dificuldade em se provar a culpa aumentou consideravelmente (prova diabólica), atraindo a intolerância social e a rejeição do Judiciário: o Legislador precisou encontrar alternativas para fins de responsabilização, chegando-se à responsabilidade objetiva. Assim, tem-se "che i principi di responsabilità soggettiva non possano ormai piũ considerarsi criteri esclusivi di responsabilità è dato acquisito".[390]

O princípio da responsabilidade civil historicamente esteve socialmente condicionado a ter que responder às incitações da realidade social em que está inserido, a ser determinado pelo curso da Economia e pelas relações de Poder de todas as índoles. Neste sentido, a teoria do risco não foi mais do que uma justa e equitativa resposta do ordenamento jurídico às situações de inequidade plantadas pela Revolução Industrial, impossível de se resolver com base no antigo esquema da culpa.[391]

Em tempos de contratos de massa e de uma sociedade tecnológica, poucos resultados surtem os mecanismos vindos da tradição romano-germânica. Um exemplo bastante significativo é o da responsabilidade civil calcada na culpa, porquanto os riscos sociais oriundos da atividade econômica exigem soluções objetivas e securitárias, preferencialmente preventivas, e não

---

[387] RIPERT, Georges. *A regra moral nas obrigações civis*. Trad. de Osório de Oliveira. Campinas: Booksellers, 2000, p. 239.

[388] Além disso, vários são os argumentos em favor da responsabilidade objetiva: Alvino Lima os reúne e os expõe ordenadamente. Para mencionar alguns deles, de forma sintética: a responsabilidade objetiva está assentada nos mais lídimos princípios de Justiça e de equidade; a doutrina da culpa, ao considerar os casos em que estabelece presunções absolutas – como, por exemplo, no de culpa da guarda –, consagra pura e simplesmente o próprio risco; não há prova de que a doutrina do risco tenha afetado o desenvolvimento econômico; não há assimilação entre vingança privada e risco, pois este último apresenta como justificador um princípio de ordem moral; na doutrina do risco, não se alude a proveito em concreto, mas como finalidade da atividade criadora do risco; a noção de culpa é imprecisa, vaga e incerta. Deve-se atentar para o fato de que "não há princípio jurídico, por mais lógico nas suas conclusões, por mais primoroso no seu conceito, por mais preciso nos seus contornos, que possa abranger todos os casos que pretende regular". LIMA, Alvino. *Culpa e risco*. São Paulo: Revista dos Tribunais, 1999, p. 142.

[389] Com a Revolução Industrial, passou a ser fundamental para a responsabilidade civil a noção de acidente; para tanto, porém, para não desvirtuar do foco, sugere-se: TUNC, André. *La responsabilité civile*. Paris: Economica, 1989, p. 60, 62.

[390] ALPA, 1991, op. cit., p. 66.

[391] BALLESTEROS, 1996, op. cit., p. 20.

somente reparatórias, na busca de uma melhor qualidade de vida e da realização da personalidade das pessoas.[392]

É, pois, dever do Direito encontrar respostas satisfatórias para os problemas e para os desafios atuais da sociedade. Por conta do crescimento populacional e do aumento das atividades econômicas, as pessoas constantemente criam riscos para si, para os outros e para o meio ambiente – vive-se, pois, em uma "sociedade de risco". Assim, sendo os danos inevitáveis, o Direito tem de buscar meios de alcançar segurança jurídica para que todo o dano injusto (para o qual a vítima não deu causa) possa ser, na medida do possível, reparado. A responsabilidade civil igualmente tem uma função nesse particular, qual seja, livrar-se da imprescindibilidade da noção da culpa, fazendo uso de critérios mais objetivos de responsabilização, "pois sua função não é a de punir o ofensor (para o que seria exigível a culpa), mas sim procurar garantir o ressarcimento da vítima"; afinal, diz o autor, "se o agente não agiu com culpa, a vítima muitas vezes também não".[393]

Sobre o tema, Eugênio Facchini Neto[394] destaca que:

> Até o final do século XIX, o sistema da culpa funcionara satisfatoriamente. Os efeitos da Revolução Industrial e a introdução do maquinismo na vida cotidiana romperam o equilíbrio. A máquina trouxe consigo o aumento do número de acidentes, tornando cada vez mais difícil para a vítima identificar uma "culpa" na origem do dano e, por vezes, era difícil identificar o próprio causador do dano. Surgiu, então, o impasse: condenar uma pessoa não culpada a reparar os danos causados por sua atividade, ou deixar-se a vítima, ela também sem culpa, sem nenhuma indenização.
>
> Para resolver os casos em que não havia culpa de nenhum dos protagonistas, lançou-se a ideia de risco, descartando-se a necessidade de uma culpa subjetiva. Afastou-se, então, a pesquisa psicológica, do íntimo do agente, ou da possibilidade de previsão ou de diligência, para colocar a questão sob um aspecto até então não encarado devidamente, isto é, sob o ponto de vista exclusivo da reparação do dano. Percebe-se que o fim por atingir é exterior, objetivo, de simples reparação e não interior e subjetivo, como na imposição da pena.

Como o intuito deste texto não é diferenciar a responsabilidade subjetiva e a objetiva,[395] muito menos adentrar aprofundadamente nesses temas, viu-se por bem, para não ficar de todo silente, recordar alguns pontos relevantes.

---

[392] TEPEDINO, 2006, op. cit., p. 13.

[393] FACCHINI NETO, 2007b, op. cit., p. 187. Ressalta-se – embora de forma adiantada de acordo com o desenrolar da matéria em comento – que o autor defende, portanto, que, se a responsabilidade é objetiva, não cabe o caráter punitivo da reparação – discussão que remete o leitor para o ponto 4.1.2 desta tese. Outrossim, Facchini Neto salienta que, no caso de responsabilidade objetiva, em que se leva em conta a atividade de risco, "a periculosidade deve ser aferida objetivamente, pela sua própria natureza ou pela natureza dos meios empregados, e não em virtude do comportamento negligente ou imprudente de quem agiu. Ou seja, a periculosidade deve ser uma qualidade pre-existente e intrínseca". Id. Funções e modelos da responsabilidade aquiliana no novo Código. *Revista Jurídica*, Porto Alegre, n. 309, p. 29, jul. 2003a.

[394] Id., 2007a, op. cit., p. 34.

[395] Acerca da responsabilidade objetiva e subjetiva, Carlos Alberto Bittar discorre que: "biparte-se a ideia de antijuridicidade em subjetiva e objetiva, conforme seja o resultado imputável à consciência do agente, e, portanto, dependente da análise concreta de sua conduta, ou decorrente apenas do fato danoso, como consequência do exercício de atividades perigosas, segundo as concepções prevalecentes". BITTAR, Carlos Alberto. *Reparação civil por danos morais*. São Paulo: Revista dos Tribunais, 1994, p. 19.

Para fins de dar continuidade à explanação, cumpre ressaltar que a teoria da responsabiliade civil comporta, a bem da verdade, tanto a culpa como o risco, sendo que ambos devem ser encarados como "processos técnicos de que se pode lançar mão para assegurar às vítimas o direito à reparação dos danos injustamente sofridos"; assim, quando a teoria da culpa não conseguir explicar o direito à indenização, deve-se recorrer à teoria objetiva, porque a preocupação da responsabilidade civil é reparar o dano sofrido, sem preocupação, pelo menos em um primeiro momento, com a censura do lesante.[396]

O quadro atual é o de que nas atividades perigosas a responsabilidade decorre do simples fato do exercício,[397] com consequência dos riscos introduzidos na sociedade; então, a pessoa que retira proveito de riscos trazidos ao mundo fático deverá arcar com os ônus correspondentes, reparando as vítimas, mesmo com a ideia de culpa afastada. Aliás, como comenta Carlos Alberto Bittar,[398] "a tendência para a objetivação é a tônica da legislação especial em nosso século, tendo sido editados textos expressivos, em todas as partes, com esse sentido e, mesmo na jurisprudência, vem sendo abraçada já há um certo tempo, diante da sucessiva ampliação de riscos e de acidentes no mundo presente".

Depreende-se, então, que modernamente a responsabilidade civil admite tanto a culpa quanto o risco, ou seja, um modelo misto; ainda, quando a culpa não puder fundamentar o direito à reparação, passa a entrar em cena o risco, ou seja, o modelo objetivo. Isso acontece, pois "numa sociedade realmente justa, todo dano injusto deve ser reparado".[399]

Voltando-se os olhos para o dano injusto, Carlos Alberto Bittar afirma que "nem todo o dano é reparável", visto que há a necessidade que se trate de um dano injusto, "configurando-se pela invasão, *contra ius*, da esfera jurídica alheia, ou de valores básicos do acervo da coletividade, diante da evolução operada nesse campo". Em contrapartida, são danos justos aqueles definidos no Direito posto e provenientes de forças da natureza ou do acaso (força maior e caso fortuito), "desde que não relacionados ou mesclados a ações humanas lesivas". Dito de outra maneira, têm-se os danos oriundos de ação autorizada pelo Direito ou dano justo – como os atos de legítima defesa, de devolução de injúria, de desforço pessoal, de destruição de coisa para remoção de perigo, e também os danos decorrentes da atuação exclusiva do acaso ou do próprio lesado, que igualmente não são ressarcíveis. Na sequência de sua obra, o autor enfatiza, novamente, que há certos fatos acerca dos

---

[396] FACCHINI NETO, 2007a, op. cit., p. 37.

[397] Vale também complementar que: "Os partidários da teoria do risco (então risco-proveito) passaram a pretender aplicar suas ideias a outros campos da responsabilidade civil. Era a evolução da teoria do risco-proveito em direção à teoria do risco-criado. Assim, pelo simples fato de agir, o homem, muitas vezes, cria riscos potenciais de dano para outros. É justo, portanto, que suporte ele os ônus correspondentes. Dentro da teoria do risco-criado, destarte, a responsabilidade não é mais a contrapartida de um proveito ou lucro particular, mas sim a consequência inafastável da atividade em geral". Ibid., p. 35.

[398] BITTAR, 1994, op. cit., p. 135.

[399] FACCHINI NETO, 2003a, op. cit., p. 26.

quais há a pré-elisão da antijuridicidade, fazendo novamente referência às excludentes de responsabilidade que são elementos "externos, naturais ou voluntários, que interrompem ou afastam o nexo causal (como as hipóteses de força maior, caso fortuito, fato de terceiro, fato da vítima)", porquanto são situações em que se justifica a ação do ofensor em prol da tutela de interesses e de valores individuais.[400]

A cláusula geral de responsabilidade objetiva está consubstanciada, mas não somente, na noção de risco; isto é, a pessoa deve arcar com os danos oriundos de sua atividade, o que encerrou com o império da culpa em uma "tripla liberação".[401] Convém ressaltar, como já foi salientado, que não é o risco o único fundamento da responsabilidade objetiva, porque, por trás das situações que ensejam a responsabilidade objetiva, igualmente está a preocupação em assegurar à vítima o direito de alguma reparação,[402] o que poderia restar frustrado caso houvesse a necessidade de comprovação da culpa. Em outras palavras, denota-se uma conscientização de que a responsabilidade objetiva consiste em responsabilizar não pela causa (conduta negligente ou conduta criadora de risco), mas sim pelo resultado (dano). A responsabilidade objetiva é, a bem da verdade, não só uma responsabilidade por risco mas também uma responsabilidade independente de culpa ou de outro fator de imputação subjetiva.[403]

Correlatamente à evolução da responsabilidade objetiva, e tendo também a finalidade de evitar as dificuldades da prova da culpa, presunções de culpa foram instituídas pela doutrina e pela jurisprudência. Trata-se não de dispensar a prova da culpa, mas tão somente de inverter o ônus da prova em benefício da vítima, cabendo ao demandado o encargo probatório.

O Código Civil de 2002 converteu em responsabilidade objetiva muitas das situações de culpa presumida. Pode-se, portanto, considerar a referida culpa como sendo um degrau entre a responsabilidade subjetiva e a objetiva: foi o que se verificou, por exemplo, na responsabilidade pelo fato de terceiro, prevista no art. 932 do CC, e na responsabilidade por fato de animais (art. 936 do CC), todas, agora, vigorando pela responsabilidade objetiva. Tal tendência não é privativa do Brasil: na França, isso se deu na teoria da guarda,

---

[400] BITTAR, 1994, op. cit., p. 25-26, 125.

[401] Expressão cunhada por François Ewald, a "tripla liberação" faz referência à liberação jurídica, filosófica e política: "L'institution d'un régime de réparation fondé sur le risque avait comme signification une triple libération. Libération juridique (....). Libération philosophique (...). Libération politique (...)". Ver: EWALD, François. La faute civile. Droit et Philosophie. *Droits – Revue Française de Théorie Juridique*, Paris, n. 5, p. 49, 1985.

[402] Exemplo de responsabilidade objetiva em que não necessariamente se vislumbra o risco é a dos tutores e dos curadores pelos seus pupilos e curatelados, pois não se trata aqui da criação de um risco pelo tutor. É, pois, responsabilidade que existe, tendo por fim exclusivo assegurar à vítima uma indenização em caso de dano causado pelo incapaz. Para Judith H. Martins-Costa, é no parágrafo único do art. 927 do CC, cláusula geral da responsabilidade objetiva, em que está mais fortemente marcada a concepção culturalista; em outras palavras, "é a noção metajurídica de 'atividade normalmente exercida pelo autor do dano, que implique risco', a ser necessariamente concretizada pelo intérprete, que definirá qual o regime aplicável à responsabilidade, o que permite a construção progressiva de várias espécies de responsabilidade por danos (danos patrimoniais e danos à personalidade), conformando uma visão prospectiva da experiência jurídica, da norma como 'experiência normada'". MARTINS-COSTA, 2003b, op. cit., p. 81.

[403] SCHREIBER, 2007a, op. cit., p. 28-29.

extraída do art. 1.384, I, do Code Civil, que era entendida como a presunção de culpa do guardião do bem, por todos os danos a que o objeto da sua guarda desse causa. Além disso, a *Cour de Cassation*, em 13 de fevereiro de 1930, reverteu o posicionamento inicial, decidindo que esta responsabilidade tinha natureza objetiva, desprezando anteriores restrições à noção de guarda baseadas na periculosidade ou no vício da coisa, pois deve restar responsável somente aquele que tenha comando ou governabilidade sobre a coisa.

Quando se fala em culpa, deve-se referir a importância ou não dos graus disso. Em matéria de responsabilidade civil, a irrelevância da graduação da culpa é uma importante característica, em oposição à responsabilidade penal, em que o caráter punitivo resta inconteste.

A não importância dos graus da culpa consagrou-se no Código Civil de 2002, no art. 403, que diz: "Ainda que a inexecução resulte de dolo[404] do devedor, as perdas e danos só incluem os prejuízos efetivos e os lucros cessantes por efeito dela direto e imediato, sem prejuízo do disposto na lei processual"; no art. 944, traz que: "A indenização mede-se pela extensão do dano".[405] A responsabilidade civil, portanto, passa a mirar "a pessoa do ofendido e não a do ofensor; a extensão do prejuízo, para a graduação do *quantum* reparador, e não a culpa do autor".[406]

De qualquer forma, isso não significa que os graus de culpa sejam inúteis no âmbito civil, uma vez que há situações em que o grau daquela assume destaque. Anderson Schreiber assinala que "tais hipóteses, entretanto, não procuram atender a intuitos sancionatórios ou punitivos, voltados ao agravamento da responsabilidade do réu, mas, muito ao contrário, destinam-se a proteger o responsável civil de um ônus excessivo em certas situações".

Em aparente contradição, o Código Civil de 2002 apresenta, no parágrafo único do art. 944,[407] a possibilidade de atenuação da responsabilidade se houver *excessiva* desproporção entre o dano causado e a gravidade da culpa, ao permitir que o Juiz reduza a indenização, equitativamente, ate-

---

[404] De acordo com Rabindranath de Souza: "Haverá dolo quer nos casos em que o agente quis directamente realizar o facto ilícito violador da personalidade alheia (dolo directo), quer quando realizou o facto ilícito prevendo-o como uma consequência reflexa mas necessária da sua conduta (dolo necessário), quer ainda quando praticou esse facto ilícito prevendo-o como um efeito apenas possível ou eventual mas teria persistido na sua conduta se previsse o facto ilícito como efeito necessário da conduta (dolo eventual), desde que, em qualquer destes casos, o lesante conheça as circunstâncias do facto que integram a violação do direito de personalidade alheio ou da norma tuteladora de interesses alheios de personalidade e tenha consciência da ilicitude do facto". CAPELO DE SOUZA, 1995, op. cit., p. 456.

[405] Regina Beatriz Tavares da Silva defende que o *caput* do art. 944 será aplicável apenas aos danos materiais; além disso, declara: "seu *caput* se adapta somente ao dano material e não está adequado ao dano moral". TAVARES DA SILVA, Regina Beatriz (coord.). *Novo Código Civil comentado*. São Paulo: Saraiva, 2004, p. 855.

[406] SILVA, 1983, op. cit., p. 573.

[407] Cumpre questionar se a regra do parágrafo único do art. 944 do CC, que prevê a possibilidade de redução do *quantum* indenizatório se houver excessiva desproporção entre a gravidade do culpa e o dano, é ou não aplicável à reparação do dano moral. André Andrade alega que: "Como esta espécie de dano sempre atinge a dignidade humana em alguma de suas expressões, a redução da indenização representaria uma inadmissível forma de restrição ao princípio constitucional da dignidade. Assim, aquela regra deve ser tida como aplicável exclusivamente à indenização do dano material". CORRÊA DE ANDRADE, 2009, op. cit., p. 311.

nuando-se, portanto, o princípio da identidade entre o dano e seu *quantum*. O referido Artigo não tinha um equivalente no Código Civil de 1916, o que demonstra uma inovação do Legislador. Isso quer significar que, na vigência do Código Civil de 1916, o julgador não tinha como sopesar, na fixação do *quantum* indenizatório, o grau de culpa do agente e, assim, se uma pessoa matasse outra de forma culposa, estaria sujeita à igual indenização daquele que tivesse matado com dolo Jorge Franklin Alves Felipe e Geraldo Magela Alves[408] entendem que, nesse particular, o Código Civil de 2002 foi "bastante feliz" ao autorizar o Juiz a reduzir, equitativamente, a indenização em caso de desproporção entre a gravidade da culpa e o dano. Deve-se enfatizar, todavia, que, se o parágrafo único do art. 944 traz uma exceção ao princípio da reparação integral, deverá ser isso interpretado restritivamente.

Vale frisar que o parágrafo único do art. 944 do Código Civil é uma verdadeira exceção ao princípio da reparação integral, visto que o Juiz deverá examinar o grau de culpa do lesante e o dano, para, em caso de desproporção gritante, diminuir o *quantum* indenizatório. Neste sentido, "mesmo que o dano seja de grande extensão, terá o Magistrado a faculdade de operar a redução equitativa da indenização, caso demonstrado que foi pequena a culpabilidade do agente", o que parece diminuir o número de decisões injustas.[409]

É necessário mencionar, para fins de complementação do assunto recém exposto, que a inspiração do conteúdo do parágrafo único do art. 944 do Código Civil brasileiro é oriunda, ainda que não pelas mesmas razões, principalmente, do Direito português; deste modo, a redação original do art. 494 do CC português trazia que: "O Juiz pode, na hipótese de culpa simples do responsável, fixar a indenização em quantitativo inferior ao dano efetivo causado, baseando-se para tanto no grau de culpa do mesmo responsável, na situação econômica deste e do prejudicado e nas demais circunstâncias do caso". Na Exposição de Motivos do Código Civil português, foi justificada a necessidade de se estabelecer uma regra semelhante à suíça, para não permitir que o lesante, sem culpa ou com culpa leve, ficasse exposto a um tratamento irracional. Desta feita, o julgamento deve ser equitativo, ou seja, segundo o que parecer mais justo no caso concreto, atentando, em particular, para o grau de culpabilidade do agente. A inspiração vinda do Direito Comparado pode ser considerada sob dois ângulos: "a fundamentação da atenuação da indenização na equidade e a vedação de redução nos atos ilícitos dolosos", mas são variáveis, no entanto, os critérios usados para estabelecer o montante da redução, quais sejam: "grau da culpabilidade, situação patrimonial do devedor e, até mesmo, outras circunstâncias a serem consideradas equitativamente pelo julgador na apreciação do caso".[410]

---

[408] FELIPE, Jorge Franklin; MAGELA, Geraldo. *O novo Código Civil anotado*. Rio de Janeiro: Forense. 2003, p. 177-178.

[409] FUJITA, Jorge Shiguemitsu. Responsabilidade civil: indenização por equidade no novo Código Civil. In: NOVAES HIRONAKA, Giselda Maria Fernandes; DIAZ FALAVIGNA, Maria Clara Osuna (coords.). *Ensaios sobre responsabilidade civil na Pós-Modernidade*. Porto Alegre: Magister, 2007, p. 233.

[410] SANSEVERINO, 2010, op. cit., p. 81-84. O autor ainda doutrina que: "A inspiração do Legislador brasileiro foi o Direito Comparado, podendo-se encontrar normas semelhantes ao enunciado do parágrafo único do art. 944 do CC/2002 em vários ordenamentos jurídicos, com especial destaque para as

Nessa mesma linha de raciocínio, Mário Júlio de Almeida Costa[411] assevera: "admite-se, em suma, a plena consagração, tanto do princípio da ressarcibilidade dos danos não patrimoniais (art. 496, 1), como do critério de fixação equitativa da indemnização correspondente (art. 496, 3)". Para o autor, resta claro que o funcionamento do aludido critério independe de existir ou não motivo para a atenuação da responsabilidade, de acordo com o previsto no art. 494. Em qualquer caso, a determinação do *quantum* indenizatório ou compensatório que corresponde aos danos não patrimoniais deve ser calculado segundo critérios de equidade, levando-se em consideração não apenas a extensão e a gravidade dos danos como também o grau de culpa do agente, a situação econômica do lesante e do lesado bem como outras circunstâncias que contribuam para uma solução equitativa.

O fato de a lei ter mandado atender, na fixação da indenização, quer à culpa, quer à situação econômica do lesante, isso demonstra que aquela não aderiu, estritamente, à tese segundo a qual a reparação tem por função, nestes casos, proporcionar ao lesado, de acordo com o seu teor de vida, os meios financeiros necessários para satisfazer ou para compensar com os prazeres da vida os desgostos, os sofrimentos ou as inibições que a pessoa sofreu em virtude do dano. Outrossim, a circunstância de ter mandado atender à situação econômica do lesado, ao lado da do lesante, denota que a reparação não reveste para a lei um puro caráter sancionatório, mas sim, uma natureza mista, ou seja, "por um lado, visa reparar de algum modo, mais do que indenizar, os danos sofridos pela pessoa lesada; por outro lado, não lhe é estranha a ideia de reprovar ou castigar; no plano civilístico e com os meios próprios do Direito Privado, a conduta do agente".[412]

Mesmo com essa previsão, a irrelevância dos graus de culpa permanece válida para fins de configuração do dever de indenizar (*an debeatur*), porém não para a sua quantificação (*quantum debeatur*). De fato, a norma do parágrafo único do art. 944 do CC veio para proteger o responsável de um ônus excessivo, levando-se em conta a equidade,[413] que exige o temperamento da

---

codificações suíça, portuguesa, argentina e holandesa. O Código Federal Suíço das Obrigações, em seu art. 64, alínea 2, estabelece a possibilidade de o Juiz reduzir eqüitativamente a indenização quando os danos não tenham sido provocados por dolo ou culpa grave e sua reparação possa expor o devedor à situação de necessidade. O Código Civil português de 1966 apresenta, em seu art. 494, denominado 'limitação da indenização no caso de mera culpa', norma semelhante, permitindo a redução eqüitativa da indenização apenas nos atos ilícitos culposos (culpa *stricto sensu*), não nos dolosos, 'desde que o grau de culpabilidade do agente, a situação enconômica deste e do lesado e as demais circunstâncias do caso o justificarem'. O Código Civil argentino estabelece, em seu art. 1.069, introduzido pela Lei n. 17.711, de 1968, norma permissiva da atenuação eqüitativa das indenizações, quando não se tratar de ato doloso, considerando a situação patrimonial do devedor. (...) O Código Civil holandês, de 1992, em seu art. 6:109, permite também a redução em determinadas circunstâncias, como o tipo de responsabilidade, a situação econômica das partes, a existência de seguro e a possibilidade de a indenização plena conduzir a resultados manifestamente indesejáveis".

[411] ALMEIDA COSTA, Mário Júlio de. *Direito das Obrigações*. Coimbra: Almedina, 2001, p. 553-554.

[412] ANTUNES VARELA, João de Matos. *Das Obrigações em geral*. v. 1. Coimbra: Almedina, 2000, p. 607-608.

[413] A equidade é uma poderosa ferramenta colocada à disposição do Juiz, em determinadas circunstâncias legais. Às vezes é uma faculdade, como no caso do art. 944 do CC; em outras, é uma conduta obrigatória para fins de estipulação do *quantum* indenizatório. Ainda complementa o autor que "a equidade mal utilizada poderá fomentar injustiças, o que seria lamentável e indesejado". Ver: FUJITA, 2007, op. cit., p. 236, 238.

solução jurídica com as circunstâncias concretas.[414] Deve-se observar, contudo, que o Legislador não autorizou a elevação da indenização com base na culpa grave ou no dolo do agente, mas sim, a *redução equitativa* da indenização quando a culpa for desproporcionalmente tênue frente ao dano provocado. Não significa, ainda, uma retomada da concepção psicológica da culpa, seja porque a norma se limita à redução, seja porque se refere só à quantificação do dano, e não à sua deflagração.

Frisa-se, então, que o princípio da reparação integral do dano – que prega que a indenização deve ser a mais completa possível, a fim de ressarcir integralmente a parte lesada – inspirou o Legislador de 2002 que fez constar, no art. 944 do CC, que a indenização se mede pela extensão do dano. Ao vincular o valor da reparação à extensão do dano, o Artigo quis evitar a interferência de considerações acerca das características do agente ou de sua conduta na determinação do *quantum* indenizatório, alcançando ampla proteção à vítima, e fazendo esforços para que esta vítima possa retornar ao *status quo ante*.

Eugênio Facchini Neto comenta que o conteúdo do *caput* do art. 944 do CC é uma novidade apenas aparente, uma vez que o referido conteúdo sempre foi acatado tanto doutrinária como jurisprudencialmente,[415] correspondendo à clássica função reparatória da responsabilidade civil; no entanto, a verdadeira inovação veio com o parágrafo único do referido Artigo, que "permite ao Magistrado exercer seu prudente arbítrio para resolver aquelas situações – não frequentes, aliás – em que o autor do ato danoso (lícito ou ilícito), mesmo agindo com culpa levíssima (ou até mesmo sem culpa, como nos casos de responsabilidade civil por ato lícito), tenha causado danos elevados". O autor ainda comenta que esse dispositivo traz duas limitações: a) não se deve levar em conta a desproporção entre os patrimônios dos envolvidos; assim, se o lesante for pobre e o lesado for rico, o Juiz continuará levando em conta apenas o montante do prejuízo, sem reduzir valores pela pouca capacidade econômica do réu, e, se o réu terá ou não condições de ressarcir esse prejuízo, continuará a ser uma questão de fato, não aprofundada neste momento; b) não se permite aumentar o valor da reparação quando a excessiva desproporção for no sentido contrário, ou seja, intensa culpabilidade e dano pequeno. Facchini acredita, contudo, que "o referido parágrafo único tem suficiente potencial para, futuramente, através de uma interpretação sistemática evolutiva, sofrer uma exegese ampliativa, vindo a albergar, também, a possibilidade de se conceder uma indenização superior ao montante dos danos, quando patente a desproporção entre a intensidade

---

[414] Para Maria Celina Bodin de Moraes, essa orientação vincula-se à noção de culpa normativa, quando afirma que: "esta noção não só permite como impõe que se verifique em que medida, no caso concreto, se conduziu mal o agente ofensor, dando ocasião, assim, à elaboração de um juízo de proporcionalidade entre a conduta e o dano e, portanto, à individualização da sanças". BODIN DE MORAES, Maria Celina. *Danos à pessoa humana*: uma leitura civil-constitucional dos danos morais. Rio de Janeiro: Renovar, 2003a, p. 211-212.

[415] STJ, 4ª Turma, REsp. 324137/DF, DJ de 25.02.2002; STJ, 4ª Turma, REsp. 69435/SP, DJ de 26.05.1997.

da culpa e o valor dos danos"; também ressalta que "uma tal possibilidade representaria a adoção, entre nós, do instituto das penas privadas".[416]

Viney aduz[417] que o caráter dito integral da reparação é ilusório, pois há danos, como, por exemplo, aqueles que afetam a integridade corporal ou os atributos morais da personalidade, que não têm como ser reparados, principalmente *in natura*.[418] Salienta a autora, outrossim, que a reparação integral não é da essência da responsabilidade, fazendo menção aos casos em que há previsão, por exemplo, de cláusula penal[419] para fins de reparação. Sem sombra de dúvida, o princípio do ressarcimento integral do dano traz numerosos problemas "soprattutto nelle numerose circostanze in cui il risarcimento è ritenuto inferiori o superiori al danno occorso, escludendosi a priori una regola in grado di fornire certezze assolute".[420]

Por sua vez, Carlos Alberto Bittar[421] anuncia que "prospera, ao lado da tese da reparabilidade, a noção de que deve a satisfação do dano ser plena: vale dizer, abranger todo e qualquer prejuízo suportado pelo lesado e, de

---

[416] FACCHINI NETO, 2007a, op. cit., p. 56. De acordo com o autor: "o referido dispositivo não se aplica aos danos extrapatrimoniais, permanecendo inalterada a recomendação de se levar em consideração, no arbitramento do valor dos mesmos, entre outros fatores (como a intensidade da culpa, as circunstâncias do evento, a duração dos efeitos, a repercussão dos mesmos na vida da vítima, etc.), também a condição socioeconômica tanto da vítima quanto do agente".

[417] VINEY, 1995, op. cit., p. 59.

[418] Paulo de Tarso Sanseverino explica que a reparação *in natura* consiste em "recolocar o prejudicado, ainda que de forma *apenas aproximativa*, na situação em que se encontraria caso o ato danoso não houvesse ocorrido" (grifo nosso); ademais, "a reparação do dano *in natura* constitui o modo ideal de ressarcimento em termos de Justiça corretiva". O autor refere que o art. 947 do CC brasileiro afirma que só haverá reparação pecuniária quando "o devedor não puder cumprir a prestação na espécie ajustada", o que denota a preferência de o Legislador brasileiro por esse tipo de reparação, o que tem aplicação tanto (e mais) em casos de responsabilidade contratual, mas, igualmente, em casos de responsabilidade extracontratual; além disso, "apesar das dificuldades, a doutrina considera que, mesmo o dano extrapatrimonial, (...) pode ser objeto de reparação natural". Há, no entanto, duas grandes objeções: a) "pode ser materialmente impossível a restauração do dano, em face de sua natureza (v.g., morte da vítima)"; b) "pode não haver interesse por parte do próprio credor da obrigação de indenizar na sua restauração específica pelo devedor. Por isso, tem-se observado, atualmente, um domínio da reparação pecuniária". SANSEVERINO, 2010, op. cit., p. 34-39. Por outro lado, Carlo Castronovo comenta: "Nella prospettiva classica della responsabilità civile il risarcimento del danno in forma specifica ha sempre occupato una posizione residuale, del tutto conforme alla scarsa attenzione a esso riservata dal legislatore". CASTRONOVO, Carlo. *La nuova responsabilità civile*. Milano: Giuffrè Editore, 1997, p. 493. Cumpre repisar, todavia, que, para alguns danos, a orientação deve ser diversa, como no caso de danos ambientais, em que se deve buscar, primeiramente, a reparação *in natura* – somente se ela não for possível ou se for insuficiente, a reparação em dinheiro.

[419] Maria Grazia Baratella, acerca da cláusula penal, discorre: "Ricostruita la clausola penale quale negozio (i) autonomo, sebbene collegato ad un contrattto principale; (ii) operante in caso di inadempimento della prestazione (o delle prestazioni) derivante dal quest'ultimo; (iii) volto ad introdurre un rimedio alternativo e sostitutivo rispetto a quello risarcitorio; (iv) equamente riducibile anche d'ufficio dal giudice, occorre, ora, interrogarsi circa la funzione dalla medesima assolta". BARATELLA, Maria Grazia. *Le pene private*. Milano: Giuffrè, 2006, p. 30.

[420] COMANDÉ, Giovanni. *Risarcimento del danno alla persona e alternative istituzionali*. Studio di Diritto Comparato. Torino: G. Giappichelli Editore, 1999, p. 426.

[421] BITTAR, 1994, op. cit., p. 101, 105, 108. De acordo com Bittar, a proteção às vítimas é uma das maiores preocupações da Ciência Jurídica, e, portanto, não escapam à necessidade de compensação nenhum dano de cunho imaterial, não importando as suas proporções ou as suas projeções, devendo o lesante adotar providencias no sentido de satisfazer o lesado. Assim, "é, pois, no interesse dos lesados que se edificou a teoria em análise, com que se deseja, em resposta ao mal suportado, devolver-lhes o estado d'alma normal, ou, pelo menos, minorar-lhes consequências negativas de ações alheias injustas".

outro lado, situar-se em níveis que lhe permitam efetiva compensação pelo constrangimento ou pela perda sofridos". Para o autor, na prática, tal objetivo é alcançado, dependendo que se trate de dano material ou imaterial, graças à índole de cada figura. De um lado, há, pois, a necessidade da reposição no patrimônio do lesado do valor dos prejuízos sofridos, ao passo que, do outro, está assente a noção de compensação pelos atentados havidos; assim, "busca-se, nessa última hipótese, a devolução do lesado a seu estado normal de espírito, vencida a reação própria". Por certo que se deve ressaltar que o retorno à situação anterior, em casos de dano imaterial, dificilmente será possível, porque a perda de um familiar, a perda de uma parte ou de uma função do corpo não são compensados em idêntica medida; desta forma, tendo a reparação do dano imaterial uma genérica função reparadora, fica mais fácil aceitar e entender as limitações de uma reparação dita integral nesses casos: "nesse sentido é que se costuma outorgar poderes ao Juiz para que, à luz das circunstâncias do caso e observados certos critérios que a experiência jurídica já detectou, determine as ações ou comportamentos que ao lesante se impõem, inclusive consubstanciadas em entrega de soma de dinheiro". Para Bittar, "não mais se justifica qualquer posição que não seja a da plena reparabilidade de qualquer dano injusto, experimentado por alguma pessoa, em virtude de ação ou de omissão alheias".

Cumpre ainda salientar que culpa não se confunde com causalidade, como esclarece Rubén H. Compagnucci de Caso,[422] ao declarar que a relação de causalidade existe para resolver se as consequências danosas podem ser imputadas à ação do sujeito, o que nos conduzirá à autoria do feito; já a culpabilidade "implicará un reproche legal al comportamiento que sólo se hará si previamente se demuestra la vinculación del hecho". Prossegue, destacando que a análise da relação causal deve ser sempre anterior à da culpabilidade, sendo necessário estabelecer, previamente, a existência da relação causal entre o agir do agente e as consequências danosas ocorridas para, em uma etapa posterior, julgar se há culpabilidade.

Faltou mencionar, até o momento, acerca dos níveis de conduta exigíveis de categorias de sujeitos distintas do "homem médio", denotando-se a necessidade de individualizar, de pronto, o modelo de referência plausível para estas pessoas, sendo que o objetivo dessa reflexão é trazer uma proposta: "a) de um esquema de controle para a grande variedade de resultados teoricamente possíveis nesta direção; b) de fórmulas precisas em ordem aos dados a serem propostos como automaticamente significativos, em sede de juízo". Em outras palavras, é infrutífero promover reflexões de porte geral, extensíveis a todas as possíveis consequências dos problemas atinentes à operatividade do critério da culpa, fazendo-se necessário "indicar, no seio de um exclusivo projeto de *sententia ferenda*, quais são os modelos de conduta que é oportuno adotar, nos juízos em que o relevo de algumas peculiaridades dos protagonistas – i.e., a tenra idade, a enfermidade física ou psíquica,

---

[422] COMPAGNUCCI DE CASO, Rubén H.. Responsabilidad civil y relación de causalidad. In: COMPAGNUCCI DE CASO, Rubén H; ZANNONI, Eduardo A. *Seguros y responsabilidad civil*. Buenos Aires: Editorial Astrea, 1984, p. 27 (tradução livre).

ou os conhecimentos ou as atitudes superiores à média – acabam por tornar injustificável a referência ao paradigma do homem médio". A partir disso, surgiu a necessidade de se encontrar "uma noção de *standard* adequada ao quadro de interesses e de valores em que se insere a hipótese concreta; e, na mesma perspectiva, a exigência de individuar, para cada categoria de sujeitos e segundo a atividade por eles exercida, um parâmetro – ou, querendo, uma figura sintomática – capaz de inspirar e, em seguida, controlar a valoração da conduta de todo o indivíduo pertencente à categoria dada".[423]

O que se quer enfatizar é que a gravidade da culpa não serve como medida de indenização, nem é adequada para determinar a distribuição do prejuízo entre os agentes corresponsáveis pelo dano, pois é o nexo causal o elemento que deve exercer essa função; ademais, a perda da força de contenção da culpa ocasionou um aumento do número de reparação de danos a exigir um provimento jurisidicional favorável. E, assim, corroído o primeiro filtro, voltam-se as atenções para o segundo obstáculo à reparação: o nexo causal.

### 3.1.2. Da erosão do elemento nexo causal

O esforço feito quando se inicia a análise do "entremado mundo del nexo causal"[424] decorre não apenas da complexidade do tema mas igualmente pelo fato de a doutrina não ter encontrado, no Judiciário, ouvintes atentos, pois o que está havendo é uma oscilação entre as diversas concepções da relação causal, ao sabor do que parece mais adequado ao caso concreto, o que compõe um cenário de fluidez na aferição do nexo causal – é o que Andrea Violante[425] denomina de "causalidade flexível".

O nexo causal é a relação de causa e efeito entre a ação ou omissão, e o dano; em outras palavras, é o vínculo entre dois eventos, apresentando-se um como consequência do outro. Para Guido Alpa,[426] "nesso causale e prova del danno sono altri criteri per la determinazione del *quantum*".

Dupla função tem o nexo causal: permite determinar a quem se deve atribuir um resultado danoso; também, é indispensável para verificar a extensão do dano, pois serve como medida da indenização.[427]

Como já foi asseverado, a prova da culpa, em outros tempos, freava o impulso das demandas de reparação; uma vez demonstrada a culpa, as Cortes consideravam presentes os elementos necessários à responsabilização,

---

[423] BUSSANI, Mauro. *As peculiaridades da noção de culpa*: um estudo de Direito Comparado. Trad. de Helena Saldanha. Porto Alegre: Livraria do Advogado, 2000, p. 161-162.

[424] MATOZZI, Ignacio de Cuevillas. *La relación de causalidad en la órbita del derecho de daños*. Valencia: Tirant lo Blanch, 2000, p. 36.

[425] VIOLANTE, Andrea. *Responsabilità oggettiva e causalità flessibile*. Nápoles: Edizione Scientifiche Italiane, 1999, p. 52.

[426] ALPA, 1991, op. cit., p. 466.

[427] Luis Díez-Picazo destaca que o debate em torno da causalidade resume-se a: "(...) un debate sobre los límites del deber de indemnizar". DÍEZ-PICAZO, Luis. *Derecho de daños*. Madrid: Civitas, 1999, p. 332.

sendo a prova do nexo, portanto, mera formalização, por vezes solucionada de forma empírica no próprio caso concreto.[428]

A responsabilidade objetiva, contudo, veio alterar o posicionamento do Judiciário, exigindo atenção especial no que concerne ao nexo causal, porquanto a interrupção deste consiste em um dos únicos caminhos para o réu não precisar indenizar. Desta forma, não apenas a culpa teve a erosão de seu filtro como ainda, nas ações que envolvem a responsabilidade objetiva, os olhares voltaram-se para o nexo causal. Tanto é verdade, que a responsabilização, nos casos de responsabilidade objetiva, "acaba por traduzir-se no juízo sobre a existência de nexo de causalidade entre fato e dano", decidindo o Judiciário, com certa ampliação, que "o nexo causal é a primeira questão a ser enfrentada na solução de demandas envolvendo responsabilidade civil e sua comprovação exige absoluta segurança quanto ao vínculo entre determinado comportamento e o evento danoso".[429]

Embora se reconheça a erosão do nexo causal, à semelhança do que ocorreu com o exame da culpa, não se pode tratar daquele sem mencionar as teorias que o revelam ou que assim o deveriam fazer.

A primeira a se tratar é a da equivalência das condições[430]; é, pois, a mais antiga e a mais elementar. Segundo essa teoria, o dano não teria existido se cada uma das condições não se tivesse verificado; dito de outro modo, a equivalência das condições "aceita qualquer das causas como eficiente. A sua equivalência resulta que, suprimida uma delas, o dano não se verifica";[431] também é chamada de *conditio sine qua non*. Aplicada no Direito Penal (art. 13 do Código Penal brasileiro), em que não se verificam os efeitos expansionistas dessa teoria, uma vez que, se faltar tipicidade da conduta, não haverá crime; no entanto, é inaplicável na esfera da responsabilidade civil, porque, como já foi ponderado, conduziria a uma linha infindável de responsáveis já que é inexistente, na órbita civil, o princípio da tipicidade.

A segunda teoria é a da causalidade adequada,[432] criada por Von Bar, mas desenvolvida por Von Kries, na qual a causa[433] de evento é aquela que

---

[428] Sobre o assunto, Planiol e Ripert expressam com autoridade que: "Les tribunaux, qui, pour écarter la responsabilité, déclarent le préjudice indirect, ou même nient la relation causale bien qu'elle existe certainement, s'inspirent, entre autres considération, de la gravité de la faute. Plus elle est grave, plus ils sont partes à mettre sés conséquences variées à la charge de son auteur". PLANIOL, Marcel; RIPERT, Georges. *Traité pratique de Droit Civil français*. Paris: L.G.D.J, 1930, p. 741-742.

[429] Tribunal de Justiça do Rio de Janeiro, Ap. Cív. 2004.001.10228, Rel. Des. Sergio Cavalieri Filho, j. 4.8.2004.

[430] Ignacio de C. Matozzi ressalta: "todas las condiciones son igualmente necesarias y esenciales para la producción del efecto y ninguna de ellas puede separarse de las otras sin evitar el efecto mismo. Las condiciones son, por consiguiente, equivalentes entre sí, y entre ellas el derecho no elige una determinada para considerarla como causa del efecto danoso, per esto, bastaría que la persona hubiese puesto una de las condiciones para responder por el daño producido". MATOZZI, 2000, op. cit., p. 82.

[431] ALVIM, 1980, op. cit., p. 345.

[432] Para esta teoria, a ação deve ser idônea para produzir o resultado; para se constatar se há adequação, realiza-se um juízo retrospectivo de probabilidade que, no âmbito doutrinário, é denominado *prognose póstuma*, cuja fórmula se resume à seguinte indagação: "? La acción u omisión que se juzga era per se apta o adecuada para producir normalmente esa consecuencia?". GOLDENBERG, Isidoro H. *La relación de causalidad en la responsabilidad civil*. Buenos Aires: La Ley, 2000, p. 23.

teve uma interferência decisiva na produção do dano. Preocupa-se, neste sentido, com a causa mais apta a produzir o resultado. A causalidade adequada parte "da observação daquilo que comumente acontece na vida e afirma que uma condição deve ser considerada causa de um dano quando, segundo o curso normal das coisas, poderia produzi-lo. Esta condição seria a causa adequada do dano, as demais condições seriam circunstâncias não causais".[434] Em outras palavras, é preciso que o fato violador da personalidade alheia tenha atuado como condição concreta do dano e que em abstrato o fato seja uma causa adequada desse dano; isto é, o autor do dano só resta obrigado a reparar danos que não teriam ocorrido sem essa violação e que, se se abstraísse a referida violação, seria de se prever que não se teria produzido o dano.[435]

A causalidade adequada[436] leva em conta uma situação abstrata e pautada em um princípio de normalidade; dito de outro modo, só serão imputadas ao agente as consequências que, em um determinado momento histórico, e segundo o estado da ciência e da técnica, são identificadas como consequências *normais* do comportamento do réu.[437] A fim de constatar se a causa é efeito normal do dano, deve-se questionar se a relação de causa e efeito[438] sempre existiu em casos daquela espécie ou se foi a resposta apenas

---

[433] Paulo de Tarso Sanseverino explica: "A causa é aquela condição que demonstrar melhor aptidão ou idoneidade para causação de um resultado lesivo. Nessa perspectiva, causa adequada é aquela que apresenta como consequência normal e efeito provável a ocorrência de outro fato". SANSEVERINO, Paulo de Tarso V.. *Responsabilidade civil no Código do Consumidor e a defesa do fornecedor*. São Paulo: Saraiva, 2002, p. 240.

[434] NORONHA, Fernando. *Direito das Obrigações*. v. 1. São Paulo: Saraiva, 2003, p. 600.

[435] CAPELO DE SOUZA, 1995, op. cit., p. 461.

[436] Para Antônio L.C. Montenegro, a teoria da causalidade adequada, a rigor, divide-se em duas vertentes, ditas positiva e negativa: "de acordo com a primeira concepção, uma condição é adequada para produzir o evento quando o ato praticado pelo lesante foi relevante para provocar o dano, levando-se em conta o curso ordinário das coisas e a experiência corrente da vida. A concepção formal negativa sustenta de forma mais ampla que uma condição será inadequada, e por conseguinte também irrelevante, quando for inteiramente indiferente para a verificação do dano, o qual só ocorreu por força de circunstâncias anormais ou extraordinárias que atenuaram no caso concreto". COELHO MONTENEGRO, Antônio Lindbergh. *Responsabilidade civil*. Rio de Janeiro: Lumen Juris, 2005, p. 336. Também explicando a formulação positiva e negativa, Gisela Cruz caracteriza que, na formulação positiva, um fato será considerado causa adequada do dano sempre que este constitua uma consequência normal daquele; isto é, sempre que, verificado o fato, se possa prever o dano como uma consequência natural ou como um efeito provável. Por sua vez, na formulação negativa, o raciocínio é inverso, pois é preciso examinar se o fato é causa inadequada a produzir o dano; em outras palavras, o fato que atua como condição do dano só deixará de ser considerado causa adequada quando, devido à sua natureza geral, se mostrar indiferente para a verificação do dano, estranha ou extraordinária. CRUZ, Gisela Sampaio da. *O problema do nexo causal na responsabilidade civil*. Rio de Janeiro: Renovar, 2005, p. 70. Tome-se o seguinte exemplo: A agride B, o qual, ao levar o soco, vem a falecer por ser portador de grave moléstia do coração. De acordo com a formulação positiva, a agressão não terá sido causa adequada do dano, porque o resultado morte não é consequência normal de um único soco. Segundo a formulação negativa, porém, será possível admitir-se o nexo causal, já que a agressão não foi de todo indiferente para a produção do dano. COELHO MONTENEGRO, 2005, op. cit., p. 336. Para Fernando Noronha, dessas duas formulações, a que prevalece é a negativa, porque é mais ampla. NORONHA, 2003, op. cit., p. 602.

[437] PERLINGIERI, Pietro. *Manuale di Diritto Civile*. Nápoles: Edizione Scientifiche Italiane, 2003, p. 614-615.

[438] Gustavo Tepedino comenta uma certa associação entre a teoria da equivalência das condições e da causalidade adequada: "gerariam resultados exagerados e imprecisos, estabelecendo nexo de causalidade entre todas as possíveis causas de um evento danoso e os resultados efetivamente produzidos, – por se equivalerem ou por serem abstratamente adequadas a produzi-los – ainda que todo e qualquer resultado

naquele caso, por força de circunstâncias específicas. Apenas na primeira hipótese é que se entende a causa como adequada para produzir o dano.[439] Por certo não faltaram críticas a essa teoria, pelo fato de existir uma incerteza inerente para as avaliações de normalidade e de probabilidade, uma vez que "probabilidade não é certeza".[440] Em outras palavras, não basta, então, que um fato seja condição de um evento: é preciso que se trate de uma condição tal que, normal ou regularmente, provoque o mesmo resultado – isso é chamado de *juízo de probabilidade*.

Para Mário Júlio de Almeida Costa,[441] o critério preferível neste prognóstico de adequação abstrata é o que atende às circunstâncias conhecidas à data da produção do fato, por uma pessoa normal, como àquelas conhecidas do agente. Por exemplo, João agride Pedro com um pequeno encontrão, e Pedro acaba morrendo, pois teve uma grave lesão craniana. A agressão de João não é, em princípio, adequada para colocar em perigo a vida de Pedro; no entanto, se a deficiência de Pedro era conhecida de João ou se João tinha a obrigação de conhecê-la, já existirá um nexo de causalidade adequada entre a agressão e o óbito.[442]

Tal teoria afirma que somente poderão ser levadas em consideração aquelas consequências, não completamente estranhas, que, segundo a experiência, podem ser consideradas como possíveis de semelhante feito. Não interessa o conhecimento ou a previsão pessoal do responsável do dano, mas sim, a apreciação feita segundo a experiência média de um julgador ou de um observador perspicaz, para que, no momento de ocorrer o fato gerador da responsabilidade, sejam conhecidas todas as circunstâncias, e não apenas as notórias (prognóstico objetivo ulterior).[443]

Paulo de Tarso Sanseverino[444] comenta que, na prática, o conceito de causa adequada gera dificuldades, ainda mais quando o fato apresenta uma multiplicidade de causas, restando difícil afirmar qual destas seria a causa mais adequada; opta a doutrina pelo conceito negativo, ao estabelecer a causa inadequada.

A terceira teoria é a da causalidade eficiente para a qual as condições que concorrem para um resultado não são equivalentes, existindo sempre um antecedente que, em virtude de um intrínseco poder qualitativo ou quantita-

---

danoso seja sempre, e necessariamente, produzido por uma causa imediata, engendrada e condicionada pelas circunstâncias específicas do caso". TEPEDINO, Gustavo. Notas sobre o nexo de causalidade. *Revista Trimestral de Direito Civil*, v. 6, p. 7, abr./jun. 2001.

[439] ALVIM, 1980, op. cit., p. 345.

[440] SILVA PEREIRA, Caio Mário da. *Responsabilidade civil*. Rio de Janeiro: Forense, 1999, p. 79.

[441] ALMEIDA COSTA, 2001, op. cit., p. 675.

[442] Antunes Varela compartilha deste entendimento: "a doutrina mais acertada é a que entende que na tal prognose confiada ao julgador, ou no juízo abstrato de adequação, se devem tomar em consideração apenas as circunstâncias reconhecíveis à data do facto por um observador experiente; mas que, além dessas, devem ser ainda incluídas as circunstâncias efectivamente conhecidas do lesante na mesma data, posto que ignoradas das outras pessoas". ANTUNES VARELA, 2000, op. cit., p. 892.

[443] LARENZ, Karl. *Derecho de Obligaciones*. Trad. de Jaime Santos Briz. t. 1. Madrid: Editorial Revista de Derecho Privado, 1959, p. 200.

[444] SANSEVERINO, 2002, op. cit., p. 240.

tivo, é eleito como a causa do evento. Para essa teoria, o juízo da causalidade não se daria em abstrato, mas em concreto, reconhecendo-se qual, dentre as causas, foi a mais *eficiente* na produção do dano. Defendiam essa teoria Birkmeyer, Stoppato e Köhler, porém nunca chegaram a um acordo acerca do que representava, com uma margem de certeza, critérios mais ou menos objetivos que permitissem selecionar, entre as diversas causas do dano, aquela que teve o poder intrínseco de produzi-lo no caso concreto.[445]

Em meio às críticas, alcançou papel de destaque a quarta teoria que é a da causalidade direta ou imediata, a qual considera como causa jurídica apenas o evento que se vincula diretamente ao dano, sem a interferência de outra condição sucessiva.[446] Todavia, ela suscita ainda mais discussões intrínsecas, pois há quem defenda que é esta a adotada pelo Código Civil brasileiro, mas há quem a refute.

Anderson Schreiber[447] identifica no art. 403 do Código Civil brasileiro a expressa previsão da teoria da causa direta e imediata,[448] uma vez que esse Artigo refere que: "Ainda que a *inexecução* resulte de dolo do devedor, as perdas e danos só incluem os prejuízos efetivos e os lucros cessantes por efeito dela *direto e imediato*, sem prejuízo do disposto na lei processual".[449] (grifo nosso). O autor ainda comenta que, a despeito do termo *inexecução*

---

[445] SCHREIBER, 2007a, op. cit., p. 55.

[446] A quarta teoria foi adotada em uma série de ordenamentos jurídicos, como no Direito Italiano, no art. 1.223 Código Civil italiano: "Risarcimento del danno – Il risarcimento del danno per l'inadempimento o per il ritardo deve comprendere così la perdita subita dal creditore come il mancato guadagno, in quanto ne siano conseguenza immediata e diretta". Também no Código francês, art. 1.151: "(...) as perdas e danos não devem compreender (...) mais do que for consequência imediata e direta da inexecução (...)". Igualmente, no Código Civil argentino, art. 520: "No ressarcimento das perdas e danos só se compreenderão os que forem consequência imediata e necessária da falta de cumprimento da obrigação", e art. 901: "As consequências de um fato que costuma suceder, segundo o curso normal e ordinário das coisas, chamam-se (...) consequências imediatas. As consequências que resultam somente da conexão de um fato com um acontecimento distinto chamam-se consequências mediatas".

[447] Ibid., p. 56.

[448] São igualmente defensores de que a teoria da causa direta e imediata é a que vige e que é a mais acertada em matéria de responsabilidade civil: GOMES, Orlando. *Obrigações*. Rio de Janeiro: Forense, 2002, p. 275; CHAVES, Antônio. *Tratado de Direito Civil*: responsabilidade civil. São Paulo: Revista dos Tribunais, 1985, p. 579; TEPEDINO, 2001, op. cit., p. 14; CASTRO, Guilherme Couto de. *A responsabilidade civil objetiva no Direito brasileiro*. Rio de Janeiro: Forense, 1997, p. 13; GONÇALVES, Carlos Roberto. *Responsabilidade civil*. São Paulo: Saraiva, 2010, p. 524; GOMES ALONSO, Paulo Sérgio *Pressupostos da responsabilidade civil objetiva*. São Paulo: Saraiva, 2000, p. 168; LOPES, Teresa Ancona. *Nexo causal e produtos potencialmente nocivos*: a experiência do tabaco brasileiro. Tese apresentada para a obtenção do título de Livre-Docente da Faculdade de Direito da Universidade de São Paulo, mai. 2001, p. 15; VASCONCELOS E BENJAMIN, Antônio Herman de. Responsabilidade civil pelo dano ambiental. *Revista de Direito Ambiental*, São Paulo, n. 9, ano 3, p. 46, jan./mar. 1998; PALIERAQUI, Ricardo Saab. *Responsabilidade civil comum decorrente do acidente do trabalho*. Dissertação (Mestrado), Brasília, Unb/UNIGRAN, dez. 2002. Na França também é a teoria que prevalece, de acordo com Philippe le Tourneau. Ver: TOURNEAU, Philippe le. *La responsabilité civile*. Paris: Dalloz, 1982, p. 226-227.

[449] Sobre o tema, conferir trecho do voto do Rel. Min. Moreira Alves, no Recurso Extraordinário 130.7641 do STF, ainda sob a égide do Código Civil de 1916: "Em nosso sistema jurídico, como resulta do disposto no art. 1.060 do Código Civil, a teoria adotada quanto ao nexo de causalidade é a teoria do dano direto e imediato, também denominada teoria da interrupção do nexo causal. Não obstante aquele dispositivo da codificação civil diga respeito à impropriamente denominada responsabilidade contratual, aplica-se ele também à responsabilidade extracontratual, inclusive a objetiva, até por ser aquela que, sem quaisquer considerações de ordem subjetiva, afasta os inconvenientes das outras duas teorias existentes: a da equivalência das condições e a da causalidade adequada". (STF, RExt. 130.764/PR, 1ª T., j. 12.5.1992)

vir expresso no Artigo, esta teoria também se estende à responsabilidade extracontratual.[450] Da mesma forma pensa Agostinho Alvim,[451] para quem a escola que melhor explica o dano direto e imediato é a que julga importante a necessariedade[452] da causa.

Ocorre que o Legislador, no art. 403 do CC, recusou-se a sujeitar o autor do dano a todas as consequências do seu ato, principalmente quando já não ligadas diretamente àquele. Para Agostinho Alvim,[453] o Legislador está certo, pois não é justo que o autor do primeiro dano responda de forma ilimitada.

Em contrapartida, Paulo de Tarso Sanseverino[454] afirma que: "ao contrário do Código Penal, que, expressamente, adotou a teoria da equivalência dos antecedentes, o Código Civil brasileiro de 1916, seja no art. 159 (CC/2002, art. 186), seja no art. 1.060 (CC/2002, art. 403), não se inclinou por nenhuma das teorias. Aliás, a maioria das legislações opta por não se filiar a nenhuma teoria especial". Sanseverino, de encontro com o pensamento de Schreiber, pontifica que "na doutrina brasileira, predomina o entendimento de que, no plano da responsabilidade civil, a teoria da causalidade adequada é a que melhor se aplica. (...) O STJ[455] já teve oportunidade de apreciar, em diferentes julgamentos, casos envolvendo a relação de causalidade, tendo manifestado sua preferência pela teoria da causalidade adequada".[456]

---

[450] Deve-se ressaltar que o art. 403 do CC está mal localizado, pois, se ele é aplicado tanto para responsabilidade contratual como para a extracontratual, não deveria, portanto, constar no título referente ao inadimplemento das obrigações (título IV), mas sim, na parte dos capítulos relativos à responsabilidade civil (título IX).

[451] ALVIM, 1980, op. cit., p. 371-372.

[452] Para esta escola da necessariedade, rompe-se o nexo causal não só quando o credor ou terceiro é autor da causa direta e imediata que provoca o novo dano mas também quando a causa necessária é fato natural (caso fortuito ou força maior). CRUZ, 2005, op. cit., p. 105.

[453] ALVIM, 1980, op. cit., p. 398.

[454] SANSEVERINO, 2002, op. cit., p. 242-243.

[455] Recurso Especial 197677/MG, Rel. Min. Carlos Alberto Menezes Direito, j. 25.10.1999, DJ 17.12.1999, p. 356. Também STJ, 4ª T, REsp 326971/AL, Rel. Min. Ruy Rosado de Aguiar, j. 11.06.2002, v m., DJ 30.09.2002, p. 264; TJRJ, 8ª Câm. Cív., AC 2000.001.01843, Rel. Des. Letícia Sardas, j. 08.08.2000, data de registro: 25.09.2000.

[456] Anderson Schreiber faz referência às decisões do STF, destacando que "o Supremo Tribunal Federal brasileiro já adotou expressamente a teoria da causalidade direta e imediata, sob a vertente da subteoria da necessariedade. O principal precedente consiste no julgamento do Recurso Extraordinário 130.764-1/PR, em 12 de maio de 1992, em que se discutia a responsabilidade do Estado do Paraná em virtude de assalto praticado por fugitivo de uma penitenciária estadual. A Suprema Corte brasileira considerou inexistente o nexo causal direto e imediato entre a fuga e o assalto praticado pelo foragido juntamente com outros integrantes do bando, meses após a evasão. Em seu voto, o Relator, Ministro Moreira Alves, assim se pronunciou: 'Em nosso sistema jurídico, como resulta do disposto no artigo 1.060 do Código Civil, a teoria adotada quanto ao nexo de causalidade é a teoria do dano direto e imediato, também denominada teoria da interrupção do nexo causal'". SCHREIBER, 2007a, op. cit., p. 59. RTJ, v. 143, p. 270. JSTF v. 172, p. 197. Entretanto, é necessário frisar que, em recente julgado o STF, embora o caso não seja semelhante, concluiu pela presença do nexo causal "entre a fuga do apenado e o dano sofrido pelas recorrentes, haja vista que, se a Lei de Execução Penal houvesse sido aplicada com um mínimo de rigor, o condenado dificilmente teria continuado a cumprir pena nas mesmas condições que originariamente lhe foram impostas e, por conseguinte, não teria a oportunidade de evadir-se pela oitava vez e cometer o delito em horário no qual deveria estar recolhido ao presídio". E o Relator assim declarou: "o nexo causal, a meu ver, está presente no caso. Por outro lado, não vislumbro, neste, semelhanças com alguns outros casos em que a jurisprudência da Corte afasta a responsabilidade do Estado em razão de ato omissivo. Na maioria dos casos em que é afastada a responsabilidade estatal, há sempre um elemento sutil a descaracterizar a cau-

Raimundo Gomes de Barros[457] igualmente entende que a teoria da causalidade adequada, seja a responsabilidade subjetiva ou objetiva, é a que melhor soluciona os problemas em matéria de responsabilidade civil. Sérgio Cavalieri Filho[458] também defende tal posicionamento quando aduz que "em sede de responsabilidade civil, nem todas as condições que concorrem para o resultado são equivalentes (como no caso da responsabilidade penal), mas somente aquela que foi a mais adequada a produzir concretamente o resultado". E sobre o atual art. 403 do CC de 2002, antigo art. 1.060 do CC de 1916, o referido autor destaca: "com base no art. 1.060 do Código de 1916, nossos melhores autores – a começar por Aguiar Dias – sustentam que a teoria da causalidade adequada prevalece na esfera civil". Comenta que:

> A expressão "efeito direto e imediato" não indica a causa cronologicamente mais ligada ao evento, temporalmente mais próxima, mas sim aquela que foi a mais direta, a mais determinante segundo o curso natural e ordinário das coisas. Com frequência a causa temporalmente mais próxima do evento não é a mais determinante, caso em que deverá ser desconsiderada.

O problema da causalidade, então, não restou resolvido, porquanto a teoria da causa direta e imediata se apresentou excessivamente restritiva – não se pode negar que há uma responsabilidade também por danos causados de forma indireta e mediata. Pense-se no caso de uma pessoa atropelada que tem os seus pertences furtados: por certo que o lesante deverá ressarcir o valor dos pertences, ainda que causa indireta do ato ilícito.[459]

Da mesma forma assegura Fernando Noronha,[460] para quem a causalidade necessária (causa direta e imediata) restringe demais a obrigação de

---

salidade direta: ora o elemento tempo, ora a circunstância de ter sido praticado por condenado fugitivo em parceria com outros delinquentes fugitivos" – Rec. Ext. 409.203/RS, Rel. Min. Joaquim Barbosa, j. 7.3.2006. A posição do STF – pela teoria da causa direta e imediata – não diminuiu a proliferação de decisões, adotando outras teorias. Gisela Sampaio da Cruz igualmente comenta que no Supremo Tribunal Federal prevalece, segundo entendimento consagrado após a Constituição Federal de 1988, a teoria do dano direto e imediato, fazendo também referência ao Recurso Extraordinário 130.764-01/PR, julgado em 12 de maio de 1992. Traz a autora, ainda, as seguintes decisões no mesmo sentido: TRF/1ª Região, 3ª T., AC 199701000106153/PA, Rel. Juiz Leão Aparecido Alves, j. 06.06.2002; v.u., DJ 27.06.2002, p. 833; TRF/ 2ª Região, 1ª T, AC 101387/RJ, Rel. Juiz Luiz Antônio Soares, j. 24.02.2003, v.u., DJ 26.05.2003, p. 264. CRUZ, 2005, op. cit., p. 123-124.

[457] BARROS, Raimundo Gomes de. Relação de causalidade e o dever de indenizar. *Revista de Direito do Consumidor*, São Paulo, n. 27, p. 38, jul./set. 1998.

[458] CAVALIERI FILHO, Sérgio. *Programa de responsabilidade civil*. São Paulo: Atlas, 2010, p. 50-52.

[459] Anderson Schreiber esclarece: "Tome-se, como exemplo, as discussões recentes em torno do chamado dano sexual, consubstanciado na privação da possibilidade de relacionamento sexual de um dos cônjuges após erro médico de que vem a ser vítima o outro. Em hipótese assim, a conduta negligente do médico afeta, reflexamente, o cônjuge da vítima, mas não há dúvida de que a ressarcibilidade destes prejuízo autônomo, embora passível de discussão, não deve ser excluída sob o argumento de que se trata de dano remoto". SCHREIBER, 2007a, op. cit., p. 57. Já Marco Comporti discorre: "l'odierno problema della responsabilità civile è quello di reagire ad un danno ingiusto e non più ad un atto illecito". COMPORTI, 1965, op. cit., p. 41.

[460] Fernando Noronha expressa com ênfase: "Todavia, se falar em efeito necessário é melhor que ficar com o efeito direto e imediato a que alude o art. 403, ainda assim uma 'causalidade necessária', mesmo que entendida nos termos amplos propostos por A. Alvim continua restringindo demais a obrigação de indenizar. (...) Nos termos em que A. Alvim formulou a teoria da causalidade necessária, seria impossível dizer que causa do dano é a condição necessária e suficiente dele: é condição necessária, porque sem ela não teria havido dano('ele a ela se filia', nas palavras de Alvim); é condição suficiente, porque sozinha era idônea para produzir o resultado ('por não existir outra que explique o mesmo dano', com 'exclusi-

indenizar, porque significa muito rigor exigir que uma condição seja não só necessária mas também suficiente para juridicamente ser considerada causa.

A causa direta e imediata era um potente filtro de ressarcibilidade, mas ocasionava injustiças, sendo necessário desenvolver, portanto, no âmbito da própria teoria, a *subteoria da necessariedade causal*, demonstrando que o dano direto e imediato quer, a bem da verdade, revelar um liame de *necessariedade*, e não de simples proximidade entre a causa e o efeito. O dever de indenizar vai surgir, assim, quando o evento danoso for o efeito necessário de determinada causa. Deste modo, danos indiretos passam a ser indenizados, desde que sejam consequência necessária da conduta tomada como causa. De acordo com o pensamento de Gustavo Tepedino,[461] a melhor doutrina é aquela que defende que a necessariedade consiste no verdadeiro núcleo da teoria da causa direta e imediata, não se excluindo a ressarcibilidade de danos indiretos, quando derivados necessariamente da causa posta em julgamento.

Cabe também salientar que "em que pese a inegável importância do debate acadêmico em torno das diversas teorias da causalidade, em nenhuma parte alcançou-se um consenso significativo em torno da matéria".[462]

Como já constatado, a indefinição quanto à adoção desta ou daquela teoria tem servido, é verdade, para garantir e para justificar reparação às vítimas.[463] O que ocorre é que as Cortes não têm dado à prova do nexo causal igual tratamento rigoroso que, em outras épocas, alcançavam à culpa, preferindo, outrossim, amplas opções teóricas diante de uma legislação lacunosa acerca do tema, dando importância, apenas, para a motivação que inspira as decisões.

A importância do nexo causal também se deve ao fato de este servir como um sistema de distribuição do prejuízo. Em outras palavras, cada um dos agentes deverá suportar o dano à medida que o tenha produzido, à proporção que a sua conduta interferiu no evento danoso, porque o agente que atuou com maior grau de culpa nem sempre é o que teve maior participação no dano. De fato, a extensão do dano deve ser aferida a partir do nexo causal, e não da culpa.[464]

Semelhante é a ideia de Pontes de Miranda:[465] "para se pensar em extensão do dano tem-se de partir do nexo causal. (...) Tem-se de considerar o

---

vidade', no dizer do Mestre). Todavia, exigir que um fato seja condição não só necessária como também suficiente de um dano, para que juridicamente possa ser considerado sua causa, parece excessivo. É que dificilmente encontraremos uma condição à qual o dano possa com exclusividade ser atribuído". NORONHA, 2003, op. cit., p. 597-598.

[461] TEPEDINO, 2001, op. cit., p. 111.

[462] SCHREIBER, 2007a, op. cit., p. 59.

[463] É o chamado *imperativo social da reparação*, o que não é sinônimo de Justiça. FLOUR, Yvonne. Faute et responsabilité civile: déclin ou renaissance? *Droits – Revue Française de Théorie Juridique*, Paris n. 5, p. 39, 1987.

[464] CRUZ, 2005, op. cit., p. 333.

[465] PONTES DE MIRANDA, Francisco Cavalcanti. *Tratado de Direito Privado*. t. 22. Rio de Janeiro: Editor Borsoi, 1971b, p. 206.

prejuízo que o ofendido sofreu, ou sofreu e ainda vai sofrer, e o que pode haver lucrado, bem como sua participação nas causas do dano ou no aumento desse". Este sistema de distribuição do prejuízo ainda traz como vantagem o fato de poder ser utilizado tanto diante da responsabilidade subjetiva como da objetiva.

O que se pretende demonstrar é que, com a erosão do filtro nexo causal, a liberdade que o Judiciário tem para tratar da questão acaba por estimular pedidos de reparação, fundados mais na desgraça da vítima do que em uma justa possibilidade jurídica de imputação dos danos ao pretenso lesante, chegando-se à vitimização social ou *blame culture*[466] – uma via, portanto, totalmente inconsistente.[467] E enquanto não se efetiva a necessária revisão dessa dogmática, vive-se um momento de perplexidade com a corrosão de uma das bases da responsabilidade civil, trazendo como consequência uma expansão do dano ressarcível, próximo ponto a ser analisado.

### 3.2. O dano imaterial como elemento de destaque na reparação de danos

Como consequência da erosão da culpa e do nexo causal, houve um aumento significativo do número de indenizações, o que acarretou provimentos mais favoráveis em virtude de uma manipulação mais flexível destes pressupostos tradicionais da responsabilidade civil. Referida flexibilização traz à baila a valorização da função compensatória pelo desejo de garantir à vítima algum tipo de ressarcimento. Culpa e nexo causal ficam em segundo plano, para que, no primeiro, esteja o dano[468] – objeto e razão de ser das indenizações –, elemento capaz de atrair a atuação do Judiciário em prol das vítimas das mais variadas lesões. Carlos Alberto Bittar[469] ressalta que o dano é "qualquer lesão injusta a componentes do complexo de valores protegidos pelo Direito, incluído, pois, o de caráter moral".

O aumento do número de reparação de danos propostas também se deve pelo acesso facilitado à Justiça, seja em razão da criação dos Juizados Especiais, seja pela gratuidade de acesso ao Judiciário, seja pelo trabalho da Defensoria Pública, seja pelo crescente recurso às ações coletivas. Igualmente, além do crescimento quantitativo, houve um crescimento qualitativo do

---

[466] ATIYAH, Patrick. *The damages lottery*. Oxford: Hart, 1997, p. 138.

[467] O conceito de nexo causal é flexibilizado a fim de se permitir a efetivação do princípio da reparação integral. CRUZ, 2005, op. cit., p. 17.

[468] De acordo com Roberto Cabana: "todo sujeito está exposto a sufrir daños como consecuencia de su vulnerabilidad, pero no siempre padece daños jurídicos. Para merecer ese calificativo los daños deben ser resarcibles. A veces la víctima debe soportar, total o parcialmente, el menoscabo que implican los daños. Cuando ello ocurre, se le impone la carga de asumirlos". LOPEZ CABANA, 1992, op. cit., p. 203.

[469] BITTAR, 1994, op. cit., p. 14. Giovanna Visintini declara: "Il termine 'danno' nel linguaggio del legislatore in sede di disciplina dei fatti illeciti assume un duplice significato, quello di lesione di una situazione soggettiva altrui giuridicamente tutelabile e quello di pregiudizio risarcibile". VISINTINI, 1997, op. cit., p. 1.

número de ações, porque novos interesses, atinentes aos interesses existenciais da pessoa humana, também passam a ser examinados.[470]

Não se pode, todavia, tratar de responsabilidade civil, e muito menos de reparação de danos, sem dano. O dano tem uma dupla acepção: em um sentido amplo, identifica-se como sendo uma lesão de um direito ou de um bem jurídico qualquer. Com esta acepção, todo o ato ilícito, por definição, deve produzi-lo, pois "la acción u omisión ilícitas entrañan siempre una invasión en la esfera jurídica de otra persona y en este sentido general puede decirse que esta persona sufre un daño, aunque el hecho no haya lesionado sus valores económicos ni afectado su honor o sus afecciones íntimas tuteladas por la ley"; em uma segunda acepção, apresenta um significado mais preciso e limitado, sendo considerado como um menoscabo de valores econômicos ou patrimoniais, em certas condições, ou "la lesión al honor o a las afecciones legítimas".[471]

De pronto o que cabe é a discussão acerca da possibilidade ou não [472] da reparação dos danos imateriais.[473] Os danos extrapatrimoniais são aqueles que atingem os sentimentos, a dignidade, a estima social ou a saúde física

---

[470] A erosão dos filtros (culpa e nexo causal) e a atenção voltada para o dano deram margem ao que se tem chamado de *relevância social* do prejuízo, que não é um dos critérios analisados para o arbitramento do dano imaterial; é, sim, a própria renúncia, com ou sem consciência, da busca de um método cientificamente válido e controlável para se chegar a danos merecedores de reparação. É a constatação de que um dano é "intolerável", "inadmissível" no momento histórico em que se vive – por isso é merecedor de reparação –, dificultando-se, sobremaneira, o controle do mérito das decisões judiciais em que o dano imaterial é fundamento. SCHREIBER, 2007a, op. cit., p. 130.

[471] ORGAZ, Alfredo. *El daño resarcible*. Buenos Aires: Editorial Bibliografica Argentina, 1952, p. 38-39.

[472] Minozzi sintetizou os argumentos dos que se opõem à reparação do dano imaterial, que são os seguintes: "1º – L'improprietà di linguagio per gran parte del cosi detti danni morali; 2º- L'incertezza in questa specie di danni di un vero diritto violato; 3º- L'impossibilità di accertarne la esistenza; 4º- L'impossibilità di risarcire in senso civilistico, cioè col criterio della equivalenza, e non con quello della pena pecuniária, ogni specie di danno non patrimoniale; 5º- L'opposizione coi principii della teorica del danno in diritto civile; 6º- L'immoralità di compensare dolore con denaro; 7º- L'inconveniente di un illimitato potere da conferirsi al giudice". MINOZZI, 1917, op. cit., p. 55. Rebatendo tudo isso, deve-se pensar que: 1) o dano traz a ideia de um efeito penoso, uma diminuição do bem-estar moral ou material; 2) a violação de qualquer direito pode gerar um dano moral: o que não se pode é sustentar a sua irreparabilidade com base na alegação de que não há um direito violado – se viola direitos da personalidade, apresenta por objeto interesses juridicamente tutelados; 3) a recusa à tutela da vida, da saúde, da integridade física, da honra, através da reparação civil, revela-se injusta; 4) aqui não se reclama a equivalência em termos absolutos, pois a reparação possui caráter meramente satisfativo; 5) não contraria o Direito Civil a existência de um dano igualmente punido no Direito Penal; 6) não se está pretendendo vender um bem moral, mas sustentar que ele deve ser respeitado – busca-se um meio de se atenuar, em parte, as consequências da lesão jurídica; 7) o desmesurado arbítrio dos Tribunais na fixação do dano também aparece no dano patrimonial, sendo certo que os Juízes, com a sua prudência, saberão dosá-lo. CAHALI, Yussef Said. *Dano moral*. São Paulo: Revista dos Tribunais, 2005, p. 25-26.

[473] Numericamente menos expressivos, apresentam-se como negativistas da reparabilidade do dano moral: SAVIGNY, *Traité de Droit Romain*, I, p. 330; GABBA, Risarcibilità dei danni morali. *Questioni di Diritto Civile*, II, p. 225 e ss.; MASSIN, *De l'exécution forcée des obrigations de faire ou de ne pas faire*; CHIRONI, *Colpa extracontrattuale*, II, p. 320 (com ressalvas) ; PEDRAZZI, Del danno morale. *Giur. It.*, 1892, IV, p. 357 e outros. CAHALI, 2005, op. cit., p. 22. Sérgio Severo complementa a lista, afirmando que: "Grandes juristas opuseram-se à satisfação dos danos de natureza extrapatrimonial; outros, admitindo-a em tese, não a reconheciam como prevista na legislação civil. Dentre os que esposavam tais opiniões podem-se destacar, entre os nossos, Lafayette, Lacerda de Almeida, Luís Frederico Carpenter, João Arruda, Sá Pereira e Vicente de Azevedo, bem como Gabba, Chironi, Baudry Lacantinerie e Barde e Lamanoco, entre os estrangeiros. Savigny também é lembrado como membro da corrente negativista, apesar de ter sido ele quem demonstrou a admissibilidade de tal reparação no Direito Romano". SEVERO, Sérgio. *Danos extrapatrimoniais*. São Paulo: Saraiva, 1996, p. 61.

ou psíquica, ou seja, alcançam o que se pode denominar de direitos de personalidade ou extrapatrimoniais. A reparação dos danos extrapatrimoniais experimentou um grande progresso, pois em outros tempos eram muitos os juristas que o rechaçavam por entender que os bens morais não admitiam uma valoração pecuniária ou que esta seria sempre insuficiente ou arbitrária. Outros consideravam que os bens de personalidade são tão dignos que repugna a simples ideia de traduzi-los em termos materiais. Algumas legislações seguem uma via intermediária entre a negação e o pleno reconhecimento desses danos, como é o caso do Código Civil alemão, que admite a indenização do dano não patrimonial, porém apenas nos casos taxativamente previstos na lei, como a lesão corporal, o dano à saúde, à privação da liberdade e o delito contra a moral da mulher. No entanto, "parece universal e indiscutidamente aceptada la indemnizabilidad del daño moral, cuyo significado jurídico y sociológico se inserta cada día más en el terreno de la protección de los derechos o bienes de la personalidad por parte del Derecho Privado". Afora isso, ter havido dano moral não exclui a possibilidade de, embora de modo indireto, também ter ocorrido dano material, e ambos podem ser perfeitamente delimitados, ainda que possam ser objeto de uma valoração unitária. É o caso, por exemplo, de um comerciante, vítima de ofensa à honra, o que afeta tanto a sua estima social como o desenvolvimento do seu negócio.[474]

Cabe agora destacar o fato de o dano imaterial ser impropriamente chamado de *dano moral*, espécie do gênero imaterial ou extrapatrimonial.[475] A referida denominação é a que parece ter sido imposta pela doutrina e pela legislação, mas é oportuno assinalar a sua impropriedade, pois não se trata, a rigor, de um prejuízo que afete o menoscabo moral de uma pessoa, muito menos que trate de uma lesão aos princípios morais ou de consciência. Acaso assim fosse, estar-se-ia tratando de um dano estranho ao Direito, metajurídico; contudo, "el denominado 'daño moral' es un daño jurídico; que afecta bienes que son propios del Derecho y no de la moral". Outrossim, a expressão *dano imaterial* ou *extrapatrimonial* tampouco seria correta, segundo Iturraspe, pois esses termos, segundo o autor, "no ponen el acento en lo que es propio del daño que nos ocupa: la índole de los bienes afectados. Y, por lo demás, parecen negar la traducción económica o dineraria del daño moral; la posibilidad que le es propia de ser compensado con una reparación dineraria. Satisfacción y no equivalencia dineraria".[476]

A resistência em se admitir o dano imaterial existe, segundo Viney e Jourdain, tanto pelo fato de se aceitar uma compensação econômica para um dano não patrimonial como pela dificuldade na valoração de tal dano;

---

[474] YÁGUEZ, Ricardo de Ángel. *La responsabilidad civil*. Bilbao: Universidad de Deusto, 1989, p. 224-225.

[475] Marcelo Psaro igualmente sustenta que: "Il danno non patrimoniale, infatti, risulta oggi configurato come una sorta di macrocategoria, il cui ambito è stato oltremodo dilatato da una giurisprudenza divenuta sensibile verso forme di danno non patrimoniale in precedenza ignorate". PSARO, Marcelo. Il danno esistenziale. In: CENDON, Paolo; ZIVIZ, Patrizia (orgs.). *Il danno esistenziale. Una nuova categoria della responsabilità civile*. Milano: Giuffrè Editore, 2000, p. 284.

[476] Ibid., p. 40-43.

entretanto, afirmam que isso não pode mais ser obstáculo à reparação de danos extrapatrimoniais, acabando por se render à jurisprudência e à doutrina francesa que largamente aceitam essa possibilidade.[477] No Brasil, a partir da Constituição Federal de 1988, que, em seu artigo 5º, incisos V e X, trouxe previsão expressa para a reparação desses danos, infrutífera resta a discussão,[478] a despeito de, antes mesmo de a Lei Maior tratar do assunto, já existirem leis esparsas que o continham, como, por exemplo, o Código Brasileiro de Telecomunicações e a extinta Lei de Imprensa.

A respeito de preocupação semelhante à explicitada ao longo deste texto, Guido Alpa comenta, porém com base no Direito italiano, a insuficiência de regras para uma *efetiva* reparação do dano imaterial, ressaltando que: "negli anni recenti la stessa nozione di danno morale e le tecniche del suo risarcimento si sono poste in discussione muovendosi dal pressuposto della *insufficienza del texto normativo previsto dal codice civile e della aleatorità e casualità delle sue applicazioni da parte dei giudici*". (grifo nosso) Para os recém-mencionados autores, o *Codice Civile* não traz regras suficientes para amparar o direito à reparação, ao passo que, para o Brasil e para o presente estudo, a despeito de regras existentes no Código Civil de 2002, o que se pretende é algo maior, como a verdadeiramente geral previsão da reparação desses danos dentro da *Lex Mater*, já que são feridos os direitos de personalidade.

Cumpre ainda indagar se, no século XIX, quando o paradigma dominante era o homem e as suas riquezas materiais, fazia sentido falar em danos não patrimoniais? Antes de se aceitar a relevância da saúde psíquica, da vida sexual e afetiva, cogitar-se-ia a estruturação, a efetivação e a reparação de dano psíquico,[479] o dano à vida efetiva, o dano à realização sexual? Antes da Internet, como imaginar determinados danos à vida privada, à intimidade?

No Brasil, vale frisar que "seja pelo significativo desenvolvimento dos direitos da personalidade, seja pelas vicissitudes inerentes a um instituto que só recentemente tem recebido aplicação mais intensa, a doutrina vem apontando uma extensa ampliação do rol de hipóteses de dano moral, reco-

---

[477] VINEY, Geneviève; JOURDAIN, Patrice. Les conditions de la responsabilité. In: GHESTIN, Jacques (dir.). *Traité de Droit Civil*. 2. ed. Paris: L.G.D.J., 1998, p. 23-24.

[478] Guido Alpa explica que, na Itália, ao lado da teoria que entende o dano como a diminuição do patrimônio da vítima, está a teoria que diz haver o dano quando da modificação da realidade material do lesado, com a supressão de um bem; em outras palavras, o dano é lesão de um interesse protegido. E continua o autor: "È quest' ultima la tesi che oggi anche per noi appare più soddisfacente, proprio perché del danno si vuole evidenziare la nozione più ampia, comprensiva sia degli aspetti patrimoniali economicamente rilevanti, sia degli aspetti che non hanno un riflesso patrimoniale immediato". ALPA, 1991, op. cit., p. 465.

[479] A título de curiosidade, por inexistir aparelho semelhante no Brasil, faz-se referência a um *instrumento* lembrado por Viney: "(...) la douleur physique est essetiellement un phénomène nerveux qui, au moment ou il est ressenti, peut être observé et même, paraît-il, mesurée avec une assaz grande précision grâce à un appareil, le dolorimètre, dont l'usage semble assez répandu aujourd'hui aux États-Unis, et qui a fait également son apparition en Europe récemment. Cet appareil traduit en unités appelées 'dols' les sensations du sujet. Il peut donc rendre de grands services aux médecins-experts et, par contrecoup, aux juges charges d'évaluer le *pretium doloris*, tout au moins en ce qui concerne les souffrances qui persistent au moment où ils sont appelés à intervenir". VINEY, Geneviève. Les obligations. La responsabilité: effets. In: GHESTIN, Jacques (dir.). *Traité de Droit Civil*. Paris: L.G.D.J., 1988, p. 203.

nhecidas[480] jurisprudencialmente".[481] Sobre isso, Giovanni Comande[482] acentua que "a prescindir de qualquer ênfase descritiva, o efetivo alargamento da área do dano ressarcível é um dado fático presente nas últimas décadas em todas as experiências ocidentais".[483]

A caracterização dos danos à pessoa e a forma como se revelam denotam a necessidade de um modelo aberto[484] cujo conteúdo será preenchido jurisprudencialmente,[485] de acordo com a evolução da sociedade, o que conduz

---

[480] E o temor é o de que "a multiplicação de novas figuras de dano venha a ter como únicos limites a fantasia do intérprete e a flexibilidade da jurisprudência". RODOTÀ, Stefano. *Il problema della responsabilità civile*. Milão: Giuffrè, 1967, p. 23.

[481] BODIN DE MORAES, 2003a, op. cit., p. 165. A discricionariedade judicial (para fins de constatação de dano) em matéria de reparação de danos imateriais deve ser exercida com bastante prudência, sendo que a *investigação cautelosa do dado normativo* é uma das maneiras de se legitimar essa atuação. O que se quer dos Juízes é aquilo que na Itália se definiu como uma "dicrezionalità non di fatto, ma pur sempre di Diritto". VISINTINI, Giovanna. *Trattato breve della responsabilità civile*. Padova: Cedam, 1990a, p. 367.

[482] COMANDÉ, 1999, op. cit., p. 20.

[483] Semelhante comentário é feito por Maria Celina Bodin de Moraes quando expõe que o fato de existir uma cláusula geral de proteção à personalidade facilita o manejo das ações de reparação por danos imateriais. Veja-se: "Eis aí a razão pela qual as hipóteses de dano moral são tão freqüentes, porque a sua reparação está posta para a pessoa como um todo, sendo tutelado o valor da personalidade humana. Os direitos das pessoas estão, todos eles, garantidos pelo princípio constitucional da dignidade humana, e vêm a ser concretamente protegidos pela cláusula geral de tutela da pessoa humana". BODIN DE MORAES, 2003b, op. cit., p. 144.

[484] Schreiber comenta: "Tome-se como exemplo inicial a jurisprudência italiana. A Corte di Cassazione menciona expressamente 'o dano à vida de relação, o dano pela perda de concorrencialidade, o dano por redução de capacidade laboral genérica' e reconhece a ressarcibilidade do chamado 'dano sexual'. O Tribunal de Florença propõe 'um reconhecimento em via autônoma do conceito de dano hedonístico'. O Tribunal de Veneza vem apenas enriquecer um debate amplamente desenvolvido em território francês ao decidir que o nascimento não-programado de uma criança por força de uma cirurgia de esterilização falha implica o ressarcimento do dano consistente no custo de manutenção do filho indesejado. E o Tribunal de Milão já reconheceu o dano existencial de emissão de ruído, como 'dano consistente na perturbação das normais atividades do indivíduo e da sociedade pessoal a que cada sujeito tem direito. (...) No Brasil, à parte outras figuras controversas de danos, a jurisprudência tem, mais recentemente, se deparado com inúmeros pedidos de indenização em decorrência de ruptura ou desenvolvimento insatisfatório de relações familiares. Confrontam-se, deste modo, as Cortes pátrias com demandas de ressarcimento pelo dano moral decorrente do 'rompimento de noivado', da 'separação após notícia da gravidez' e do 'abandono afetivo' de filhos e cônjuges. (...) Atualmente indeniza-se, em diversos países, a morte de animal doméstico, às vezes em bases assustadoramente semelhante à morte de pessoas". E complementa o autor: "Nos ordenamentos típicos, o Legislador limita o dano ressarcível a certos interesses previamente indicados, restringindo a atuação judicial a um campo determinado. Nos ordenamentos atípicos, ao contrário, o Legislador prevê tão-somente cláusulas gerais, que deixam ao Poder Judiciário ampla margem de avaliação no que tange ao merecimento de tutela do interesse alegadamente lesado. Nesta esteira, diz-se típico, originariamente, o ordenamento alemão, em que o ressarcimento dos danos vem assegurado apenas em face da lesão a interesses tipificados em lei, como a vida, a integridade física, a saúde, a liberdade e a propriedade. É atípico, por outro lado, o ordenamento brasileiro, em que o Legislador não indica os interesses cuja violação origina um dano ressarcível, limitando-se a prever uma cláusula geral de ressarcimento pelos danos patrimoniais ou morais. (...) Muitos ordenamentos usualmente qualificados como típicos contêm válvulas de abertura a novos interesses" – o sistema alemão já classificado como potencialmente atípico em razão de o § 823 ter permitido, posteriormente, a reparação de outros interesses – "e mesmo os ordenamentos mais abertos encontram certos limites normativos à ressarcibilidade dos danos, ainda que fundados nos outros pressupostos do dever de indenizar" – no Brasil o já mencionado art. 403 do CC serve como limite na medida que diz que os danos só incluem os prejuízos efetivos e os lucros cessantes diretos e imediatos. SCHREIBER, 2007a, op. cit., p. 87-89; 95-96.

[485] Talvez a solução fosse, então, que Judiciário, advogados e juristas devessem fazer uma interpretação mais restrita dos danos imateriais, para uma seleção dos interesses realmente merecedores de uma tutela reparatória, cabendo, assim, a tarefa ao Judiciário, mas não somente a este último. Já Silvana Cecília defende que: "se o conceito de moral não pode ser extraído do conhecimento empírico, temos por correta a

ao pensamento de que é a ideia de pessoa humana, no tempo histórico e na sua comunidade, que perfazem a configuração dos referidos danos.

O dano será, a partir de agora, o centro das atenções.[486] Liga-se, como já foi referido, historicamente, ao valor que é dado à pessoa e às suas relações com os bens da vida. O axioma, presente no Direito francês, que inspirou a Codificação brasileira de 1916, não tem, ainda hoje, o seu conceito previsto em lei. Do mesmo modo, não há dúvida de que o dano imaterial transcende o ilícito, uma vez que a responsabilidade objetiva eliminou o peso atribuído à ilicitude, tendo de se cogitar, nesses casos, apenas, do dano propriamente dito.

O dano pode ser considerado como a lesão a um interesse juridicamente tutelado;[487] por esse conceito, o foco das atenções é o *objeto* atingido, ou seja, o interesse lesado, e não as *consequências* econômicas ou emocionais desse dano sobre um sujeito.[488] Outros argumentam que a diferença entre um dano imaterial e um dano patrimonial "diz respeito ao plano das *consequências* da lesão, não ao plano do tipo de objeto do ilícito".[489] (grifo nosso) Esse é também o raciocínio de Carlos Alberto Bittar[490] quando destaca: "realçam-se, desse modo, os efeitos ou reflexos sentidos na esfera lesada, tomando-se, por conseguinte, os danos em si e em suas consequências, e, não, em razão da natureza dos direitos violados".

De outra banda, alguns sustentam que depender o dano imaterial de um momento consequencial, como dor, sofrimento,[491] "equivale a lançá-lo

---

afirmação de que necessária ainda mais, se afigura a busca de um critério objetivo de verificação da ocorrência de eventual lesão a essa moral, que não seja a partir da análise subjetiva deste ou daquele operador do Direito". LAMATTINA CECÍLIA, 2007, op. cit., p. 401.

[486] A expansão do dano ressarcível é notícia por todos os cantos, tanto que na França "a aparição e multiplicação de danos completamente novos, seja pela sua origem, seja pela sua amplitude – os acidentes de toda a natureza que atingem o homem e o seu ambiente em razão do desenvolvimento da indústria, dos meios de transportes, da difusão de produtos complexos e perigosos, da exploração de energias mais ou menos bem controladas, etc.". VINEY, Geneviève. De la Codification du Droit de la responsabilité civile: l'expérience française. *Actes du Colloque International de Droit Civil Compare* – Codification: Valeurs et Langage. Disponível em: <www.cslf.gouv.qc.ca>.Acesso em: 15 set. 2010.

[487] Ver a lição de CARNELUTTI, Francesco. *Il danno e il reato*. Milano: Cedam, 1930, p. 12, 14.

[488] SALVI, Cesare. Danno. *Digesto delle Discipline Privatistiche*. Seção Civil. v. 5. Turim: UTET, 1989, p. 63-64.

[489] TORRENTE, Andrea; SCHLESINGER, Piero. *Manuale di Diritto Privato*. Milano: Giuffrè, 1999, p 665. Marcelo Mazzola esclarece que a patrimonialidade do dano "è un suo modo di manifestarsi, dunque una caratteristica estrinseca del danno, potendo derivare tanto da un atto illecito quanto da un atto lecito". MAZZOLA, 2007, op. cit., p. 341.

[490] BITTAR, 1994, op. cit., p. 29-30, 34. O referido autor ainda acrescenta: "permite essa classificação alcançar-se o âmago da composição da teoria do dano, dividindo-se este em material ou moral, consoante se manifeste no aspecto patrimonial (ou pecuniário) da esfera jurídica lesada, ou se esgote no aspecto moral da personalidade do lesado. Com isso, têm-se em conta as duas facetas básicas da esfera jurídica dos entes personalizados, a material e a moral, compreendida na primeira o acervo dotado de economicidade e, na segunda, o conjunto de valores reconhecidos como integrantes das veias afetiva (ou sentimental), intelectual (de percepção e de entendimento) e valorativa (individual e social) da personalidade". E mais, o autor conclui que: "em sua pureza e em uma abordagem genérica, danos materiais são aqueles que repercutem no patrimônio do lesado, enquanto os morais se manifestam nas esferas interna e valorativa do ser como entidade individualizada".

[491] Sobre a necessidade da dor e do sofrimento para a configuração do dano imaterial, lembra Rodolfo Zavala que há: "as situações de demência, amnésia, coma, etc., ocasionadas pelo fato (afetação das faculdades mentais ou intelectuais do sujeito), assim como as perturbações que na vontade podem causar

em um limbo inacessível de sensações pessoais, íntimas e eventuais". E declarar que ele é todo o prejuízo economicamente incalculável faz desse dano "figura receptora de todos os anseios, dotada de uma vastidão tecnicamente insustentável".[492]

O que se pode então observar é que, para fins de distinção entre danos materiais e imateriais, existe: 1) um conceito de dano imaterial por exclusão, 2) uma noção que atenta ao interesse comprometido e 3) uma noção que atende à natureza dos direitos lesados. Para a primeira destas correntes – *conceito por exclusão* –, o dano imaterial é o menoscabo ou a perda de um bem, em sentido amplo, que causa uma lesão a um interesse amparado pelo Direito de natureza extrapatrimonial; em outras palavras, o dano moral é uma lesão de caráter não patrimonial, consequência de um ato contrário ao Direito. Essa corrente encontra um bom número de adeptos e se inspirou nos ensinamentos de Josserand e Mazeud, da doutrina francesa, bastante influente entre nós. É, a bem da verdade, uma contraposição bastante simplista, que, todavia, não resiste a um exame mais atento, pois uma definição negativa, além de ser pouco segura, pode ser admitida apenas quando entre fenômenos homogêneos – como se sabe, os danos patrimoniais e imateriais são fenômenos distintos. Ademais, "las nociones negativas dicen sobre lo que no es un instituto, pero nada aportan acerca de lo que lo caracteriza". Para a segunda corrente – *conceito que leva em conta o interesse comprometido* –, o dano será definido como material ou imaterial, dependendo se tem como objeto um interesse privado patrimonial ou um interesse privado não patrimonial, sendo dano moral o agravo moral, o menoscabo ou a lesão a interesses não patrimoniais provocados por eventos danosos. E, para a terceira corrente – *conceito que atende à natureza dos direitos lesados* –, o dano imaterial é aquele que se infere da lesão a direitos personalíssimos e que protegem como bens jurídicos os atributos ou os pressupostos da personalidade da pessoa, como a paz, a vida íntima, a liberdade individual, a integridade física – ou seja, tudo o que se pode resumir no conceito de segurança pessoal. Aqueles que defendem esta orientação falam de dano em sentido amplo e atentam, portanto, mais à *lesão* do direito do que às consequências ou aos efeitos desta lesão.[493]

Por este viés denota-se que nem todo o dano imaterial causa mal-estar, dor, sofrimento ou sentimento negativo, porquanto a necessidade de associar um dano imaterial a referidos sentimentos deixaria várias lesões a direitos de personalidade sem reparação. Devem-se levar em consideração,

---

as técnicas de propaganda, manipulação psicológica, lavagens cerebrais e outras (afetação das potencialidades de eleição, decisão ou espontaneidade no agir). Isso é assim, porque, embora em nenhum desses casos exista dor ou sofrimento algum, existiu afetação dos sentimentos ou inclinações afetivas". ZAVALA, Rodolfo Martín; GONZALES, Matilde Zavala. Indemnización punitiva. In: BUERES, Alberto José; CARLUCCI, Aíde Kemelmajer de (dirs.). *Responsabilidad por daños en el Tercer Milenio*. Homenaje al Profesor Doctor Atilio Aníbal Alterini. Buenos Aires: Abeledo-Perrot, 1997, p. 51.

[492] SCHREIBER, 2007a, op. cit., p.101-102.
[493] ITURRASPE, 1999, op. cit., p. 113-117.

em especial, os doentes mentais[494] e as pessoas em estado vegetativo ou comatoso; as crianças; o nascituro; as pessoas jurídicas; as situações de dano moral difuso ou coletivo;[495] o chamado direito à paternidade de obras literárias, artísticas ou científicas, previsto no art. 24, incisos I e II, da Lei de Direito Autoral (Lei n. 9.610/98), sendo suficiente a violação do referido direito autoral; o direito ao inédito, previsto no art. 24, inciso III, da Lei de Direito

---

[494] De acordo com Mauro Bussani, chegando-se ao esboço do "esquema de controle" da avaliação da culpa, deve-se pensar nos menores ou nos enfermos, físicos e psíquicos, como pessoas capazes de uma diligência constantemente igual a si mesma e inferior àquela do homem médio; no entanto, a adoção de um modelo articulado para a conduta exigível destes indivíduos pressupõe que se determine a qualidade e a quantidade de dados subjetivos que serão considerados caso a caso. Então afirma o autor: "Para os enfermos, assinalou-se a exigência de observar o tipo e a gravidade da deficiência (ademais, basta pensar na diversidade de soluções a que se pode chegar, por exemplo, para os danos causados ao descer os degraus de um meio de transporte público, conforme o agente revele-se simplesmente 'uma pessoa de 65 anos' ou, ao invés, um indivíduo privado de uma perna, ou uma 'anciã com problemas de visão'; na mesma perspectiva, depois, foi observado como é sempre necessário o exame dos perfis relacionados à ocasionalidade, à periodicidade, ou à verdadeira e efetiva estabilidade do mesmo mal-estar (não há a necessidade de enfatizar como é diferente relevar que o condutor de um automóvel provocou o acidente em razão de um súbito ataque cardíaco; diferente é acolher-se que o mesmo agente já tinha sofrido dois enfartes nos últimos seis meses, e que o cirurgião cardiologista lhe alertara sobre a possibilidade de que o mal pudesse repetir-se). Observações análogas valem para os menores, quando somente as conclusões a respeito da idade, da personalidade e do desenvolvimento psicofísico são válidas para esclarecer qual seja o nível de conduta ao qual vincular o jovem indivíduo. Depois, por verossimilhança, para cada gênero de (sujeitos em que se encontra presente uma ou mais de uma) inferioridade, a medida do comportamento a ser exigido destina-se a variar em relação à atividade exercida. Por isso, em tal direção – a prescindir, no momento, da natureza da responsabilidade em questão: primária, omissiva, concorrente – revela-se sempre oportuno precisar: a) as atividades cujos desenvolvimentos não são influenciados pelo defeito físico, psíquico ou pela idade, e onde o indivíduo 'débil' deverá ser avaliado segundo o parâmetro da diligência comum (pensemos, além da difamação proferida por um deficiente físico, no menor com onze anos de idade que é mordido por um cão, por ele mesmo provocado; ou em qualquer dano causado pelo enfermo psíquico, durante um período de lucidez mental); b) as atividades que, embora facilmente explicáveis pelo normotipo, encontram-se seguramente fora do alcance de qualquer menor ou doente, pertencentes à categoria em exame: aqui o eventual juízo de imprudência, pela conduta empreendida, deve ser considerado com a necessidade de ter firme ou de flexibilizar o standard mediano, conforme o sujeito tenha colocado intencionalmente, ou se encontrado acidentalmente, na situação dada. A diferença é nitidamente percebida ao contrapor-se às hipóteses em que o dano nasce em razão da imotivada direção perigosa de uma motocicleta, conduzida por um menor, ou por um enfermo, àquelas em que a atividade geradora do prejuízo é praticada, pelo sujeito débil, com o fim exclusivo de socorrer um terceiro. A vasta área de operações – distintas daquelas até aqui consideradas – para cujo desenvolvimento não é imaginável que os sujeitos sob exame possam renunciar (senão a custo de ver definitivamente comprometidas as conotações intrínsecas da sua existência: trata-se das atividades de caráter 'necessário') e que por isso reclamam uma modulação do parâmetro, atenta às variáveis específicas do caso concreto". BUSSANI, 2000, op. cit., p. 163-164.

[495] Os danos ao meio ambiente são bons exemplos de possíveis danos, inclusive morais, coletivos – mas nem sempre. O exemplo posto em questão é o de uma ação civil pública proposta pelo Ministério Público do Estado do Rio Grande do Sul contra uma determinada empresa que comercializa gás liquefeito de petróleo (gás de cozinha) por meio de uma distribuição direta ao consumidor, fazendo uso de um jingle. O MP alega que o uso da música é feito em alto volume, trazendo incômodos sonoros a moradores de vários bairros de Porto Alegre. No parecer de Fábio S. de Andrade, foi exposto que: "O fato de haver um ruído elevado para aquele que habita na cidade não é próprio a configurar um constrangimento, uma lesão à sua esfera de interesses extrapatrimonial. Afinal, o homem urbano está habituado à diversidade de sons e barulhos. Acresce que não se trata de som intermitente, que perturbe durante todo o decorrer do dia ou mesmo por muitas horas. A documentação dos autos revela que os caminhões da empresa seguem um esquema de atendimento, a fim de distribuir o gás. Logo, trafegam apenas em determinadas horas, e em determinados momentos, pelas diversas ruas da cidade. Cuida-se de situação que, para dizer com a jurisprudência dominante, permanece no patamar de um mero aborrecimento. Não está configurada a situação de constrangimento, de anormalidade, exigida pelas decisões paradigmas. Em outras palavras, não se trata de situação apta a violar interesses extrapatrimoniais, tópicos do direito de personalidade e, muito menos, esfera da dignidade humana". ANDRADE, Fábio Siebeneichler de. Responsabilidade civil por danos ao meio ambiente. *Revista dos Tribunais*, v. 808, ano 92, p. 116, fev. 2003.

Autoral, que prevê ser direito moral do autor "o de conservar a obra inédita" e que, se violado, caracterizado estará o dano moral independentemente de sofrimento ao autor; o fato de a Constituição Federal trazer, no art. 5º, inciso X, a inviolabilidade da intimidade e da vida privada que, se consumada, independentemente de sofrimento, acarretará a configuração de dano imaterial.[496] Constata-se, desta forma, que as reações íntimas ou internas não se confundem necessariamente com o dano imaterial, porque "a circunstância de que o dano moral não seja identificado com o 'sentir dor' permite que seja reclamado por incapazes, que antes não tinham essa possibilidade, ou a alternativa de que as pessoas jurídicas possam ter essa legitimação".[497]

Alfredo Orgaz,[498] por seu turno, ressalta que "la distinción no depende de la índole de los derechos que son materia del acto ilícito, sino de la repercusión que este acto tiene en el patrimonio"; assim, a lesão a um bem patrimonial pode causar não apenas danos materiais mas também danos imateriais, se, por exemplo, molestar a pessoa nos seus direitos de personalidade.

Anderson Schreiber[499] comenta que o dano não pode se identificar com uma lesão abstrata a um determinado interesse, pois, neste caso, estar-se-á diante de um conceito muito amplo, que era respaldado quando o dever de indenizar dependia da severa análise da culpa e do nexo causal – estes hoje bastante fragilizados –, como já se comentou aqui. Por isso, sugere-se conceituar dano como uma lesão concreta, isto é, como a violação de uma regra que, indo além da regulação abstrata de um interesse, estabeleça relações com outros interesses também tutelados.[500]

Maria Celina Bodin de Moraes[501] ainda salienta que não é todo e qualquer sofrimento que dá ensejo a danos imateriais, porém somente situações tão graves[502] que terminem por afetar a dignidade.[503] Também sobre este as-

---

[496] CORRÊA DE ANDRADE, 2009, op. cit., p. 63.
[497] LORENZETTI, Ricardo Luis. *Fundamentos do Direito Privado*. São Paulo: Revista dos Tribunais, 1998, p. 457.
[498] ORGAZ, 1952, op. cit., p. 42.
[499] SCHREIBER, 2007a, op. cit., p. 182.
[500] Em complemento: "O dano não consiste, em definitivo, na lesão a um interesse tutelado em abstrato, mas na lesão a um interesse concretamente merecedor de tutela. E tal merecimento de tutela em concreto somente pode ser aferido em comparação com o interesse lesivo, definindo-se a área legítima de atuação de cada interesse tutelado à luz das circunstâncias fáticas em tela. Este caráter dinâmico e concreto do elemento dano mostra-se importantíssimo, sobretudo na responsabilidade objetiva, onde é habitual a colisão de interesses abstratamente tutelados, ao contrário do que ocorre na responsabilidade subjetiva, onde a própria definição de ato ilícito exclui qualquer merecimento de tutela do interesse lesivo". Ibid., p. 185.
[501] BODIN DE MORAES, 2003a, op. cit., p. 188.
[502] Gabriel Stiglitz e Carlos Echevesti aduzem que: "diferente do que ocorre com o dano material, a alteração desvaliosa do bem-estar psicofísico do indivíduo deve apresentar certa magnitude para ser reconhecida como prejuízo moral. Um mal-estar trivial, de escassa importância, próprio do risco cotidiano da convivência ou da atividade que o indivíduo desenvolva, nunca o configurarão". STIGLITZ, Gabriel; ECHEVESTI, Carlos. El daño resarcible en casos particulares. In: ITURRASPE, Jorge Mosset (dir.). *Responsabilidad civil*. Buenos Aires: Hammurabi, 1992, p. 243.
[503] Schreiber exprime com ênfase que: "O que parece essencial, em outras palavras, não é refletir sobre tetos indenizatórios ou áreas imunes à responsabilidade civil, mas, sobre critérios que permitam a

pecto comentam Markesinis e Deakin[504] que: "the weakening of family, religious, and neighbourhood bonds may be making people *less able to cope with the ordinary vicissitudes of life*. On the other hand, losses may also be greater and more frequently inflicted". (grifo nosso)

É imprescindível mencionar, ainda que não seja objeto deste estudo, que, se o destaque for a relação da pessoa com os seus bens da vida materiais, estar-se-á diante de danos patrimoniais, apreciáveis, quase que imediatamente, economicamente. Assim, todo aquele que sofre um dano no seu patrimônio tem direito à reparação. Por outro lado, se, no primeiro plano, está a pessoa humana, valorada por si só – pelo fato de ser uma pessoa, dotada de subjetividade e de dignidade –, e titular de bens e de interesses não mensuráveis – de pronto, economicamente –, está-se diante dos danos imateriais.

O critério predominante na distinção entre danos patrimoniais e imateriais é o da avaliabilidade ou não em dinheiro, sendo que os regimes jurídicos também são distintos, como distintas são as subespécies. Os direitos sobre coisas corpóreas são patrimoniais; já os direitos sobre coisas incorpóreas como "direitos que têm por objecto a obra na sua forma ideal, na sua concepção intelectual", que são o direito do autor e o direito de propriedade industrial, têm uma estrutura mais complexa. Devem-se distinguir, nesses casos, os direitos *morais* de autoria das obras artísticas, literárias, científicas, intelectuais, invenções, modelos, desenhos e marcas industriais, que são direitos de personalidade, dos direitos *patrimoniais* de autor ou dos direitos patrimoniais de propriedade industrial, que apresentam um valor patrimonial autônomo e que são direitos reais, embora sujeitos a regime especial.[505]

De fato, o dano imaterial pode atingir a dignidade da pessoa. Salienta-se, como fez Bernard Edelman,[506] que, a despeito de o termo *dignidade* já ser conhecido há muito tempo – a ideia de uma dignidade própria ao homem remete à filosofia de Kant –, a noção de uma proteção jurídica dessa dignidade liga-se a um duplo fenômeno: à barbárie nazista (a ideia de crimes contra a Humanidade, no Tribunal de Nuremberg) e à Biomedicina. O problema é, no momento, que a dignidade da pessoa humana[507] não se limita a interesse

---

seleção dos interesses tutelados pela responsabilidade civil à luz dos valores constitucionais. A tarefa de selecionar os interesses dignos de tutela, embora relevantíssima, permanece, hoje, exclusivamente a cargo do Magistrado, que opera, à falta de subsídios da doutrina, uma seleção *in concreto*, muitas vezes sem referência a qualquer dado normativo, solução esta que, além de desconfortável em sistemas romano-germânicos, implica uma inevitável incoerência e insegurança no tratamento dos jurisdicionados, trazendo o risco, mais grave e cruel, de soluções que impliquem a restrição ou negação de tutela à pessoa humana". SCHREIBER, Anderson. Novas tendências da responsabilidade civil brasileira. In: ALVIM, Angélica Arruda; CAMBLER, Everaldo Augusto (coords.). *Atualidades do Direito Civil*. v. 2. Curitiba: Juruá, 2007b, p. 309.

[504] MARKESINIS; DEAKIN; JOHNSTON, 1996, op. cit., p. 2.
[505] CAPELO DE SOUZA, 1995, op. cit., p. 577-578.
[506] EDELMAN, 1999, op. cit., p. 505.
[507] Já se fala em "inflação dos direitos da personalidade" e na "absorção da responsabilidade civil pela teoria dos direitos da personalidade". PRADEL, Xavier. *Le préjudice dans le Droit Civil de la responsabilité*. Paris: LGDJ, 2004, p. 123. E isso chama a atenção para o fato de que a enxurrada de ações bagatelares envolvendo danos imateriais pode ter como causa uma potente argumentação em favor da dignidade

existenciais *comuns*, pois o seu conteúdo abraça os mais variados aspectos da pessoa humana[508] que "vem se enriquecendo, articulando e diferenciando sempre mais";[509] abre-se, assim, o "grande mar" da existencialidade,[510] em um alcance tendencialmente infinito.

Com a Constituição Federal de 1988, de acordo com o já exposto ao longo deste texto, houve uma mudança importante no núcleo do sistema do Direito Civil, uma vez que a proteção da dignidade humana se tornou prioridade absoluta;[511] deste modo, a solução para os casos não podia mais ser encontrada, levando-se em conta apenas o dispositivo de lei que parecia resolvê-la, mas sim, todo o ordenamento jurídico[512] e, em particular, os princípios fundamentais. As normas constitucionais passaram a ser estendidas às relações privadas, e o Código Civil foi perdendo a centralidade de outros tempos, o que, por certo, reforça a proposta do presente estudo, no sentido de, efetivamente, decorrer da Constituição Federal o direito à reparação de danos imateriais, uma vez que os assuntos ligados aos danos imateriais já estão sob a alçada da Lei Maior.

Dissiparam-se as resistências da incidência da Constituição nas relações de Direito Privado, não tendo mais os civilistas como negar a eficácia normativa da Lei Maior para, ao menos indiretamente, auxiliar a interpretação construtiva da norma infraconstitucional. Todavia, quatro são as objeções comuns à aplicação direta da Constituição nas relações de Direito Civil:

---

humana e de outros interesses da pessoa. Como pontifica Schreiber, "a princípio, nem o recurso à cláusula geral de tutela da dignidade humana nem as suas especificações conceituais mais comuns têm se mostrado aptas a servir direta e definitivamente de critério para a seleção dos interesses merecedores de tutela. Longe de reduzir ou limitar a tutela da personalidade, tal conclusão pretende apenas demonstrar que o exclusivo recurso nominal ao valor constitucional não legitima e não desautoriza pedidos de ressarcimento de danos não-patrimoniais. A alusão descomprometida à dignidade humana periga resultar, ao contrário, na banalização justamente daquilo que mais se pretende proteger". SCHREIBER, 2007a, op. cit., p. 120. Giovanni Comandé, acerca das ações bagatelares, esclarece: "Tale situazione de *over-compensation* rappresenta indubbiamente un incentivo alla litigiosità per cause bagatellari". COMANDÉ, 1999, op. cit., p. 430.

[508] Roberto Cabana, no mesmo sentido, recorda que: "Actualmente, se va abriendo camino el reconocimiento hacia la resarbilidad de nuevos daños y, por ende, a la admisión de su carácter de daños jurídicos, que el enfoque tradicional les negaba". O autor não está se referindo apenas aos danos advindos de uma lesão a um direito de personalidade. Está, pois, tratando dos danos ocasionados pela atividade lícita do Estado, da ruptura do casamento, da responsabilidade derivada de fatores objetivos de atribuição, da responsabilidade coletiva, dos danos vinculados à liberdade de informação, da reparação de danos assumidos pelo Estado e da responsabilidade pela seguridad – situação que o autor chama de *direito de daños*, no lugar de responsabilidade civil. Conclui, acentuando que: "Los nuevos daños jurídicos que se van evidenciando y sincerando cada dia en el mundo del Derecho, contribuyen a superar forzadas interpretaciones basadas en criterios eufemísticos". LOPEZ CABANA, 1992, op. cit., p. 204-212.

[509] No original: "si sono venuti sempre più arricchendo, articolando e differenziando". TOMASINI, Raffaele. *Soggetti e area del danno risarcibile*: l'evoluzione del sistema. Turim: G. Giappichelli Editore, 2001, p. 4.

[510] Expressão de BUSNELLI, Francesco Donato. Il danno alla persona al giro di boa. *Danno e Responsabilità*, ano 8, p. 243, 2003.

[511] A referida mudança de perspectiva rumo à proteção da dignidade da pessoa humana influenciou o critério de reparação que se baseia na condição pessoal da vítima. Aqui, remete-se o leitor para a sequência do texto, ainda dentro do ponto 3.2, em que se trata dos critérios para o arbitramento do dano imaterial.

[512] Acerca da interpretação sistemática do Direito, sugere-se Juarez Freitas.

a) diz respeito à vocação da Constituição para a organização dos Poderes estatais sendo normas destinadas ao Legislador, e não a particulares, e "a regulação da autonomia privada, neste sentido, só poderia se dar por uma instância mais próxima da realidade dos negócios, no âmbito da legislação ordinária", e ao Juiz não caberia passar por cima do Legislador na definição de regras de conduta; b) quer significar a baixa densidade normativa dos princípios constitucionais, referindo que a aplicação direta às relações privadas acabaria por ocasionar uma excessiva discricionariedade do Juiz na solução de lides concretas; c) invoca a estabilidade milenar do Direito Civil que terminaria abalada pela instabilidade do jogo político, acaso as opções constitucionais não fossem mediadas pelo Legislador ordinário; d) refere que o controle axiológico das relações privadas acarretaria desmesurada ingerência na vida dos particulares; isto é, "reduziriam-se dessa forma, autoritariamente, os espaços de *liberdade* dos particulares. Afinal, a liberdade é inerente ao homem, anterior ao ordenamento jurídico que, no máximo, poderá limitá-la, estabelecendo os limites do ilícito" (grifo do autor). Cabe contrapor, no entanto, que "essas quatro críticas, embora respeitáveis, relacionam-se com uma realidade inteiramente obsoleta, pressupondo o cenário característico da codificação do século XIX, marcado por uma clara dicotomia entre o Direito Público e o Direito Privado, este destinado à sublimação da autonomia da vontade".[513]

O dano à pessoa humana[514] passa a ser, sem sombra de dúvida, reparável, e isso é o que assinala o civilista peruano Carlos Fernandez Sessariego,[515] um pioneiro na América Latina, por destacar a proteção jurídica à pessoa humana. Para o autor, "referirse a la protección de la persona humana supone, como cuestión previa, determinar que tipo de ente es ella, considerada en si misma, per se. Es decir, indagar por la naturaleza misma del ser sometido a protección jurídica". Prossegue, afirmando que é "la necesaria aproximación a la calidad ontológica del bien a tutelar nos permitiria precisar tanto los criterios como la técnica jurídica susceptibles de utilizar para lograr este primordial objetivo". Sessariego define os danos à pessoa como os incidentes em qualquer aspecto do ser humano, considerado em sua integridade psicossomática e existencial, abarcando o que tem sido chamado, em outros ordenamentos, de dano biológico, dano à saúde, dano ao projeto de vida e dano moral em um aspecto estrito, podendo, todavia, ter reflexos na esfera patrimonial do sujeito.[516] Entrando no contexto e comple-

---

[513] TEPEDINO, 2004, op. cit., p. 22.

[514] O dano imaterial pode ser objetivo – aquele que atinge a dimensão moral da pessoa no meio social em que vive, envolvendo a sua imagem – ou subjetivo – diz respeito ao mal sofrido pela pessoa em sua subjetividade, em sua intimidade psíquica, sujeita a dor ou o sofrimento intransferíveis. REALE, Miguel. O dano moral no Direito brasileiro. In: ——. *Temas de Direito Positivo*. São Paulo: Revista dos Tribunais, 1992, p. 23.

[515] SESSARIEGO, Carlos Fernandez. Protección a la persona humana. *Revista da Ajuris*, Porto Alegre, v. 56, p. 87-88, 1992.

[516] Súmula n. 37 do STJ: "São cumuláveis as indenizações por dano material e moral oriundos do mesmo fato".

mentando o sentido, Josaphat Marinho[517] aduz que: "o homem, por suas qualidades essenciais, e não propriamente o dado econômico, torna-se o centro da ordem jurídica".

Abrindo espaço para que, embora de forma sucinta, se possa tratar do dano existencial, ainda pouco estudado no Brasil,[518] e oriundo da doutrina italiana, deve-se mencionar que se trata de uma mudança muito grande na vida das pessoas, como noites em claro, sacrifícios, renúncias, pensionamento, fins de semana perdidos, diminuição do horizonte, entre outros tipos de consequência.[519]

Tratando do tema, Paolo Cendon[520] estabelece características do dano existencial, ensinando que:

> a) in primo luogo, un'identità non confondibile rispetto ai moduli del danno pratrimoniale. È quanto è stato appena constato: non già profili di beni economici distrutti, di spese di rimessione de affrontare, non conti in banca dimezzati, né guadagni compromessi per l'avvenire: piuttosto, una colloquialità differente con le persone e con le cose, un "interfacciamento" meno ricco;
>
> b) in secondo luogo, si diceva, una fisionomia affatto distinta rispetto ai classici paradigmi del danno morale: non tanto questione di malinconie, di lamenti notturni, non già cuscini bagnati di lacrime; piuttosto una sequenza di dinamismi alterati, un diverso fare e dover fare (o non piu fare), un altro modo di rapportarsi al mondo esterno – città e dintorni, quartieri, condominio, trasporti, servizi, luoghi del tempo libero, etc.;
>
> c) in terzo luogo, guardando alla morfologia delle fonti dannose, una tendenziale estensione a 360º: l'intero campo delle lesioni della salute, e poi però – aggiuntivamente – le varie ipotesi extrasomatiche già esaminate, più altre che l'esperienza giurisprudenziale documenta, o i casi ulteriori che il diritto comparato segnala: l'intero universo dell'antigiuridicità (delle posizioni civilisticamente protette) quale area di riferimento tendenziale!
>
> d) in quarto luogo, scendendo allo spoglio dei danni-conseguenze, un'attenzione verso qualsiasi modalità realizzatrice della persona: eccezion fatta per gli intrattenimenti di natura illecita o immorale, nessuna esclusione di principio: – le occupazioni anche di tipo redditurale, allora, considerate per la misura in cui la loro compromissione appaia tale da implicare, aggiuntivamente, risvolti esistenziali negativi; – soprattutto, le attività extra-economiche in senso streto (non importa quanto nobili, frivole o innocenti: ad esempio pellegrinaggi, jogging, visite ai musei, giornalismo amatoriale, frequentazione di palestre, volontariato, tornei di bridge, partecipazione alla banda municipale, nouvelle cuisine, viaggi in aereo, giardinaggio, raduni patriottici, raccolte di funghi nei boschi, bocce, mercatini dell'usato, Internet, esercizi spirituali, discoteche, collezionismo, piccole invenzioni, erboristeria, shopping, università della terza età, concorsi di bellezza, speleologia, visite ai parenti, bricolage, cori religiosi, videoriprese, bode-building, filodrammatiche, preparazione di marmellate, gare di ballo, attività politica di quartiere, TV interativa, bird-watching, tenerezze, e così di seguito);

---

[517] MARINHO, Josaphat. Os Direitos da Personalidade no Projeto do novo Código Civil brasileiro. *Boletim da Faculdade de Direito da Universidade de Coimbra*, Coimbra, v. 40, 2000.

[518] Cumpre ressaltar a pertinente obra da autora brasileira, Flaviana Rampazzo Soares, que resolveu aclarar o tema, com base em suficiente e pertinente doutrina italiana, para fins de auxiliar o intérprete brasileiro, acenando com a novidade, no sentido de uma possível aplicação do dano existencial no ordenamento brasileiro. SOARES, Flaviana Rampazzo. *Responsabilidade civil por dano existencial*. Porto Alegre: Livraria do Advogado, 2009.

[519] CENDON, 2000, op. cit., p. 8-9.

[520] Ibid., p. 10-11.

e) in quinto luogo, una disciplina codicista affidata non già alle forche caudine dell'art. 2059, bensì alla *common law* dell'art. 2043, e norme successive-collegate: risarcibilità cioè di tipo ordinario, operante anche al di fuori dei casi di reato;

f) sul piano contabile-processuale infine, quale corollario di tutto ciò, una cumulabilità di principio sia rispetto al ceppo del danno patrimoniale sia rispetto al danno morale puro; possibilità per la vittima di presentare insomma al convenuto, ricorrendone gli estremi, un conto finale a tre voci.

Não se confundindo nem com o dano material,[521] nem com o imaterial, o dano existencial é um dano a toda a gama de relações que fazem parte do desenvolvimento normal de uma pessoa, tanto pessoal como socialmente. É algo que a pessoa não pode mais fazer, porém era parte de sua rotina. Em outras palavras, é um "ter que agir de outra forma" ou um "não poder fazer mais como antes" tanto relativo a uma pessoa física como jurídica, abrangendo, inclusive, aquelas atividades que, razoavelmente, a pessoa poderia desenvolver, segundo regras de experiência. Diferenciando-o do dano moral puro, observa-se que o dano moral faz referência a um sentimento; o dano existencial diz respeito a um não conseguir mais viver como antes; outrossim, o dano moral normalmente ocorre junto com o evento lesivo; o dano existencial, em momento posterior, pois é decorrente de uma sequência de atos. São considerados como fatos potencialmente ensejadores de dano existencial: "a transmissão de doenças, barulhos intensos, a discriminação sexual ou religiosa, a incitação à prostituição, o abuso sexual, os acidentes de trabalho, a lesão ao direito de privacidade e à honra, desastres ambientais"; enfim, "os sacrifícios, as renúncias, a abnegação, a clausura, o exílio, o prejuízo do cotidiano, uma interação menos rica do lesado com outras pessoas, coisas e interesses, provisórias ou definitivas" – tudo isso são ingredientes que formam o dano existencial.[522]

Há, todavia, argumentos contrários à reparação do dano existencial, quais sejam: a) essa categoria de dano é um "modismo", não acrescentando nada de inovador ao dano imaterial já existente; b) pode ensejar reparações em valores bastante altos, com um representativo prejuízo e problema à sociedade; c) não existe um valor padrão, o que pode facilitar abusos; d) é difícil visualizá-lo, uma vez que cada pessoa tem um tipo de reação diferente para situações semelhantes; e) há o perigo do colapso da responsabilidade civil extracontratual, visto que dissabores podem permitir uma indenização, desprestigiando o instituto da reparação e ocasionando um aumento no número de ações propostas; f) se a responsabilidade civil está, em regra, baseada

---

[521] O dano material é aquele que recai sobre o patrimônio, seja diretamente sobre coisas ou sobre bens que o compõe, seja indiretamente como consequência de um dano causado à pessoa, em seus direitos ou faculdades; assim, é dano material direto aquele que pesa sobre bens econômicos destruídos ou deteriorados, e dano patrimonial indireto, por exemplo, os gastos realizados (dano emergente) para a cura de lesões corporais bem como o lucro frustrado (lucro cessante) por efeito de uma incapacidade para o trabalho, temporária ou permanentemente. ORGAZ, 1952, op. cit., p. 38-39.

[522] SOARES, 2009, op. cit., p. 44-47.

na culpa, responsabilizar uma pessoa sem que ela tenha podido prevenir ou evitar o dano, não teria cabimento.[523]

Acerca da prova do dano existencial, deve-se, primeiramente, decidir qual é a sua natureza jurídica: se consequencialista ou se considerado dano evento. No primeiro caso, a prova do dano será a *efetiva alteração do quotidiano* do lesado, como fonte do ilícito tanto contratual como extracontratual, diferenciando-se, nesse particular, acerca do ônus da prova. Se considerado dano evento, basta a lesão a um bem constitucional, ou seja, deve-se provar o fato lesivo propriamente dito, sem importar a consequência.[524]

Voltando ao dano imaterial, a responsabilidade civil por danos imateriais vem regulada em diversos artigos, tais como: art. 1º, III, e art. 5º, V e X, da CF/88; art. 6º, VI e VII, do CDC; art. 17, combinado com o art. 201, V, VIII e IX do Estatuto da Criança e do Adolescente; art. 946 e art. 186 combinado com 927,[525] todos do Código Civil de 2002, como regras gerais; casuisticamente, os arts. 948, 949, 953, 954, todos do Código Civil de 2002.

A preocupação é, pois, com a chamada "indústria do dano moral".[526] Esta acaba sendo estimulada pelo fato de: 1) o valor da causa em uma ação de reparação de danos pode ser o valor de alçada, isto é, pagam-se as custas com base neste valor; 2) a parte pode pleitear assistência judiciária gratuita, portanto, não terá gastos com o processo; 3) a Súmula 326 do STJ garante que não há sucumbência recíproca, ou seja, o autor só será o sucumbente quando o seu pedido for julgado improcedente, sendo óbvio, desta forma, que aquele que move ação de reparação por danos imateriais pode não ter nada a perder, vendo em qualquer situação a hipótese de pleito de dano imaterial.

Uma possível sugestão de solução para o recém referido problema seria excluir a ressarcibilidade de muitas das *imaginadas* modalidades de dano, propagando-se a ideia de que o dano, para ser ressarcido, deve dizer respeito a interesses que realmente mereçam proteção e reparação. O que se pode

---

[523] SOARES, Flaviana Rampazzo. *Responsabilidade civil por dano existencial*. Porto Alegre: Livraria do Advogado, 2009, p. 62-63.

[524] CASSANO, Giuseppe. *La Giurisprudenza del danno esistenziale*. Piacenza: Casa Editrice La Tribuna, 2002, p. 86-87.

[525] Judith Martins-Costa enuncia: "O novo Código rompe com a construção que serviu de base para a elaboração da noção de ilicitude civil a partir de sua mais corriqueira consequência patrimonial – o nascimento do dever de indenizar. Essa ruptura está pontuada por dois traços: a) comparativamente ao art. 159 do Código Civil de 1916, o art. 186 não reproduz a sua verba final ('fica obrigado a reparar o dano'); b) tanto em relação ao art. 186 quanto ao art. 187, a obrigação de indenizar ganhou autonomia, sendo tratada em título próprio (arts. 927 e ss.), distinto, na geografia do Código, do tratamento da ilicitude. (...) Por isso é que, para viabilizar uma adequada tutela à pessoa e aos direitos da personalidade, aos direitos difusos, coletivos e às obrigações duradouras, será importante perceber que o novo Código opera a separação (metodológica) entre ilicitude e dever de indenizar, o que abre ensejo: a) à visualização de novas formas de tutela, para além da obrigação de indenizar (como as previstas, por exemplo, na Constituição, no Código de Processo Civil, em formas penais ou mesmo, se for o caso, em regulamentos administrativos); e b) à compreensão de que pode haver ilicitude sem dano e dano reparável sem ilicitude". MARTINS-COSTA, Judith H. Conceito de ilicitude no novo Código Civil. *Revista Literária de Direito*, p. 25-26, ago./set. 2003c.

[526] A exemplo da expressão usada na doutrina e na jurisprudência, segue a decisão do Tribunal de Justiça do Rio Grande do Sul: "ausente aquela prova, inviável deferir-se a reparação, fato que só viria a estimular a crescente indústria do dano moral". (Apelação Cível 700115366263, de 7.6.2006).

constatar é que, com a erosão do filtro nexo causal, e, em se tratando de responsabilidade objetiva, o único filtro capaz de funcionar é o dano, por isso a preocupação com a sua constatação.

Schreiber[527] contempla como proposta para o desincentivo de demandas frívolas a *reparação não pecuniária* dos danos extrapatrimoniais, sugestão com a qual não se concorda, pois o sujeito só sente que fez algo errado quando é obrigado a dispender, mas que por uma questão de honestidade traz-se os argumentos. O pagamento de uma soma em dinheiro, por danos não patrimoniais, faz crescer sentimentos mercenários,[528] e pode levar à conclusão de que a pessoa está autorizada a lesar, desde que tenha dinheiro para pagar, ou seja, desde que possa arcar com o "preço" correspondente. Sugere, também, a *retratação pública*,[529] não necessariamente para substituir ou para eliminar a compensação em dinheiro, mas para ser associado a ela. Comenta o autor que, nos ordenamentos do *Civil Law,* o valor das indenizações por dano imaterial tem-se mantido baixo e que esta insuficiência igualmente é frustrante para a vítima.

Defendendo, também, a reparação *in natura*, Rabindranath de Souza[530] esclarece que "a obrigação da indemnização deve, em princípio, revestir o modo de reconstituição natural ou de indemnização em espécie, por ser esta a forma mais perfeita de reparação dos danos concretos ou reais e que melhor garante a integridade das pessoas e dos bens"; dito de outra maneira, o lesante deve restar obrigado a "reconstituir a situação que existiria se não se tivesse verificado o evento (violador da personalidade) que obriga à reparação". Desta forma, em caso de furto ou de detenção ilícita de manuscritos, deve-se devolvê-los; se alguém indevidamente gravou conversa alheia, deve destruir os registros; quem ofendeu outra pessoa deverá destruir a corporização da ofensa e retratar-se.

Em contrapartida, sustenta-se que o dano, mesmo imaterial, deve ser ressarcido de forma pecuniária, sem que isso traga consigo o caráter pejorativo da mercantilização. É, sim, uma visão utilitarista, mas ela está sempre presente nas mais diversas relações privadas – é inerente a estas relações. Igualmente, concorda-se que a retratação[531] ou o desagravo sejam formas

---

[527] SCHREIBER, 2007a, op. cit., p. 187 e ss.

[528] MARELLA, Maria Rosaria. *La riparazione del danno in forma specifica*. Pádua: Cedam, 2000, p. 290. Suplementando a ideia, Carlos Alberto Bittar afirma que: "De fato, na ideia de reparação não se insere apenas a noção de atribuição de um valor pecuniário em substituição à obrigação descumprida ou em paga à lesão causada. De início, é na recomposição do equilíbrio rompido pela ação lesiva que encontra a sua razão a teoria em exame; por isso, quando se estipula a entrega de certa soma ao lesado não se está senão objetivando a restauração da posição atingida. Não se cura, em verdade, de pagamento, no sentido técnico-jurídico, mas de sanção, que se pode traduzir em dinheiro, como, de regra, diante do princípio milenar da conceituação do patrimônio como garantia comum dos credores, sem, no entanto, assumir o referido caráter". BITTAR, 1994, op. cit., p. 63.

[529] Aliás, a reparação *in natura* deve ser, sempre, a primeira opção; então, caluniou, há direito de retratação; desmatou, tem que replantar; estragou o carro, deve arrumá-lo. Importa recordar que, se o autor não fizer o pedido da reparação *in natura,* não caberá ao Juiz alcançá-la, sob pena de sentença *extra petita*.

[530] CAPELO DE SOUZA, 1995, op. cit., p. 463.

[531] A despeito de a reparação específica, como a retratação, ser um desagravo – satisfazendo, em parte, o lesado –, cumpre aquela apenas uma função "parcialmente neutralizadora do prejuízo", não significando

*cumuláveis* com a soma a ser despendida pelo cometimento de um dano imaterial, porque nem todos que leram a notícia vexatória, por exemplo, vão ler o desagravo, sendo apenas este, desta forma, insuficiente. E sobre o argumento de os valores destas reparações serem baixos, a solução é efetivamente se alcançar um caráter punitivo ao dano, elevando-se, substancialmente, os valores a serem pagos às vítimas.

Observa-se, então, que a reparação *in natura*, como já foi salientado, traz consigo fortes limitações, havendo a necessidade, no mais das vezes, de complementá-la ou de substituí-la por dinheiro. Deve-se, pois, ter em mente que: 1) a reconstituição natural pode não mais ser possível ou ter-se tornado impossível, tanto material como juridicamente, como no caso da morte, no caso da destruição de manuscritos que não têm como ser recompostos; 2) a reconstituição pode não reparar integralmente os danos, devendo ser complementada com pagamentos em dinheiro, como no caso da injúria, em que só a retratação não repara, uma vez que nem todos que ouviram a injúria ouvirão as desculpas; 3) a reconstituição natural pode não ser exigível quando for excessivamente onerosa para o devedor, assim "se algumas cenas de um filme industrializado contiverem referências inexactas ou não verdadeiras acerca da identidade da personalidade de certa pessoa mas forem essenciais à compreensão da perspectiva fílmica do realizador, não haverá lugar à destruição do filme e respectivas cópias, nem ao corte das cenas", cabendo, eventualmente, uma indenização em dinheiro.[532]

Como no dano imaterial a dificuldade é o arbitramento do seu valor, tendo em vista o grau de subjetividade que permeia o assunto, há quem defenda[533] que o ideal seria estabelecer "grupos de casos típicos" de acordo com o interesse extrapatrimonial concretamente lesado. Assim, vão-se construindo, por meio da jurisprudência,[534] alguns tópicos ou parâmetros que possam atuar, pela pesquisa do precedente, como "amarras à excessiva flutuação do entendimento jurisprudencial". Além disso, facilita, nesse

---

a reparação completa do dano. E continua a autora, asseverando que: "com efeito, a retratação não apaga a ofensa, nem significa que esta não tenha existido; portanto, não elimina os efeitos lesivos já produzidos no patrimônio ou no espírito do ofendido". GONZALES, Matilde Zavala. *Resarcimiento de daños*. Presupuestos y funciones del Derecho de Daños. v. 4. Buenos Aires: Hammurabi, 1999, p. 472-473.

[532] CAPELO DE SOUZA, 1995, op. cit., p. 464.

[533] MARTINS-COSTA, 2002, op. cit., p. 439.

[534] Deve-se recordar, no entanto, que nem sempre as decisões jurisprudenciais parecem justas: "Responsabilidade civil. Danos Morais e Estéticos. Responsabilidade do Ente Estatal por Omissão. Caso em que o autor perdeu, em definitivo, a visão do olho esquerdo em função da queda de uma goleira de futebol sobre sua cabeça, fato ocorrido no interior de uma escola municipal. Dano moral. Inegável que a pessoa que possui a visão completa e perde metade dessa função sofre dano moral. Dano estético. Olho lesionado que apresenta palidez total do disco óptico, permanecendo sempre aberto. Caracterização do dano indenizável. Pensão mensal. Sendo constatada uma redução da capacidade laborativa na ordem de 30%, esse é o parâmetro para o pensionamento. Reexame necessário. Adequado o termo final da pensão ao pedido inicial. Valor da indenização reduzido para evitar excessiva punição estatal, bem como se observar os parâmetros da Câmara. Recursos voluntários desprovidos. Sentença reformada parcialmente em reexame necessário. Decisão unânime". RIO GRANDE DO SUL. Tribunal de Justiça. Apelação Cível n. 70024638165. Apelante/Recorrido adesivo: Município de Estância Velha. Apelado/Recorrente adesivo: Luciano da Cruz. Rel. Des. Jorge Alberto Schreiner Pestana. Porto Alegre, 30 de outubro de 2008. Disponível em: <http://www3.tjrs.jus.br/site_php/consulta/download/exibe_documento.php?codigo=1603307&ano=2008>. Acesso em: 02 jun. 2010.

entender, a pesquisa do precedente e a elaboração progressiva e aberta dos tópicos; ainda, obtém-se a "ressistematização das *fattispecies* já previstas", permitindo a incorporação de novas hipóteses, sem a necessidade de recorrer à punctual intervenção do Legislador.

Certamente, pode-se dizer que: "A reparação dos danos extrapatrimoniais, especialmente a quantificação da indenização, constitui o problema mais delicado da prática forense na atualidade, em face da dificuldade de fixação de critérios objetivos para o seu arbitramento".[535]

Cumpre observar, outrossim, que a jurisprudência[536] e a doutrina[537] já traçaram alguns requisitos a serem examinados pelo Julgador quando do momento do arbitramento do dano imaterial, sem, todavia, haver regras legais expressas[538] sobre o assunto.[539] O fato é que exigir do Legislador a ela-

---

[535] SANSEVERINO, 2010, op. cit., p. 275.

[536] Tribunal de Justiça do Rio de Janeiro, Apelação Cível 2007. 001.02811, j. 28.2.2007.

[537] Sérgio Cavalieri defende que "não há, realmente, outro meio mais eficiente para se fixar o dano moral a não ser pelo arbitramento judicial. Cabe ao Juiz, de acordo com o seu prudente arbítrio, atentando para a repercussão do dano e a possibilidade econômica do ofensor, estimar a quantia a título de reparação pelo dano moral". CAVALIERI FILHO, 2010, op. cit., p. 96.

[538] Alguns Projetos de Lei chegaram a ser apresentados com a finalidade de estabelecer limites aos valores indenizatórios, como "o Projeto de Lei n. 7.124, de 2002, apresentado pelo Senador Pedro Simon, como substitutivo ao Projeto n. 150, do Senador Antônio Carlos Valadares, previu, entre outras coisas, graus de dano moral, indicando limites indenizatórios para cada um. Assim, para as ofensas de natureza leve, caberia indenização de até R$20.000,00; para as de natureza média, de R$20.000,00 a R$90.000,00; para as de natureza grave, de R$90.000,00 a R$180.000,00. O referido Projeto indicou critérios para a fixação do montante indenizatório, arrolando alguns de natureza claramente punitiva, como o grau de dolo ou a culpa do ofensor. Além disso, previu a possibilidade de elevação do valor da indenização ao triplo, em caso de reincidência do lesante. Já o Projeto n. 6.358, de 2002, de autoria do Deputado José Carlos Coutinho, que cuida do dano moral em caso de extravio ou de perda definitiva de bagagem, previu a fixação de indenização, por volume de bagagem, no montante correspondente: I) à décima parte do valor da passagem, por dia de atraso de entrega, até 10 (dez) dias; II) a um terço do valor da passagem, por dia de atraso na entrega, do décimo-primeiro ao trigésimo dia; III) ao décuplo do valor da passagem, por perda definitiva, deduzidos os valores já pagos, relativos aos itens anteriores. O Projeto n. 6.659, de 2002, elaborado pelo Deputado Darcísio Perondi, previu indenização por dano decorrente de má prática médica limitada a 100 (cem) salários mínimos ou, alternativamente, ao equivalente a 5 (cinco) vezes o valor pago pelo paciente. Ainda, o Projeto n. 1.443, de 2003, do Deputado Pastor Reinaldo, que previu que a indenização do dano moral será fixada em até duas vezes e meia os rendimentos do ofensor ao tempo do fato, desde que não exceda em dez vezes o valor dos rendimentos mensais do ofendido, que será considerado limite máximo; além disso, estabeleceu que, na ocorrência conjunta de dano material, o valor indenizatório do dano moral não poderá exceder a dez vezes o valor daquele apurado. A íntegra dos Projetos de Lei pode ser obtida em: <http://www.senado.gov.br/web/secsdefa/principa.shtm> e <http://www.camara.gov.br>. Acesso em: 08 nov. 2010. Dando exemplo de valores a título de danos puntivos, do Estado do Alaska, o autor lembra que: "A exemplo da legislação do Estado do Alaska (AS 09.17.020. *Punitive Damages*), que estabelece limites para os *punitive damages* correspondentes a três vezes o valor dos *compensatory damages* ou $500,000, exceto se demostrado que a conduta ilícita foi motivada por ganho financeiro, quando, então, os *punitive damages* poderão chegar a quatro vezes os *compensatory damages* fixados no processo, quatro vezes o ganho financeiro do lesante resultante do ato ilícito ou a soma de $7,000,000". CORRÊA DE ANDRADE, 2009, op. cit., p. 310, 312. Cumpre lembrar, ainda, que o Projeto de Lei n. 6.960/02, do Deputado Federal Ricardo Fiúza, visava à modificação de muitos artigos do Código Civil de 2002, dentre eles o art. 944, que passaria a prever, expressamente, uma das funções da responsabilidade civil, fazendo constar que: "Art. 944: A lesão mede-se pela extensão do dano. (...) § 2° A reparação do dano moral deve constituir-se em compensação ao lesado e adequado desestímulo ao lesante". Ainda, o Projeto de Lei do Senado n. 413/2007 traz as três funções (compensatória, punitiva e preventiva), mas ainda está para análise na Comissão de Constituição, Justiça e Cidadania do Senado, tendo como autor o Senador Renato Casagrande. VAZ, 2009, op. cit., p. 81.

[539] Montenegro doutrina que: "Outro critério em ascensão, depois da vigência da Constituição de 88, consiste em arbitrar o dano moral em valor nunca inferior àquele correspondente ao padrão econômico

boração dessas regras não traria, salvo melhor juízo, a Justiça esperada, porque, como cada caso é único, com as suas especificidades, melhor não há do que deixar ao prudente e razoável arbítrio do Juiz a decisão do valor no caso concreto,[540] embora tendo por base dados bastante subjetivos. Resta ao inconformado, no entanto, o seu direito de recorrer da decisão. Em sentido contrário, ou seja, entendendo que não se deve deixar ao arbítrio do Juiz, Jorge Mosset Iturraspe[541] comenta que: "El accionante debe hacer esa determinación económica, y, si entendiera que las circunstancias no lo posibilitan o que la evaluación dependiera de elementos aún no fijados definitivamente, puede al peticionar hacer la salvedad de que ej juez deberá estar a la prueba, a lo que en más o menos resulte de ella"; assim, ao menos como hipótese, o Juiz poderá alcançar ao lesado um valor maior do que o pedido na inicial.

Carlos Roberto Gonçalves[542] enumera um apanhado dos critérios a serem analisados pelo Juiz no momento do arbitramento: "a) a condição social, educacional, profissional e econômica do lesado; b) a intensidade de seu sofrimento; c) a situação econômica do ofensor e os benefícios que obteve com o ilícito; d) a intensidade do dolo ou o grau da culpa; e) a gravidade e a repercussão da ofensa; f) as peculiaridades e circunstâncias que envolveram o caso, atentando-se para o caráter anti-social da conduta lesiva".

Carlos Alberto Bittar[543] igualmente recorda que há fatores subjetivos e objetivos relacionados às pessoas e que acabam influindo no espírito do julgador, como, por exemplo, a análise do grau da culpa do lesante, a eventual participação do lesado na produção do dano, a situação patrimonial e pessoal das partes e o proveito obtido com o ilícito.

---

da relação negocial ensejadora da ofensa. Assim, numa hipótese de protesto indevido de um título de crédito, ou da inclusão injusta do cliente na relação do Serviço de Proteção ao Crédito, a reparação seria igual ao valor do título protestado ou da prestação reclamada. Como variante do critério acima enunciado, desenvolve-se tendência para fixar o dano moral em soma estimada segundo o valor da obrigação, multiplicada pelos dias de atraso, no seu adimplemento. A tese recebeu o placet da Suprema Corte {Rec. Extr. 172.720-9/RJ, j. 6.2.1996, COAD, n.10/96, p. 104}(...) Na aferição da ofensa moral, tem-se recorrido também à remuneração do ofendido, quando se tratar de autoridade. Aqui, o padrão da reparação seria atendido de acordo com o grau da autoridade ofendida, na sociedade em que exercesse o seu cargo {RDTJRJ, 18/142; 25/233}". COELHO MONTENEGRO, 2005, op. cit., p. 139.

[540] Américo da Silva discute o seguinte: "No que se refere à objeção fundada no fato de se conceder demasiado arbítrio ao Juiz, segundo José de Aguiar Dias, peca pela base, pois a faculdade é concedida ao Juiz em muitos casos e até no de danos patrimoniais; o nosso Código Civil de 2002 é muito claro em admitir avaliação do dano por ofício do Magistrado ('fixar, eqüitativamente'), como se vê do parágrafo único do seu art. 953 ['Se o ofendido não puder provar o prejuízo material, caberá ao Juiz fixar, eqüitativamente, o valor da indenização, na conformidade das circunstâncias do caso'], não servindo em contrário o argumento de que o arbitramento do 'valor da indenização, na conformidade das circunstâncias do caso' compete ao perito, porque o Juiz não está adstrito a ele e pode chamar a si integralmente a função de árbitro". MARTINS DA SILVA, Américo Luís. *O dano moral e sua reparação civil*. São Paulo: Revista dos Tribunais, 2005, p. 57.

[541] ITURRASPE, 1999, op. cit., p. 297. Comenta o autor que: "Sin embargo, la doctrina coincide en que 'la evaluación económica' debe hacerse en la demanda. Y desde esa óptica se ha declarado que es improcedente el dejar librado a la suma que fije el juez la estimación del daño moral; que con esa fórmula no se cumplen los requisitos procesales, privando incluso al demandado de la posibilidad de allanarse".

[542] GONÇALVES, 2010, op. cit., p. 577.

[543] BITTAR, 1994, op. cit., p. 209.

Na mesma linha de pensamento, Guido Alpa[544] explica que "insorge il problema della quantificazione, intensa nel senso della determinazione dei criteri attraverso i quali si può arrivare alla individuazione della somma che deve essere offerta al danneggiato a titolo di risarcimento satisfattorio". O autor ressalta que não é um problema simples, nem de "mercificazione della persona", porém é uma situação de cunho moral, "soprattutto in un momento come quello presente in cui la persona è diventata uno dei valori fondamentali del nostro ordenamento". O referido autor, na sequência, menciona os elementos utilizados pela práxis judiciária: a) a gravidade do delito; b) a intensidade do sofrimento; c) a sensibilidade da pessoa ofendida; d) a condição econômica e social da parte ("questo parâmetro però è stato superato nelle pronunce più recenti perché contrasta con il sentimento umano e con il principio di eguaglianza"); e) o vínculo de convívio e de parentesco; f) se são parentes legítimos. E continua o autor, expondo que "la durata del dolore è posta in correlazione con l'età della persona sofferente; ci si rifiuta poi di applicare il principio dell'*arbitrium boni viri*".

Quanto ao Direito português, comenta Rabindranath de Souza que o valor dos danos imateriais será fixado equitativamente pelo Tribunal, devendo-se levar em conta o grau da culpabilidade do agente, a situação econômica do lesante e do lesado e as demais circunstâncias do caso; assim, se A mata ou injuria B, o Tribunal fixará equitativamente em dinheiro a compensação pelo dano morte ou pela violação da honra, tomando por conta a intensidade do dolo ou a mera culpa de A, a sua situação econômica e a de B, a idade e a saúde de B, em especial no caso de morte, a reputação social de B, a gravidade e a publicidade da ofensa caso se trate de injúria, e outras circunstâncias importantes para o caso em concreto.[545]

No Direito francês, há uma escala de critérios a fim de avaliar o dano sofrido: muito leve, leve, moderada, média, suficientemente importante, importante e muito importante. Essa qualificação é aproximativa, porém ajuda o médico responsável a enxergar a extensão do dano, cabendo ao Juiz determinar a conversão do dano em compensação, sem, repisa-se, valer-se de critérios objetivos. Já o prejuízo estético, compara o autor, pode ser facilmente verificável, mas se continua sem critérios para reparar esses danos – cada Juiz tem o arbítrio de achar a própria indenização. Fará o Juiz uma comparação daquilo que o lesado podia fazer antes do dano e do que ele pode fazer após o dano – apreciação, esta, extremamente subjetiva.[546]

Em sentido contrário, ou seja, criticando os referidos critérios, Anderson Schreiber[547] defende que "as Cortes empregam critérios equivocados como a prova da dor,[548] vexame, sofrimento ou humilhação – consequências

---

[544] ALPA, 1991, op. cit., p. 501-502, 536.
[545] CAPELO DE SOUZA, 1995, op. cit., p. 466.
[546] VINEY, 1988, op. cit., p. 203.
[547] SCHREIBER, 2007a, op. cit., p. 6.
[548] É que a configuração da dor e do sofrimento é absolutamente subjetiva, mas deve-se saber trabalhar com isso.

eventuais e subjetivas do dano, que nada dizem com a sua ontologia –; ou ainda a gravidade da ofensa – critério que, consagrado sob a fórmula de que 'o mero dissabor não pode ser alçado ao patamar do dano moral".[549] Alega o autor que a aplicação desses critérios é uma verdadeira inversão na axiologia constitucional, em que qualquer prejuízo suscita reparação;[550] ainda complementa, afirmando que "na já pressentida inadequação de tais critérios seletivos, muitos Tribunais renunciam à tarefa, caindo em uma reparação indiscriminada, guiada tão somente pela proteção à vítima".

Igualmente contrária ao uso dos critérios mencionados, Maria Celina Bodin de Moraes[551] pontua que estes não devem ser utilizados, pois são próprios do juízo de punição, como as condições econômicas do ofensor e a gravidade da culpa. A autora sustenta que tais elementos dizem respeito ao dano causado, e não ao dano sofrido, e que há outros critérios irrelevantes, pois também se referem à conduta propriamente dita, como a proporcionalidade entre a vantagem de quem praticou o dano e o prejuízo causado a terceiro, a presença ou a ausência de intenção, a previsibilidade ou a boa-fé, o interesse de quem causou o dano ou a intenção de prejudicar outrem.

A reparação do dano imaterial, conforme já foi referido, deve ser encarada não como um pagamento pela dor causada mas como uma compensação que se possa dar à vítima, com o objetivo de lhe alcançar um lenitivo[552] para o seu abalo. Fala-se, deste modo, não em *pretium doloris* (preço da dor), mas em *compensatio doloris* (compensação para a dor), com o que se concorda, sob o argumento de que é melhor isso a deixar a lesante sem reprimenda.

Outra dificuldade do dano imaterial é a sua prova; sobre o tema, pondera Guido Alpa[553] que "non è sempre necessario provare l'esistenza del danno; vi sono ipotesi in cui esso è *in re ipsa*, come accade per il danno 'da fermo' del veicolo in conseguenza di un sinistro". De fato, a prova de um dano imaterial não tem como ser feita da mesma forma que a de um dano patrimonial, pois não se tem como provar dor, sofrimento, humilhação, por documentos ou testemunhas; deste modo, há quem defenda que o dano imaterial existe *in re ipsa*,[554] ou seja, ele é ínsito à própria ofensa, bastando a

---

[549] Superior Tribunal de Justiça, Recurso Especial 403.919/MG, j. 15.5.2003.

[550] Nesse ponto, a razão se coloca ao lado de Fernando de Sandy Lopes Pessoa Jorge que defende que "mais imoral seria nem isso proporcionar ao lesado". PESSOA JORGE, Fernando de Sandy Lopes. *Ensaio sobre os pressupostos da responsabilidade civil*. Coimbra: Almedina, 1999, p. 375.

[551] BODIN DE MORAES, 2003a, op. cit., p. 332.

[552] Antônio da Silva Santos comenta que: "O dinheiro obtido como indenização não faz com que a vítima obtenha o mesmo bem objeto do agravo, mas permite-lhe refazer, na medida do possível, sua situação espiritual anterior à lesão que a perturbou, e seria evitado, enfim, aquela impunidade". SILVA SANTOS, 1999, op. cit., p. 56.

[553] ALPA, 1991, op. cit., p. 483.

[554] O STJ cede ao argumento de que a prova do dano imaterial resta inerente à gravidade do ilícito: "como se trata de algo imaterial ou ideal, a prova do dano moral não pode ser feita através dos mesmos meios utilizados para a comprovação do dano material. Por outras palavras, o dano moral está ínsito na ilicitude do ato praticado, decorre da gravidade do ilícito em si, sendo desnecessária sua efetiva demonstração, ou seja, como já sublinhado: o dano moral existe *in re ipsa*". STJ, Recurso Especial 608918/RS, j. 10.5.2004. Contrariamente, Schreiber entende que o critério da gravidade do ilícito padece de consistência, pois não se pode confundir gravidade do dano com gravidade da conduta do ofensor, uma vez que

prova desta última para que se tenha aquele como existente. Por exemplo, no caso de alguém difamado em uma revista, basta a prova da notícia difamatória nessa revista para que dessa ofensa decorra uma presunção natural de dano, sentimento inerente a qualquer pessoa.

Carlos Alberto Bittar[555] igualmente expressa que, no que toca à constatação do dano, a responsabilidade do agente decorre, quanto aos danos imateriais, "do simples fato da violação, tornando-se, portanto, desnecessária a prova do reflexo no âmbito do lesado, ademais, nem sempre realizável"; dito de outra maneira, o sistema contenta-se com a simples causação, pela consciência que se tem de que alguns fatos afetam a moralidade tanto individual como coletiva, lesionando-a. Ressalva o autor que "não se cogita, mais, pois, de prova de prejuízo moral".

Sobre o tema, mas contestando essa forma consagrada, Anderson Schreiber disserta que "na impossibilidade de prova matemática do dano moral, concluem, *sem ulterior reflexão*, que 'não é preciso que se demonstre a existência do dano extrapatrimonial. Acha-se ele *in re ipsa*, ou seja, decorre dos próprios fatos que deram origem à propositura da ação'".[556] (grifo nosso) E continua o autor, afirmando, sem o acompanhamento de doutrina e de jurisprudência majoritárias, que a prova da dor deve ser dispensada, mas não porque é inerente à ofensa, e, sim, *porque o dano imaterial independe da dor*, consistindo este na própria lesão, e não nas suas consequências. Neste sentido, "como se vê, a pretendida dispensa da prova abarca tão somente as consequências da lesão sobre a sensibilidade da vítima, não já a lesão em si".[557] Para Schreiber, deve-se reconhecer no dano imaterial a lesão a um interesse não patrimonial concretamente, e não abstratamente, merecedor de tutela. Defende, portanto, que a lesão ocorre objetivamente e que a sua verificação deve dar-se de forma desvinculada da repercussão no estado de espírito da vítima.[558]

---

condutas graves podem não dar causa a danos morais, e condutas levemente reprováveis podem ensejar esse dano. Por exemplo, um leve descuido de um motorista pode provocar lesão à integridade física de outrem, gerando danos imateriais; já o doloso inadimplemento de um contrato de mútuo pode não causar danos morais. "O que impede a configuração do dano moral é, nestes casos, a ausência de lesão a um interesse existencial constitucionalmente garantido, sem embargo da gravidade que se possa vislumbrar na conduta do ofensor ou nas consequências patrimoniais desta conduta". SCHREIBER, 2007a, op. cit., p. 122. Carlos Alberto Bittar defende que: "em conclusão, como categoria jurídica específica, danos morais são aqueles suportados na esfera dos valores da moralidade pessoal ou social, e, como tais, reparáveis, em sua integralidade, no âmbito jurídico. *Perceptíveis pelo senso comum – porque ligados à natureza humana* – podem ser identificados, em concreto, pelo Juiz, à luz das circunstâncias fáticas e das peculiaridades da hipótese *sub litem*, respeitado o *critério básico da repercussão do dano na esfera do lesado*". (grifo nosso) BITTAR, 1994, op. cit., p. 38.

[555] BITTAR, 1994, op. cit., p. 199.
[556] Superior Tribunal de Justiça, Recurso Especial 880.035/PR, j. 21.11.2006.
[557] SCHREIBER, 2007a, op. cit., p. 6, 193, 195.
[558] O exemplo usado pelo autor é o caso da famosa atriz que teve negado o seu pedido de indenização por danos imateriais decorrentes do uso não autorizado de fotografias, sob o argumento de que "só mulher feia pode se sentir humilhada, constrangida, vexada em ver o seu corpo desnudo estampado em jornais ou em revistas. As bonitas, não". Esta decisão do Tribunal de Justiça do Rio de Janeiro foi reformada pelo STJ, que reconheceu, por maioria, que o dano existe pela lesão à imagem de uma pessoa, de forma não autorizada, e não com as consequências que possam decorrer. (Tribunal de Justiça do Rio de Janeiro, Embargos Infringentes 250/1999, de 29.9.1999; STJ, 3ª Turma, Recurso Especial 270.730, rel. Min. Nancy Andrighi, j. 19.12.2000). Ibid., p. 194.

Outrossim, cumpre recordar que o STJ editou a Súmula 227 que preceitua: "a pessoa jurídica pode sofrer dano moral", até porque é forçoso concluir que a pessoa jurídica também titulariza alguns direitos especiais de personalidade, tais como o nome, a imagem, a reputação, o sigilo; ou seja, pessoa jurídica tem honra objetiva.

O STJ, no recurso especial 60.033.2-MG, encampou essa tese, declarando que: "a honra objetiva da pessoa jurídica pode ser ofendida pelo protesto indevido de título cambial, cabendo indenização pelo dano extrapatrimonial daí decorrente". O desdobramento da honra, para fins de se tornar a pessoa jurídica sujeito passivo de dano imaterial, diz respeito ao conceito e ao crédito que ela desfruta na comunidade, em decorrência da eficiência de um mister ou da qualidade de um produto destinado ao público. Esta proteção refere-se às ofensas ao bom nome, cuja natureza é estendida às pessoas jurídicas, mas não sem críticas a isso.

Não se pode ainda esquecer que o Código de Defesa do Consumidor (Lei n. 8.078/90), no art. 6º, inciso VI, seguindo esta linha de raciocínio, previu a concessão de reparação destes danos à pessoa jurídica, tanto ao estatuir a reparação de danos patrimoniais e morais, individuais, coletivos e difusos como pelo fato de que no art. 2º conceitua consumidor como toda a pessoa física ou jurídica, deixando claro que tanto uma quanto outra pode sofrer danos imateriais.

A despeito desse entendimento, Maria Celina Bodin de Moraes[559] destaca, no entanto, que a pessoa jurídica não seria passível de reparação por dano moral: "a propósito, não se pode deixar de assinalar a enorme incongruência da jurisprudência nacional, seguida pela doutrina majoritária, no sentido, de um lado, de insistir que o dano moral deve ser definido como dor, vexame, tristeza e humilhação e, de outro lado, de defender a ideia de que as pessoas jurídicas são passíveis de sofrer dano moral". Guido Alpa[560] assevera que "questa nozione di danno non patrimoniale consentirebbe di risarcire anche le persone giuridiche (...) e quindi di assicurare una più equa ed egalitaria applicazione delle sanzioni, da considerarsi, in questo caso, anche alla luce di pene private".[561]

Cumpre salientar, por outro lado, que há danos contra os quais as pessoas não são protegidas, pela simples razão de representarem o procedimento normal e necessário do exercício de um direito subjetivo determinado, como é o caso do direito à concorrência comercial (que é o poder dado a todo o empresário de atrair para si, por meios legais, a clientela de outro); a liberdade de crítica (que é o direito de emitir apreciações desfavoráveis sobre uma obra literária ou artística); o direito de greve (que é um cessar o

---

[559] BODIN DE MORAES, 2003a, op. cit., p. 192.
[560] ALPA, 1991, op. cit., p. 535.
[561] Montenegro comenta que: "Só a pessoa humana é passível de sofrimentos subjetivos. (...) A noção de honra acha-se necessariamente ligada à pessoa humana, refletindo-se nos aspectos profissional e social da personalidade do indivíduo, tal qual incorporada na Declaração Universal dos Direitos do Homem de 1948, em seu art. 12. Resulta claro que quem não tem sensibilidade não sofre dano moral". COELHO MONTENEGRO, 2005, op. cit., p. 142.

trabalho de forma organizada e geral). Todos são exemplos de danos lícitos, ou seja, o desenvolver necessário e normal do exercício de um direito ou de uma liberdade, uma vez que o direito à segurança desaparece: a própria lei autoriza a execução do dano, caso em que não é o ato somente que é lícito – é o próprio dano que é autorizado. São, pois, casos em que a liberdade de ação ganha da segurança.[562]

Ligando o alicerce da responsabilidade civil, ou seja, o princípio *alterum non laedere*, com a liberdade humana, Raniero Bordon[563] assevera que: "dell'alterum non laedere nel nostro sistema della responsabilità civile, ma tiene conto che il nostro diritto civile riconosce anche il principio della libertà umana; i due principi devono allora convivere e la prevalenza dell'uno o dell'altro è condizionata alle dimensioni dell'area dell'illecito stabilite dal legislatore e dalla giurisprudenza".

Há casos, ainda, em que o conteúdo dos direitos subjetivos ou das liberdades individuais é impreciso e variável de acordo com as circunstâncias de tempo, de espaço, de pessoa, como, por exemplo, o direito de exprimir o seu pensamento que pode causar danos à reputação. Em período eleitoral, ganha o direito de dizer a verdade, como também vence em caso de material de informações comerciais.[564] Contudo, em outras situações, haverá o dever de reparar pelo fato de se ter violado um direito fundamental da pessoa. Igualmente fazendo alusão à liberdade, Carlos Alberto Bittar[565] assinala que "a teoria da responsabilidade civil encontra suas raízes no princípio fundamental do *neminem laedere*, justificando-se diante da liberdade e da racionalidade humanas, como imposição, portanto, da própria natureza das coisas", e o autor ainda complementa que: "Ao escolher as vias pelas quais atua na sociedade, o homem assume os ônus correspondentes, apresentando-se a noção de responsabilidade como corolário de sua condição de ser inteligente e livre".

Constatados o desgaste dos filtros da reparação e o crescimento do papel do dano no cenário – sendo estes danos configurados pela lesão a algum direito de personalidade –, faz-se necessário, reunindo-se os três capítulos anteriores, chegar-se ao quarto capítulo para, aproximando todas as informações, poder-se construir, a partir das funções da responsabilidade civil – nem sempre respeitadas –, uma verdadeira proteção que possibilita a reparação de danos que atingem o aspecto subjetivo das pessoas, afetando o que o sujeito tem de mais valor, pelos meios que se passa a expor.

---

[562] STARCK, 1947, op. cit., p. 44-45.
[563] BORDON, 2006, op. cit., p. 4.
[564] STARCK, 1947, op. cit., p. 45.
[565] BITTAR, 1994, p. op. cit., 16.

## 4. Unindo os vértices: reparação de danos e direitos fundamentais

Em regra, pelo lado da reparação de danos, fala-se em Direito Privado; no que concerne aos direitos fundamentais, fala-se em Direito Público. No entanto, a dicotomia entre Direito Público e Direito Privado encontra-se, para alguns,[566] superada. Assim, não convém que se pense na interpenetração eventualmente verificada como intromissão, mas como um fluxo dos fatores sociais, modificações dos campos da vida. De acordo com Ruy Cirne Lima:[567] "as interferências recíprocas, entre o Direito Público e o Direito Privado, são, de regra, como sombras transitórias que cada época lança, antes de submergir-se no passado, sobre a que lhe sucede, no futuro".

A necessidade de superar, pelo menos em alguns momentos, a dicotomia entre público e privado[568] dá-se pelo fato de haver-se tornado frágil essa divisão em face da necessidade de se regrar a infindável gama de relações jurídicas possíveis na atualidade.[569]

Vive-se, hoje, a superposição do Direito Privado e do Direito Público, consequência de duas circunstâncias: as novas tecnologias e a tutela da pessoa humana nas relações interprivadas. No que diz respeito ao primeiro as-

---

[566] A respeito do assunto, sugere-se LUDWIG, Marcos de Campos. Direito Público e Direito Privado: a superação da dicotomia. In: MARTINS-COSTA, Judith H. (org.). *A reconstrução do Direito Privado*. São Paulo: Revista dos Tribunais, 2002a, p. 87-117. Eugênio Facchini Neto comenta que, a despeito da inexistência de fronteiras rígidas entre o público e o privado, nota-se que ainda existe um espaço próprio do Direito Privado, que não foi absorvido pelo Direito Constitucional. Segundo o autor, o Direito Privado perdeu as suas antigas características, deixando de ser um Direito individualista e materialista, para se tornar mais solidário e ético, exibindo uma função social. Facchini Neto pontua a evolução no sentido de uma despatrimonialização do Direito Civil, passando o foco para situações não-patrimoniais, com relevo à dignidade da pessoa humana, como aconteceu com a vigência do ECA, do CDC, com uma maior tutela às vítimas de danos, "já que a nova responsabilidade civil tem compromisso com as vítimas, buscando garantir a reparação/compensação de qualquer dano injusto, relativizando-se a visão clássica que partia do enfoque sobre o agente causador do dano e que sempre exigia a presença de uma culpa". FACCHINI NETO, 2003b, op. cit., p. 54.

[567] LIMA, Ruy Cirne. Direito Público e Direito Privado. *Revista Jurídica*, Porto Alegre, n. 1, ano I, p. 12, jan./fev. 1953.

[568] Acerca da diferença entre o Direito Público e o Direito Privado, Hans Kelsen disserta: "Sabe-se que até hoje não se conseguiu determinar de maneira plenamente satisfatória essa diferença. De acordo com uma ótica bastante difundida, trata-se de uma divisão das relações jurídicas, de modo que o Direito Privado apresentaria uma relação entre sujeitos de igual ordem, juridicamente equivalentes, e o Direito Público uma relação entre um sujeito subordinante e outro subordinado, portanto, entre dois sujeitos, dos quais um tem valor jurídico maior que o outro". KELSEN, 2007, op. cit., p. 126.

[569] LUDWIG, 2002a, op. cit., p. 91.

pecto, a explosão tecnológica bem como a evolução dos meios de utilização dos bens faz surgir categorias patrimoniais e extrapatrimoniais que superam qualquer classificação dicotômica, havendo circunstâncias que causam dúvidas se são do alcance apenas privado ou se são de Direito Público. Em contrapartida, no que concerne à evolução dos mecanismos de proteção dos direitos humanos, são eles que justificam a opção do Legislador Constituinte no sentido de privilegiar a pessoa para além da divisão entre público e privado. Deduz-se, então, que é o Texto Constitucional que permite unificar o sistema normativo, levando em consideração a identidade cultural e as prioridades valorativas da sociedade brasileira.[570]

Necessária é, pois, uma atuação conjunta do Direito Privado com o Público, reestruturando o seu campo de atuação em uma perspectiva nem tão dicotômica. Urge, portanto, abandonar a utopia autossuficiente das codificações liberais e reconhecer, no Direito, a diversidade de suas funções, visível, inclusive, no que pertine à proteção da pessoa e à responsabilidade civil – reconhecida, hoje, como um "colcha de retalhos" –, por ser uma disciplina composta por regras diversas e pouco unitárias.[571]

Para Alexandre dos Santos Cunha,[572] a visão dicotômica, de complementaridade entre o Direito Público e o Privado, não pode ser compreendida como uma fusão entre a esfera pública e a privada. A inexistência de limites entre o público e o privado é característica básica do totalitarismo,[573] cujo combate foi a pedra de toque dos direitos humanos no Pós-Guerra.[574]

A título de comparação e tendo como mira o Direito alemão, Markesinis[575] salienta que: "in recent times, however, interest in comparative public law has grown, and the impact that the constitutional law background has had on the development of private law is also attracting increased attention. The phenomenon is not limited to Germany". Comenta o autor que alguns doutrinadores e até mesmo algumas Cortes "have favoured the *direct application of these constitutionally proclaimed rights in the area of private law*". (grifo nosso) Os exemplos trazidos são: "BAGE 4, 240 (employees have constitutionally protected rights of free speech against employers); BAGE I, 258 (labour agreements providing for lower wages for women may be invalidated); BAGE 4, 274 (agreement which gives the employer the right to terminate contract on marriage of his employee may be invalidated)"; no entanto, Markesinis ressalta que tem prevalecido a "theory of *indirect influence* first strongly advocated by the distinguished constitutional lawyer Gunter Durig in 'Grundrechte und Zivilrechtsprechung', Festschrift zum 75. Geburtstag

---

[570] TEPEDINO, 2004, op. cit., p. 23.
[571] LUDWIG, 2002a, p. cit., p. 109-110.
[572] CUNHA, 2002, op. cit., p. 245.
[573] LAFER, 1998, op. cit., p. 246.
[574] PAVIA, Marie-Luce. Le principe de dignité de la personne humaine: un nouveau principe constitucionnel. In: CABRILLAC, Rémy; ROCHE-FRISON, Marie Anne; REVET, Thierry (orgs.). *Droits et libertes fundamentaux*. 4. ed. Paris: Dalloz, 1997, p. 100.
[575] MARKESINIS, B. S. *The German Law of Obligations*. v. 2 – The Law of Torts: a comparative introduction. Oxford: Clarendon Press, 1997, p. 27-29.

von Hans Nawiasky (1956) 158 ff". (grifo nosso) O doutrinador destaca que foi na área do Direito de Família e na seara dos direitos gerais de privacidade que aconteceu uma considerável "constitutionalization of private law". O que se pode então reconhecer é que há precedentes, inclusive no Direito alemão, aplicando diretamente o conteúdo constitucional (material ou formalmente) ao caso concreto, o que é uma excelente pedra de toque para o que se pretende com o presente estudo, em um momento de união dos direitos postos em debate.

### 4.1. Das funções da responsabilidade civil e os respectivos incentivos para a criação de um novo direito fundamental

O que se pode constatar, ainda nos dia de hoje, é a completa insuficiência dos instrumentos tradicionais do processo e da sentença condenatória para, eficientemente, reparar danos imateriais, em especial os danos à vida privada, pois, nestes, pode não existir nenhum sentido prático na sentença, ainda que o Juiz condene o lesante à reparação do dano. A sentença, infelizmente, nada mais faria do que *convidar* o condenado ao adimplemento da prestação, pois com referida decisão o vencedor tem direito, tão somente, a um título executivo judicial, que, por si só, nada resolve.[576] As razões para tanto saltam aos olhos: cobrar de quem não tem para pagar equivale a não ter cobrado;[577] pedir reparação por danos imateriais deve atender a, no mínimo, duas situações: alcançar um lenitivo[578] à vítima e levar uma sanção[579] para o ofensor, tanto para este último não causar mais o mesmo dano como para aquela situação de punição servir de exemplo a outras pessoas, inibindo-as de cometer o dano.

---

[576] Schreiber aduz que: "É verdade que o Código Civil reserva ao credor, em caso de inadimplemento, duas vias – a da execução específica da obrigação, de um lado, e, de outro, a da indenização por perdas e danos – certo é que não se autoriza ao credor escolher arbitrariamente entre elas. Necessário se faz submeter tal escolha a um exame de merecimento de tutela à luz dos valores do ordenamento civil-constitucional, verificando se, objetivamente, a escolha conforma-se ao critério da utilidade da prestação, consagrado no art. 395, parágrafo único, do Código Civil. Em caso negativo, a conversão em perdas e danos pode ser rejeitada, por representar mesmo exercício abusivo de um direito, em contrariedade à sua finalidade social e econômica (CC, art. 187)". SCHREIBER, 2007b, op. cit., p. 312.

[577] Boris Starck comenta que a teoria da garantia, acerca da qual se falará no decorrer deste texto, resta desarmada contra um sério problema: a insolvência do autor do dano, trazendo o autor como possibilidade de solução do empasse, o seguro. STARCK, 1947, op. cit., p. 71 e ss.

[578] Fazendo a contrapartida entre o valor pago a título de compensação e o valor pago a título de punição, Caroline Vaz comenta especificamente sobre o caráter sancionatório que: "neste momento, não se busca atribuir à vítima um lenitivo para o dano sofrido, dado que isso cabe ao dano moral, pois, neste caso, o valor reverterá para a vítima do dano, diretamente interessada, por isso, na compensação. No caso das prestações punitivas, contudo, os valores serão destinados, conforme frisado, a instituições públicas ou privadas, desde que existam regularmente de acordo com sua natureza. E, dependendo do direito lesado, ou seja, do meio ambiente, do consumidor, da infância e juventude, ou ainda um às crianças e adolescentes, ao idoso, ao patrimônio público, entre outros, será o destinatário do valor". VAZ, 2009, op. cit., p. 134.

[579] Eduardo García Maynez define a sanção como: "(...) consequência jurídica que el incumplimiento de um deber produce en relación con el obligado". MAYNEZ, Eduardo García. *Introdución al estúdio del Derecho*. México: Porrua, 2000, p. 295.

Passando-se sobre o primeiro óbice, que diz respeito a problemas sociais que não cabem neste estudo, qual seja, a falta de recursos por parte do lesante, deve-se buscar satisfazer o mais plenamente possível o lesado. Isso significa não só a tentativa de retorno ao *status quo ante*,[580] quando isso for possível, como ainda imputar uma sanção a quem causou o dano, quando muito não seja, para que outros, vendo e sabendo da punição, não se sintam estimulados a causar danos semelhantes.

### 4.1.1. Da função reparatória, compensatória ou satisfativa

A dissociação entre a culpa e a moral impôs a prevalência, mesmo na responsabilidade subjetiva, da função reparatória sobre qualquer função sancionatória ou dissuasiva que pudesse ser desempenhada pelo instituto. E, se a intensidade da culpa, em regra, não tem influência sobre o valor do dano, não há por que levar em conta a gravidade deste último.[581]

Os mecanismos de reparação normalmente repousam no pagamento de uma certa quantia em dinheiro do lesante para o lesado, seja espontaneamente, seja sob ordem judicial decorrente de um processo; assim, "cuida-se, primordialmente, de fazer incidir sobre o patrimônio do lesante – garantia comum dos credores – a responsabilidade pelos efeitos danosos experimentados pelo lesado, repondo-se as partes no estado anterior". Dito de outro modo, o objetivo da função reparatória é restabelecer o equilíbrio no mundo fático quando rompido pelas consequências da ação lesiva, uma vez que importa à sociedade a preservação da ordem existente e a defesa de valores tidos como essenciais. No entanto, quando o agente não tiver bens ou se estes forem insuficientes, pode-se fazer uso da sanção não pecuniária, "com a submissão pessoal do lesante a obrigação de fazer, ou não fazer, como, por exemplo, a prestação de serviços, a abstenção de certas condutas, o cerceamento de certos direitos"; também, o desmentido ou a retificação de notícia, a divulgação imediata de resposta, a contrapropaganda, em casos de publicidade enganosa. Ademais, tudo isso pode ser cumulado com o ressarcimento pecuniário, toda a vez que o Juiz entender necessário, para, inclusive, servir de desestímulo a novas investidas do gênero.[582]

Sobre o assunto, Guido Alpa[583] expõe que a "funzione preminente è in ogni caso considerato il risarcimento della vittima cui consegue la riparti-

---

[580] Maria Celina Bodin de Moraes discorre sobre o tema: "A lesão à personalidade humana, por suas peculiaridades, não se coaduna com a recondução do prejudicado ao estado anterior. O dispositivo (art. 12 do CC) reforça os mecanismos de proteção no momento patológico da violação: além da possibilidade de recursos às medidas cautelares e ao pedido de antecipação de tutela, há que se observar o art. 461 e parágrafos do CPC, referente às ações que tenham por objeto o cumprimento de obrigação de fazer ou não-fazer, e que, entre outros objetivos, pretende constranger o réu". TEPEDINO; BARBOZA; BODIN DE MORAES, 2007, op. cit., p. 35.
[581] SCHREIBER, 2007a, op. cit., p. 42.
[582] BITTAR, 1994, op. cit., p. 20, 75, 217. Para o autor: "Identifica-se, pois, a sua *ratio* na reação contra todo e qualquer dano injusto. Sobre essa ideia é que repousa, no fundo, a construção da teoria da reparação civil por danos morais".
[583] ALPA, 1991, op. cit., p. 79, 475.

zione delle conseguenze dei danni accidentali tra i consociati"; além disso, recorda que em torno desta função fundamental se articulam outras funções acessórias ou derivadas, que são corolários da primeira, como a função preventiva. Alpa ainda ressalta que, na jurisprudência italiana, defende-se a tese de que a função da indenização do dano é reparatória, e não sancionatória, pois esta última "è assoluta solo in casi di eccezione stabiliti dalla legge, quale ad es la responsabilità derivante all'editore per fatti imputabili ai cronisti, ai sensi della legge sulla stampa". Na Itália, "a função ressarcitória vem, por assim dizer, exaltada pelo incremento dos danos que é um corolário típico da sociedade moderna".[584]

Aponta-se, então, como função da responsabilidade civil,[585] a de reparar, da maneira mais completa possível, o dano decorrente, em regra, de um ato ilícito,[586] buscando, sempre que realizável, a restituição na integralidade. O compromisso é com o restabelecimento do equilíbrio econômico-jurídico que foi alterado pelo dano.[587] Bem conclui Yussef Said Cahali:[588] "a indenizabilidade do dano moral desempenha uma função tríplice: reparar, punir, admoestar ou prevenir".

O que não se pode negar é que a indenização, quando diante de um dano imaterial, desempenha função diversa daquela exercida para um dano material, pois danos patrimoniais podem ser reparados *in natura*, já os imateriais, não; em outras palavras, a finalidade da reparação de um dano imaterial não é alcançar uma equivalência de índole patrimonial, mas proporcionar ao lesado algum tipo de satisfação ou de compensação, ainda que imperfeita.[589]

Observa-se, como questão de fundo, a discussão acerca da possibilidade ou não de um caráter compensatório[590] para os danos imateriais.

---

[584] ALPA, Guido; BESSONE, Mario. *Atipicità dell'illecito*. Milano: Giuffrè, 1980, p. 4. "la funzione risarcitoria viene per così dire esaltata dall'incremento dei danni che è un connotato tipico della società moderna".

[585] Eugênio Facchini Neto bem recorda que: "quanto menor for a proteção dada ao indivíduo pela seguridade social, maior é a função que se atribui à responsabilidade civil, a fim de tutelar mais eficientemente o indivíduo em relação aos infortúnios a que está sujeito em razão da vida em sociedade". FACCHINI NETO, 2007b, op. cit., p. 187.

[586] Ato ilícito é todo ato contrário ao direito objetivo, considerado este em sua totalidade. ORGAZ, 1952, op. cit., p. 19. Deve-se, no entanto, destacar que nem toda a reparação decorre de um ato ilícito, mas, por vezes, de um ato lídimo, como o dano decorrente de um ato praticado em estado de necessidade, pela combinação dos artigos 188, inciso II e 929 e 930, todos do Código Civil de 2002.

[587] VINEY, Geneviève; JOURDAIN, Patrice. Les effets de la responsabilité. In: GHESTIN, Jacques (dir.). *Traité de Droit Civile*. Paris: L.G.D.J, 2001, p. 1.

[588] CAHALI, 2005, op. cit., p. 175.

[589] PIZARRO, Ramón Daniel. *Daño moral*. Buenos Aires: Hammurabi, 2000, p. 77.

[590] Constata-se que aquele que defende um caráter compensatório da reparação de danos imateriais (na mesma medida) não apoia a função punitiva, em que o *valor* da reparação deverá ser teoricamente maior que o valor do dano para verdadeiramente alcançar a sanção. Sobre o assunto, André Andrade comenta que: "no que diz respeito especificamente ao dano moral, a afirmação de que a indenização, quando fixada em montante que busca tão-somente compensar ou satisfazer a vítima, já traz em si a finalidade punitiva deve ser recebida com reservas. Apenas *abstratamente*, de forma *secundária e contingente* tal indenização estaria a desempenhar o papel de punição. O que imprime, *concretamente*, de forma *primária e necessária* o caráter de punição ao montante fixado pelo juízo é exatamente a inexistência de equivalência entre o dano e a indenização, com a atribuição de maior peso para esta última. Assim, somente quando o

Brebbia[591] defende que apenas o dano patrimonial permite um caráter compensatório, porquanto é suscetível de avaliação pecuniária; contudo, quando se está diante de um dano não patrimonial, a indenização deve ter uma função de satisfação da vítima. Assim, para o autor, a compensação estaria para os danos patrimoniais, e a satisfação, para os imateriais.

Cabe argumentar, todavia, que a soma em dinheiro não serve para apagar o dano imaterial, mas para conceder à vítima algum tipo de alívio para o sofrimento,[592] sendo o dinheiro um lenitivo para que o lesado encontre satisfações substitutivas,[593] na medida do possível. Christino Almeida do Valle[594] pontua que "a alegria, o prazer e o entretenimento, que somente o dinheiro é capaz de permitir, ajudam a proporcionar euforia às pessoas. Isso enseja o afastamento, o mais possível, dos sofrimentos físicos e morais. Por isso, os danos morais, ainda que ditos irreparáveis, não podem deixar de ter sua reparação". Como complemento, esclarece: "ainda que a compensação não seja absoluta, pode haver uma parcela mínima dela suficiente para a amenização. O que *não deixa de constituir compensação*".[595] (grifo nosso)

O que precisa ser excepcionado e recordado, porém, é que há situações em que o dano moral não vem associado à dor, ao constrangimento ou a outros sentimentos negativos, considerados, por alguns, não o próprio dano, mas consequência deste último, como já foi demonstrado ao longo desta tese. Para aqueles que defendem que o dano moral está na ofensa ao *objeto*, e não no tipo de consequência, a ofensa aos direitos de personalidade, independentemente da repercussão psíquica que isso cause, abre espaço para o reconhecimento do dano imaterial para situações em que a vítima não seja passível de detrimento anímico, como no caso dos doentes mentais, pessoas em estado vegetativo, em coma, crianças de tenra idade, nascituro, pessoa jurídica. Nestes casos, "a indenização jamais atuaria como lenitivo, compensação ou satisfação. Sua imposição, ainda que se não reconheça expressamente, tem caráter aflitivo, de punição ao infrator pelo mal causado". Assim, "pode-se dizer que, nas hipóteses de dano moral causado a pessoas sem capacidade de sentir ou perceber o dano e no caso de dano moral coletivo, a indenização é *intrinsecamente punitiva*".[596] (grifo nosso)

---

agente fosse condenado ao pagamento de uma quantia cujo valor ultrapassasse o montante considerado necessário para a compensação do dano seria possível falar, legitimamente, em indenização com caráter punitivo ou que tivesse o propósito concreto e primário de punir o ofensor. Do mesmo modo, poderia ser considerada punitiva, em essência, a indenização que constituísse um montante, de qualquer valor, acrescido à indenização compensatória". (grifo nosso) CORRÊA DE ANDRADE, 2009, op. cit., p 163.

[591] BREBBIA, Roberto H. *El daño moral*. Córdoba: Orbir, 1967, p. 69.

[592] Quando este dano causar sofrimento, o que nem sempre é necessário, conforme explicitado ao longo desta tese.

[593] STIGLITZ; ECHEVESTI, 1992, op. cit., p. 259.

[594] VALLE, Christino Almeida do. *Dano moral*. Rio de Janeiro: Aide, 1993, p. 46.

[595] Arnaldo Marmitt igualmente sustenta que: "no dano moral o ressarcimento identifica-se com a compensação. É uma reparação compensatória". MARMITT, Arnaldo. *Perdas e danos*. Rio de Janeiro: Aide, 1992, p. 131.

[596] CORRÊA DE ANDRADE, 2009, op. cit., p. 164-165.

O caráter também será puramente sancionatório nos casos em que o dano moral é especialmente grave, como quando da morte de um filho, por exemplo, em que a ideia de compensação ou de satisfação pode soar afrontosa para a vítima, pois "em casos gravíssimos, em que a esfera personalíssima do indivíduo é atingida de maneira intensa, o que se busca, de forma exclusiva, é a punição do ofensor". Outrossim, qualquer consolo se apresenta impossível quando a vítima for muito abastada,[597] casos em que é tão somente o caráter punitivo que estimula o lesado a propor a ação, e não o intuito de qualquer compensação ou satisfação.[598]

Retornando-se ao foco e defendendo um caráter compensatório para os danos imateriais, Clayton Reis[599] argumenta que para o lesado o *quantum* indenizatório tem função compensatória pela quebra da paz, buscando, sempre que possível, restabelecer o ânimo violado. Para o autor, é uma restituição "em nível de equivalência, sob pena de o processo indenizatório não atender aos pressupostos formais da responsabilidade civil, bem como negar aplicação ao preceito constitucional sedimentado na ideia de que a indenização seja proporcional ao agravo". Semelhante, ainda, é o pensamento de Ramón Pizarro[600] que alega que "não se trata de prostituir a dor, colocando-lhe um preço (...), mas de oferecer, a partir de uma ótica jurídica, uma resposta razoável através de uma compensação".

Gustavo Tepedino[601] assinala que a proteção da pessoa, além de superar a divisão entre Direito Público e Direito Privado, "não se satisfaz com as técnicas ressarcitória e repressiva (binômio sanção-lesão), exigindo, ao reverso, instrumentos de promoção do homem, considerado em qualquer situação jurídica de que participe, contratual ou extracontratual, em Direito Público ou Privado".

A tão só reparação do dano, no mais das vezes, não perfaz uma solução jurídica satisfatória, adequada, porque "não atende ao sentimento médio de Justiça, que clama por alguma forma de retribuição do mal suportado". Além disso, a função reparatória é voltada para o passado, ocupa-se de um fato já ocorrido.

Agora, é chegado o momento de se discutir a introdução do paradigma penal nos domínios da responsabilidade civil, uma vez que há evidências de uma superação do tradicional modelo reparatório, não no sentido

---

[597] Sobre o assunto, André Andrade comenta: "Mas não apenas a especial gravidade da lesão é sugestiva de uma tendência, inclinação ou propensão punitiva da indenização do dano moral: a própria fortuna da vítima pode revelar a desconexidade entre a soma em dinheiro pleiteada e a ideia de compensação pelo dano moral sofrido. Com efeito, constituiria puro exercício de ficção imaginar que, para uma pessoa de grande fortuna, o dinheiro possa constituir lenitivo, satisfação ou compensação pelo dano causado à sua honra. Há pessoas economicamente abastadas para as quais uma indenização em dinheiro atuaria tão-somente como retribuição a um comportamento ilícito ou lesivo. Em tais situações, a reparação pecuniária é pleiteada pela vítima apenas como instrumento de punição do ofensor. Pode-se, pois, pelo ângulo da motivação da vítima, falar em uma indenização *fundacionalmente retributiva*". (grifo nosso) Ibid., p. 166.
[598] Ibid., p. 165.
[599] REIS, Clayton. *Os novos rumos da indenização do dano moral*. Rio de Janeiro: Forense, 2000, p. 274.
[600] PIZARRO, 2000, op. cit., p. 87.
[601] TEPEDINO, 1999a, op. cit., p. 46.

de abandonar a ideia de reparação, mas sim no de promover um redimensionamento para que a responsabilidade civil possa atender aos modernos e complexos conflitos sociais, adotando-se, então, novas funções[602] conforme se verá a seguir. Não significa dizer, entretanto, que a função reparatória não seja, por si só, um incentivo para que a reparação de danos imateriais seja alçada a um direito fundamental, pois não há dúvida de que é preciso ressarcir o lesado, de uma maneira séria, rápida e, na medida do possível, eficaz. Assim, reparar, punir e prevenir são motivações para alguém que, lesado em sua personalidade, quer voltar o quanto possível para o seu *status quo ante*. A adoção e a aplicação das três funções mencionadas neste momento do estudo denotam a seriedade do problema de quem sofre um dano imaterial, razão mais do que plausível para que esta reparação seja encarada como um direito fundamental.

### 4.1.2. Das funções punitiva e preventiva

A cisão entre os planos ressarcitório e punitivo deve-se, em especial, pela consagração, no Código Civil, da figura do enriquecimento sem causa,[603] influência dos ideais de Justiça de São Tomás de Aquino. Ele defendia que deveria ser banida qualquer transferência injustificada de riqueza de uma pessoa para outra; dito de outra maneira, sugeria uma limitação da obrigação de indenizar somente o dano efetivamente infligido, propondo as bases do princípio hoje acolhido expressamente no *caput* do art. 944 do Código Civil brasileiro. Afora isso, o processo de despenalização da responsabilidade civil aparece não apenas para limitar cada vez mais a reparação tão só dos danos sofridos mas também para tornar mais uniforme as regras da responsabilização.[604]

Fernando Pessoa Jorge,[605] comentando acerca das funções punitiva-preventiva e reparatória, pontua que, para a responsabilidade civil ter função punitiva, ela deve constituir sanção de um ato ilícito civil, mas que o objetivo de punição é geralmente concebido na esfera penal. Sobre isso, argumenta que: a) a existência de prejuízos é pressuposto da responsabilidade civil; outrossim, há dispositivos legais que denotam que, para a responsabilidade civil ter caráter sancionatório, ela deve nascer imediata e necessariamente da prática de um ato ilícito, com ou sem prejuízos; assim, se a responsabilidade civil, por definição, é a obrigação de indenizar prejuízos, não poderá

---

[602] CORRÊA DE ANDRADE, 2009, op. cit., p. 229-222.

[603] Art. 884 do CC: "Aquele que, sem justa causa, se enriquecer à custa de outrem, será obrigado a restituir o indevidamente auferido, feita a atualização dos valores monetários. Parágrafo único: Se o enriquecimento tiver por objeto coisa determinada, quem a recebeu é obrigado a restituí-la, e, se a coisa não mais subsistir, a restituição se fará pelo valor do bem na época em que foi exigido". Art. 885 do CC: "A restituição é devida, não só quando não tenha havido causa que justifique o enriquecimento, mas também se esta deixou de existir". Art. 886 do CC: "Não caberá restituição por enriquecimento, se a lei conferir ao lesado outros meios para se ressarcir do prejuízo sofrido".

[604] MARTINS-COSTA, Judith H.; PARGENDLER, Mariana. Usos e abusos da função punitiva *Revista da Ajuris*, Porto Alegre, n. 100, p. 236-237, dez. 2005.

[605] PESSOA JORGE, 1999, op. cit., p. 48-52.

existir sem estes; b) tendo a responsabilidade civil uma função punitiva-preventiva, é de se admitir a sua aplicação em casos de tentativa de lesão ou de lesão frustrada, em termos análogos ao Direito Penal; c) bem como é o caso de excluir a transmissão *mortis causa* do dever de indenizar. Desta feita, diz o autor, deve-se atribuir à responsabilidade civil apenas o caráter reparatório, uma vez que a sua função é a restituição do lesado ao estado anterior ao dano. Ele defende, ainda, no entanto, que se deve analisar se a responsabilidade civil está ou não conexa com a criminal, como no caso de ofensas corporais que repercutem em ambas as esferas. A responsabilidade civil conexa com a criminal exerce, sim, a função punitiva, inclusive por levar em consideração, para o arbitramento da indenização, elementos que nada têm a ver com os prejuízos, como a gravidade da infração, a situação econômica e social do ofendido e do infrator, podendo haver condenação em valor superior ao pleiteado pela vítima; por outro lado, a responsabilidade meramente civil tem a função reparadora como primária, porque "a existência de prejuízos apresenta-se como pressuposto indispensável e, mesmo nos casos em que na graduação da indemnização se atende à gravidade do ilícito, nunca tal graduação vai ao ponto de determinar indemnização superior aos prejuízos sofridos", sob pena de enriquecimento da vítima.

Ao lado da função reparatória,[606] que enaltece a ideia de restauração de uma situação anterior ao dano, por meio de providências específicas, normalmente de natureza pecuniária, outras funções, pelo que se denota, foram idealizadas. Observa-se, então, que a responsabilidade civil não se preocupa somente com a reparação do dano: também tem por objetivo impedir a sua realização ou a sua continuação, principalmente no que concerne aos direitos da personalidade.[607] Neste sentido são as palavras de Matilde Zavala de Gonzales[608] para quem "a responsabilidade por danos não é apenas reparadora, ao contrário de sua finalidade primária se orienta em direção à prevenção de prejuízos e, caso tenha ele ocorrido, a evitar sua continuidade ou agravação; tal é a mira essencial de qualquer sã teologia jurídica". Já Eugênio Facchini Neto[609] pondera que a responsabilidade civil está cada vez mais

---

[606] Correlata à função reparatória, existe a função reintegradora. De acordo com Roca, jurista espanhola, "Reintegración de la situación alterada al mismo estado que existía antes de la producción del daño: función reintegradora". ROCA, Encarna. *Derecho de Daños*. Textos y Materiales. Valencia: Tirant lo Blanch, 2000, p. 24. E existe, igualmente, a função de restabelecimento utilizada por Geneviève Viney que aduz que, uma vez ocorrido o dano, busca-se alcançar um objetivo mais ambicioso do que uma simples condenação, procura-se o "restabelecimento da situação anterior ao dano", que se traduz, normalmente, em condenações não-pecuniárias. VINEY; JOURDAIN, 2001, op. cit., p. 23.

[607] De acordo com Andrade: "O que distingue a indenização punitiva da indenização compensatória é justamente a circunstância de que, na primeira, a fixação do montante leva em consideração *a gravidade do comportamento do ofensor*, enquanto, na segunda, o *quantum* é estabelecido com base *na gravidade do dano sofrido* pelo lesado. (...) Atribuindo importância à conduta do ofensor, e não apenas à consequência sofrida pela vítima, distingue um comportamento mais reprovável de um menos reprovável. Introduz, desse modo, um *critério de Justiça* no âmbito da responsabilidade civil". (grifo nosso) CORRÊA DE ANDRADE, 2009, op. cit., p. 239.

[608] GONZALES, 1999, op. cit., p. 418.

[609] FACCHINI NETO, 2007a, op. cit., p. 32-33. Ressalta o autor a importância do Código Civil francês de 1804 que consagrou que "todo e qualquer fato do homem que causa um dano a outrem, obriga o culpado a repará-lo" (art. 1.382), consagrando o princípio da atipicidade da responsabilidade civil, por meio desta cláusula geral instituidora de uma responsabilidade subjetiva.

centrada na reparação do dano, e não na censura do seu responsável, pois, de acordo com o autor, cabe ao Direito Penal a preocupação com o agente para os fins de uma responsabilização criminal e "ao Direito Civil, contrariamente, compete inquietar-se com a vítima".

Não resta dúvida de que a função originária e primordial da responsabilidade civil é a reparatória, quando se tratar de danos materiais, ou compensatória, quando se tratar de danos imateriais. Contudo, a partir do momento em que se passou a aceitar a compensabilidade dos danos extrapatrimoriais, "percebeu-se estar presente ali, também, a ideia de uma função punitiva da responsabilidade civil". A respeito disso, por exemplo, para a família de uma vítima de homicídio, a compensação econômica do lesante para os lesados indiretos é "uma forma estilizada e civilizada de vingança", uma vez que na cabeça das pessoas esse pagamento é a sanção do ofensor. Deve-se ressaltar, outrossim, que "com a enorme difusão contemporânea da tutela jurídica dos direitos de personalidade, recuperou-se a ideia de penas privadas", em que o que se pretende é "punir alguém por alguma conduta praticada, que ofenda gravemente o sentimento ético-jurídico prevalecente em determinada comunidade", conduta essa de "intensa antijuridicidade".[610]

Vale referir agora que a indenização punitiva apresenta objetivos bem delimitados: punir (retribuir) e prevenir (dissuadir). Tais objetivos estão interligados como se fossem as duas faces de uma mesma moeda, pois "a punição tende a prevenir; a prevenção se dá por meio de uma punição".[611] Como considera Carlos Alberto Bittar: "importa, por fim, atribuir-se ao lesante os reflexos negativos resultantes de sua atuação, diante da subordinação necessária à manutenção da tranquilidade social". Neste sentido é que o lesante é chamado à reparação e sancionado pelos danos produzidos a outrem, realçando-se a forte influência da *moral*.[612] (grifo nosso)

Afora os objetivos da função punitiva, esta tem pressupostos, isto é, requisitos para que essa forma de sanção possa ser aplicada, além dos pressupostos normais para a configuração da responsabilidade civil, ou seja, ação ou omissão, danos e nexo causal.

O primeiro pressuposto especial é a ocorrência de dano imaterial, entendido este como uma ofensa a direitos de personalidade, conforme já foi exaustivamente comentado. Todavia, o que se precisa mencionar é que não há razão, *a priori*, para se excluir essa forma de sanção como resposta para os danos materiais, a despeito de, em países integrantes da família do *Civil Law*, haver várias resistências para tanto: uma delas é pela falta de regra expressa prevendo essa sanção; a outra é pela existência da tradicional regra de que a indenização se mede pela extensão do dano (art. 944 do CC).[613] A

---

[610] FACCHINI NETO, 2007a, op. cit., p. 39.
[611] CORRÊA DE ANDRADE, 2009, op. cit., p. 239.
[612] BITTAR, 1994, op. cit., p. 21.
[613] Andrade enuncia: "A regra de que a indenização se mede pela extensão do dano, por sua vez, é inaplicável ao dano moral, que não tem como ser economicamente mensurado. Embora se possa discutir, em bases mais ou menos abstratas e subjetivas, a proporcionalidade da indenização do dano moral, não há como indicar com exatidão a extensão econômica desse dano. Toda e qualquer discussão acerca do valor

despeito do art. 944 do CC, inimaginável seria conceber uma indenização sem caráter punitivo diante de um enriquecimento ilícito,[614] já que a finalidade é impedir o lucro ilícito do agente quando incabível a *actio in rem verso*, do art. 884 do CC.

O segundo pressuposto especial é a culpa grave do ofensor,[615] recordando, por oportuno, que a responsabilidade civil subjetiva permanece sendo a regra geral, apesar de cada vez mais mitigada. Muitas vezes já se afirmou que, tradicionalmente, para a responsabilidade civil, não interessa o grau de culpa do agente, pois a indenização é medida pela extensão do dano; no entanto, para a aplicação da indenização punitiva,[616] é importante estabelecer o grau da culpa da conduta do agente, porque a função punitiva deve ter cabimento para casos decorrentes de dolo ou culpa grave,[617] em que o comportamento do agente seja especialmente reprovável e merecedor de censura.

---

da indenização do dano moral sempre recairá no plano da subjetividade, a impedir equações matemáticas precisas". CORRÊA DE ANDRADE, 2009, op. cit., p. 263-264.

[614] O enriquecimento ilícito não se confunde com o enriquecimento sem causa, pois o primeiro depende da prática de um ato ilícito e está inserido no âmbito da responsabilidade civil; já o segundo não depende da prática de ato ilícito e se caracteriza pelo enriquecimento à custa de outrem.

[615] Também se pode falar em negligência grosseira, pois as prestações punitivas com base nessa negligência vêm sendo aplicadas, por exemplo, na seara dos acidentes de trabalho e do erro médico, como acentua Caroline Vaz. Segundo a autora: "No início do século XX, os *statutes* de alguns Estados reconheceram que o cônjuge viúvo e os herdeiros tinham direito a receber quantia imposta a título de prestação punitiva nos casos de morte de trabalhador, em virtude de uma ação ou omissão voluntária, ou por negligência grosseira da entidade patronal, sendo exigido, contudo, que a família fizesse prova da negligência grosseira, ônus difícil de atender. Somente no final do século, a jurisprudência passou a flexibilizar o ônus da prova do lesado ou familiares, inspirados na doutrina da responsabilidade civil objetiva do empregador em matéria de acidente do trabalho". Já no que diz respeito à negligência médica (*medical malpractice*), assevera a autora que: "foi no final da década de setenta que começaram a surgir os primeiros casos jurisprudenciais de negligência grosseira em tratamentos médicos, nos quais se impuseram prestações punitivas a esses profissionais, ainda que o médico conseguisse provar que tinha agido com os cuidados adequados às circunstâncias. Para fundamentar as ações de erros médicos, os pacientes devem alegar que esses profissionais realizaram procedimentos médicos com algum tipo de fraude, como, v.g., o procedimento ter consistido numa agressão porque feito sem o seu consentimento ou porque este foi obtido através de uma fraude do médico, nisso se caracterizando a *gross negligence*. Na verdade, preza-se por uma política da maior informação possível, cabendo aos médicos explicarem a seus pacientes todas as intervenções que precisam ser feitas antes de iniciarem seus trabalhos, para que a pessoa diga se quer ou não se submeter a elas". VAZ, 2009, op. cit., p. 51-52.

[616] Fábio S. de Andrade, em seu texto sobre a responsabilidade civil do advogado, comenta que "o grau da culpa pode alterar o valor da indenização"; na sequência ainda afirma que, nesta responsabilidade em particular, "efetivamente, se apresenta no campo da responsabilidade civil a noção de pena privada. Os Magistrados, diante de um erro grave, fixam com maior rigor a indenização. Abre-se, portanto, a possibilidade de a indenização ultrapassar o valor do prejuízo". ANDRADE, 1993, op. cit., p. 101.

[617] André Andrade doutrina que: "Por dolo, entenda-se a conduta dirigida de forma consciente à produção de determinado resultado lesivo, que pode ser almejado pelo agente (dolo direto) ou simplesmente aceito por ele (dolo indireto ou eventual). A conduta intencionalmente dirigida à produção do dano é merecedora de reação jurídica mais áspera. Não depende, para a sua caracterização, de intenção maligna, de provocação do mal pelo mal, basta a consciência e a vontade dirigida à produção do resultado lesivo. O móbil do agente pode ser não o de prejudicar, mas o de obter um benefício para si. Configura-se a conduta intencional ainda quando o agente lamente o resultado que, todavia, vem a alcançar com consciência e vontade. A culpa grave é aquela 'decorrente da imprudência ou negligência grosseira', em que o agente atua com 'grosseira falta de cautela'. A doutrina pátria comumente identifica a culpa grave com a culpa consciente, em que o agente prevê a possibilidade da ocorrência do resultado, acreditando sinceramente que este não ocorrerá. Todavia, essa identificação não se afigura correta. Pode haver culpa grave sem previsão da ocorrência do resultado. É bastante, para a sua caracterização, a inobservância do dever mínimo de cuidado que a todos incumbe. O agente se conduz sem atenção para as cautelas mais comezinhas. (...) Insuficiente para ensejar a aplicação da indenização punitiva é a culpa leve, caracterizada pela

O terceiro pressuposto especial é a obtenção de lucro com o ato ilícito, porquanto uma das finalidades da indenização punitiva é a de impedir o lesante de lucrar com o ilícito; além disso, uma vez constatado o ganho ilegítimo como consequência de um ato ilícito, caberá a função sancionatória *independentemente da gravidade da culpa do agente*, porque "aqui, embora ausente o requisito da culpa grave, a indenização punitiva deve ser aplicada para restabelecer o imperativo ético que permeia a ordem jurídica. A existência de lucro ilícito constitui, assim, pressuposto da indenização punitiva independente da culpa grave".[618]

Desta forma, identificados quais são os pressupostos para a aplicação da função punitiva em uma reparação, resta claro que há situações nas quais não se justifica, em regra, a indenização punitiva, como no caso da culpa leve e da responsabilidade objetiva, com temperamentos, como se passa a explicar.

A supressão das lesões decorrentes de culpa leve denota a dimensão excepcional do instituto que deve ser aplicado apenas quando o comportamento do lesante for significativamente reprovável, continuando a ser aplicada, todavia, a indenização compensatória, uma vez que ela não está ligada ao comportamento do agente, mas sim ao dano e à sua extensão. Destacam-se os casos em que, mesmo com culpa leve, o agente obteve um ganho com o ilícito, casos em que a indenização punitiva terá, sim, cabimento, para não permitir que o lesante se beneficie com o dano que causou.

Quanto à indenização punitiva em casos de responsabilidade objetiva,[619] como regra, isto não seria possível,[620] pois o fundamento da respon-

---

falta de observância da prudência ordinária, exigível do homem médio nas circunstâncias concretas em que o fato ocorreu. Com mais razão, essa forma de sanção é incabível em caso de culpa levíssima, configurada pela falta de observância de um cuidado extraordinário, próprio de um homem prudentíssimo". CORRÊA DE ANDRADE, 2009, op. cit., p. 266-267.

[618] CORRÊA DE ANDRADE, 2009, op. cit., p. 261-269.

[619] André Andrade considera que: "Em se tratando, por exemplo, de dano moral decorrente do fato do produto ou do serviço, na qual a responsabilidade do fornecedor é de natureza objetiva (art. 12 do CDC), a indenização punitiva dependeria da comprovação, a cargo do consumidor atingido, de que o evento decorreu de culpa grave daquele. Em caso de responsabilidade indireta ou por fato de terceiro, fundando no art. 932 do Código Civil, haverá necessidade, no que se refere à indenização punitiva, de comprovar a culpa grave do responsável, embora se cuide de responsabilidade objetiva. Assim, caberá a demonstração da grave negligência do pai do menor que causou o dano, por ter aquele descumprido com o seu dever de guarda e vigilância em relação a este. Prova semelhante há de ser produzida contra o tutor e o curador, para que estes respondam pelos atos, respectivamente, do tutelado e do curatelado. Em se tratando de dano moral praticado por empregado ou preposto no exercício do trabalho que lhes competir, o empregador ou comitente, embora responsáveis objetivamente, somente deverão ficar sujeitos à indenização punitiva em caso de culpa comprovada. Assim, por exemplo, quando demonstrado que aqueles agiram autorizados por estes ou seguindo suas instruções; ou quando tiver o empregado sido incumbido de função para a qual não estava devidamente qualificado. O empregador e o comitente sujeitam-se, ainda, à indenização punitiva quando tiverem ratificado ou aprovado o ato do empregado ou preposto. Em se tratando de responsabilidade pelo fato das coisas ou dos animais – regulada como de natureza objetiva pelo novo Código Civil –, a imposição de indenização punitiva dependerá da comprovação de que o dano moral decorreu de um grave descumprimento do dever de guarda ou vigilância que incumbe ao proprietário ou possuidor da coisa ou animal". CORRÊA DE ANDRADE, 2009, op. cit., p. 271-272.

[620] Judith H. Martins-Costa igualmente entende não ser possível existir um caráter punitivo diante de uma responsabilidade objetiva, alegando que: "Não há que se pensar em punir com a indenização casos de responsabilidade objetiva, que obedecem à diversa racionalidade, sendo irrelevante, para esse regime, a apreciação da subjetividade, já que a *conduta culposa* não é elemento do suporte fático de incidên-

sabilidade objetiva é o risco e não a culpa; no entanto, se, mesmo em casos de responsabilidade objetiva, o lesante, comprovadamente, tiver agido com culpa grave ou dolo, não haverá óbice, porque a responsabilidade objetiva não é sinônimo de responsabilidade sem culpa, mas é caso em que a responsabilidade *prescinde* da culpa,[621] dispensando a prova desta última.[622]

Caroline Vaz, igualmente defendendo que é possível existir um caráter punitivo, inclusive, na responsabilidade objetiva, elucida que "com a contínua ocorrência de danos causados às pessoas, passou-se a entender a possibilidade de serem eles invocados em alguns casos, com a finalidade de punir os agentes provocadores dos danos e, principalmente, evitar que novos viessem a ser praticados pelo mesmo motivo, sendo exemplificativa a responsabilidade objetiva do produtor". Em continuidade, Caroline Vaz elucida que "as situações nas quais à responsabilidade civil objetiva podem ser acrescidas as funções punitivas e dissuasórias são, tão somente, aqueles casos em que, apesar de ser conhecedor do risco que o produto oferece à sociedade, o produtor mostra-se indiferente ao resultado, não tomando qualquer atitude no sentido de evitar um dano que seria evitável". A maior dificuldade, segundo a autora, está em reconhecer a necessidade de punir e de dissuadir quando o profissional, agindo dentro da margem do seu conhecimento técnico, alcança a maior segurança e tranquilidade possível ao destinatário da ação, "pois, quando houvesse, ainda assim, prejuízo ao consumidor, seria adequada e suficiente a condenação, para o fim de indenizar e compensar as vítimas".[623]

---

cia da regra de atribuição da responsabilidade. Também não se pensa em punir aqueles casos em que a ação culposa se não apresentou acompanhada por especial gravidade, aproximativa – quanto ao menos – do dolo no nosso Direito, de modo a gerar fundado e grave juízo de reprovação". (grifo nosso) MARTINS-COSTA; PARGENDLER, 2005, op. cit., p. 247. Nessa mesma linha de raciocínio, Paolo Gallo refere: "Se infatti funzione della responsabilità oggettiva è quella di consentire l'internalizzazione integrale del costo sociale complesivo conseguente la realizzazione di determinate attività produttive, senza il limite costituito dai danni inevitabili che opera in materia di responsabilità per colpa, imporre l'obbligo di devolvere penali produrrebbe un effetto di iperdeterrenza; con conseguente disincentivazione di attività d'impresa socialmente utili. (...) Ne consegue pertanto sicuramente l'inopportunità di comminare penali in materia responsabilità oggettiva". GALLO, Paolo. *Pene private e responsabilità civile*. Milano: Giuffrè Editore, 1996, p. 63-64.

[621] CORRÊA DE ANDRADE, 2009, op. cit., p. 270. A respeito da responsabilidade sem culpa, Pietro Trimarchi comenta que este era o princípio geral aceito na Literatura Jurídica do século passado, mas que houve aplicação do princípio da responsabilidade sem culpa no Código de Napoleão (que, por certo, influenciou o Código brasileiro), principalmente na responsabilidade do patrão pelos danos causados pelo empregado, como também nos casos de responsabilidade do proprietário do animal e do proprietário da coisa em ruína. Já no que diz respeito à responsabilidade com culpa, Trimarchi pontua que tal princípio revelou-se insuficiente para resolver o problema do dano causado no exercício da indústria e que, não se tendo como evitar estes danos, deve-se, pelo menos, garantir o ressarcimento com a responsabilização do empreendedor. TRIMARCHI, 1961, op. cit., p. 11-13.

[622] Acerca da função preventiva na responsabilidade objetiva, Vaneska Araujo comenta que: "A função preventiva de danos, também chamada de educativa, pertence, a princípio, ao domínio da culpa. Nada impede, contudo, que a responsabilidade objetiva também adquira tal feição, como aconteceu, no Brasil, com a responsabilidade nas relações de consumo". ARAUJO, Vaneska Donato de. O lugar da culpa e os fundamentos da responsabilidade civil no Direito contemporâneo. In: NOVAES HIRONAKA, Giselda Maria Fernandes; DIAZ FALAVIGNA, Maria Clara Osuna (coords.). *Ensaios sobre responsabilidade civil na Pós-Modernidade*. Porto Alegre: Magister, 2007, p. 430.

[623] VAZ, 2009, op. cit., p. 53-55. A autora recorda que, apenas em 1976, David Owen publicou um artigo a respeito dos *punitive damages* em *Products Liability Litigation*, defendendo a sua aplicação na responsabilidade objetiva, sendo que esse texto ficou conhecido como o estudo doutrinário que mais foi citado pelas

Pode-se, então, reiterar que, em se tratando de responsabilidade objetiva, não são todos os casos que admitem a indenização a título de punição, mas apenas aqueles que denotam um comportamento censurável,[624] significando o desinteresse pelos mais altos valores tutelados pelo Direito, como os direitos de personalidade.

Para se analisar o cabimento ou não de uma indenização de caráter punitivo em caso de danos imateriais, é necessário ponderar a compatibilidade das finalidades da pena com os objetivos da responsabilidade civil, na situação específica deste dano. Os *punitive damages* não podem ser acolhidos, livremente, por via jurisprudencial, muito menos se forem desprezados os critérios recém mencionados, restando saber, ainda, se o Direito brasileiro tem mecanismos capazes de compatibilizar, em especial nos danos imateriais, as funções ressarcitória, punitiva e dissuasória.

Quando se contesta a reparabilidade do dano imaterial, o argumento é o de que esta indenização teria caráter de pena, incompatível com o Direito Privado, visto que não objetivaria a recomposição do *patrimônio* ofendido. No entanto, deve-se observar que o dever de indenização representa, por si só, a obrigação fundada na sanção do ilícito, pois o *neminem laedere* está no ponto fulcral da responsabilidade civil. Ainda, pode acontecer que, para fazer com que alguém se abstenha da violação de um preceito, que o Direito ameace com a cominação de um mal maior do que aquele que lhe provocaria a sua observância.[625]

Viney e Jourdain[626] acrescem à reparação de danos imateriais um caráter especial quando aduzem que "cette responsabilité a un fondement particulier, en la traitant non comme une indemnisation proprement dite, mais comme une peine privée". Aceitam os autores, portanto, um caráter punitivo quando da reparação de danos que afetem a personalidade, mais no sentido de vingança para com o lesante, e sempre de acordo com a gravidade da falta cometida.[627] Carlos Alberto Bittar[628] igualmente defende e reconhece o caráter punitivo da reparação, afirmando que: "sob o prisma do lesante,

---

decisões jurisprudenciais norte-americanas que tratavam da responsabilidade civil do produtor. Continua a autora, aduzindo que: "Assim aconteceu no caso Gryc v. Dayton Hudson Corp, 1980, referente a uma roupa feita de algodão, cujo material era demasiadamente fácil de pegar fogo, tendo causado, em uma menina que a vestia e se aproximou de um fogão elétrico, queimaduras graves, tendo, então, sido o fabricante condenado a pagar 750.00 dólares de indenização e 1.000.000,00 de dólares de *punitive* (ou *exemplary*) *damages*".

[624] Caroline Vaz defende que: "Não se está a referir-se à punição ou prevenção para agregar um valor a mais a ser pago pelo autor do dano, em toda e qualquer hipótese de condenação pelo reconhecimento da responsabilidade civil objetiva. Deverá ela advir de uma conduta na qual, em tese, todos os cuidados esperados e possíveis para o caso em concreto a fim de evitar danos a terceiros, não tenham sido adotados pelo causador, tendo ele agido com real indiferença para com os danos sociais, primando pelos eventuais lucros individuais da sua ação". Ibid., p. 136.

[625] CAHALI, 2005, op. cit., p. 33, 36.

[626] VINEY; JOURDAIN, 1998, op. cit., p. 25.

[627] Os Tribunais franceses, por sua vez, não tratam o assunto como uma pena privada, mas sim, estão calcados unicamente em uma ideia de reparação, com base na gravidade do dano, sem levar em conta a culpabilidade do autor. Enfatizam os autores que a teoria da pena privada, apesar de nunca ter sido homologada pelo Direito Positivo, parece justificar algumas ações indenizatórias. Ibid., p. 26-27.

[628] BITTAR, 1994, op. cit., p. 61.

reveste-se a responsabilidade por danos de caráter sancionatório, e, *não obstante diferentes posições detectadas na doutrina*, a *convergência* em torno desse fator tem sido a *tônica*, de sorte a alçá-lo à condição de elemento nuclear em seu contexto". (grifo nosso)

Georges Ripert[629] identificou a indenização do dano imaterial como pena privada; para o referido autor, ocorrido um dano moral puro, isto é, não cumulado com um dano patrimonial, as ações das vítimas teriam como única inspiração o desejo de obter uma punição para o lesante. De acordo com Ripert: "seria profundamente imoral dizer que aquele que foi atingido nos seus sentimentos se consolaria graças à indenização que recebesse".

De maneira um pouco mais amena, René Savatier[630] admite que a indenização do dano imaterial desempenha papel de pena privada,[631] mas só em situações muito graves, argumentando que a consciência das pessoas rejeita a ideia de que uma quantia em dinheiro pudesse, de alguma forma, compensar um atentado ao pudor ou à honra da vítima ou a perda de um filho. Para Savatier: "Atribuir à vítima o objetivo de reparar um sofrimento tão grande através de uma alegria tão vulgar seria torná-la desprezível. É necessário, pois, um outro fundamento para a sanção pecuniária (...) Ela vem a ser, então, uma pena privada".

Judith Martins-Costa,[632] a respeito do tema, comenta que:

> Para legitimar a concessão de uma soma em dinheiro à pessoa que teve sua esfera extrapatrimonial atingida, passou-se a defender que a indenização do dano moral seria não só legítima, mas também *necessária*, pois, do contrário, o ofensor restaria impune. Dessa maneira, afastaram-se os óbices de cunho ético-social e justificou-se a indenizabilidade do dano moral com fundamento (implícito) na noção de pena privada: a punição do ofensor – *o ódio ao culpado* – mais que a "indenização" da vítima estava já no fulcro da argumentação jurídica. (...) Como vimos, diante da impossibilidade originária em ressarcir o dano que não deixasse lastros patrimoniais, lançou-se mão da teoria punitiva a fim de não deixar o lesado, nesses casos, sem qualquer amparo por parte do ordenamento jurídico. No entanto, na tradição anglo-saxã, uma vez consagrada a reparabilidade do dano moral, a função da indenização passou a ser entendida como meramente compensatória, perdendo, assim, sua primitiva vinculação com o instituto dos *punitive damages*. Estes, por sua vez, passaram a ser concedidos somente nos casos excepcionais em que o estado subjetivo do causador do dano, aliado à alta censurabili-

---

[629] RIPERT, 2000, op. cit., p. 338. O ponto de vista de Ripert, que negava um caráter compensatório à reparação por dano imaterial, tinha como substrato exemplos da jurisprudência: "Para que apareça o caráter chocante de tal concepção, basta enumerar alguns casos em que uma pessoa pode obter reparação de prejuízo moral que lhe foi causado: o filho atingido na sua afeição pela morte do pai, o marido enganado que reclama uma indenização a uma mulher adúltera e ao cúmplice, ou a mulher ao marido, o pai de família ferido nos seus sentimentos religiosos pela educação dada ao seu filho ou nos direitos paternais pelo sacramento que lhe foi conferido contra a sua vontade, o destinatário de prospectos obscenos ferido em seu pudor, o cônjuge que não obtém do outro cônjuge o cumprimento do dever conjugal (...) O que na realidade visa à condenação não é a satisfação da vítima, mas a punição do autor. As perdas e danos não têm o caráter de indenização, mas caráter exemplar".

[630] SAVATIER, 1951, op. cit., p. 93.

[631] André Andrade avisa sobre outras funções desempenhadas pela função punitiva, quais sejam: a eliminação do lucro ilícito; a preservação da liberdade contratual; a manutenção do equilíbrio das relações de consumo; a defesa de contratantes que se encontram em posição de inferioridade. CORRÊA DE ANDRADE, 2009, op. cit., p. 246-260.

[632] MARTINS-COSTA; PARGENDLER, 2005, op. cit., p. 254-255.

dade de sua conduta, justificasse a fixação do *quantum* indenizatório em patamar superior ao necessário para a mera compensação, tendo em vista as finalidades punitiva e preventiva da responsabilidade civil. (grifo nosso)

O que se deve ter presente é que indenização por dano imaterial e caráter punitivo não se confundem. Arbitrar reparação por dano imaterial para fins de compensação da vítima, levando-se em consideração a concreta posição da vítima, a espécie de prejuízo causado e a conveniência de dissuadir o ofensor é um aspecto; outro, é adotar os *punitive damages*, passando ao largo da noção de compensação, pretendendo exclusivamente a imposição de uma pena, com base na conduta gravemente culposa ou dolosa do agente.[633]

Para Sérgio Severo, a ideia de pena privada está consubstanciada na impossibilidade de se estabelecer uma reparação *in natura* ou em espécie para os danos imateriais,[634] que tampouco têm um valor econômico preestabelecido para os interesses tutelados.[635]

A reparação não deve ser, necessariamente, equivalente ao perigo, tanto que nos casos de injúria, difamação ou violação, a que aludem os artigos 953 e 954 do Código Civil de 2002, constata-se que a indenização não é totalmente compensatória, pois não há a reintegração exata do lesado no estado anterior, e também não corresponde ao preço da dor, pois servirá apenas como lenitivo ao desgosto, de um possível prazer que amorteça a dor. "Não é remédio que produza a cura do mal, mas, sim, um calmante". Não se trata de suprimir o passado, mas de melhorar o presente, e isto o dinheiro pode proporcionar.[636]

Guido Alpa,[637] por seu turno, comenta que é recorrente na Literatura norte-americana e escandinava o fato de a responsabilidade civil ter quatro funções, enfatizando a punitiva:

> Si indicano così: a) la funzione di reagire all'ato illecito dannoso, allo scopo di risarcire i soggetti ai quali danno è stato recato; e, a questa correlata, b) la funzione di ripristinare lo *status quo ante* nel quale il danneggiato versava prima di subirei l pregiudizio. E, ancora, c) la funzione di riaffermare il potere sanzionatorio (o "punitivo") dello stato, e nel contempo, d) la funzione di "deterrente" per chiunque intenda, volontariamente o colposamente, compiere atti pregiudizievoli per i terzi. (...) È innegabile, infatti, che, mutando periodo storico e ambiente sociale (come si può verificare anche dalla "lettura" dei sistemi codificati in Europa) uma funzione diviene preminente rispetto ad um'altra, e viceversa (...) La riaffermazione della potestà statuale, ad esempio, attraverso la comminazione di una sanzione, è propria delle società nelle quali già si avverte il potere accentratore dello stato. Mentre il concetto di "pena privata", che si riscontra nell'esperienza del diritto romano, dalle dispozioni delle XII Tavole fino alla più evoluta disciplina che dell'illecito fornisce la *lex Aquilia*, è propria di società nelle quali non è ancora netta

---

[633] MARTINS-COSTA; PARGENDLER, 2005, op. cit., p. 257. Para as autoras, a indenização pelo dano imaterial com caráter compensatório abarca tanto a responsabilidade subjetiva como objetiva; para o caráter punitivo, haverá apenas a abrangência da responsabilidade subjetiva, sob pena de incontornável contradição, tema bastante ventilado ao longo do presente estudo.

[634] Art. 947 do Código Civil de 2002: "Se o devedor não puder cumprir a prestação na espécie ajustada, substituir-se-á pelo seu valor, em moeda corrente".

[635] SEVERO, 1996, op. cit., p. 183.

[636] MARTINS DA SILVA, 2005, op. cit., p. 54.

[637] ALPA, 1991, op. cit., p. 54.

la distinzione tra "pena", da un lato, e obbligo di risarcimento civile, dall'altro. (...). La terza funzione, conessa con la potestà punitiva dello stato, si è progressivamente ridotta, nei tempi moderni, sia per l'affinarsi degli strumenti del diritto penale, sia per il prevalere, nell'ambito delle teorizzazioni dell'istituto della responsabilità civile, della tendenza a risarcire il danno piuttosto che non a colpire il danneggiato. D'altra parte, il significato morale della responsabilità, per lo più richiamato quante volte se ne vuol riaffermare il profilo sanzionatorio, sembra, ai più, addirittura anacronistico, in presenza di fenomeni di declínio della responsabilità individuale che appaiono del tutto irreversibili.

Jean Carbonnier[638] aceita o caráter punitivo da reparação, expondo que: "injuste que la faute du responsable n'eût pas de sanction: les dommages-intérêts se justifient alors comme une sorte de peine privée, d'amende privée, qui, au lieu de profiter à l'Etat, comme l'amende du Droit Penal, profite à la victime". No mesmo sentido, tem-se Adriano De Cupis,[639] quando leciona que o dano antijurídico[640] se caracteriza pela especial natureza "della reazione giuridica che si svolge contro di esso. La reazione assume, invero, la fisionomia più determinata di sanzione. La sanzione è precisamente quella conseguenza per mezzo della quale il diritto intende garantir ela prevalenza di un determinato interesse contro gli atti lesivi compiuti da soggetti in cui interesse esso ha intesno subordinare". Já Jorge Mosset Iturraspe[641] nega o caráter punitivo, afirmando que: "La pena privada por un daño moral pertence al pasado, sin perjuicio de reaparecer con el rostro de la sanción mixta".

O Direito norte-americano[642] adota os *punitive damages*,[643] ou seja, uma indenização adicional à vítima, e que tem por objetivo punir o ofensor,

---

[638] CARBONNIER, Jean. *Droit Civil*. v. 4. Paris: PUF, 1972, p. 308.

[639] DE CUPIS, 1979, op. cit., p. 9.

[640] Acerca do conceito de antijuridicidade, Hans Kelsen o caracteriza: "Antijuridicidade é a conduta determinada na proposição jurídica como condição do homem contra quem se dirige a ato coercitivo estabelecido na proposição jurídica como consequência. Como conduta do destinatário do ato coercitivo, a situação de fato antijurídica distingue-se de todas as outras condições da consequência jurídica. (...) A Teoria Pura do Direito desfaz a imagem de que os homens, por meio de um ato antijurídico, 'violem' ou 'infrinjam' o Direito. Mostra que o Direito, pela antijuridicidade, mal pode ser violado ou infringido, já que só pela antijuridicidade atinge sua função essencial. A antijuridicidade não significa – como faz crer a ótica tradicional – uma interrupção na existência do Direito, mas precisamente o oposto: na antijuridicidade confirma-se a existência do Direito, que consiste em sua validade: no 'dever ser' do ato coercitivo, como consequência da antijuridicidade". KELSEN, 2007, op. cit., p. 70-71.

[641] ITURRASPE, 1999, op. cit., p. 203, 211-213. Ainda complementa o autor, na sequência, asseverando que: "Estamos convencidos de la influencia que la doctrina francesa y, muy en especial, la judicial, ha ejercido en nuestro país. Los tribunales franceses han rechazado, desde siempre, la idea de pena privada; se han manejado, permanentemente, con la idea de reparación. El *Common Law* tampoco discute la viabilidad del resarcimiento". Acerca da sanção mista, o autor refere que esta é, na Argentina, bandeira levantada por Acuña Anzorena, Salas e Morello. Também comenta que é uma posição ecléctica, observando a questão sob dois ângulos: "del la víctima, y brega por la reparación; del agente o victimario, y hace por la punición". Recorda, ainda, que a questão continua dividindo os Tribunais. A maioria defensora da tese punitiva, da década de setenta, está dando lugar a uma maioria em favor da tese ressarcitória nos últimos anos. Diz o autor: "La aparición y vulgarización de los 'daños punitivos', o mejor 'indemnizaciones punitivas', han dado pie a un importante sector de la doctrina para sostener una 'nueva formulación de la tesis mixta o funcional del daño moral': la indemnización del daño moral se hará o se ponderará con criterio resarcitorio, pero, además 'en casos de graves inconductas – reforma legislativa de por medio – se podrá condenar al autor al pago de un plus, en concepto de pena privada, destinada a la víctima, por encima del valor del resarcimiento".

[642] É de 1784 o primeiro caso de indenização punitiva nos Estados Unidos: Genay v. Norris. Trata-se da condenação de um médico que, depois de ter aceitado um duelo de pistolas, secretamente colocou na taça de vinho do oponente uma dose de cantaridina, propondo um drinque de reconciliação. A Suprema

e não apenas compensar os prejuízos sofridos pela vítima.[644] Aqueles que defendem os *punitive damages*[645] reforçam o caráter dissuasivo da conduta lesiva e a sua necessidade em razão dos valores relativamente baixos das reparações por danos imateriais.[646] A despeito de os *punitive damages* terem sido estendidos à responsabilidade patrimonial, incorporando uma função de exemplaridade social, a origem punitiva está alicerçada no dano imaterial.

Os *punitive damages* são, portanto, uma indenização que se soma à compensação, normalmente quando o ofensor tenha agido com negligência, malícia ou dolo,[647] porque, se a conduta do agente, mesmo culposa, não é especialmente reprovável, ou seja, é conduta decorrente de ignorância, culpa simples ou engano, não se impõe a imposição dos *exemplary damages*. Outrossim, a necessidade dos *punitive damages* restaria útil, mas não exclusivamente, nas situações em que um ato delituoso escapa de um processo criminal.[648] Os *exemplary damages* são uma quantia, em dinheiro, alcançada à vítima de um dano, em valor expressivamente superior ao necessário à compensação deste último, que almeja tanto a punição como a prevenção,

---

Corte da Carolina do Sul decidiu que as dores fortes provocadas à vítima, pela malícia do médico, mereciam uma punição exemplar. (Genay v. Norris, 1 S.C.L. (1 Bay) 6 (1784)). RUSTAD, Michael; KOENIG, Thomas. The historical continuity of punitive damages awards: reforming the tort reformers. *The American University Law Review*, v. 42, p. 1269 e ss, 1993. Eugênio Facchini Neto comenta, no entanto, que: "o sistema judiciário norte-americano não é nenhum modelo para o mundo. Funciona, a contento, na sociedade norte-americana. Os cidadãos daquele país aparentemente estão satisfeitos com seu Judiciário. Confiam nele. Mas, trata-se de um sistema que não pode ser simplesmente imitado em qualquer outro país". FACCHINI NETO, 2009c, op. cit., p. 177. Complementa-se, aduzindo que "atualmente, 16 Estados norte-americanos, entre eles a Flórida e o Texas, estabelecem tetos máximos de indenização com caráter punitivo, normalmente até três vezes o valor da indenização compensatória. Além disso, há Estados que determinam a atribuição de uma parte relevante da indenização punitiva (entre 50 e 75%) a fundos especiais". BODIN DE MORAES, 2004, op. cit., p. 70.

[643] Há quem critique o termo *punitive damages*, uma vez que o caráter punitivo não é o do dano, mas sim o da indenização. É, pois, mais correto falar-se em indenização punitiva, até porque *damages* pode significar tanto o dano propriamente dito como o valor atribuído a título de reparação. SCHREIBER, 2007a, op. cit., p. 199.

[644] É necessário frisar que, inclusive no cenário americano, os *punitive damages* não passam longe das críticas, pois no Estado da Califórnia eles são restritos aos casos em que há inequívoca ação dolosa ou maliciosa do ofensor, ainda que a malícia seja implícita (dolo eventual), e apenas diante de violações de obrigação extracontratual. Outros onze Estados americanos igualmente limitaram a incidência da indenização punitiva; mesmo nos Estados em que não houve a limitação, os *punitive damage* têm sido controlados pelos Tribunais. Ver WHEELER, Malcolm. A proposal for further Common Law development of the use of punitive damages in Modern Product Liability Litigation. *40 Alabama Law Review*, n. 919, 1989.

[645] Mário Moacyr Porto prega que: "a indenização do dano moral tem um inequívoco sabor de pena, de represália pelo mal injusto". PORTO, 1989, op. cit., p. 33.

[646] Judith H. Martins-Costa comenta que: "A primeira previsão de indenização múltipla no Direito anglo-saxônico foi o Statute of Councester, da Inglaterra, que data de 1278. Aí está a raiz de uma tradição que veio a ser especialmente desenvolvida no séc. XVIII quando se criou a doutrina dos *exemplary damages* como um meio para justificar a atribuição de indenização quando não havia prejuízo tangível, ou seja, no caso de danos extrapatrimoniais". MARTINS-COSTA; PARGENDLER, 2005, op. cit., p. 239.

[647] Complementando o assunto, cumpre mencionar alguns campos de aplicação dos *punitive damages* nos Estados Unidos: product liability (responsabilidade pelo fato do produto), defamation (difamação), medical malpractice (erro médico), transportation injuries (acidentes de trânsito), intentional torts (casos variados de ilícitos intencionais), liability of the professional (casos de responsabilidade de profissionais em geral), fraud ou misrepresentation (fraude), invasion of privacy (invasão de privacidade) e sexual harasment (assédio sexual). CORRÊA DE ANDRADE, 2009, op. cit., p. 189-196.

[648] SCHLUETER, Linda; REDDEN, Keneth R. *Punitive damages*. v. 1. New York: Lexis, 2000, p. 26.

opondo-se, portanto, aos *compensatory damages*, por serem estes últimos compatíveis ou equivalentes ao dano causado, tendo como único objetivo ressarcir o prejuízo.[649] Cumpre salientar, no entanto, que, como regra geral, ser beneficiário de *punitive damages* não constitui *direito subjetivo*, visto que se trata de uma indenização permitida, e não devida. Outrossim, "também como regra geral, não é possível a condenação em *punitive damages* por violação de um contrato, independentemente dos motivos que levaram o réu a fazê-lo, sendo seu domínio tão somente o que, em nossa tradição, denomina-se 'responsabilidade extracontratual' (*law of torts*)"; mas serão devidos os *punitive damages* apenas quando provadas as circunstâncias subjetivas como *malice, wantonness, willfulness, oppression, fraud, gross negligence* entre outras, pois a mera negligência não é razão bastante para tanto.[650]

A reparação do dano imaterial passou a se guiar por mecanismos que proporcionam, além de uma compensação ao lesado, a punição do ofensor.[651] Para tanto, cabe recordar que a gravidade da culpa e a capacidade econômica do lesante são critérios usados para quantificar o dano imaterial e têm nítido caráter punitivo, pois interferem no arbitramento do dano para aumentar o valor da reparação, a despeito de o Código Civil expressamente, como já foi comentado, repudiar essa proposição. Referidos critérios refletem uma função punitiva porque dizem respeito não ao dano propriamente dito, mas à conduta e à pessoa do ofensor.

A inconstitucionalidade dos *punitive damages* já havia sido questionada muitas vezes perante a Suprema Corte, mas foi no caso *BMW of North America, Inc. v. Gore* (1996) que foi concedida, pela primeira vez, a condenação punitiva em patamares irrazoáveis, configurando uma afronta à *Due Process Clause*. Diante dessa situação, a Suprema Corte entendeu por bem instruir as demais Cortes estaduais, construindo diretrizes para a fixação dos *punitive damages* para todos os casos futuros:

---

[649] MARTINS-COSTA; PARGENDLER, 2005, op. cit., p. 231, 240-241. Dizem as autoras: "Em 1760, algumas Cortes inglesas começaram a explicar grandes somas concedidas pelos júris em casos graves como compensação ao autor por *mental suffering, wounded dignity e injured feelings*. Essa indenização adicional por dano à pessoa era referida como *exemplary damages* pelas Cortes que justificavam a condenação, afirmando-se que as indenizações elevadas tinham por objetivo não só compensar o lesado pelo prejuízo intangível sofrido mas também punir o ofensor pela conduta ilícita. Na verdade, as funções compensatória e punitiva foram confundidas pelas Cortes inglesas e norte-americanas até meados do século XIX. Porém, no decorrer do século XIX, tanto nos Estados Unidos como na Inglaterra, o conceito de *actual damages* (categoria que representa os danos efetivos, na qual se incluem os danos compensatórios) foi ampliado, de modo a abarcar também o prejuízo 'intangível'. Como consequência, a função originalmente compensatória dos *exemplary damages* foi transferida aos *actual damages*, e as Cortes foram levadas a falar dos *exemplary damages* exclusivamente em termos de *punishment e deterrence*. Na medida em que as suas finalidades precípuas passaram a ser punição e prevenção, o foco passou a incidir não sobre a espécie do dano *mas sobre a conduta do seu causador*". (grifo nosso)

[650] Ibid., p. 241. Em nota de rodapé, a autora comenta que "no direito dos contratos só são concedidos *punitive damages* quando for alegado e provado o cometimento de um ilícito extracontratual (*tort*) em conexão com a violação do contrato, tal como ocorre na responsabilidade pela incitação ao descumprimento de contrato. Caso contrário, só será possível obter indenização compensatória pelo prejuízo sofrido e nada mais".

[651] Nesse sentido, veja-se a decisão do Tribunal de Justiça de São Paulo, 1ª Câmara, Apel. Cível 152.029-1, de 19.01.1991 que, a despeito de antiga faz referência ao caráter de lenitivo e de punição atestando que: "o direito possui valor permutativo, podendo-se, de alguma forma, *lenir* a dor com a perda de um ente querido pela indenização, que representa também *punição* e desestímulo do ato ilícito". (grifo nosso)

(i) o grau de reprovabilidade da conduta do réu (*the degrre of reprehensibility of the defendant's misconduct*). Para aferir quão repreensível é a conduta, é importante, segundo a Corte, atentar aos seguintes fatores: (1) se o prejuízo causado foi físico ou meramente econômico; (2) se o ato ilícito foi praticado com indiferença ou total desconsideração com a saúde ou a segurança dos outros (*the tortius conduct evinced na indifference to or a reckeles disregard of the health or safety of others*); (3) se o alvo da conduta é uma pessoa com vulnerabilidade financeira; (4) se a conduta envolveu ações repetidas ou foi um incidente isolado; (5) se o prejuízo foi o resultado de uma ação intencional ou fraudulenta, ou foi um mero acidente; (ii) a disparidade entre o dano efetivo ou potencial sofrido pelo autor e os *punitive damages*; (iii) a diferença entre os *punitive damages* concedidos pelo júri e as multas civis autorizadas ou impostas em casos semelhantes.[652]

A falta de critérios seguros para o arbitramento do dano imaterial tem feito com que a jurisprudência, sem muito embasamento, tenha afirmado que esse dano tem caráter punitivo, a ser sempre considerado na reparação como instrumento para desestimular condutas danosas, por meio da punição do ofensor. Maria Celina Bodin de Moraes[653] assevera que "é corrente minoritária a que está a negar o caráter punitivo da reparação do dano moral, baseando-se, essencialmente, em princípios gerais, tais como o da vedação ao enriquecimento sem causa".[654]

Acerca dos critérios para a fixação do valor da indenização punitiva[655] (que, por certo, se assemelham aos já analisados critérios para o arbitramen-

---

[652] MARTINS-COSTA; PARGENDLER, 2005, op. cit., p. 243. Na mesma linha de raciocínio, ou seja, sobre o caso BMW x Gore, são as palavras de Maria Celina Bodin de Moraes: "Como consequência da decisão, restaram fixados três critérios (*guideposts*) para analisar situações do gênero. A falta de razoabilidade, vista como atentatória do *Due Process Clause* em seu aspecto substancial, foi deduzida dos seguintes argumentos: o grau de repreensão da conduta do ofensor; a relação entre o valor da indenização compensatória e o valor da indenização punitiva; e a diferença entre o valor da indenização punitiva e o das penalidades civis ou criminais autorizadas ou impostas em casos semelhantes no Estado". Já no caso State Farm Mutual Automobile Insurance Co. v. Campbell, a Corte indicou novos critérios para uniformizar nas diversas Cortes — tanto estaduais quanto federais — o exame sobre a determinação do grau de repreensão da conduta do réu. Assim: "Aos Tribunais cumprirá avaliar, essencialmente, se o dano causado à vítima é um dano físico ou se tem caráter econômico; se o dano é resultado de dolo, de fraude ou de negligência do réu ou se, ao contrário, é uma consequência natural do próprio caso; e ainda, se o dano é resultado de ações reiteradas por parte do réu ou se se trata apenas de uma ação isolada. Enfim, deve também ser levada em conta a conduta do réu para verificar se ela é reveladora de absoluta falta de consideração e/ou de respeito pela vida ou pelos interesses de outrem". Os cônjuges Campbell que acionaram a State Farm Mutual por fraude e por má-fé acabaram por receber, pelo caráter punitivo da decisão, o valor de US$ 25 milhões de dólares, sendo que a Suprema Corte de Utah motivou a sua decisão no intuito de punir a State Farm Mutual em virtude de reiteradas operações fraudulentas praticadas, em nível nacional, pela companhia de seguros. BODIN DE MORAES, 2004, op. cit., p. 62,64.

[653] BODIN DE MORAES, 2003a, op. cit., p. 28.

[654] No que diz respeito ao enriquecimento sem causa, não pode ser este último óbice para a efetivação do caráter punitivo da reparação porque "pela verificação do tratamento dado à matéria no Direito Comparado, os sistemas que aplicam as prestações punitivas destinam o valor a ser pago pelo causador do dano, no mais das vezes, à vítima ou a uma entidade pública ou privada de interesse público relacionado ao bem jurídico afetado, ao menos como ocorre nos Estados Unidos. (...) Importante salientar, então, que isso já ocorre nas condenações em sede de ações civis públicas por ilícitos contra o meio ambiente, contra o consumidor, a criança e o adolescente, entre outros interesses coletivos *lato sensu* que são tutelados pela esfera jurídica nacional. Ou, ainda, antes do ajuizamento dessas demandas, nos termos de ajustamento de conduta, quando os valores a serem pagos pelo investigado pela prática dos referidos danos são destinados a instituições que visam proteger ou promover o desenvolvimento de atividades relacionadas ao bem jurídico que foi atingido". VAZ, 2009, op. cit., p. 84-85.

[655] Da mesma forma, pontuam Judith H. Martins Costa e Mariana Pargendler: "Ao acolher-se a função punitiva ou a função mista (satisfação/punição) da indenização, a jurisprudência utiliza para a fixação

to do dano imaterial),[656] cumpre repisar que a consolidação desse valor, a despeito de toda a carga subjetiva inerente, não pode ser uma atividade arbitrária, exigindo fundamentação como qualquer decisão do Judiciário, com esteio no art. 93, inciso IX, da CF/88.[657] Na mesma linha de raciocínio, há, ainda, a defesa de que os valores a título de compensação e a título de punição devam aparecer separadamente, para garantir uma transparência e para permitir um controle sobre a adequação ou não dos critérios usados pelo Julgador. Até porque, urge salientar, caso o responsável tenha contrato de seguro,[658] a separação das parcelas permitiria excluir da indenização securitária o valor referente à indenização punitiva. Em termos práticos, no entanto, não interessa muito se a sanção punitiva veio destacada da compensatória, porquanto, em razão da fungibilidade da sanção pecuniária, as duas

---

do *quantum* indenizatório a combinação de dois, e, por vezes, de três distintos critérios: (i) o grau de culpa do ofensor; (ii) a condição econômica do responsável pela lesão; e (iii) o enriquecimento obtido com o fato ilícito. A estes fatores, os defensores da teoria mista acrescentam, em geral, mais dois (por vezes desdobrados em três): (iv) intensidade e a duração do sofrimento experimentado pela vítima, assim como a perda das chances de vida e dos prazeres da vida social ou da vida íntima, e (v) as condições sociais e econômicas do ofendido, tendo em vista a vedação ao enriquecimento sem causa. Como se vê, o quarto critério apresenta caráter marcadamente compensatório/satisfativo. O quinto critério, por sua vez, não obstante a sua fragilidade, também tem sido freqüentemente aplicado pela jurisprudência. (...) A doutrina dos *punitive damages* exige, como se viu, *outros critérios* – bem mais rigorosos –, não podendo ser diferente, sob pena de o instituto ser inútil aos próprios fins que persegue. Mesmo na presença de uma base filosófico-cultural eminentemente utilitarista, a doutrina norte-americana considera imprescindível – para alcançar, efetivamente, um resultado socialmente útil com a punição/prevenção – *a comprovação de elementos subjetivos* (culpa grave, dolo, malícia, fraude, etc.,) a marcarem a conduta do ofensor. Do contrário, a aplicação indiscriminada da indenização punitiva, para além de tornar-se um jogo de azar, acarretaria os fenômenos indesejáveis de hiper-prevenção e supercompensação, não tendo nenhuma eficácia no plano ético-pedagógico se estendida à responsabilidade objetiva". (grifo nosso) MARTINS-COSTA; PARGENDLER, 2005, op. cit., p. 256. Sobre a perda da chance no Direito francês, ensina Fábio S. de Andrade que: "a jurisprudência francesa estipula uma importância única, englobando as despesas e as preocupações decorrentes". ANDRADE, 1993, op. cit., p. 103.

[656] Como exemplo, o Recurso Especial 85.205, julgado em abril de 1997, que ressaltava o seguinte: "Na fixação do dano moral, deve o Juiz orientar-se pelos critérios recomendados pela doutrina e pela jurisprudência, com razoabilidade, valendo-se de sua experiência e bom senso, atento à realidade da vida e às peculiaridades do caso". STJ, 4ª T., REsp. 85.205, rel. Min. Sálvio de Figueiredo Teixeira, julg. em 28.04.1997, publ. no DJ de 26.05.1997 e na RSTJ 97/280. Paolo Gallo, a respeito da determinação do *quantum* do dano a ser arbitrado, observa: "(...) la determinazione del quantum ai fini del risarcimento del danno avverrà necessariamente in base a criteri convenzionali piùo meno arbitrari". GALLO, 1996, op. cit., p. 75.

[657] Inocêncio M. Coelho comenta: "Por que a Constituição exige, sob pena de nulidade, que todos os julgamentos dos órgãos do Poder Judiciário sejam públicos, e fundamentadas todas as decisões? Por que as leis processuais impõem ao Juiz o dever de fundamentar a sentença, ainda que sucintamente? Pela simples razão de que, à míngua de justificação, todo ato decisório tem-se por ilegítimo, objetivamente inválido e incompatível com a ideia do Direito enquanto instrumento de ordenação *justa e racional* da convivência humana. (...) Em conclusão, neste ponto, a exigência de motivação, que se impõe ao intérprete-aplicador do Direito, é condição de legitimidade e de eficácia do seu labor hermenêutico, cujo resultado só se tornará coletivamente vinculante se obtiver o consenso social, que, no caso, funcionará, senão como prova, pelo menos como *sintoma* de racionalidade". (grifo nosso) COELHO, 2007, op. cit., p. 35-36.

[658] André Andrade recorda que: "O art. 781 do Código Civil limita a indenização securitária ao 'valor do interesse segurado', o que vale dizer que o segurado não deverá receber mais do que o necessário para reparar ou (em se tratando de dano moral) compensar o dano. A indenização punitiva, porque não se presta a reparar ou compensar o dano, não estaria, em princípio, abrangida pela cobertura securitária, ressalvada a existência de cláusula na apólice que previsse expressamente a cobertura dessa verba". CORRÊA DE ANDRADE, 2009, op. cit., p. 299. Caroline Vaz complementa o assunto, trazendo que: "Em dois precedentes marcantes foi afirmada a imposição de *punitive damages*: quando a conduta da Companhia de Seguro foi fraudulenta, de forma a induzir o segurado a celebrar o contrato, e quando na vigência deste, aquela atua de má-fé ou revela negligência grosseira". VAZ, 2009, op. cit., p. 58.

parcelas serão obrigatoriamente somadas para a efetivação do valor que corresponde ao dano imaterial.[659]

Passa-se, então, a uma análise pontual dos critérios usados para se chegar ao valor do dano punitivo. O primeiro critério a ser comentado é o grau da culpa ou a intensidade do dolo do agente, porque uma conduta dolosa deve ter punição mais pesada que uma culposa de igual repercussão; entre duas ações dolosas, merece sanção mais grave a que tem motivação mais reprovável; o dano premeditado deve ter mais censura que o ilícito, mesmo doloso, mas sem deliberação prévia; entre duas condutas culposas, a maior sanção irá para aquela de culpa mais grave; a culpa consciente será mais punida que a inconsciente.[660]

O segundo critério analisado diz respeito às condições pessoais do ofensor[661] e ao temperamento da vítima, uma vez que a condição econômica do primeiro é fator de relevo: a função punitiva só desempenhará o seu papel a contento quando o valor fixado seja suficiente para afetar ou para incomodar o lesante. Justamente por esta razão faz-se necessário trazer para o processo elementos de convicção que ajudem o Juiz a aferir qual é a real situação econômica do lesante.[662] Por outro lado, a situação socioeconômica da vítima não deve, em regra, ser levada em consideração no momento do cálculo do valor punitivo, seja porque não contribuiria, em nada, para isso – muito pelo contrário, poderia reduzir a eficácia punitiva; seja porque constituiria critério discriminatório por alcançar valor maior a vítimas mais abastadas, violando o princípio da igualdade. Ainda dentro desta mesma linha de pensamento, as condições pessoais da vítima, não ligadas diretamente à sua situação socioeconômica, podem e devem ser consideradas para uma equitativa indenização, pois o dano pode ser mais reprovável por alguma

---

[659] CORRÊA DE ANDRADE, 2009, op. cit., p. 299-300.

[660] Ibid., p. 301. Nessa mesma linha de raciocínio, Paulo Cezar Pinheiro Carneiro aponta como um dos critérios para a determinação do *quantum* indenizatório "o grau da culpa, considerado em sua intensidade máxima, quando provém de dolo do agente". PINHEIRO CARNEIRO, Paulo Cezar. *A atuação do Ministério Público na área cível*. Rio de Janeiro: Lumen Juris, 2001, p. 228.

[661] Ainda há outras situações a serem consideradas: o dano imaterial causado por pai, por tutor ou por curador ao filho, tutelado ou curatelado, é, por certo, mais grave do que o causado por pessoa estranha à família; também, o dano causado por agente público ou autoridade, com abuso de função ou cargo, é mais censurável do que o de igual natureza provocado por particular. CORRÊA DE ANDRADE, 2009, op. cit., p. 303.

[662] Ibid., p. 302. Semelhante é a defesa de Carlos Alberto Bittar, para quem a função punitiva: "(...) deve traduzir-se em montante que represente advertência ao lesante e à sociedade de que não se aceita o comportamento assumido, ou o evento lesivo advindo. Consubstancia-se, portanto, em importância compatível com o vulto dos interesses em conflito, refletindo-se, de modo expressivo, no patrimônio do lesante, a fim de que sinta, efetivamente, a resposta da ordem jurídica aos efeitos do resultado lesivo produzido. Deve, pois, ser quantia economicamente significativa, em razão das potencialidades do patrimônio do lesante". BITTAR, 1994, op. cit., p. 220. Igualmente, Yussef Said Cahali comenta que os Tribunais vêm demonstrando: "a recomendação no sentido de que também seja considerada a situação socioeconômica do responsável pela indenização, o que se mostra compatível com a função sancionatória ou punitiva, e admonitória da condenação por danos morais; por outro lado, poderá levar a um arbitramento moderado e compatível, com possibilidade de, sob o aspecto prático, ser executado eficazmente". CAHALI, 2005, op. cit., p. 180-181.

particularidade que envolva a vítima, como, por exemplo, alguma deficiência física ou mental.[663]

Ainda a respeito da condição socioeconômica do responsável pelo dano, vale ponderar, pelo já exposto, que uma microempresa não poderá sofrer uma condenação do mesmo monte que uma empresa multinacional, da mesma forma que uma pessoa física normalmente tem um patrimônio menor do que de uma pessoa jurídica, podendo a última arcar com prestações mais pesadas. Também não pode uma pessoa física que receba apenas um salário mínimo ser obrigada a pagamento idêntico ao de quem tem um trabalho mais bem remunerado. Assim, a comprovação do patrimônio ou dos ganhos do lesante deveria dar-se, no caso de pessoas físicas, pela Carteira de Trabalho, pelo contrato de trabalho, pelo contracheque ou por outro documento de semelhante valor, que seja apto para essa finalidade. Já a pessoa jurídica poderá trazer como prova da sua situação econômica o contrato social da empresa, o pró-labore ou outro documento que permita esse tipo de prova.[664]

Há quem sustente que, para que se verifique a amplitude do caráter punitivo da reparação do dano imaterial na jurisprudência pátria, dois critérios, mais que outros, devem ser levados em consideração: a gradação da culpa e o nível econômico do ofensor, pois só haverá verdadeiramente uma punição se "se arbitrar a reparação do dano considerando-se não o que se fez (*rectius*, o que se sofreu), mas quem o praticou.[665]

O terceiro critério a ser considerado é a gravidade do dano, porque uma conduta ilícita proveniente de um ato culposo pode ensejar mais severa repreensão do que outra praticada com dolo intenso, a depender dos interesses jurídicos em jogo. Observa-se, portanto, que, ao lado de fatores subjetivos, devem ser investigados elementos objetivos, como a *espécie de interesse jurídico violado* e a *extensão e a intensidade do dano*. O número de vítimas e a maior ou a menor potencialidade lesiva do ato igualmente são fatores de relevo para a fixação do valor da reparação. Assevera-se, outrossim, que, na fixação do *valor punitivo*, a gravidade do dano é *um* dos elementos que compõem a medida da reprovabilidade do agente; já na *indenização compensatória*, a gravidade do dano *constitui a medida propriamente dita* da indenização.[666]

---

[663] CORRÊA DE ANDRADE, 2009, op. cit., p. 302-306. E o autor complementa, trazendo exemplo: "quando o agente se aproveita da fragilidade econômica da vítima ou da posição social desta para a prática do ato lesivo. Em tal hipótese, a situação socioeconômica da vítima, como outras condições pessoais, constitui fator racional que pode e deve ser considerado para a fixação do *quantum* indenizatório, sem ferimento ao princípio da isonomia. A profissão ou ocupação da vítima é outra circunstância pessoal que pode apresentar relevância. É o caso, por exemplo, dos artistas em geral. A difamação veiculada pela imprensa pode adquirir enorme proporção pelo fato de ser a vítima integrante do meio artístico. (...) Também os políticos podem ver sua trajetória pública prejudicada ou até irremediavelmente destruída por notícias ou matérias jornalísticas difamatórias, que, por mais desmentidas que venham a ser, comprometem gravemente a credibilidade do difamado perante os leitores".

[664] VAZ, 2009, op. cit., p. 139.

[665] BODIN DE MORAES, 2004, op. cit., p. 73.

[666] André Andrade disserta: "Assim, por exemplo, ordinariamente uma lesão à vida decorrente de grave negligência ensejará sanção pecuniária mais elevada que uma lesão à intimidade causada dolosamente, uma vez que o primeiro dano, por atingir interesse ou atributo mais encarecido, é, por isso mesmo, tido

Acresce-se à gravidade do dano o argumento de Caroline Vaz,[667] para quem há a necessidade de um prejuízo coletivo, uma dimensão que ultrapasse a esfera individual, o que deverá ser analisado de acordo com a extensão territorial e/ou a população alcançada pelo dano.[668] Então, continua a autora "se por sua difusão o dano atingir somente o interesse local (da cidade), pensa-se que o valor para punir seu causador e evitar novos danos semelhantes deva ser menor do que aquele a ser fixado em relação a um prejuízo de âmbito regional (várias cidades) ou nacional (vários Estados), ou (...) danos que ultrapassem muitas fronteiras".

O quarto critério a exigir cuidados é a obtenção de lucro com o ato ilícito, o que não é uma tarefa nada fácil, cabendo ao Julgador, se possível, fazer uso de presunções extraíveis de indícios ou de dados externos que permitam uma comparação. Por estas razões, basta que o ganho seja provável, ainda que não precisamente determinado, e o Juiz chegará a um valor por estimativa, valendo-se de presunções e analogias. Afora isto, também o lucro futuro, e não apenas o atual, deve ser considerado, uma vez que em algumas situações se tem como presumir que o ilícito será fonte de proveito para o agente no decorrer do tempo, caso em que o critério da razoabilidade[669] deverá ser utilizado para considerar somente o que o lesante razoavelmente lucraria. Na mesma esteira, deve-se sopesar, ainda, tanto o lucro direto como o indireto.[670]

---

como reprovável". Para dar exemplo acerca da potencialidade lesiva, o autor refere: "o dano causado a um consumidor por um produto colocado no mercado com defeito de concepção e que poderia causar dano a outros consumidores é, em tese, mais grave do que o dano, da mesma natureza, causado a outro consumidor por defeito de fabricação de uma das unidades do produto". CORRÊA DE ANDRADE, 2009, op. cit., p. 307-308.

[667] VAZ, 2009, op. cit., p. 137.

[668] De acordo com Hugo Nigro Mazzilli, a respeito das várias categorias de interesses transindividuais, têm-se que os referidos interesses podem ser *difusos*, quando atingem pessoas em decorrência da situação de fato; *coletivos stricto sensu*, quando as pessoas são afetadas em razão de alguma relação jurídica base, ou *individuais homogêneos*, quando as pessoas são atingidas por conta de uma origem comum. MAZZILLI, Hugo Nigro. A defesa dos interesses difusos em juízo. São Paulo: Saraiva, 2001, p. 52.

[669] Quanto à razoabilidade, cabe comentar que: "teve sua origem nos países anglo-saxões, e não na Alemanha, como ocorreu com o princípio da proporcionalidade. Este princípio tem um desenvolvimento ligado à garantia do devido processo legal, instituto ancestral do Direito anglo-saxão. Luís Roberto Barroso destaca que a matriz do princípio remonta à cláusula *law of th land*, inscrita na *Magna Charta*, de 1215, documento reconhecido por grande parte da doutrina como um dos antecedentes do Constitucionalismo, pois este garantiu os direitos individuais dos nobres detentores de fortuna e propriedades ante os desmedidos privilégios e atitudes do soberano inglês. Para Barroso, o princípio da razoabilidade é um parâmetro de avaliação dos atos do Poder Público para aferir se eles estão informados pelo valor superior da Justiça que é inerente a todo o ordenamento jurídico. Segundo ele, razoável é o conforme a razão, o equilibrado, o moderado, o harmônico, o que não seja arbitrário ou caprichoso, o que corresponde ao senso comum e/ou aos valores vigentes em dado momento ou lugar. Assim, forçoso concluir que o princípio da razoabilidade tem natureza antes subjetiva, acerca do que seria aceitável para uma decisão tomada, seja Poder Público, seja pelo Magistrado ao decidir, buscando uma justificação racional dessa decisão jurídica, cingindo-se a uma análise meio-fim, de forma abstrata. Enquanto a proporcionalidade possui um conteúdo mais abrangente e objetivo, tendo como vigas-mestras os subprincípios da adequação, necessidade e conformidade ou proporcionalidade propriamente dita, bem como servindo de critério de interpretação dos direitos fundamentais, em determinado caso concreto". VAZ, 2009, op. cit., p. 146.

[670] O autor ilustra com um exemplo: "o uso indevido de imagem ou a veiculação de notícia escandalosa, ofensiva à honra de alguém, seria razoável investigar, nas circunstâncias concretas, se houve aumento na vendagem da publicação em comparação com outras épocas. Caberia, ainda, demonstrar suficientemente que esse aumento de vendagem estaria relacionado com o ato ilícito em causa. Em caso de biografia

E um quinto critério importante é a análise da existência de outros valores indenizatórios, no sentido de que o valor da indenização compensatória, fixada em separado, pode servir de parâmetro para se chegar ao *quantum* da indenização punitiva, a despeito de um valor não dever estar jungido ao outro. Insta salientar, por oportuno, que "a regra que imponha limites rígidos e inflexíveis ao valor da indenização punitiva deve ser tida por inconstitucional, porque restringiria ou anularia a tutela do princípio fundamental da dignidade humana e dos direitos da personalidade". André Andrade complementa, pontuando que "é aceitável, contudo, regra que crie limites que possam ser flexibilizados quando necessário para que a indenização punitiva venha a alcançar os seus objetivos".[671]

Sobre os valores indenizatórios, cumpre referir que o correto seria se o Julgador, ao fixar a prestação pecuniária punitiva e dissuasória, atentasse para a realidade social e econômica de cada lugar, para que os valores sejam justos. Também se deve mencionar que a Lei Maior, além de assegurar a reparação por danos morais e materiais, não impõe qualquer limite a nenhum desses valores, afora o fato de que o Código Civil "não traz qualquer rol de sanções taxativas correspondentes à prática dos mais diversos ilícitos civis", constatando-se, portanto, ser plenamente possível a inserção da condenação a pagamento de outra prestação, além da compensatória.[672]

De igual relevância, cabe frisar que: "pode ocorrer o reconhecimento da imposição de um valor a título de caráter punitivo ou preventivo, embora não se reconheçam as indenizações por danos materiais ou morais, já que as objetividades jurídicas são diferentes".[673]

O caráter punitivo e preventivo da responsabilidade civil vem ganhando força, inclusive, nos países adotantes do *Civil Law*; aliás, Boris Starck, em 1947, já profetizou tal acontecimento. No entanto, mesmo com adeptos, a função punitiva recebe censuras. Igualmente, a "insuficiência das respostas oferecidas pela responsabilidade civil como mecanismo meramente ressarcitório, com o montante da indenização limitado ao *quantum* efetivamente sofrido", foi uma das grandes razões para a possibilidade do caráter punitivo da reparação de danos, somada à tendência da retratação do Direito Penal, que, de acordo com os estudiosos, deve estar restrito às ofensas mais graves à ordem social, dando margem à retomada do caráter sancionador da responsabilidade civil.[674]

---

não-autorizada, com ofensa à honra do biografado, seria razoável levar em consideração a vendagem da obra". CORRÊA DE ANDRADE, 2009, op. cit., p. 308-309.

[671] André Andrade pondera que, na falta de outros elementos de convicção, poderia ser razoável considerar como parâmetro para o dano punitivo o valor da indenização do dano material, mesmo que as importâncias não estejam vinculadas. "É o que se fez na sentença proferida na ação ajuizada pela Confederação Brasileira de Futebol em face da Brahma Chopp, onde se fixou o dano moral no mesmo valor dos lucros cessantes que a parte ré foi condenada a ressarcir". Ibid., p. 309-310, 315.

[672] VAZ, 2009, op. cit., p. 141.

[673] Ibid., p. 142.

[674] MARTINS-COSTA; PARGENDLER, 2005, op. cit., p. 248-249.

A tese da função punitiva da reparação por danos imateriais tem ilustres e ardorosos defensores no Brasil, como, por exemplo, Caio Mário da Silva Pereira, Arthur Oscar de Oliveira Deda, Carlos Alberto Bittar, Sergio Cavalieri Filho, José Carlos Moreira Alves, Paulo da Costa Leite, Luiz Roldão de Freitas Gomes, Araken de Assis, Teresa Ancona Lopes, Sergio Severo, Carlos Edison do Rêgo Monteiro Filho, Renan Miguel Saad, Américo Luís Martins da Silva, Clayton Reis e Antônio Junqueira de Azevedo; outrossim, também a jurisprudência vem aceitando essa função, apesar de inexistir regra legal, permitindo a aplicação do instituto, como se denota da Apelação Cível n. 9825/98,[675] do Tribunal de Justiça do Rio de Janeiro, tendo como relator o Desembargador A. Vieira Macabu. Textualmente, aduz que: "(...) A indenização deve ser majorada de modo a servir como fator de inibição a novas práticas ilegais e de freio à impunidade". Pode-se reconhecer, então, que não são poucos os que intercedem pelo caráter punitivo da reparação, buscando, além da atenuação do sofrimento injusto da vítima, não sublimar um inato sentimento de vingança, além de prevenir ofensas futuras e servir de exemplo. A reparação, portanto, além de confortar a vítima, impõe uma pena exemplar ao ofensor, consistindo esta última na diminuição do patrimônio do ofensor e na transferência de quantia para o patrimônio da vítima.[676]

A favor da punição, há argumentos: 1) ao punir, o agente satisfaz o sentimento de vingança da vítima, evitando conflitos posteriores; 2) incentiva-se a intenção de não praticar outra vez ofensa semelhante, prevenindo-se danos futuros; 3) a punição serve de exemplo para que outras pessoas não queiram praticar igual conduta danosa.[677]

A doutrina majoritária admite um duplo caráter na reparação do dano imaterial: o compensatório, para reparar o sofrimento da vítima; o punitivo, para que o lesante reste punido pelo dano que cometeu, pois a proteção da pessoa deve ser tida como um valor prioritário no ordenamento jurídico; afinal, sendo intrinsecamente grave e sério o dano causado pela violação de um direito de personalidade, a proteção reservada para tais lesões tem natureza punitivo-satisfativa.[678] Outrossim, mais do que a necessidade, o dever de proteção dos valores existenciais pode servir, também, e *de lege ferenda*, para a defesa dos *punitive damages* no Brasil.[679]

---

[675] Ver: *Revista Consultor Jurídico*, 02.07.2001. Disponível em: <http://www.conjur.com.br>. Acesso em: 25 out. 2010.
[676] BODIN DE MORAES, 2004, op. cit., p. 47.
[677] Id., 2003a, op. cit., p. 29.
[678] Sugere-se CORRÊA DE ANDRADE, 2009, op. cit., p. 279 e ss. Na sequência, declara o autor "É justamente porque a Constituição de 1988 coloca a dignidade da pessoa humana e os direitos da personalidade humana no núcleo do ordenamento jurídico, protegendo-os com maior intensidade do que os direitos patrimoniais, que se justifica a diversidade de tratamento, com a imposição de indenização de caráter punitivo em caso de dano moral".
[679] No Brasil, a Lei n. 4.117/62 (Código Brasileiro de Telecomunicações), no art. 84, avisa que o Juiz deve, ao fixar a indenização do dano moral, levar em conta a situação econômica do ofensor e a intensidade do ânimo de ofender, quando traz que: "Na estimação de dano moral, o Juiz terá em conta, notadamente, a posição social ou política do ofendido, a situação econômica do ofensor, a intensidade do ânimo de ofender, a gravidade e a repercussão das ofensas". No mesmo sentido, a Lei de Propriedade Industrial (Lei

Em sentido oposto, negando o caráter punitivo, Anderson Schreiber[680] assevera que se faz necessário cuidar dos instrumentos institucionais capazes de desestimular as chamadas *demandas frívolas*, que tanto atormentam a doutrina e a jurisprudência; "neste sentido, cumpre rejeitar o caráter punitivo da indenização, desenvolver meios não pecuniários de reparação (...) superando o mito da indenização pecuniária como resultado único das demandas de ressarcimento".[681]

Há argumentos que denotam que o caráter punitivo não se coaduna com o sistema brasileiro: 1) não há dispositivo no Código Civil de 2002 que preveja a punição por um dano cometido, muito pelo contrário (remete-se o leitor ao já explanado sobre o parágrafo único do art. 944); 2) o art. 16 do CDC, que contemplava os danos punitivos, foi vetado quando da promulgação do Código, por representar violação ao princípio da *nulla poena sine praevia lege*; 3) a responsabilidade civil pode ser cumulada com a penal,[682] e corre-se o risco do *bis in idem*;[683] 4) dentro do sistema da responsabilidade

---

n. 9.279/96), quando se refere aos atos de violação dos direitos de propriedade industrial e dos atos de concorrência desleal, previu, no art. 210, que os lucros cessantes do titular do direito violado serão determinados pelo critério mais favorável ao prejudicado, o que inclui "os benefícios que foram auferidos pelo autor da violação do direito" – a inclusão desse critério denota uma finalidade de indenização punitiva, além da compensatória. Já Maria Celina Bodin de Moraes explica: "*De lege ferenda*, em hipóteses excepcionais, contudo, parece aceitável a figura da indenização punitiva quando for imperioso dar uma resposta à sociedade, tratando-se, por exemplo, de conduta ultrajante ou insultuosa, em relação à consciência coletiva, ou, ainda, quando se der o caso de prática maliciosa, danosamente reiterada. O interesse protegido, o bem-estar da coletividade, justifica o remédio. Propugna-se, ainda, pela admissão, considerado o bem jurídico tutelado, de indenização punitiva na reparação de dano moral para situações potencialmente causadoras de lesões a um grande número de pessoas, em relações de consumo e na responsabilidade civil ambiental. Requer-se, porém, a manifestação do legislador tanto para delinear o instituto quanto para estabelecer as imprescindíveis garantias processuais". BODIN DE MORAES, 2004, op. cit., p. 78.

[680] SCHREIBER, 2007a, op. cit., p. 8.

[681] Igualmente afirmando que o Juiz deve se preocupar mais em proteger a vítima do que em punir, Maria Alice Hofmeister ressalta que o foco da atenção deve ser a vítima; neste sentido, indaga a referida autora: "quem é a vítima? A que aspira? O que se pode entender como ampla indenização, recomposição ao *status quo ante*? O que se conhece acerca de suas necessidades?". HOFMEISTER, Maria Alice. *O dano pessoal na sociedade de risco*. Rio de Janeiro: Renovar, 2002, p. 213.

[682] No entanto, Giovanni Bonilini assevera que: "La pena privata, quindi, si connota come strumento utile, ed autonomo. È uno strumento che non si contrappone a quelli tipici del diritto penale, o a quello tipico – il risarcimento – del diritto privato, né ripète questi, ma è un istituto di collaborazione, dato che coadiuva il raggiungimento del fine di giustizia che è proprio dell'ordinamento". BONILINI, Giovanni. Pena privata e danno non patrimoniale. In: BUSNELLI, Francesco D.; SCALFI, Gianguido (orgs.). *Rivista Responsabilità Civile e Previdenza*. Milano: Giuffrè Editore, 1985, p. 312.

[683] Quanto ao *bis in idem* como empecilho à aplicação da reparação como pena, o argumento também é falho, pois "uma vez que já há, no ordenamento jurídico o artigo 935 do Código Civil vigente, disposições nesse sentido, o que não viria a ocorrer, portanto, somente agora com o reconhecimento dessas novas funções da responsabilidade civil. Ou seja, vige o princípio da independência das instâncias, segundo o qual poderá haver a incidência da responsabilização criminal, civil e administrativa, quanto ao mesmo fato se este configurar ilícito nas três esferas. Apesar disso, na maioria dos casos, a condenação do agente na seara criminal faz coisa julgada na esfera cível. Não se percebem vozes sustentando o *bis in idem*". VAZ, 2009, op. cit., p. 86-87. Maria Celina Bodin de Moraes, por seu turno, frisa que: "A este respeito, é de se ressaltar que grande parte dos danos extrapatrimoniais, aos quais se pode impor o caráter punitivo, configura-se também como crime. Abre-se, com o caráter punitivo, não apenas uma brecha, mas uma verdadeira fenda num sistema que sempre buscou oferecer todas as garantias contra o injustificável *bis in eadem*. O ofensor, neste caso, estaria sendo punido duplamente, tanto em sede civil como em sede penal. Aliás, do ponto de vista do Direito Penal, *stricto sensu*, a Lei n. 9.714/98 inaugurou em nosso ordenamento a sanção penal pecuniária, permitindo sua substituição a medidas restritivas de direitos. O juízo penal existe, com todas as suas garantias, justamente para punir o responsável e a sanção pecuniária, em nossos

civil, a majoração da indenização, a título de pena, pode recair sobre outra pessoa que não o ofensor, frustrando a função punitiva; 5) há situações nas quais não se conseguiria aplicar a punição pela existência, por exemplo, de um seguro; 6) a comunidade poderia ser obrigada a arcar com o caráter punitivo quando, por exemplo, um agente público causasse um dano e o Estado fosse obrigado a ressarci-lo.[684] Outrossim, incorporar os *punitive damages*, no Brasil, poderia trazer inconsistências em face do princípio de proibição ao enriquecimento sem causa, uma vez que a quantia paga a título de punição restaria inexplicavelmente atribuída à vítima, carecendo, ainda, de balizamento legal,[685] porque não há tipificação prévia das condutas reprováveis.[686]

De forma sintética, algumas das objeções são: o excesso nas indenizações; o enriquecimento sem causa da vítima; o incentivo à "indústria do dano moral"; o estímulo ao sentimento de vingança; o risco de produção de resultados social e economicamente danosos;[687] o dano moral com pluralidade de legitimados;[688] o princípio da legalidade penal (art. 5º, XXXIX, da CF/88);[689]

---

dias, apresenta-se, em diversos casos, como uma excelente alternativa. Outro importante argumento, ao qual se faz freqüentemente referência quando se trata de apontar os problemas decorrentes da situação que hoje vivenciamos é que, na responsabilidade civil, nem sempre o responsável é o culpado e nem sempre o culpado será punido (porque ele pode ter feito um seguro, por exemplo). De modo que, embora seja correto afirmar que o Direito Civil tem uma faceta punitiva – basta pensar nas diversas previsões de multas e penas constantes do Código Civil –, o que se rechaça fundamentalmente é a ausência completa de previsão legislativa e, portanto, de garantias para o réu: no instituto da indenização punitiva não há tipicidade, nem a devida apuração de culpabilidade e nem tampouco a proporcionalidade entre a gravidade da culpa e a atribuição da penalidade, sendo tudo isto substituído pela mera e simples manifestação, fracamente motivada, do Magistrado. Por mais civilizado que possa parecer substituir a 'satisfação da vingança' por uma pecúnia, o *modus operandi* do instituto não se compadece com a tutela que o ordenamento deve oferecer em juízos punitivos de qualquer espécie. (...) Ainda mais gravoso parece o caráter punitivo da reparação do dano extrapatrimonial quando se pensa que ele tem, no Brasil, como única possibilidade de recurso à máxima instância, a completa desproporção entre o dano e o ilícito cometido. Esta é a tese vencedora no STJ [ REsp. 240.055, 3ª T., rel. Min. Ari Pargendler, julg. em 02.05.2002, publ. no DJ de 24.06.2002], prevalecendo o entendimento de que 'a modificação do *quantum* arbitrado a título de danos extrapatrimoniais somente é admitida, no âmbito do recurso especial, se a indenização fixada for irrisória ou abusiva'". BODIN DE MORAES, 2004, op. cit., p. 74-75.

[684] CRUZ, 2005, op. cit., p. 320.

[685] Wesley Bernardo adverte que a possibilidade de adoção dos *punitive damages* só poderá dar-se diante de: autorização legislativa prévia; fixação legal do caso-tipo; identificação da verba relativa aos danos punitivos na sentença; destinação de tal verba a um fundo específico, e não à vítima. LOUZADA BERNARDO, Wesley de Oliveira. *Dano moral*: critérios de fixação de valor. Rio de Janeiro: Renovar, 2005, p. 179-182.

[686] SCHREIBER, Anderson. Arbitramento do dano moral no novo Código Civil. *Revista Trimestral de Direito Civil*, v.12, p. 3-24.

[687] Explica-se: "A condenação de empresas a valores exacerbados colocaria em risco a sua saúde econômica, trazendo a necessidade de demissão de empregados e, em casos extremos, levando ao encerramento de suas atividades". O autor retruca, ponderando que: "O aspecto econômico não deve ser o único considerado para concluir pela utilidade ou inutilidade de um instituto jurídico e muito menos pela sua Justiça ou Injustiça". CORRÊA DE ANDRADE, 2009, op. cit., p. 279.

[688] Vale esclarecer que: "É possível que um único comportamento seja gerador de danos morais a uma pluralidade de pessoas, dando ensejo, por conseguinte, a várias indenizações. Isso pode ocorrer em caso de dano moral indireto ou em ricochete; em caso de acidente com várias vítimas; em caso de danos morais ocorridos em circunstâncias fáticas distintas, mas que tenham origem em um único comportamento negligente ou imprudente; ou, ainda, em caso de vítimas de danos morais decorrentes de eventos lesivos distintos, mas que constituam um padrão único de comportamento estabelecido por uma empresa. Cabe questionar se nessas hipóteses não haveria o risco de uma multiplicidade de indenizações de caráter punitivo, que poderiam gerar um montante total excessivo, desproporcional em relação à conduta única ou ao padrão único de comportamento do lesante". Ibid, p. 280. Igual é o sentir de Pietro Trimarchi para

o princípio *ne bis in idem*;[690] o princípio da personalidade (intranscendência) da pena;[691] o arbítrio do Juiz no quantificar o dano e a imprevisibilidade dos montantes indenizatórios.[692]

Há pensamentos, com os quais se concorda, no sentido de que, independentemente de qualquer previsão legal, a função punitiva de uma reparação por danos imateriais tem cabimento e aplicação no ordenamento jurídico brasileiro,[693] pois serve-se, diretamente, do princípio da dignidade da pessoa humana (art. 1º, III da CF/88), e é consectário lógico do reconhecimento, na Lei Maior, dos direitos da personalidade e do direito à indenização por danos morais, consoante prega o art. 5º, incisos V e X da CF/88. Complementando esta ideia, ainda se tem o fato de que referidos princípios são, como já foi comentado anteriormente, "mandados de otimização", isto é, "normas que ordenam que algo seja realizado na maior medida possível",[694] exigindo que o operador do Direito empregue todos os meios possíveis para a proteção desses direitos. Não faria sentido algum pensar que, para a proteção

---

quem um ato lesivo à vida, à integridade física, à saúde e à liberdade são atos ilícitos que ensejam o dever de reparar. No caso de assassinato de uma pessoa, há direito ao ressarcimento para a família, tanto por dano patrimonial como por dano não-patrimonial, em razão da dor pela perda da pessoa querida, configurando o que se chama de *dano por ricochete*, como foi mencionado acima. TRIMARCHI, 1996, op. cit., p. 128. Acerca do conceito de dano por ricochete, Markesinis indica que ele ocorre: "when the victim dies from his injuries, third parties can suffer further loss. (...) The list of ricochet victims can be endless; the harm they suffer can range from emotional distress to severe pecuniary loss". MARKESINIS, 1997, op. cit., p. 923-924.

[689] Para André Andrade: "Sustenta-se, com freqüência, que a aplicação de uma indenização com caráter de pena privada violaria o princípio da legalidade penal, também chamado de princípio da anterioridade penal, que condiciona a imposição de pena à existência prévia de lei que a comine a um delito específico". CORRÊA DE ANDRADE, 2009, op. cit., p. 284. No decorrer deste texto, todavia, já se demonstrou que o próprio Direito Civil traz algumas penas e que as penas aqui referidas têm como fundamento a Lei Maior (art. 1º, III e 5º, V e X, da CF/88).

[690] Cabe esclarecer que: "Sustenta-se que, à medida que muitos ilícitos civis constituem também ilícitos penais, a indenização punitiva poderia sujeitar o agente a uma dupla punição pelo mesmo fato, na esfera criminal e na esfera civil. A sanção pecuniária não compartilha das mesmas restrições que recaem sobre as outras sanções. Pode, por essa razão, não apenas ser fixada em processo que não seja de natureza penal como também pode ser imposta por autoridade administrativa, ainda quando pena de outra natureza tenha sido estabelecida em processo criminal. A mesma conduta, por exemplo, de dirigir veículo automotor sem a devida habilitação, causando perigo de dano, pode ser configuradora, ao mesmo tempo, de crime e de infração de trânsito, ficando sujeita à imposição de multa criminal e administrativa. (...) De todo o modo, ressalvada sempre a possibilidade de cumulação da indenização punitiva com sanções penais de natureza não-pecuniária, afigura-se razoável a interpretação que se fizesse no sentido de abater da indenização punitiva o montante que o autor do dano tenha pago a título de multa em processo criminal". CORRÊA DE ANDRADE, 2009, op. cit., p. 294-295.

[691] Significa dizer que a pena não passa da pessoa do ofensor, de acordo com o que prega o art. 5º, inciso XLV, da CF/88; contudo, "em que pesem os entendimentos doutrinários em contrário, não se justifica tal proibição em relação à pena de multa, uma vez que os sucessores nunca responderão por encargos superiores às forças da herança deixada pelo ofensor falecido, conforme estabelecido pelo art. 1.792 do Código Civil". Ibid., p. 295.

[692] Ibid., p. 272-296.

[693] Sugere-se a leitura do acórdão do TJRJ, Ap. Cív. 9.825/98, 8ª Câm. Cível, Rel. Des. Adilson Vieira Macabu (disponível em: <www.tj.rj.gov.br>), pois é um bom exemplo de indenização de caráter punitivo, imposta ao agente que, com dolo intenso, ofendeu a integridade física de outra pessoa. Aqui, foi levada em conta a capacidade econômica do ofensor, pessoa abastada, e que não se veria desestimulada se não fosse condenado ao pagamento de indenização em um montante superior ao exclusivamente compensatório, afora o fato de a fuga do agente para outro país, para ficar longe do alcance da lei penal, foi considerada da mesma forma.

[694] ALEXY, 1997, op. cit., p. 86.

da dignidade humana e dos direitos de personalidade, estaria o operador do Direito limitado às normas previstas pelo Legislador, o que acarretaria o desaparecimento da função punitiva por não ser prevista em lei. A função sancionatória serve de arma contra a lesão e contra a ameaça de lesão a princípios constitucionais de envergadura; além disso, é o que possibilita a tutela desses princípios, porque a sanção é fator de desestímulo[695] de danos semelhantes tanto pelo próprio ofensor como por terceiros que possam ter um comportamento igualmente reprovável.[696]

Já Maria Celina Bodin de Moraes,[697] acerca do caráter punitivo, assinala que "nosso sistema não deve adotá-lo, entre outras razões, para: evitar a chamada loteria forense; impedir ou diminuir a insegurança e a imprevisibilidade das decisões judiciais; inibir a tendência hoje alastradiça da mercantilização das relações existenciais". Para a autora, a função punitiva só deve ser admitida, e ainda assim com ressalvas, em hipóteses excepcionais, nas situações potencialmente causadoras de lesões a um grande número de pessoas, como nos casos de interesses difusos, de relações de consumo e de Direito Ambiental, caso este em que o valor deveria ser depositado em fundos previamente determinados, como na Lei n. 7.347/85, art. 13 – Lei da Ação Civil Pública –, e não destinados à vítima. Cumpre salientar, conforme Caroline Vaz, que as prestações com função punitiva e dissuasória podem resultar de ações individuais ou coletivas, já que, para o objetivo que a responsabilidade civil busca, é indiferente quem está no polo ativo da demanda, sendo relevante o direito posto em causa e o seu reflexo na vida da comunidade local, regional, nacional ou até internacional.[698]

Praticamente pacífica é a noção de que, na responsabilidade criminal, presente está o caráter punitivo, porque aquela sempre se preocupou com o agente, ao contrário da responsabilidade civil que, com a Constituição Federal de 1988, teve uma mudança de foco, passando a enfatizar a proteção à vítima de dano injusto,[699] no lugar de se preocupar com a conduta culposa

---

[695] REsp. 246.258 e 265.133, 4ª T., rel. Min. Sálvio de Figueiredo Teixeira, julg. em 18.04.2000 e 19.09.2000 e publ. DJ de 07.08.2000 e 23.10.2000, respectivamente. Também STJ, 3ª T., rel. Min. Nancy Andrighi, julg. em 24.06.2002 e publ. DJ de 02.09.2002.

[696] CORRÊA DE ANDRADE, 2009, op. cit., p. 238.

[697] BODIN DE MORAES, 2003a, op. cit., p. 328-331.

[698] A respeito da "mercantilização da Justiça" como óbice para o caráter punitivo da reparação de danos, Caroline Vaz assevera que: "se discorda do argumento de que irá representar a mercantilização da Justiça e, mais ainda, das relações existenciais, tranformando-se o acesso à tutela jurisdicional em loteria, cujo prêmio máximo seriam 'absurdas indenizações milionárias' (chamadas nos países da *Common Law de tort lottery* ou *overcompensation*), ou ainda, banalizando-se o que há de mais fundamental quanto ao Direito, que é proteger exatamente os direitos do homem, seja em que nível tal cuidado se dê. O prisma de análise deve ser outro. Para aplicação de tais funções à responsabilidade civil no sistema brasileiro deverão observar-se parâmetros concordes com a realidade financeira, econômica, cultural e social do Brasil; e não com a norte-americana, assim como ocorre atualmente com os parâmetros utilizados para fixação da compensação dos danos extrapatrimoniais (entendendo-se estes como gênero de que são espécies o dano moral puro, dano estético, dano à imagem, entre outros)". VAZ, 2009, op. cit., p. 85-86, 134.

[699] Maria Celina Bodin de Moraes expõe: "O dano será injusto quando, ainda que decorrente de conduta lícita, afetando aspecto fundamental da dignidade humana, não for razoável, ponderados os interesses contrapostos, que a vítima dele permaneça irressarcida". BODIN DE MORAES, 2003a, op. cit., p. 179.

do agente. Cumpre lembrar que, sob a ótica patrimonialista do Código Civil de 1916, analisava-se mais o ato ilícito, e não o dano injusto.

O Código Civil de 2002, determinando que a indenização não deve ser medida pela culpa (art. 944, *caput*, do CC), deixou de impor função punitiva à responsabilidade civil. Permitiu, inclusive, como já foi afirmado, que, dependendo da desproporção entre o grau da culpa do agente e o dano, poderá *não* haver reparação integral (parágrafo único do art. 944 do CC). Observa-se, então, que no nosso País se vive uma situação anômala, já que os *punitive damages* não vêm admitidos como uma parcela adicional da indenização, mas parecem embutidos na própria compensação pelo dano imaterial.

Depreende-se do exposto que, no Brasil,[700] o caráter punitivo encontra resistências respaldadas no tradicional princípio de que a indenização se mede pela extensão do dano e pela proposição de que a pena é instituto único do Direito Penal. Afora isto, ainda se deve pensar que a sanção não pode ser concebida como um preço estabelecido em proveito daqueles que estejam dispostos a pagar a fim de violar os deveres fixados pelas normas primárias de conduta.[701] Possibilitando um temperamento, pode-se dizer que "o instituto dos *punitive damages* constitui-se, em sistemas jurídicos como o nosso, em uma figura anômala, intermediária entre o Direito Civil e o Direito Penal, pois que tem o objetivo precípuo de punir o agente ofensor, embora o faça através de uma pena pecuniária que deve ser paga à vítima".[702]

Argumento que não se pode olvidar é que o Juiz, quando repara e, ao mesmo tempo, pune, impondo uma expiação, ou seja, um sacrifício palpável ao lesante, ultrapassa um dogma: a não incidência, na fixação do *quantum*, do dever de proporcionalidade.[703] Mas como para tudo há contra-argumento,[704] o fato é que a indenização punitiva é um instrumento jurídico criado

---

[700] André Andrade acentua que: "No Brasil a função punitiva da indenização do dano moral não encontrou receptividade entre os clássicos, como Wilson Melo da Silva (O dano moral e sua reparação) e José de Aguiar Dias (Da responsabilidade civil). Já os autores mais modernos, em sua maioria, têm assinalado que a indenização do dano moral, a par de sua função compensatória ou satisfatória, assume uma feição de punição e prevenção. Desse pensar, dentre outros, são Caio Mário da Silva Pereira (Responsabilidade civil), Carlos Alberto Bittar (Reparação civil por danos morais), Sérgio Cavalieri (Programa de responsabilidade civil) e Antônio Jeová Santos (Dano moral indenizável). Parte da doutrina, porém, mostra-se avessa à ideia da função punitiva da indenização do dano moral. Alinham-se neste grupo Maria Celina Bodin de Moraes (Danos à pessoa humana) e Clayton Reis (Os novos rumos da indenização do dano moral)". CORRÊA DE ANDRADE, 2009, op. cit., p. 3.

[701] ASCENSÃO, José de Oliveira. *O Direito*. Introdução e Teoria Geral. Rio de Janeiro: Renovar, 2001, p. 56.

[702] BODIN DE MORAES, 2004, op. cit., p. 72.

[703] Caroline Vaz recorda que: "Como princípio jurídico, a proporcionalidade no sentido limitador das atividades estatais teve origem no Tribunal Constitucional Federal alemão, na segunda metade do século XX. Firmou-se na jurisprudência constitucional germânica o entendimento de que o princípio da proporcionalidade constitui importante instrumento no controle da atividade estatal, no que tange à não-interferência no núcleo essencial das posições subjetivas individuais protegidas constitucionalmente (*status negativus*), bem como na concretização dos direitos fundamentais, os quais vêm passar da declaração constitucional formal à efetiva realização prática (*status positivus*). O princípio da proporcionalidade não está expressamente consagrado na Lei Fundamental Alemã, todavia sua positividade constitucional decorre, segundo o Tribunal Constitucional Federal Alemão, da própria essência do Estado de Direito e da ideia de Direito". VAZ, 2009, op. cit., p. 143.

[704] E neste caso o argumento é de André Andrade. CORRÊA DE ANDRADE, 2009, op. cit., p. 29.

a partir da dignidade humana e que tem por finalidade protegê-la em suas mais variadas representações; assim, o caráter punitivo pode ser justificado pela necessidade de proteção da personalidade humana, pelo menos em situações especiais, em que não haja outro instrumento que atenda adequadamente a essa finalidade, correspondendo, igualmente, a um imperativo ético que deve permear o ordenamento jurídico. De fato, a aceitação ou a negação da função punitiva da reparação de danos depende da visão que se tenha do Direito e do mundo.[705] Defender a função punitiva "constitui uma escolha que é, a um só tempo, ideológica e racional".[706]

Introduzindo-se as lições de Starck sobre o assunto, é pertinente destacar que na França vários autores associaram a responsabilidade civil à pena – dentre estes, o autor citado, na sua clássica obra *Essai d'une théorie générale de la responsabilité civile consdirée en as double fonction de garantie te de peine privée*.

Para Judith Martins-Costa:[707]

> Quando, no Direito, certo instituto é refuncionalizado para atender a novas necessidades ou a circunstâncias que, mesmo existentes, não eram consideradas dignas de tutela, é preciso que a doutrina não se aferre a dogmas que bem vestiam tão-só a função antiga, restando a nova como roupas mal cortadas, em massa produzidas. É precisamente o que ocorre com a insistência de atribuir-se à responsabilidade civil, como se integrasse a sua própria natureza, um caráter estritamente reparatório, sem nenhum elemento de punição ou de exemplaridade.

Boris Starck, em meados do século XX, defendeu a pena privada por meio de uma tese na qual procurava demonstrar que a "hostilidade universal" para com a função punitiva era gratuita e injustificada. Igual teoria havia sido defendida, na França, no início do século, por Louis Hugueney,[708] mas já havia sido esquecida e restada sem adeptos, até que Starck, particularmente influenciado pela teoria do risco, pretendeu oferecer, por meio da ideia de garantia, uma nova sistematização da responsabilidade civil, atribuindo à *faute* (e ao dolo) a consequência da pena privada. A teoria pareceu útil quando houve a necessidade de procurar fundamentos para se fortalecer a possibilidade de reparação dos danos imateriais. Já que não há como

---

[705] Para Gadamer: "Entender e interpretar os textos não é somente um empenho da ciência, já que pertence claramente ao todo da experiência do homem no mundo". GADAMER, 2004, op. cit., p. 31.

[706] CORRÊA DE ANDRADE, 2009, op. cit., p. 30. Como complemento, tem-se a lição de Luís Roberto Barroso, para quem, mesmo quando atua com imparcialidade e impessoalidade, "o intérprete estará sempre promovendo as suas próprias crenças, a sua visão de mundo, o seu senso de Justiça", pelo menos quando diante de situações que exijam a escolha de valores e alternativas possíveis. Justamente por isso a ideia de um Juiz livre de preconceitos e de opções políticas (não-partidárias) é irrealizável, pois "(...) não será possível libertá-lo do próprio inconsciente, de seus registros mais primitivos. Não há como idealizar um intérprete sem memórias e sem desejos. Em sentido pleno, não há neutralidade possível". BARROSO, Luís Roberto. *Interpretação e aplicação da Constituição*. São Paulo: Saraiva, 1999, p. 277. Lenio Luiz Streck, sob o mesmo enfoque, afirma que: "o intérprete, ao interpretar, somente o faz ou pode fazê-lo a partir dos pré-juízos (pré-conceitos) oriundos da tradição, na qual está jogado". STRECK, Lenio Luiz. *Hermenêutica Jurídica e(m) crise*. Porto Alegre: Livraria do Advogado, 2000, p. 241. E Gadamer, com sucesso, declara que o que se pode e o que se deve exigir do intérprete não é que ele elimine as suas pré-compreensões ou expectativas, mas que as suspenda, possibilitando, deste modo, uma "abertura à opinião do outro ou à do texto". GADAMER, 2004, op. cit., p. 404-405.

[707] MARTINS-COSTA, 2002, op. cit., p. 441.

[708] Hugueney escreveu uma tese de Doutorado cujo título é *La peine privée en droit contemporain* (Dijon, 1904). Ver: HUGUENEY apud STARCK, 1947, op. cit., p. 361.

aferir concretamente a extensão de um dano imaterial, que a reparação sirva, pelo menos, como sanção – eis aí um bom argumento para se defender a pena privada.[709] Outro bom argumento[710] é o de que a ideia da substituição da tristeza por prazeres que o dinheiro pode propiciar serve apenas quando a vítima for pobre, caso em que "um aparelho de televisão, uma viagem, podem atuar como motivo de alegria"; entretanto, se o lesado for rico, "jamais seria indenizado". Neste sentido, a reparação do dano imaterial também tem um caráter de pena, ou seja, é justa punição que deve reverter em benefício da vítima.

Starck[711] defende que as penas privadas não foram completamente enterradas pela História, podendo-se identificar um movimento pendular através do qual "le mouvement d'abolition de la peine privée s'accompagne d'un mouvement inverse qui tend à la rétablir", e que a pena privada retorna como a fênix "ne meurt que pour renaître". No entanto, com a necessidade de se trazer o contraponto, há quem defenda o contrário, ou seja, que a noção de castigo desapareceu durante o século XIX, pelo fato de o homem não poder, psíquica e moralmente, julgar o seu semelhante. A vingança, há quem sustente, perdeu espaço – no Direito contemporâneo, restou apenas o caráter de indenização e o de prevenção.[712]

Boris Starck comenta, trazendo um temperamento, que o desejo de vingança não faz parte da doutrina moderna (da época), mas que ele trata do assunto, ao longo do seu texto, com prudência, porque prevenir vale mais do que curar, uma vez que a indenização significa raramente uma verdadeira reparação, pois o mal quase nunca é inteiramente curado: nada substitui as perdas de vidas humanas. Para Starck, a apreciação do *dano do autor* não pode ser indiferente, sob pena de comprometer a função preventiva do Direito. Entende o autor que a indiferença em relação à ideia de prevenção em Direito Civil pode ter como razão o fato de alguns considerarem que a condenação comporta, por si só, uma função preventiva, isto é, a ameaça de uma indenização a pagar contém em si mesma uma advertência salutar, o que não é mentira, mas é algo apenas parcialmente exato, pois não corresponde à realidade jurídica exposta.[713]

---

[709] BODIN DE MORAES, 2004, op. cit., p. 50.

[710] Argumento exposto pelo já aposentado Ministro do STF, José Carlos Moreira Alves, expressamente, em Seminário sobre Responsabilidade Civil promovido pela Escola da Magistratura do Estado do Rio de Janeiro – EMERJ. Ver: CAVALIERI FILHO, 2010, op. cit., p. 80. Maria Celina Bodin de Moraes complementa que: "Ao lado desta tese, surgiu outra, decorrente da exemplaridade normalmente contida nas regras de punição. É chamada a *teoria do desestímulo*, segundo a qual no âmbito da indenização deve vir inserida quantia significativa o bastante de modo a conscientizar o ofensor de que não deve persistir no comportamento lesivo; 'todavia, é preciso atentar para não enriquecer excessivamente o lesado'. Em igual sentido, sustentou-se que há necessidade de se impor uma pena ao ofensor, no dano extrapatrimonial, 'para não passar impune a infração e, assim, estimular novas agressões, de modo que a indenização funcionará também como uma espécie de pena privada em benefício da vítima'". (grifo nosso) BODIN DE MORAES, 2004, op. cit., p. 51.

[711] STARCK, 1947, op. cit., p. 374-377.

[712] ARAUJO, 2007, op. cit., p. 427.

[713] STARCK, 1947, op. cit., p. 355-356. De acordo com Eros Roberto Grau: "A realidade (realidade da qual tomamos consciência) é o que aparenta ser (se apresenta = 'presenta') para cada consciência. Diante de um objeto qualquer, minha consciência recebe o impacto do que ele representa (como ele se apresenta),

No mesmo sentido, porém introduzindo-se autores atuais, Carlos Alberto Bittar[714] expõe que, na definição da reparação expressa em dinheiro, "vem prosperando a atribuição de valor que também serve como desestímulo a novas práticas ilícitas", pois há a fixação de valores com o intuito de inibir ímpetos agressivos, induzindo a comportamentos socialmente aceitáveis. Para o autor, sancionamentos de ordem pessoal como a prestação de serviços à comunidade ou ao próprio lesado podem ser meios de reparação sem alcançar, todavia, diretamente o patrimônio do lesante, na busca da completa satisfação dos interesses lesados, sempre que estes forem imateriais.

A despeito de já se ter comentado acerca das críticas à função punitiva, entendeu-se por bem agrupar o pensamento de Starck neste momento do estudo; assim, são quatro as principais críticas oriundas dos autores modernos (à época de Starck): 1) a pena privada repousa sobre a ideia bárbara de vingança; 2) a pena privada é condenada por uma dupla evolução histórica: a abolição constante das penas e a objetivação da responsabilidade civil; 3) a pena privada leva em conta a organização jurídica das democracias liberais fundadas sobre a separação do Direito Civil e do Penal; 4) a pena privada conduz ao empobrecimento ou ao enriquecimento injusto da vítima [715] Na sequência, o autor faz menção ao estudo de Hugueney, alertando que não é mais possível reconhecer a pena privada apenas como sendo uma reação passional da vítima de um dano e que se deve levar em conta o fato de o lesante ser inocente ou culpado. A pena privada deve ser oriunda de um erro que dá ensejo à sanção; passado esse ponto, um segundo dele provém, qual seja, que o montante da pena variará em função da gravidade da falta. Outrossim, os objetivos, segundo Starck, são: reprimir as ações culpáveis, advertir, multar e prevenir. Depois de ter sublinhado, com toda a força, que a noção de pena privada é inseparável da ideia de erro, Starck coloca a pena privada como uma busca da reparação do prejuízo moral, pois referidos prejuízos são reparados em jurisprudência mesmo diante de responsabilidade sem falta.[716]

Sobre o tema, mas sob outro enfoque, o autor comenta que: "As indenizações tarifadas são inconciliáveis com a regra da proporcionalidade da condenação pela falta, regra que é a alma da teoria da pena privada". Starck, apesar de defender a aplicação da pena privada, comenta que ela não possui uma armadura técnica, suficientemente precisa e que os seus contornos ainda são incertos;[717] no entanto, nem por isso deixa de apoiá-la. Soma-se a isto o fato de o autor defender valores distintos: um, para a reparação do próprio

---

para mim. Posso dizer, então, que minha consciência vê os objetos exteriores como eles são, visto que eles são (para nós), nas suas manifestações (aparições), absolutamente indicativos de si mesmos. Como, porém, os objetos e a realidade existem em suas manifestações (aparições) para mim, jamais os descrevo – os objetos e a realidade; descrevo apenas o modo sob o qual eles se manifestam (= o que representam) para mim". GRAU, 1998, op. cit., p. 17.

[714] BITTAR, 1994, op. cit., p. 201.

[715] O autor discorre sobre as quatro principais críticas, mencionando-as uma a uma nas páginas que seguem. STARCK, 1947, op. cit., p. 371-388.

[716] STARCK, 1947, op. cit., p. 390.

[717] A ressalva é feita para o fato de o texto ter sido escrito em meados do século XX.

dano; outro, para a reparação de cunho punitivo, além do fato de, em existindo cláusula penal, inexistir a busca da repressão. O autor proclama que a ideia de pena privada permite diminuir ou aumentar o valor da reparação punitiva em casos de culpa leve ou gravíssima, mas como ficaria esta punição em caso de responsabilidade sem culpa? Atualmente, porém, sabe-se da existência da responsabilidade objetiva – mesmo assim, continua havendo o caráter punitivo. Starck ainda proclama que há um limite mínimo, inclusive para casos de culpa leve, sendo aquele estabelecido sob a noção de garantia, seja esta contratual ou aquiliana.[718]

Também assegura que "A pena aparecerá quando a condenação do autor do dano for maior do que àquela em que ele teria incorrido por um dano idêntico provocado por uma atividade não culposa", sendo a pena privada, sempre, um suplemento de indenização. Discute-se, todavia, se há um limite máximo para esse valor punitivo: a solução, para o autor, dá-se por um critério de técnica legislativa, e muitos fatores precisam ser considerados para tanto. A ideia é complementada quando Starck sustenta que: "A regra de Direito deverá organizar um regime de responsabilidade que leve em conta, mais do ponto de vista do autor do dano, que daquele da vítima, as necessidades da prevenção". A pena privada é o *plus* que se tem além do valor da indenização devida, em virtude das regras da garantia puramente objetiva. O problema, segundo Starck, tem ainda um outro aspecto, qual seja, o moral. Neste sentido, indaga-se: qual é a natureza e o grau da culpa? Para essa questão, nenhuma resposta precisa é dada. Há quem defenda que apenas o dolo seria o desencadeador da pena privada; outros aludem que a culpa não intencional seria suficiente. Deve-se salientar, no entanto, que a própria noção de dolo é imprecisa, o que dificulta ainda mais a solução do problema. Como saída, pode-se trazer o trabalho da jurisprudência bem como o bom senso dos lidadores do Direito.[719]

O momento a partir do qual se consegue antever uma necessidade de punição é aquele em que se pode constatar *no autor do dano* uma culpa característica, um erro de conduta repreensível, até porque a sociedade não conseguiria impedir todos os danos que as pessoas estão sujeitas a causar aos seus semelhantes. Alguns são lícitos, outros ilícitos, e podem estar ligados a atividades regulares e socialmente úteis, mas deve-se buscar suprimir os que são sabidamente evitáveis. Desta forma, a ação será culpável porque o Juiz, interpretando opiniões comuns, estimará nas circunstâncias do caso que o sujeito poderia ter agido diferentemente. Os erros mínimos, devidos ao costume ou à rotina, não merecem o atributo de reprováveis, pois são faltas sem substância e sem alma, mascarando o objetivo da responsabilidade. Distinto é quando o Juiz reconhece que o agente teve uma conduta reprovável pela consciência média, como uma imprudência, uma negligência ou uma deslealdade. Caso a pena repousasse unicamente sobre a vingança, se ela tivesse apenas a função de expiação, poder-se-ia compreender que ape-

---

[718] STARCK, 1947, op. cit., p. 391-393.
[719] Ibid., p. 393-395.

nas os atos particularmente odiosos seriam dignos de repressão, mas sabe-se que o objetivo predominante do Direito Penal – e, busca-se, também, do Direito Civil – é a prevenção dos atos nocivos evitáveis.[720]

Boris Starck conclui que a prevenção dos danos é um objetivo que a ordem jurídica não pode ignorar; além disso, não cabe somente ao Direito Penal assumir todo o papel da prevenção, pois o Direito Privado, particularmente o que trata da responsabilidade civil, é o auxiliar do Direito Penal. A pena civil traduz-se essencialmente por um suplemento de indenização que é acrescido à obrigação de garantia, e que é mais elevado, quanto mais grave for a culpabilidade do agente do dano. "Enfin, la nécessité d'infliger une peine se manifeste dès que l'agent du dommage a commis una faute caractérisée, même légère"; dito de outro modo, resta, portanto, a necessidade de impor uma pena toda a vez que o lesante cometer uma culpa característica, ainda que leve.

De acordo com Caroline Vaz,[721] "cabe ao Juiz, na sentença, proceder ao arbitramento do valor de eventuais indenizações por danos materiais e/ou morais para, depois, fixar o *quantum* referente à prestação punitiva e/ou dissuasória". E, destaca a autora, a parte não precisa pedir na inicial a condenação às referidas prestações, pois cabe ao Juiz – havendo ou não pedido, "mas justificando expressamente a necessidade de se adotar no caso em concreto, através da atividade hermenêutica, com vistas a concretizar direito fundamental e a observância do regime democrático, face às suas peculiaridades" –, justapor ou não a parcela punitiva.

Cabe recordar, acerca do assunto, que a erosão do filtro culpa foi e continua sendo muito criticada, ou seja, se reconhece a necessidade de a culpa voltar a ter a semelhante força de outrora, pelo menos o quanto possível, razão pela qual não se tem porque não aceitar a função punitiva, que possui por base justamente o grau de culpabilidade do ofensor e o objetivo de reprovação moral e de castigo exemplar.

Surge, no entanto, um pensamento que nega o caráter punitivo, alegando que os danos, especialmente os imateriais, não poderiam ser aumentados com um *plus*, a título de pena, por não serem estas verbas a cobertura dos danos às vítimas; em contrapartida, há quem defenda o chamado *dano social*, dizendo que este sim pode ser um terceiro gênero de dano, merecendo reparação autônoma.

Não é verdade que o Direito Civil não pune: em várias passagens do Código Civil brasileiro, há, inclusive, o emprego da palavra *pena*, como ocorre, por exemplo, no art. 1.992 que diz que o herdeiro que sonega bens da herança perde o direito que tinha sobre estes; o art. 1.993 complementa, estabelecendo que "além da *pena* cominada no artigo antecedente, se o sonegador etc.". (grifo nosso) Também os artigos 939 e 940 do CC prescrevem que o credor ganancioso que cobrar o devedor antes do vencimento da dívida,

---

[720] STARCK, 1947, op. cit., p. 395.
[721] VAZ, 2009, op. cit., p. 133.

ou por dívida já paga, sofrerá sanções patrimoniais, sendo que o art. 941 determina: "as penas previstas nos arts. 939 e 940 não se aplicarão etc.". Em outras situações, a palavra *pena* não é usada, mas o seu significado é claro, como, por exemplo, o art. 1.336 que prevê os deveres dos condôminos e, nos seus parágrafos, prescreve multa para o condômino que não os cumpre; o art. 1.814 diz que aqueles que houverem sido autores de homicídio doloso, acusação caluniosa ou que usarem de violência contra a liberdade de testar serão excluídos da sucessão, o que, sem dúvida, caracteriza uma pena; o art. 1.962 afirma que aqueles que praticarem ofensa física, injúria grave, mantiverem relações ilícitas com a madrasta ou com o padrasto, ou deixarem ascendentes em desamparo, podem ser deserdados, outra pena; o art. 1.219 anuncia que o possuidor que fizer benfeitorias úteis, melhorando o imóvel alheio, tem direito tanto à indenização como pode levantar as benfeitorias voluptuárias, mas, se estiver de má-fé (art. 1.220), perderá o direito à indenização, nem poderá levantar as voluptuárias, o que também é pena.[722]

Desta feita, repisa-se, admitida a *ideia* de punição no Direito Civil, deve-se atentar para o fato de que o agravamento da indenização traz consequências no atual Direito Positivo: a) a punição seria possível e admitida apenas nos casos de responsabilidade baseada na culpa (subjetiva), pois é justamente na responsabilidade subjetiva que o Juiz examina a culpa *lato sensu*; b) a pena restaria vedada por força do que prega o art. 944 do CC.

A título de complementação é necessário ponderar que a adoção da responsabilidade objetiva não eliminou a responsabilidade subjetiva, que deverá estar presente em todas as brechas em que a responsabilidade objetiva não couber, uma vez que a responsabilidade subjetiva é a regra geral, e ainda pode ser causa de indenização nos casos de responsabilidade objetiva. Outrossim, sendo a finalidade da indenização, a dissuasão, nem se faz útil examinar a culpa grave ou o dolo, porquanto o desestímulo tem cabimento ainda que na seara da responsabilidade objetiva.

No que diz respeito a uma segunda consequência, o argumento é mais audaz, pois um ato culposo, doloso ou negativamente exemplar[723] não lesa apenas o patrimônio material ou moral da vítima mas também macula toda a sociedade, degradando o nível de vida da população – ou seja, causa um dano social. Esta situação entra em evidência quando se trata, principalmente, da segurança,[724] da quebra de confiança, situações que reduzem a

---

[722] AZEVEDO, Antônio Junqueira de. *Novos estudos e pareceres de Direito Privado*. São Paulo: Saraiva, 2009, p. 379.
[723] Azevedo comenta: "Se, por exemplo, uma empresa de transporte aéreo atrasa sistematicamente os seus vôos, não basta, na ação individual de um consumidor, a indenização pelos danos patrimoniais e morais da vítima. É evidente que essa empresa – ou outra que a imite – está diminuindo as expectativas de bem-estar de toda a população. É muito diferente o passageiro sair de casa confiante quanto ao cumprimento dos horários de seus compromissos ou, nas mesmas condições, sair na angústia do imprevisível. As sociedades têm um nível de qualidade de vida que é até mesmo mensurado estatisticamente, por exemplo, com os índices de desenvolvimento humano (IDH)". AZEVEDO, 2009, op. cit., p. 381.
[724] Azevedo ainda enuncia: "Hoje, a obrigação de segurança é autônoma, está 'descontratualizada', de tal forma que, até mesmo sem contrato, qualquer pessoa que tenha algum poder físico sobre outra é responsável por sua segurança, tem dever de cuidado – o que explica a responsabilidade do transportador no transporte totalmente gratuito e em outras situações nas quais absolutamente não há contrato, como

qualidade coletiva de vida. Desta forma, o art. 944 do CC, quando limita a indenização à extensão do dano, não está proibindo que o Juiz fixe, além das reparações por danos materiais e imateriais, uma indenização pelo dano social, isto é, uma parcela de reposição à sociedade, no intuito de restaurar o nível social de tranquilidade abalada pelo ato danoso.[725]

O que Antônio Azevedo[726] propõe é, portanto, que a responsabilidade civil imponha indenização tanto por danos individuais como por *danos sociais*. Os primeiros são os patrimoniais e morais; já os segundos são lesões "à sociedade, no seu nível de vida, tanto por rebaixamento de seu patrimônio moral – principalmente a respeito da segurança – quanto por diminuição de sua qualidade de vida". Prossegue o autor, afirmando que estes danos sociais são causa tanto de indenização punitiva por dolo ou culpa grave, como de indenização dissuasória, se atos, em geral, de pessoa jurídica prejudicarem a qualidade de vida da sociedade. Ainda menciona que "todas as verbas devem ser discriminadas com explicitação dos títulos que levam ao seu reconhecimento".

Resta ainda, como questionamento, saber para quem vai o valor da reparação por dano social. Antônio Junqueira de Azevedo, apenas por uma opção de política legislativa, sugere que para a própria vítima. Defende este destino para a reparação pelo fato de que foi esta última quem foi parte do processo e foi esta quem lutou pela reparação, uma vez que este particular fez as vezes de defensor da sociedade, à semelhança do *private attorney general*, isto é, do Promotor Público privado, do Direito americano. O valor também poderia ir para um fundo, como acontece com o fundo para reconstituição de bens lesados, previsto pela Lei da Ação Civil Pública (art. 13); entretanto, pondera o autor, tão somente se a ação tivesse sido movida por órgãos da sociedade, como o Ministério Público, no que ele não crê, uma vez que se estaria atribuindo mais tarefas para o Estado.[727]

---

o de um visitante que escorrega no saguão de entrada de um prédio de escritório. A segurança, nem é preciso salientar, constitui um valor para qualquer sociedade. Quanto mais segurança, melhor a sociedade, quanto menos, pior. Logo, qualquer ato doloso ou gravemente culposo, em que o sujeito 'A' lesa o sujeito 'B', especialmente em sua vida ou integridade física e psíquica, além dos danos patrimoniais ou morais causados à vítima, é causa também de um dano à sociedade como um todo e, assim, o agente deve responder por isso". AZEVEDO, 2009, op. cit., p. 381.

[725] Ibid., *passim*.

[726] Ibid., p. 382-383.

[727] Ibid., p. 383. A título de curiosidade, pela diferenciada decisão, traz-se à baila um julgado da 1ª Seção do STJ, cujo título é Ação para Ressarcir Dano aos Cofres Públicos é Imprescritível, que trata da contratação da empresa Itasolo Empreendimentos Ltda para pavimentar diversas ruas em Armação dos Búzios (RJ), mas a ação de cobrança ajuizada pela empresa correu à revelia porque o Município não apresentou contestação. Baseado em convicções pessoais, o Magistrado, ao sentenciar, decidiu que "o silêncio do Município ocorreu em razão do conluio entre as partes". Já passado há muito o prazo da rescisória, o MP estadual propôs ação civil pública para fins de ressarcimento dos danos ao erário, pelo fato de ter havido pagamento por serviços não-prestados, e a 1ª Seção do STJ "decidiu que é imprescritível a ação que visa reparar dano ao erário e que esse pedido pode ser feito em ação civil pública de autoria do Ministério Público. A ação pode ser proposta para impugnar sentença transitada em julgado, mesmo depois de decorrido o prazo da ação rescisória. A tese foi discutida no julgamento de um recurso especial em que o Ministério Público do Rio de Janeiro pede o processamento da ação civil pública ajuizada contra uma construtora e um engenheiro que atestou serviços não-prestados. O objetivo da ação é ter o ressarcimento dos danos causados aos cofres públicos. Em primeiro e segundo graus, a ação foi extinta sem julgamento

Vence no Brasil, como já se explicitou, a doutrina e a jurisprudência[728] que defendem o caráter punitivo das reparações por danos imateriais. Ronald Sharp Junior sustenta que duas forças convergem na ideia de reparação do dano moral: "uma de caráter punitivo ou aflitivo (castigo ao ofensor) e outra compensatória (compensação como contrapartida do mal sofrido)". Do ponto de vista compensatório, a reparação funcionaria como um lenitivo, uma vez que "ninguém duvida, por exemplo, da enorme satisfação de pagar estudos ou tratamento médico a um filho com o produto da indenização por dano moral, quando antes isto não era economicamente possível à vítima". Já a indenização em dinheiro "deve servir para impor uma pena ao lesionador, de modo que a sua diminuição patrimonial opere como um castigo substitutivo do primitivo sentimento de vingança privada do ofendido". E ainda conclui o autor que "essa dupla finalidade compensatória e punitiva constitui o meio que o Estado tem de alcançar a restauração da ordem rompida com a prática da lesão moral".[729]

A razão de ser da expansão da tese punitiva talvez possa advir do fato de que, anos atrás, o pagamento pela dor sofrida era, comumente, considerado imoral (preço da dor), sendo necessário encontrar outra motivação para evitar condenações meramente simbólicas; desta feita, considerou-se que a pena privada seria fundamento aceitável diante de certas categorias de danos imateriais.[730]

Idêntico é o argumento de Américo Silva,[731] pois entende que a reparação do dano imaterial tem nitidamente duas funções: "a) a função de expiação (em relação ao culpado ou quem causa a lesão); b) a função de satisfação (em

---

de mérito. Os Magistrados fluminenses entenderam que a defesa não foi feita no momento adequado e que a ação estava prescrita. A Ministra Eliana Calmon, relatora do recurso no STJ, *afastou a prescrição*. Segundo ela, a interpretação dos artigos 37, § 6º, da Constituição Federal e 23 da Lei n. 8.429/92 leva ao entendimento de que a prescrição qüinquenal atinge apenas os ilícitos administrativos e a punição contra os agentes públicos que lhe deram causa, mas não à ação de ressarcimento dos prejuízos causados ao erário, conforme precedentes do STJ e do STF. (...) REsp. n. 1187297". (grifo nosso) Disponível em <http://www.espacovital.com.br/noticia_imprimir.php?id=20642>. Acesso em: 15 set. 2010.

[728] O STJ igualmente tem admitido a função punitiva nas reparações por danos imateriais. "Cabe ao Superior Tribunal de Justiça o controle do valor fixado a título de indenização por dano moral, que não pode ser ínfimo ou abusivo, diante das peculiaridades de cada caso, mas sim proporcional à dúplice função deste instituto: reparação do dano, buscando minimizar a dor da vítima, e punição do ofensor, para que não volte a reincidir". STJ, REsp 487749/RS, DJU de 12.5.2003, 2ª Turma, Rel. Min. Eliana Calmon. Ainda do STJ: "A indenização pelo protesto indevido de título cambiariforme deve representar punição a quem indevidamente promoveu o ato e eficácia ressarcitória à parte atingida. (...) O valor dos danos morais, de seu turno, como tenho assinalado em diversas oportunidades, deve ser fixado em termos razoáveis, não se justificando que a reparação enseje enriquecimento indevido, devendo o arbitramento operar-se com moderação, proporcionalmente ao grau da culpa, ao porte financeiro das partes, orientando-se o julgador pelos critérios sugeridos pela doutrina e pela jurisprudência, valendo-se de sua experiência e bom senso, atento à realidade da vida e às peculiariedades de cada caso, não deixando de observar, outrossim, a natureza punitiva e disciplinadora da indenização". STJ, REsp 389879/MG, DJU de 2.9.2002, 4ª Turma, Rel. Min. Sálvio de Figueiredo Teixeira. Também: STJ, REsp 183508/SP, DJU de 5.2.2002, 4ª Turma, Rel. Min. Sálvio de Figueiredo Teixeira; e STJ, REsp 240441/MG, DJU de 25.4.2000, 4ª Turma, Rel. Min. Sálvio de Figueiredo Teixeira.
[729] SHARP JR., Ronald A. *Dano moral*. Rio de Janeiro: Destaque, 2001, p. 12.
[730] BODIN DE MORAES, 2004, op. cit., p. 52.
[731] MARTINS DA SILVA, 2005, op. cit., p. 62.

relação à vítima ou ofendido)". Da mesma forma, Roberto Silva[732] acentua que "a reparação, embora nem sempre indenize, integralmente, os prejuízos morais ou extrapatrimoniais, esparge efeitos sancionatórios, compensatórios e pedagógicos, causando uma satisfação ao lesado, previne a reincidência do lesante e a prática de ato ilícito por outrem".

Várias são as teorias que procuram o fundamento da pena,[733] mas todas gravitam em torno tanto da retribuição como da prevenção. O que ocorre, a bem da verdade, é que a simples reparação do dano se tornou insuficiente para atender a todos os conflitos da atualidade, em especial os que dizem respeito aos direitos de personalidade, até porque, como já se salientou, a ideia de reparação volta-se para o passado, ou seja, para o dano já consumado. Contudo, existem danos, como os conflitos de vizinhança, a concorrência desleal, os atentados aos direitos de personalidade, em que esta ótica é insuficiente, uma vez que deve ser levado em consideração o futuro, isto é, a proposição de impedir novos danos ou a continuação disso.[734] Então, "serve, também, sob o aspecto da sanção, como advertência à sociedade, para obviar-se a prática do mal".[735]

Semelhante argumento menciona Ramón Pizarro[736] para quem a função preventiva tem crescido em importância nos últimos tempos; segundo o autor, "esta atitude, de viés claramente dissuasório, apresenta-se como um complemento idôneo às tradicionais vias ressarcitórias. Tanto do ponto de vista da vítima quanto do possível responsável, a prevenção do dano é sempre preferível à sua reparação". André Tunc[737] comenta que a prevenção de comportamentos antissociais é função de relevo, primordialmente no que toca a casos de ilícitos financeiros, difamação, violação da vida privada, pois são situações em que a responsabilidade penal se apresenta inadequada, insuficiente, insegura.

Para André Andrade,[738] a função preventiva é, talvez, a principal e a mais importante das finalidades da indenização punitiva, pois busca, por meio do incremento da sanção pecuniária, o fim de comportamentos que não se intimidam com a indenização compensatória, tendo por objetivo restabelecer a imperatividade do ordenamento jurídico que deve ser obedecido, se não para que seja mantida a consciência moral da importância do cumprimento do dever, pelo menos por temor da imposição de sanções verdadeiramente desconfortáveis em caso de descumprimento. A pretensão é a de que a reparação não seja um *preço* que o agente esteja disposto a pagar a fim de poder violar o direito de outrem. Usa-se, segundo o autor, de

---

[732] SILVA, Roberto de Abreu e. *A falta contra a Legalidade Constitucional*. Rio de Janeiro: Lumen Juris, 2002, p. 75.
[733] Sobre o tema, sugere-se: CORRÊA DE ANDRADE, 2009, op. cit., p. 138 e ss.
[734] VINEY; JOURDAIN, 2001, op. cit., p. 18.
[735] BITTAR, 1994, op. cit., p. 22.
[736] PIZARRO, Ramón Daniel. Responsabilidad civil de los medios masivos de comunicación. In: ——. *Daños por noticias inexactas o agraviantes*. Buenos Aires: Hammurabi, 1999, p. 184.
[737] TUNC, 1989, op. cit., p. 135.
[738] CORRÊA DE ANDRADE, 2009, op. cit., p. 245.

uma sanção pecuniária para fins de "desestimular a prática ou reiteração de comportamentos ilícitos, antissociais, lesivos aos direitos da personalidade", atendendo-se, deste modo, a um anseio geral de "proteção da dignidade humana em uma época em que o indivíduo se vê imprensado, comprimido por interesses econômicos, sempre colocados em primeiro plano".

A função dissuasória distingue-se da punitiva por não levar em conta uma conduta passada, mas por pretender desestimular condutas futuras, no sentido de avisar às pessoas sobre quais as condutas devem ser evitadas, por serem reprováveis ética e juridicamente. Essa função é um "efeito colateral" benéfico, alcançado por meio da condenação do responsável à indenização dos danos.[739]

Há ainda entendimento de que não existiria a possibilidade de se invocar os *punitive damages* para, na esfera da responsabilidade extracontratual, se aplicar o caráter expiatório da responsabilidade civil, uma vez que a própria legislação existente, tendo em vista o art. 944, *caput*, do CC, tem aplicabilidade apenas para os danos materiais, e porque não há como se medir, monetariamente, a extensão de danos imateriais, caso em que cabe, apenas, uma "*ponderação axiológica* traduzida em valores monetários".[740] (grifo do autor)

Sobre a função preventiva – ligada, portanto, de forma inconteste à punitiva[741] –, Viney[742] comenta que grande parte dos autores admite a responsabilidade como um instrumento de dissuasão dos comportamentos danosos à sociedade, mas de forma muito geral, persistindo o questionamento quanto à eficácia real dessa função. Igualmente assevera que o princípio da reparação integral impede, ao menos teoricamente, estabelecer qualquer correspondência entre a gravidade do ato censurado e a gravidade da condenação. Para a autora, ocorre um desconhecimento da variedade das situações concretas, o que acaba por subestimar as atitudes reais da responsabilidade civil.

Ligando o princípio da reparação integral com o caráter punitivo, Carlos Alberto Bittar,[743] depois de explanar e de defender a reparação integral do dano, mesmo imaterial, comenta que: "nesse sentido, ocupa posição de relevo, no cenário atual, a jurisprudência norte-americana, que, através dos *punitive damages*, deixados a critério dos Magistrados, sanciona, com valores

---

[739] FACCHINI NETO, Eugênio. Da responsabilidade civil no novo Código. *Juris Plenum*, ano 3, n. 18, p. 39, nov. 2007.

[740] MARTINS-COSTA; PARGENDLER, 2005, op. cit., p. 254.

[741] André Andrade apresenta que a sanção punitiva é a sanção pecuniária não relacionada diretamente com a extensão do dano; além disso, "a pena, no plano teórico, exerce sempre uma função preventiva. Quando se impõe uma sanção pecuniária não relacionada diretamente com a extensão do dano, está sendo assinalado para ofensor em particular e para a sociedade em geral que aquela conduta é inaceitável, reprovável, intolerável e não se deve repetir. Toda pena, incluída a de multa, tem uma finalidade de prevenção: especial, quando visa a dissuadir o ofensor de persistir ou reincidir na prática de condutas ilícitas; geral, porque adverte toda a comunidade e os potenciais causadores de condutas dessa natureza". CORRÊA DE ANDRADE, 2009, op. cit., p. 228.

[742] VINEY, 1995, op. cit., p. 58 e ss.

[743] BITTAR, 1994, op. cit., p. 107-108.

elevados, expedientes produtores de danos morais". Complementa o autor, afirmando que "realiza-se, com isso, a função inibidora da teoria em questão, posta em realce pelos partidários da concepção de pena privada para a responsabilidade civil (...) não obstante as *diferenças existentes entre sanção e pena propriamente dita*", meio para atingir um objetivo fundamental para a normalidade da sociedade, qual seja, "o de contenção de ímpetos agressivos, ou de atitudes de desrespeito, ou de menoscabo, a valores essenciais da personalidade humana, como, dentre outros, exemplifica Starck". (grifo nosso)

Sobre essas duas funções (punitiva e dissuasória), repisam-se as palavras de Eugênio Facchini Neto,[744] para quem:

> (...) a função dissuasória se diferencia da punitiva por levar em consideração não uma conduta passada, mas ao contrário, por buscar dissuadir condutas futuras. Ressalta que as funções reparatória e punitiva possuem uma função dissuasória individual e geral. Mas no caso da responsabilidade civil com função dissuasória, porém, o objetivo de prevenção geral de dissuasão ou de orientação sobre condutas a adotar, passa a ser o fim principal. O meio para alcançá-la, contudo, passa a ser a condenação do responsável à reparação/compensação dos danos individuais. (...) Se busca punir alguém por alguma conduta praticada, que ofenda gravemente o sentimento ético-jurídico prevalecente em determinada comunidade. (...) Para os familiares de uma vítima de homicídio, por exemplo, a obtenção de uma compensação econômica paga pelo autor do crime representa uma forma estilizada e civilizada de vingança, pois no imaginário popular se está também a punir o ofensor pelo mal causado quando ele vem a ser condenado a pagar uma indenização.

O bom-senso impõe, se o objetivo é dar uma certa eficácia à intervenção judiciária, permitir ao Judiciário impor o fim ou a atenuação das manifestações oriundas dos prejuízos. Ademais, o referido Poder igualmente tem a responsabilidade de pronunciar as condenações, atendendo ao fim dissuasório. O Juiz deve-se preocupar, portanto, em prevenir um dano iminente bem como fazer cessar um ilícito manifesto.[745]

Para Judith Martins-Costa,[746] parece evidente que a tendência, nos diversos ordenamentos, é agregar às funções compensatória e punitiva a função pedagógica ou de exemplaridade, de crescente importância nos danos causados massivamente. Esse caráter, para a autora, guarda nítido elemento penal se tivermos da pena a intuitiva definição que lhe foi atribuída por Grotius:[747] "*Malum passionis quod inflingitur propter malum actiones*", ou seja, pena é o padecimento de um mal pelo cometimento de outro.

Fernando Noronha[748] também admite esta função quando assegura que a responsabilidade civil tem, inegavelmente, uma função compensatória, mas que "desempenha outras importantes funções, uma sancionatória (ou punitiva) e outra preventiva (ou dissuasora)".

---

[744] FACCHINI NETO, 2007a, op. cit., p. 39.
[745] VINEY, 1988, op. cit., p. 38-39.
[746] MARTINS-COSTA, 2002, op. cit., p. 446.
[747] GROTIUS apud MARTINS-COSTA, 2002, op. cit., p. 446.
[748] NORONHA, 2003, op. cit., p. 437.

Como a função punitiva e a preventiva estão ligadas, e ainda fazendo referência ao dano social, algumas linhas exposto acima, Antônio Azevedo[749] contempla a seguinte conclusão:

> A pena tem em vista um *fato passado* enquanto que o valor de desestímulo tem em vista o *comportamento futuro*; há punição *versus* prevenção. O desestímulo é tanto para o agente quanto para outros que fiquem tentados a repetir o mesmo ato lesivo. Nesse sentido, a indenização dissuassória é *didática*. Como todo ensinamento, projeta-se no futuro. O valor de desestímulo, por outro lado, voltanto à comparação com a punição, é especialmente útil quando se trata de empresa, pessoa jurídica, agindo no exercício de suas atividades profissionais, em geral atividades dirigidas ao público, como no caso de consumidores. Portanto, apesar do mesmo fundamento – dano social –, as verbas devem ser discriminadas; as diferenças entre verbas de punição e verbas de desestímulo se apresentam nas razões justificadoras (fatos passados e fatos futuros) e, em linha de princípio, também quando se põe a atenção nas pessoas visadas (pessoas físicas na punição e pessoas jurídicas na dissuasão). Embora se admita punição de pessoa jurídica e desestímulo à pessoa física, os casos de exceção pouco contam no raciocínio tipológico que estamos desenvolvendo. (grifo nosso)

Importa, a bem da verdade, compreender que o caráter punitivo/dissuasório auxilia no sentido de dar maior eficácia aos direitos fundamentais, que é também o que se quer quando se trata de passar a reparação de danos efetivamente para *dentro* da Constituição Federal. Essa é uma interpretação que realmente confere eficácia àqueles direitos.

Já que a função punitiva não está legalmente prevista no ordenamento jurídico brasileiro, ela poderá ser aplicada se o Julgador assim a entender por bem, mediante uma adequada interpretação de todo o exposto no caso concreto. Desta maneira, como o que se pretende é a punição por conta de lesões a direitos fundamentais e de personalidade, o que se sugere, então, é que, no que diz respeito à interpretação dos direitos fundamentais, deva prevalecer o princípio da *máxima eficácia*, facilitando-se o acesso às novas funções da responsabilidade civil, justamente para que os direitos de personalidade previstos na Lei Maior, ou não, tenham uma efetiva tutela. Para essa missão, far-se-á uso da Hermenêutica[750] a fim de se alcançar a efetividade de tais direitos.

A mensagem, neste momento, é passada para o *intérprete sistemático*, como trata Juarez Freitas. Segundo o autor, esse intérprete deve agir como um catalisador dos melhores princípios e valores, sempre norteado por uma

---

[749] AZEVEDO, 2009, op. cit., p. 380.

[750] De acordo com Álvaro Ricardo de Souza Cruz: "Hermenêutica é a ciência que estuda as diferentes maneiras de interpretar um texto, ou seja, de avaliar e valorar signos verbais e escritos. Interpretar não é apenas compreender ou extrair significações. Ao contrário, interpretar significa, antes de mais nada, um ato construtivo. Eis o grande desafio dos operadores do Direito nacional, especialmente quando se debruçam sobre o Texto Constitucional. Essa latitude é fundamental ao Estado Democrático de Direito. Sem esse alcance, o Judiciário permanecerá aferrado à velha concepção da Hermenêutica metafísica da filosofia da consciência, incapaz de fazer frente às vicissitudes de uma sociedade ao mesmo tempo informatizada/globalizada e hipossuficiente/despossuída. O ato de interpretar não pode se limitar à busca de um sentido lógico e gramatical do texto. Essa busca é vã e perigosa, uma vez que afasta cada vez mais o Judiciário da sociedade. Ao contrário, a interpretação deve dar vida aos Textos Legais, especialmente diante de casos concretos, solucionando as contradições inerentes a um sistema jurídico repleto de regras e princípios". SOUZA CRUZ, 2000, op. cit., p. 21.

apropriada visão sistemática, no sentido de prevenir ou de remediar possíveis antinomias axiológicas, porém sempre atento à emergência das funções normativas atuais, com o objetivo de oferecer, nos limites do ordenamento, as soluções mais adequadas, sem interferir no papel do legislador.

Cabe, portanto, ao "intérprete com poder" a tarefa de extrair efeitos das normas, transformando a sua interpretação em norma para o caso concreto. Nessa concreção, deve buscar apoio na doutrina e inspiração no Direito Comparado, devendo ter, sobretudo, ousadia, pois "o Juiz deve olhar mais ao seu redor, e menos para trás, ao exercer suas funções".[751]

Juarez Freitas sugere que o intérprete sistemático deve acreditar no Direito, de um modo não ingênuo – deve estar ciente de que o sistema é a melhor alternativa para uma harmoniosa e frutífera convivência. Embora reconheça alguns problemas que não são raros no sistema, muito mais do que aplicador, o intérprete deve usar do caráter conformador, sendo menos passivo do que o cego exegeta por paradigmas tradicionais que insistem em identificar direitos e leis, como se os preceitos fundamentais não desfrutassem da eficácia direta e imediata. Complementa o autor, salientando que: "é certo que uma qualificada interpretação sistemática não resolve todas as perplexidades, porém se evidencia como o melhor modo de enfrentá-las".[752]

Nesta linha de raciocínio, é importante rememorar que a *Lex Mater* já contempla um rol bastante relevante de direitos e de garantias fundamentais – embora não só eles existam –, mas esses direitos nem sempre são efetivados em razão da falta de instrumentos que viabilizem isto, podendo ser tomadas providências de cunho administrativo, legislativo, ou as lacunas acabam sendo resolvidas pelo Juiz,[753] pois é a este último que "incumbe garantir a proteção desses direitos, devendo ser alcançados os meios necessários para que não reste prejudicada a sua atuação perante os jurisdicionados". O Judiciário, assevera Caroline Vaz, "poderá, motivadamente, reconhecer, quando da fundamentação de suas decisões, através da interpretação sistemática da ordem constitucional e infraconstitucional, as novas funções da responsabilidade civil, quais sejam, de punir e/ou dissuadir autores de ilícitos".[754]

---

[751] FACCHINI NETO, 2007b, op. cit., p. 188.

[752] FREITAS, 2004, op. cit., p. 171-172.

[753] Como mais um argumento de que é possível aplicar o caráter punitivo no Brasil, o fato de partir de todos os Poderes, prerrogativas, garantias, competências e vedações asseguradas ao Judiciário na Constituição Federal de 1988 (art. 92), incumbindo àquele dois papéis: a função jurisdicional, isto é, a obrigação e a prerrogativa de compor conflitos por meio de um processo, fazendo uso de normas gerais e abstratas infraconstitucionais e constitucionais; o controle da constitucionalidade, "sendo adotado, para o controle da constitucionalidade, um sistema difuso (todos os órgãos do Poder Judiciário podem exercê-lo e suas decisões a este respeito são válidas apenas para o caso concreto que apreciam), embora reconheça um sistema concentrado em alguns casos (os ocupantes de determinados cargos públicos detêm a prerrogativa de argüir a inconstitucionalidade de lei ou ato normativo, federal ou estadual, perante o STF, por meio de ação direta de inconstitucionalidade. Neste caso, a decisão favorável ataca a lei ou o ato normativo em tese), consoante dispõem os artigos 103 da Constituição Federal e aqueles da Lei n. 9.868/99 que disciplina a Ação Direta de Inconstitucionalidade". Vale recordar, também, o art. 93, IX da CF/88 que encerra em si o princípio da necessidade de fundamentação de todas as decisões dos Juízes, sob pena de nulidade. VAZ, 2009, op. cit., p. 94.

[754] Ibid., p. 93, 95.

É dentro de todo este cenário que trabalha a Hermenêutica para solucionar os *problemas;* assim, ainda que por via reflexa, analisou-se a função e o papel do julgador ao aplicar – ou não, inclusive – a função punitiva. Passa-se, na sequência, para a possibilidade de a reparação do dano imaterial ser considerada como um direito fundamental.

## 4.2. A reparação dos danos imateriais como resposta jurídica à violação dos direitos da personalidade e das consequências da reparação de danos como direito fundamental

A afirmação de André Andrade[755] serve como resposta e como fundamento ao ponto a ser examinado, porque o autor avisa que "a concepção clássica, que vê na responsabilidade civil a função exclusiva de reparação do dano ou de ressarcimento da vítima, não se ajusta ao dano moral, a não ser ao custo de artificialismos e reducionismos", uma vez que, continua o autor, "a tutela dos bens personalíssimos não se realiza do mesmo modo que a tutela dos bens materiais". É justamente isso que se vem defendendo ao longo desta tese, para fins de dar lugar diferenciado e de destaque para a reparação de danos imateriais, pela especialidade dos bens que protege.

Questionando se a reparação de danos é instrumento eficaz para se fazer Justiça, Guido Alpa[756] comenta que "in ogni ordinamento il principio enunciato – necessità di collocare la vittima nella situazione in cui si sarebbe trovata se il danno non fosse occorso – è, nel contempo un voto ed una illusione". Em contrapartida, continua o autor – aliás, como já foi mencionado ao longo deste texto –, discutindo, também, as técnicas de ressarcimento do dano, diante da incerteza e da dificuldade que se encontra para se realizar completamente a função ressarcitória. Portanto, para o autor, voltar ao *status quo ante*, por meio da reparação de danos, isso enfrenta muitas dificuldades materiais e processuais.

Não há, portanto, como negar que a ideia de que o causador do dano deve ressarcir o lesado integralmente está sujeita a várias limitações. A primeira delas, e bastante relevante, é que o ofensor só responde dentro das forças do seu patrimônio. Afora isso, a reparação não pode ser fonte de enriquecimento para o lesado; além disso, quando se trata de responsabilidade contratual, as partes limitam os valores de ressarcimento a cláusulas penais, por exemplo, prefixando balizas às indenizações.

Em geral deve-se indenizar a totalidade do dano causado ao prejudicado, mas o princípio da reparação integral traz consigo algumas consequências, como, por exemplo, a de que o dano a ser indenizado é determinado,

---

[755] CORRÊA DE ANDRADE, 2009, op. cit., p. 164. Também Carlos Alberto Bittar comenta que: "Em seu estágio atual, mostra-se a teoria da reparação civil por danos morais afinada com a evolução das técnicas e do pensamento científico, permitindo se realize, através de seus termos, a devida justiça aos casos levados aos Tribunais". BITTAR, 1994, op. cit., p. 196.
[756] ALPA, 1991, op. cit., p. 79.

normalmente, segundo a pessoa e o seu patrimônio; assim, titular da reparação é a parte prejudicada ou aquele que teve os seus bens ou os seus direitos, juridicamente protegidos, lesados; ainda, o fato de que se deve determinar o prejuízo que o lesado sofreu bem como as suas consequências. O princípio de que deve ser indenizada a totalidade do dano corresponde ao fato de que a pessoa tem o direito a receber apenas o ressarcimento pelo dano, e não mais do que isso, sob pena de um enriquecimento indevido. Ressalta-se, todavia, que reparação integral, em se tratando de danos imateriais, é assunto mais do que discutível, uma vez que tais danos não possuem um valor certo e determinado, dependendo da subjetividade tanto das partes como do julgador.[757]

Os estágios da evolução[758] da *reparação de danos* apontam que ela se inspira, principalmente, na manutenção da harmonia e do equilíbrio que orientam o Direito, e é por esta razão que *não foi possível*, até hoje, estabelecer uma teoria unitária e permanente de *responsabilidade civil*.[759] E, se até hoje isso não foi possível, por que não tentar vestir a reparação de danos com outra roupagem, mais forte, mais segura e mais estável, como, por exemplo, a advinda da Lei Maior?

E tamanha é a preocupação que Aguiar Dias[760] comenta que:

> No processo de alteração do Direito, um homem novo, preocupado com o destino da Humanidade e com o mundo que deixamos para nossos descendentes, preocupado com as injustiças sociais, com a visão voltada para a construção de uma sociedade mais igualitária, em que os valores éticos sejam resgatados e efetivamente empregados nos dilemas presentes, deve ser o ponto de partida dessa evolução.

Justamente pela preocupação recém-mencionada o interesse no assunto em pauta, pois se quer uma mudança de base, de educação, de cultura, ainda que jurídica, que mostre e que comprove que aquele que causar um dano à personalidade de outrem terá de cumprir com a sua parte. É certo que a responsabilidade civil serve à reparação dos danos, mas de modo insuficiente e inseguro, uma vez que não tem arraigado em si o caráter da punição.

É inconteste que, como decorrência da proteção à dignidade humana, houve uma aceitação tanto constitucional como infraconstitucional da reparação do dano imaterial, de onde podem ser extraídas as regras do *alterum non laedere*[761] e do *suum cuique tribuere*, ou seja, não lesar os outros e dar a

---

[757] LARENZ, 1959, op. cit., p. 196-197.

[758] Para tanto, recomenda-se DIAS, José de Aguiar. *Da responsabilidade civil*. Rio de Janeiro: Renovar, 2006, p. 21-54.

[759] Ibid., p. 25.

[760] Ibid., p. 52.

[761] Para Romualdo dos Santos: "a responsabilidade civil, como instituição jurídica que é, encontra razão de ser na dignidade da pessoa humana. O princípio *alterum non laedere*, que informa a responsabilidade civil, traduz bem a ideia de que o ser humano deve ter em consideração a pessoa dos outros e de que deve se conduzir de modo a não ofender a esfera de interesses dos demais". SANTOS, 2007, op. cit., p. 386. Fazendo uma relação entre a personalidade e o *alterum non laedere*, Rabindranath de Souza questiona: "Aliás, o que haverá na Natureza de mais uno e irredutível – e portanto de mais destrincável – que o próprio homem, dotado de razão e de vontade próprias?" o referido autor responde a isso, argumentando: " A personalidade de cada homem, no que se refere à sua *humanitas* e mesmo no que toca à sua *individualitas*,

cada um o que é seu. Entretanto, do ponto de vista da *efetividade* dos direitos, a incorporação expressa da reparação de danos imateriais em uma dada Constituição lhe conferiria – embora por si só não lhe assegurasse – condições de maior *efetivação* bem como ocorre quando da distinção entre direitos fundamentais e direitos humanos, por serem os direitos fundamentais a positivação dos direitos humanos e por terem os primeiros, posição de destaque.[762]

Concorda-se com Maria Celina Bodin de Moraes,[763] quando a autora defende que o princípio da dignidade humana traz em si uma cláusula geral de tutela da personalidade, permitindo que situações jurídicas subjetivas não patrimoniais mereçam proteção especial no ordenamento jurídico, tanto por meio de prevenção como por meio da reparação, a mais ampla possível, dos danos. Para a autora, "a reparação do dano moral transforma-se, então, na contrapartida do princípio da dignidade humana: é o reverso da medalha".

Mais uma vez sinalizando o fio condutor do estudo em pauta, constata-se que, caso efetivamente a reparação de danos imateriais se torne verdadeiramente um direito fundamental, impõe-se a sua aplicabilidade imediata, conforme se verá a seguir.

### 4.2.1. Da aplicabilidade imediata

O debate sobre a disciplina dos direitos de personalidade data de alguns anos. Somente após a promulgação da atual Constituição, em 05 de outubro de 1988, é que tanto a Lei Maior como os direitos fundamentais passaram a ser, novamente, levados a sério como fonte primeira e vinculativa do ordenamento jurídico.[764] Foi, todavia, na Alemanha, a partir da Lei Fundamental de 1949, que o assunto teve o seu ápice de desenvolvimento, causando, inclusive, acirrada discussão tanto na doutrina como na jurispru-

---

é um todo uno, previsível para os demais compartícipantes na mesma Humanidade – ou seja, para todos os outros homens – susceptível de ser sentida por estes e respeitável, desde logo, nos termos de um mero *alterum non laedere* ou de não 'não faças aos outros o que não queres que te façam a ti mesmo'. As próprias coisas patrimoniais têm qualidades múltiplas e diversas e por vezes insuspeitadas, potenciais ou futuras, sem que, por causa disso, alguém ousasse negar a existência de diversos direitos reais ou obrigacionais sobre a unidade e a totalidade ontológicas de tais coisas e o seu caráter de direitos subjectivos ou tentasse impor a sectorização de tais coisas". CAPELO DE SOUZA, 1995, op. cit., p. 572.

[762] Não se podem abafar argumentos contrários, defendendo que o Código Civil é suficiente para a proteção dos direitos aqui em questão. Neste sentido, Judith H. Martins-Costa traz a sua alternativa: "a estrutura dada aos Direitos de Personalidade e a forma típica de sua tutela pelo Direito Civil, qual seja, a responsabilidade civil, enseja traçar conexões intra-sistemáticas (sendo preciso, para definir o regime aplicável, conectar várias normas do Código); intersistemáticas (reenviando para outros estatutos normativos, como a Constituição, em tema de danos à pessoa, ou ao Código de Processo Civil); e extra-sistemáticas (atirando para fora do sistema jurídico, avaliando, por exemplo, a proporcionalidade entre a conduta culposa e o efetivo dano, segundo dados estatísticos). Do desenho traçado por essas conexões – e ainda daquelas que se pode estabelecer em matéria de tutela preventiva à personalidade – é que, conforme a situação de fato e do valor incidente, modelar-se-á a normativa incidente, e se estabelecerá a medida do dever de indenizar o dano, se já causado". MARTINS-COSTA, 2003b, op. cit., p. 82.

[763] BODIN DE MORAES, 2003b, op. cit., p. 145.

[764] SARLET, Ingo Wolfgang. A Influência dos Direitos Fundamentais no Direito Privado: o caso brasileiro. In: MONTEIRO, Antônio Pinto; NEUNER, Jörg; SARLET, Ingo Wolfgang. (orgs.). *Direitos Fundamentais e Direito Privado* – uma perspectiva de Direito Comparado. Coimbra: Almedina, 2007, p. 112.

dência, culminando por atrair e influenciar a doutrina europeia – exemplo disso é a francesa.[765]

A relação entre a Constituição e o Direito Privado sempre foi, reciprocamente, dialética e dinâmica. Falar da eficácia da Constituição na esfera do Direito Privado quer significar uma interpretação, de acordo com a Lei Maior, das normas de Direito Privado bem como da incidência da *Lex Mater* no âmbito das relações entre privados, seja pela concretização da Constituição pelos órgãos legislativos, seja pela interpretação e pelo desenvolvimento da jurisprudência. De igual forma não se pode olvidar da inserção, na Constituição, de institutos oriundos do Direito Privado – como o direito à indenização por violação da honra, intimidade e imagem. Assim, quando não se está mais diante de institutos do Direito Privado propriamente ditos, mas sim, frente a normas constitucionais, *não* é indicado falar em Direito Civil-Constitucional ou em Direito Privado com *status* constitucional.[766]

Além dos direitos políticos, as Constituições contemporâneas reconhecem às pessoas três categorias de direitos: individuais, sociais e difusos. Os primeiros tratam da esfera de proteção de cada um em face do Poder Estatal; os sociais buscam a elevação das condições materiais e espirituais das pessoas, voltados à Justiça Social e a outros valores transcendentes; os últimos dizem respeito a direitos titularizados pela coletividade como um todo, pois o objeto é indivisível. Como exemplos de direitos individuais que conseguiram proteção do Judiciário, têm-se o fato de uma pessoa conseguir resguardar o seu direito de propriedade, mesmo em face do Poder Público; bem como aqueles em que se subtrai a incidência de tributos exigidos sem a observância do princípio da anterioridade; ou, ainda, nos casos em que se relaxa prisão ilegal. Para os direitos difusos, além da existência de meios processuais eficazes, igualmente contribuíram o desenvolvimento de uma consciência ecológica bem como um sentimento pró-consumidor.[767] Já os direitos sociais são os que apresentam uma trajetória mais ingrata, como se verá na sequência.

A doutrina e a jurisprudência norte-americanas falam em *self-executing provisions* e *not self-executing provisions*; dito de outro modo, são normas ou autoaplicáveis por si mesmas, já que são revestidas de plena eficácia jurídica, por regularem diretamente as matérias, situações ou comportamentos, ou não autoaplicáveis por si mesmas, no sentido de não se bastarem, pois dependem de leis ordinárias. Exemplos de normas *self-executing* são as vedações e as proibições constitucionais; os princípios da Declaração dos Direitos Fundamentais do Homem; as isenções, as imunidades e as prerrogativas constitucionais; e também as que não reclamem para a sua execução i) a designação de autoridades, a que se cometa especificamente essa execu-

---

[765] SARLET, 2000, op. cit., p. 113, 115. Refere o autor que a eficácia "pressupõe a vinculação jurídica dos destinatários, já que toda e qualquer norma vigente, válida e eficaz implica um certo grau de vinculatividade, embora se possa discutir quem e como está vinculado".

[766] Id., 2007, op. cit., p. 120-121.

[767] BARROSO, Luís Roberto. *O Direito Constitucional e a efetividade de suas normas* – limites e possibilidades da Constituição brasileira. Rio de Janeiro: Renovar, 2006, p. 142.

ção; ii) a criação ou a indicação de processos especiais de sua execução; iii) o preenchimento de certos requisitos a para sua execução; iv) a elaboração de outras normas legislativas que lhes revistam de meios de ação, porque já se apresentam armadas por si mesmas desses meios, ou seja, suficientemente explícitas sobre o assunto de que tratam. Todavia, "a classificação pura e simples das normas constitucionais em auto-aplicáveis e não auto-aplicáveis não corresponde, com efeito, à realidade das coisas e às exigências da ciência jurídica, nem às necessidades práticas de aplicação das Constituições, pois sugere a existência, nestas, de normas eficazes e destituídas de imperatividade".[768]

As normas constitucionais podem ser divididas, no que concerne à eficácia e à aplicabilidade, em três grupos: normas constitucionais de eficácia plena; de eficácia contida; de eficácia limitada ou reduzida. De acordo com José Afonso da Silva,[769] tem-se que:

Na primeira categoria incluem-se todas as normas que, desde a entrada em vigor da Constituição, produzem todos os seus efeitos essenciais (ou têm a possibilidade de produzi-los), todos os objetivos visados pelo legislador constituinte, porque este criou, desde logo, uma normatividade para isso suficiente, incidindo *direta e imediatamente* sobre a matéria que lhes constitui objeto. O segundo grupo também se constitui de normas que incidem *imediatamente e produzem (ou podem produzir) todos os efeitos queridos*, mas prevêem meios ou conceitos que permitem manter sua *eficácia contida* em certos limites, dadas certas circunstâncias. Ao contrário, as normas do terceiro grupo são todas as que *não produzem*, com a simples entrada em vigor, *todos os seus efeitos essenciais*, porque o legislador constituinte, por qualquer motivo, não estabeleceu, sobre a matéria, uma normatividade para isso bastante, deixando essa tarefa ao legislador ordinário ou a outro órgão do Estado. Por isso, pode-se dizer que as normas de eficácia *plena* sejam de *aplicabilidade direta, imediata e integral* sobre os interesses, objeto de sua regulamentação jurídica, enquanto as normas de eficácia *limitada* são de

---

[768] SILVA, José Afonso da. *Aplicabilidade das normas constitucionais*. São Paulo: Malheiros, 1999, p. 73-76. O autor ainda complementa: "A teoria clássica norte-americana não destaca, como acentua a crítica, a importância das normas programáticas que revelam o novo caráter das Constituições contemporâneas, não oferecendo uma visão ordenada e científica de seus variados efeitos jurídicos, assim como das demais normas de princípios constantes das Cartas Políticas do mundo atual, que consagram novos valores e reclamam a realização de outros ideais na vida política e social, perseguindo a concretização do bem comum".

[769] Ibid., p. 82-84. O autor ainda exemplifica: "É fácil observar, pela simples leitura das Constituições contemporâneas, que as normas de eficácia limitada apresentam categorias distintas. Basta um exemplo extraído de nossa Constituição, comparando-se duas de suas disposições: a) "A lei disporá sobre a organização administrativa e judiciária dos Territórios" (art. 33); ou "A lei disporá sobre a criação, estruturação e atribuições dos Ministérios" (art. 88); ou, ainda: "A lei regulará a organização e o funcionamento do Conselho da República" (art. 90, § 2º); e: "A lei regulará a organização e o funcionamento do Conselho de Defesa Nacional" (art. 91, § 2º). Trata-se, como desde logo se vê, de prescrições constitucionais de eficácia limitada, pois não regulam direta e imediatamente a matéria referente a entidades e órgãos mencionados; o Constituinte preferiu incumbir dessa tarefa o legislador ordinário (a lei indicará..., regulará..., a lei disporá...); b) "A saúde é direito de todos e dever do Estado (...)" (art. 196); ou: "É dever do Estado fomentar práticas desportivas formais e não-formais, como direito de cada um (...)" (art. 217); "dever do Estado", aí, não impõe propriamente uma obrigação jurídica, mas traduz um princípio, segundo o qual a saúde e o desporto para todos e cada um se incluem entre os fins estatais, e deve ser atendido; sente-se, por isso, que as prescrições têm eficácia reduzida, mas também se nota sua diferença em relação àquelas outras, especialmente quanto aos objetivos sociais e aos meios de sua atuação prática. Aquelas dependem de legislação (a lei disporá..., regulará...etc.); o Constituinte incumbiu ao legislador ordinário a sua executoriedade, mediante normatividade ulterior. As últimas não remetem à lei; estabelecem apenas uma finalidade, um princípio, mas não impõem propriamente ao legislador a tarefa de atuá-las, mas requerem uma política pertinente à satisfação dos fins positivos nelas indicados".

aplicabilidade *indireta, mediata e reduzida*, porque somente incidem totalmente sobre esses interesses após uma normatividade ulterior que lhes desenvolva a eficácia, conquanto tenham uma incidência reduzida e surtam outros efeitos não-essenciais, ou, melhor, não dirigidos aos valores-fins da norma, mas apenas a certos valores-meios e condicionantes (...). As normas de eficácia *contida* também são de aplicabilidade *direta, imediata, mas não integral*, porque sujeitas a restrições previstas ou dependentes de regulamentação que limitem sua eficácia e aplicabilidade. (grifo nosso)

Modernamente, a orientação doutrinária é no sentido de alcançar eficácia plena e aplicabilidade imediata à grande parte das normas constitucionais, até mesmo às de caráter socioideológico que, antes, tinham apenas efeitos programáticos, como é o caso da prescrição "o Brasil é uma República" – apenas na aparência é meramente descritiva, porque busca consolidar a forma de Governo, defendendo-a e estabilizando-a.

Determinar um critério para distinguir normas de aplicabilidade imediata e normas de aplicabilidade mediata, a despeito de assunto de relevante teor, não se presta para este momento e para este estudo, pois ensejaria uma monografia à parte. Desta feita, um exame mais detido revela que são de eficácia plena as normas constitucionais que: a) contenham vedações ou proibições; b) alcancem isenções, imunidades e prerrogativas; c) não designem órgãos ou autoridades especiais a que incumbam especificamente a sua execução; d) não indiquem processos especiais de sua execução; e) não cobrem a elaboração de novas formas legislativas que lhes completem o alcance e o sentido ou que lhes fixem o conteúdo, pois já são suficientemente claras neste último aspecto.[770]

Quanto à natureza jurídica, as normas de aplicabilidade imediata estabelecem uma conduta jurídica positiva ou negativa, sendo, via de regra, normas organizativas e limitativas dos Poderes Estatais; desde a sua entrada em vigor, produzem ou podem produzir os seus efeitos essenciais nos limites acerca dos quais o Legislador Constituinte quis regular. São dotadas dos meios e dos elementos necesssários à sua executoriedade; enfim, são autoaplicáveis.[771]

Com o fito de honrar o propósito da discussão do ponto em destaque, vale assumir como verdadeira a premissa de que os direitos fundamentais, não raras vezes, são violados e ameaçados na esfera das relações privadas; desta forma, a eficácia dos direitos fundamentais no Direito Privado, pelo menos em princípio, não deve ser rechaçada, ainda mais se for considerado o grande comprometimento da ordem constitucional brasileira com a Justiça Social.

A questão não é singela, e isso salta aos olhos. Trata-se, pois, de saber até que ponto pode o particular recorrer aos direitos fundamentais nas suas relações com outras pessoas físicas ou jurídicas; dito de outra maneira,

---

[770] SILVA, 1999, op. cit., p. 101, 172. O autor, em outra passagem, ainda sobre o tema, expressa: "é compreensível que as normas constitucionais de eficácia plena e aplicabilidade imediata protejam diretamente as situações jurídicas subjetivas, configuradas como direito subjetivo".
[771] Ibid., p. 101-102.

reconhecer se, quando e como poderá o particular se valer de um direito fundamental do qual seja titular, na discussão com outro particular (destinatário, obrigado), mas que igualmente é titular de direitos fundamentais. Todos os particulares envolvidos na situação posta em causa são, ao mesmo tempo, titulares de direitos fundamentais e sujeitos de restrições recíprocas, circunstância que, a toda evidência, não teria como se concretizar se entre particulares e entidades estatais, uma vez que as últimas podem *opor* direitos fundamentais aos primeiros.[772]

Há quem defenda[773] que os direitos fundamentais influenciam, sim, direta e imediatamente a relação entre particulares, e a circunstância de os órgãos estatais (Juízes) serem também os destinatários diretos dos deveres de proteção estatais não conduz, inexoravelmente, ao fato de, para os particulares, a eficácia ser apenas mediata. Em outras palavras, o critério do destinatário *não* é o melhor para definir quem sofre, ou não, os efeitos diretos da Constituição.[774] Em contrapartida, há quem negue a vinculação direta dos direitos fundamentais para com os particulares, referindo que a vinculação é apenas mediata.[775]

O grande argumento daqueles que defendem uma aplicabilidade imediata dos direitos fundamentais às relações entre particulares decorre do fato de que a própria Constituição, no art. 5º, § 1º, prevê, expressamente, que as normas definidoras de direitos e de garantias individuais têm aplicação imediata. Isso tem sido interpretado, pela doutrina majoritária, como uma aceitação da eficácia direta das normas de direitos fundamentais, visto que todos os órgãos estatais estão obrigados a assegurar a maior efetividade e tutela possível a referidos direitos. Nas palavras de Ingo Sarlet,[776] o tão só fato de a Constituição trazer a regra expressa no art. 5º, § 1º, "por si só, já bastaria para demonstrar o tratamento diferenciado (e privilegiado) que os direitos fundamentais reclamam no âmbito das relações entre Constituição e Direito Privado. Afora isso, os direitos fundamentais carregam valores que o Estado não apenas deve respeitar como também promover e proteger, pois irradiam por todo o ordenamento jurídico, "razão pela qual de há muito os direitos fundamentais deixaram de poder ser conceituados como sendo *di-*

---

[772] SARLET, 2000, op. cit., p. 112-113. Em rodapé considera o autor que o referido entendimento "tem alcançado elevado grau de consenso no âmbito do Direito Comparado. Registre-se, contudo, que a inoponibilidade de direito fundamental por parte das entidades públicas em relação aos particulares encontra-se excepcionada nas hipóteses em que o Poder Público é também titular de direitos fundamentais, como ocorre com o direito de propriedade, liberdade de comunicação, etc.".

[773] Id., 2007, op. cit., p. 126.

[774] Semelhante é o pensamento de José Afonso da Silva, para quem a tentativa de se basear a distinção entre normas de eficácia plena (destinatários seriam os sujeitos da ordem jurídica estatal) e limitada (o destinatário seria o legislador) resta frustrada se feita com base nos destinatários, visto que se assenta em uma premissa não-definida. Controversa é, pois, a questão acerca de quem é destinatário da norma jurídica, a depender se o termo quer significar àqueles que devem obediência (e aí seríamos todos nós) ou se o termo quer significar classe ou grupo de pessoas cujo comportamento é regulado de modo mais específico; assim, "a questão é por demais fluida, indeterminada e indefinida para que possa servir de critério para distinção das normas do ponto de vista de sua eficácia e aplicabilidade". SILVA, 1999, op. cit., p. 88-98.

[775] Ver: ERICHSEN apud SARLET, 2000, op. cit., p. 121.

[776] SARLET, 2000, op. cit., p. 108.

*reitos subjetivos públicos*, isto é, direitos oponíveis pelos seus titulares *apenas* em relação ao Estado".[777] (grifo nosso)

Sobre o conteúdo do art. 5º, § 1º, da CF/88, cabe a lição de José Afonso da Silva para quem o referido parágrafo também atinge as normas que revelam direitos sociais, nos termos dos arts. 6º a 11º. Em regra, as normas que tratam dos direitos fundamentais democráticos e individuais são de eficácia contida e de aplicabilidade imediata, ao passo que as que definem os direitos sociais "tendem a sê-lo também na Constituição vigente, mas algumas, especialmente as que mencionam uma lei integradora, são de eficácia limitada e aplicabilidade indireta". O que se pode constatar é que essas normas são aplicáveis até onde possam e até onde as instituições ofereçam condições para isso; outrossim, o Judiciário, sendo chamado a propósito de uma situação concreta nelas garantida, não pode se furtar de aplicá-las, permitindo ao interessado o direito reclamado, de acordo com os mecanismos à disposição (mandado de injunção, inconstitucionalidade por omissão e iniciativa popular).[778]

Um exame mais detido ainda revela que a ausência de uma referência expressa à vinculação do Poder Público (Executivo, Legislativo e Judiciário) aos direitos fundamentais não tem o condão de afastar, e nem poderia, o fato de que essa ligação existe, e é consequência direta da própria eficácia das normas que os consagram.[779]

Outro argumento, além do art. 5º, § 1º da CF, em favor da aplicabilidade imediata dos direitos fundamentais aos particulares é o de que os direitos fundamentais são normas que expressam valores válidos a toda a ordem jurídica, seja em decorrência do princípio da unidade da ordem jurídica, seja em virtude do postulado da força normativa da Constituição.[780] Mais do que nunca, não se pode aceitar que o Direito Privado forme uma espécie de gueto e que fique à margem da Lei Maior, não se tendo como correta uma vinculação apenas do Poder Público a referidos direitos. Negar a vinculação direta acabaria atribuindo aos direitos fundamentais um cunho meramente declaratório.[781]

Para serem aplicados no âmbito de relações privadas, os direitos fundamentais independem de qualquer tipo de transformação, "assumindo dire-

---

[777] SARLET, 2000, op. cit., p. 119.
[778] SILVA, 1999, op. cit., p. 165-166.
[779] SARLET, 2000, op. cit., p. 140.
[780] Para Konrad Hesse: "A força normativa da Constituição não reside, tão-somente, na adaptação inteligente a uma dada realidade. A Constituição jurídica logra converter-se, ela mesma, em força ativa, que se assenta na natureza singular do presente. Embora a Constituição não possa, por si só, realizar nada, ela pode impor tarefas. A Constituição transforma-se em força ativa se essas tarefas forem efetivamente realizadas, se existir a disposição de orientar a própria conduta segundo a ordem nela estabelecida, se, a despeito de todos os questionamentos e reservas provenientes dos juízos de conveniência, se puder identificar a vontade de concretizar essa ordem. Concluindo, pode-se afirmar que a Constituição converter-se-á em força ativa se se fizerem presentes, na consciência geral – particularmente, na consciência dos principais responsáveis pela ordem constitucional –, não só a *vontade* de poder mas também a *vontade* de Constituição" (grifos do autor). HESSE, 1991, op. cit., p. 19.
[781] SARLET, 2000, op. cit., p. 122.

tamente o significado de vedações de ingerência no tráfico jurídico-privado e a função de direitos de defesa oponíveis a outros particulares, acarretando uma proibição de qualquer limitação aos direitos fundamentais contratualmente avençada, ou mesmo gerando direito subjetivo à indenização no caso de ofensa oriunda de particulares".[782]

Pode-se argumentar, além do mais, que "justamente pelo fato de os direitos fundamentais estarem sujeitos a violações oriundas de direitos uns dos outros (...) é que o Estado, por estar vedado ao particular cuidar ele próprio da tutela dos seus direitos (salvo em casos excepcionais), possui um dever de proteção". Mas há, ainda, uma tese alternativa, segundo a qual apenas o conteúdo da dignidade humana dos direitos fundamentais vincula diretamente os particulares. Essa tese não é a melhor solução para o Brasil, porque a eficácia direta, como foi visto, pode decorrer expressamente da Constituição e, portanto, abranger situações que não envolvam a dignidade da pessoa humana.[783]

O STF[784] igualmente já se manifestou nesse sentido: reconhece que a obrigação de aplicação imediata dos direitos fundamentais igualmente abarca uma aplicabilidade imediata nas relações entre particulares, até porque uma vinculação direta dos órgãos estatais para fins de deveres de proteção não exclui a possibilidade de também os particulares estarem vinculados aos deveres de proteção, existindo, pelo menos, um dever de respeito e de tolerância para com os direitos fundamentais de outras pessoas.[785]

Um exame mais detido indica, todavia, que uma eficácia direta não é sinônimo de eficácia forte ou absoluta, mas "uma eficácia e vinculação flexível e gradual", pois o dever de alcançar a *máxima eficácia* às normas fundamentais deve ser encarado como um *mandado de otimização*, uma vez que "a eficácia e efetividade dos direitos fundamentais de um modo geral (e não apenas na esfera das relações entre particulares) não se encontra sujeita, em princípio, a uma lógica do tipo 'tudo ou nada'".[786]

---

[782] SARLET, loc. cit.
[783] Ibid., p. 132.
[784] RExtr. 158215-4/RS, Rel. Min. Marco Aurélio, e RExtr. 161243-6/DF, Rel. Min. Carlos Mario Velloso, ambas do ano de 1996, em que se discutiu, respectivamente, a aplicação da garantia da ampla defesa e do contraditório em caso de exclusão de sócio de cooperativa, e a aplicação do princípio da igualdade às relações trabalhistas no caso de empresa estrangeira que discriminava entre empregados brasileiros e estrangeiros. Em ambos os casos, foi privilegiada a tese da eficácia direta. Deve-se ressaltar que a aplicabilidade imediata dos direitos fundamentais às relações particulares encontrou significativa aceitação na Espanha, em Portugal, na Argentina e na Colômbia, sem falar na doutrina e jurisprudência internacional, com ênfase no plano europeu. Id., p. 130-131, 136. O autor, em outra obra, complementa: "nos vemos forçados a lançar mão de aportes extraídos do Direito Comparado, especialmente oriundos da experiência lusitana, espanhola e alemã, opção que se justifica também pela proximidade entre os sistemas jurídicos (notadamente no campo do Direito Constitucional) e por ser nestes Países que a temática parece ter encontrado maior ressonância, sendo objeto de larga discussão doutrinária e jurisprudencial, ressaltando-se também a importância da experiência norte-americana no âmbito da doutrina da *state action*. Cuida-se, sem dúvida, de um dos temas mais controversos e fascinantes da dogmática jurídico-constitucional contemporânea". SARLET, 2000, op. cit., p. 112.
[785] Ibid., 2007, op. cit., p. 128-129.
[786] Ibid., p. 133.

Defendendo que não se tem como abrir mão do princípio da máxima eficácia da *Lex Mater*, Ingo W. Sarlet[787] expõe:

> Desde logo, cumpre rememorar que a nossa Constituição, no âmbito da fundamentalidade formal dos direitos fundamentais, previu, expressamente, em seu art. 5º, § 1º, que "as normas definidoras dos direitos e garantias fundamentais têm aplicação imediata". Tal formulação, à evidência, traduz uma decisão inequívoca do nosso Constituinte no sentido de outorgar às normas de direitos fundamentais uma normatividade reforçada e, de modo especial, revela que as normas de direitos e garantias fundamentais não mais se encontram na dependência de uma concretização pelo legislador infraconstitucional, para que possam vir a gerar a plenitude de seus efeitos, de tal sorte que permanece atual a expressiva e multicitada frase de Herbert Kruger, no sentido de que hoje não há mais que se falar em direitos fundamentais na medida da lei, mas sim, em leis na medida dos direitos fundamentais. Em síntese, a despeito das interpretações divergentes e que aqui não teremos condições de examinar, sustentamos que a norma contida no art. 5º, § 1º da nossa Constituição, para além de aplicável a todos os direitos fundamentais (incluindo os direitos sociais), apresenta caráter de norma princípio, de tal sorte que se constitui em uma espécie de mandado de otimização, impondo aos órgãos estatais a tarefa de reconhecerem e imprimirem às normas de direitos e garantias fundamentais a maior eficácia e efetividade possível. Vale dizer, em outras palavras, que das normas definidoras de direitos fundamentais, podem e devem ser extraídos diretamente, mesmo sem uma interposição do legislador, os efeitos jurídicos que lhe são peculiares e que, nesta medida, deverão ser efetivados, já que, do contrário, os direitos fundamentais acabariam por se encontrar na esfera da disponibilidade dos órgãos estatais.

De acordo com Ernst W. Böckenförde,[788] o vigor dos direitos fundamentais como direitos diretamente aplicáveis traz de forma inerente a ideia de aplicabilidade imediata desses direitos, tanto que as Constituições atuais, como a brasileira, no art. 5º, § 1º, contam expressamente com um dispositivo a respeito, alcançando importância ímpar a interpretação constitucional dos referidos direitos. Também, a interpretação dos direitos fundamentais busca antes decifrá-los e concretizá-los, muito mais do que trazer o sentido e o significado destes. Comenta o jurista que:

> La interpretacion de los derechos fundamentales a partir de una teoria de los derechos fundamentales no es por tanto un ingrediente "ideologico" del respectivo interprete, que seria evitable con un correcto empleo de los medios juridicos de interpretación. Tiene su fundamento en el ya mencionado caracter lapidario y del todo fragmentário, desde el punto de vista de la tecnica legal, de los preceptos de derechos fundamentales. En última instancia, tanto una interpretación teologica del sentido, como una interpretación sistematica de estos preceptos no pueden resultar más que de una determinada teoria de los derechos fundamentales.

Canaris,[789] por seu turno, afirma que: "os direitos fundamentais devem ser aplicados *a leis de Direito Privado* como direito imediatamente vigente", porém enfatiza que: "*os sujeitos de Direito Privado e o seu comportamento* não estão, em princípio, sujeitos à vinculação imediata dos direitos fundamentais"; complementa o autor, declarando que: "os direitos fundamentais

---

[787] SARLET, 2000, op. cit., p. 101.
[788] BÖCKENFÖRDE, Ernst-Wolfgang. *Escritos sobre Derechos Fundamentales*. Trad. de Juan Luis Requejo Pagés e Ignacio Villaverde Menéndez. Baden-Baden: Nomos Verlagsgesellschaft, 1993, p. 45-46.
[789] CANARIS, Claus-Wilhelm. *Direitos Fundamentais e Direito Privado*. Trad. de Ingo Wolfgang Sarlet e Paulo Mota Pinto. Coimbra: Livraria Almedina, 2003b, p. 129-132.

valem também para a aplicação e desenvolvimento judiciais do Direito Privado". (grifo nosso)

As *normas de organização* da Lei Maior igualmente podem ter aplicabilidade imediata. São exemplos dessas normas as que trazem que: a) "O Poder Legislativo é exercido pelo Congresso Nacional que se compõe da Câmara dos Deputados e do Senado Federal" (art. 44 da CF/88); b) "O Poder Executivo é exercido pelo Presidente da República, auxiliado pelos Ministros de Estado" (art. 76 da CF/88); c) "São Poderes da União, independentes e harmônicos entre si, o Legislativo, o Executivo e o Judiciário" (art. 2º da CF/88); d) "Compete aos Municípios (...) legislar sobre assuntos de interesse local" (art. 30, I da CF/88). Quanto à última situação, por exemplo, se uma lei estadual regrar tema de interesse local, caberá à pessoa afetada furtar-se à sua observância, por inconstitucional, ou buscar judicialmente a demonstração do vício.[790]

Complementarmente, deve-se mencionar que, quando se está diante de direitos fundamentais cujo *destinatário direto e principal seja o Estado* – casos de nacionalidade, de direitos políticos, de extradição –, os particulares sofrem uma eficácia apenas *mediata* de referidos direitos.[791] Isto significa que há uma gama de direitos fundamentais que não fazem parte da presente discussão, uma vez que, em princípio, são inoponíveis aos particulares, sejam pessoas físicas ou jurídicas, a exemplo, ainda, das garantias fundamentais processuais, especialmente na esfera penal, pois, repisa-se, são direitos que têm por destinatário apenas os órgãos estatais.[792]

Para aqueles que defendem que os deveres de proteção têm o Estado como destinatário precípuo,[793] o entendimento é o de que se trata de uma proteção que, em regra, dá-se de forma mediata para os particulares, já que é levada a efeito pelo Legislador e, subsidiariamente, pelo Judiciário. A eficácia positiva (prestacional) dos direitos fundamentais na esfera privada não é muito comentada na doutrina brasileira, mas não se pode deixar de mencionar que os direitos sociais, mesmo como direitos prestacionais, não podem ser reduzidos à ideia de prestações estatais, pois os direitos dos trabalhadores, por exemplo, vinculam expressa e diretamente particulares. Desta forma, "ainda que seja correto afirmar que os particulares não estão obriga-

---

[790] BARROSO, 2006, op. cit., p. 141.

[791] SARLET, 2007, op. cit., p. 123.

[792] SARLET, 2000, op. cit., p. 116.

[793] Ana Paula Barcellos, trazendo uma aplicabilidade mediata dos direitos fundamentais para com os particulares, comenta que: "A doutrina não entende possível, todavia, exigir com fundamento na própria norma constitucional a prestação positiva (seja educação fundamental, atendimento médico ou algum benefício da assistência social). Esse entendimento decorre, no mais das vezes, do tal concerto sistemático com outras normas constitucionais, especialmente as que decorrem da contraposição com o princípio da separação dos Poderes e as consequentes atribuições dos Poderes Executivo e Legislativo na deliberação dos gastos públicos. (...) Isso porque, embora a dignidade da pessoa humana seja, de fato, o princípio fundamental da ordem jurídica, vetor da interpretação em geral e da ponderação normativa em particular, não se podem ignorar os demais princípios e normas constitucionais. E isso não apenas por força da unidade da Constituição formalmente considerada, mas porque os demais princípios constitucionais são partes de uma estrutura cujo objetivo final é igualmente realizar ou preservar a dignidade humana, ainda que por meios indiretos". BARCELLOS, 2002, op. cit., p. 206.

dos, em princípio e com base nas normas de direitos fundamentais sociais, a edificar escolas e hospitais, fornecer medicamentos ou outras prestações sociais típicas" não há como concluir que os direitos sociais não apresentam nenhuma eficácia direta nas relações privadas.[794] Ademais, é justamente pelo fato de cada pessoa ter o dever de respeitar e não de ofender o direito fundamental dos outros, que o Estado possui o dever de intervir no âmbito de seu dever de proteção, o que denota que os particulares poderão reclamar uma intervenção protetiva.[795]

Um dos exemplos da influência dos direitos sociais a prestações no Direito Privado diz respeito ao reconhecimento, por parte dos Tribunais, do dever de empresas gestoras de planos de saúde privados assumirem o pagamento de tratamentos não previstos nas cláusulas contratuais. Outra situação tem origem no TJRJ e trata da necessidade de o empregador cobrir despesas de tratamento de um empregado suspenso justamente em razão do seu estado de saúde. Também há julgados acerca do direito à educação, no caso de decisões que proíbem o cancelamento da matrícula de alunos inadimplentes durante o semestre ou ano letivo; ainda, nos casos de não interrupção do fornecimento de água e energia elétrica por falta de pagamento, desde que comprovada a necessidade.[796]

No que diz respeito aos direitos sociais, um grande obstáculo é que eles vêm imbricados com normas programáticas, sem que se possa saber ao certo em que hipóteses existem prestações positivas exigíveis e em que hipóteses são programáticas. Muitos direitos sociais já se tornaram plenamente efetivos, como é o caso da jornada de trabalho de oito horas (art. 7º, XIII, da CF/88); a remuneração do trabalho noturno superior à do diurno (art. 7º, IX, da CF/88); repouso semanal e férias anuais remuneradas (art. 7º, XV e XVII, da CF/88); licença à gestante (art. 7º, XVIII, da CF/88); entre outros.

Outros direitos sociais, no entanto, deixam de se concretizar, muito embora veiculados em dispositivos de aplicabilidade direta e imediata, mas muito em razão de um injustificado desperdício da potencialidade de preceitos prontos para proporcionar o desfrute de bens e de interesses individuais e coletivos, como é o caso da educação (art. 208, I, da CF/88), situação em que "só por falta de seriedade em relação à Constituição se poderia dar a tais preceitos a inteligência de que não investem o indivíduo em qualquer exigibilidade de conduta em face do Estado". Neste caso, o ente público pode ser, inclusive, condenado a construir uma escola ou a custear, em escola privada, o estudo do menor, tendo como último recurso o direito à

---

[794] SARLET, 2007, op. cit., p. 140. O autor ainda aduz que: "O fato de que, em se tratando de direitos sociais a prestações, seja recomendável uma maior cautela e mesmo uma postura mais comedida, ao mesmo tempo em que não constitui óbice absoluto ao reconhecimento de uma eficácia direta, segue harmonizando com a direta aplicabilidade e a necessidade de maximização da eficácia e efetividade de todas as normas de direitos fundamentais, afirmada no art. 5º, § 1º, da Constituição de 1988".

[795] Id., 2000, op. cit., p. 147.

[796] No primeiro exemplo, ilustrativamente o REsp. n. 158.728, do Rel. Min. Carlos Alberto Menezes de Direito; no segundo exemplo, Ap. 9845 do TJRJ, Rel. Des. Raul Celso Lins e Silva, publicada no Diário de Justiça do Rio de Janeiro, em 24 de março de 1999; no terceiro exemplo, Ap. n. 355/1999, Rel. Des. José Mota Filho, do TJRJ; no quarto caso, STJ, Agr. Instr. n. 478.911/RJ, Rel. Min. Luiz Fux.

reparação de danos. Outro exemplo diz respeito ao direito de os deficientes terem a melhoria de sua condição social e econômica, principalmente pela Educação Especial (Emenda Constitucional n. 12/78, art. único e inciso I). Neste particular, "ao optar pela locução 'É assegurado', por certo investiu o deficiente que não tenha recursos no poder de exigir do Estado educação especial, quer numa clínica pública, quer numa clínica particular, às expensas do erário", afora o já mencionado direito de indenização.[797]

Acerca do tema, José Afonso da Silva[798] assinala que:

> Nos nossos estudos sobre as normas programáticas sempre as entendemos vinculadas à disciplina das relações econômico-sociais. É que há muito está superada a chamada "regulamentação da liberdade", que pretendia que cada direito individual fosse organizado, isto é, que as condições e os limites de sua aplicabilidade fossem determinados por uma lei orgânica. *Pois as normas constitucionais que enunciam os direitos individuais são de aplicabilidade imediata e direta.* Sua eficácia não depende da intermediação do legislador, desde que, no "curso do século XIX, [como denota Biscaretti di Ruffia] a enunciação desses direitos sofreu dupla transformação: passou para o texto das Constituições, imprimindo às suas fórmulas, até então abstratas, o caráter concreto de *normas jurídicas* positivas, válidas para os indivíduos dos respectivos Estados (dita *subjetivação*), e, não raro, integrou-se também de outras normas destinadas a atuar uma completa e pormenorizada regulamentação jurídico-constitucional de seus pontos mais delicados, de modo a não requerer ulteriormente, a tal propósito, a intervenção do legislador ordinário (ou seja, sua *positivação*).
>
> Esse fenômeno de subjetivação e de positivação começa a concretizar-se também em relação aos direitos econômicos, sociais e culturais, pois a ordem econômica e social adquire dimensão jurídica a partir do momento em que as Constituições passaram a disciplina-las sistematicamente, como elementos socioideológicos que revelam o caráter de compromisso das Constituições contemporâneas entre o Estado Liberal individualista e o Estado Social intervencionista e, mais recentemente, como é o nosso caso, o Estado Democrático de Direito. (grifos no original)

Por outro lado, é necessário mencionar que insustentável é a teoria da neutralidade do intérprete da norma jurídica tanto geral como constitucional, consagradora de direito fundamental, tornando-se necessário que o próprio intérprete diga, na medida do possível, os fatores que alimentam o seu universo de pré-concepções, pois é partindo disso que será possível reconhecer os critérios de verdade ou de inverdade no processo intelectivo.[799]

---

[797] BARROSO, 2006, op. cit., p. 143-145. O Tribunal de Justiça de São Paulo sustentou a aplicabilidade direta e imediata da EC n. 12/78, cuja eficácia não deveria ser condicionada à providência normativa posterior. Desta forma, confirmou decisão que condenou a Cia. do Metropolitano de São Paulo a uma obrigação de fazer, qual seja, a de prover instalações adequadas para o acesso dos deficientes físicos: "A norma constitucional que estabelece comando certo e definido, dispondo sobre construção de acessos a deficientes físicos em edifícios e logradouros públicos, contendo todos os elementos necessários à sua aplicabilidade (hipótese de incidência, conteúdo e destinatário), difere das de princípios programáticos, que se limitam a estabelecer princípios e programas a serem desenvolvidos, e, assim, tem aplicabilidade imediata, independendo de regulamentação ulterior". RT 636/93, 7ª Câm. Cível, TJSP, Ap. 106.872-1, j. 28.09.88.
[798] SILVA, 1999, op. cit., p. 140.
[799] VAZ, 2009, op. cit., p. 107.

Na mesma linha do que vem sendo exposto, Gustavo Tepedino[800] assevera que: "na realidade brasileira, inúmeras hipóteses de agressão à pessoa humana foram registradas em face da insuficiência da legislação infraconstitucional, associada à timidez da Magistratura em valer-se *diretamente dos princípios fundamentais para a solução de colisões de direitos fundamentais na atividade privada*" (grifo nosso). Comenta o autor que:

> O Plenário do Supremo Tribunal Federal, nos anos 90, decidiu, pela primeira vez, hipótese de colisão de direitos fundamentais em matéria de Direito de Família, admitindo que a violação da dignidade da pessoa humana seria suficiente a inserir a matéria no âmbito das questões relativas à ordem pública constitucional.
>
> Discutiu-se então a possibilidade de se exigir do réu, na ação de investigação de paternidade, a submissão coativa ao exame de DNA, mesmo contra sua vontade. A jurisprudência, a partir da posição assumida pela Suprema Corte, corporificou-se no sentido da impossibilidade do constrangimento físico do réu, servindo a recusa como prova, em favor do autor, do vínculo de paternidade, a ser sopesada pelo Magistrado no conjunto probatório.
>
> Independentemente do resultado do julgamento, que acabou influenciando a redação do art. 232 do Código Civil brasileiro, o fato é que, no entender da Suprema Corte, a possível agressão à dignidade da pessoa humana, por si só, configura matéria de ordem pública, cuja solução há de ser dada, no caso concreto, pela Magistratura, sem necessidade de específica disciplina infraconstitucional.

Depreende-se, também, que, em hipóteses não reguladas por norma infraconstitucional, os julgadores têm permitido a aplicação direta e a invocação expressa dos princípios constitucionais. Caso emblemático foi a sentença prolatada no Estado de São Paulo, em 1992, que entendeu ser abusiva uma determinada publicidade por atentar contra a dignidade da pessoa humana, tendo um voto vencido do Min. Ruy Rosado de Aguiar, pelo STJ, em 1994, considerando o equilíbrio contratual como sendo expressão do princípio da "solidariedade social" (art. 3º, I, da CF/88).[801] Entrando-se na seara do Direito de Família, o TJRS, pelo voto do Des. Breno Mussi, entendeu que o juízo competente para julgar a extinção de uma união estável de pessoas do mesmo sexo é a Vara de Família, e não a Vara Cível, tendo por fundamentos os princípios constitucionais da dignidade da pessoa humana e da solidariedade social, partindo-se de uma visão de família funcionalizada à realização de valores existenciais ou matrimoniais, e não meramente patrimoniais, como entendia o Código Civil.[802] Igualmente a 3ª Turma do STJ, com o voto do Ministro Barros Monteiro, acabou por deferir alimentos em favor da ex-companheira, depois de finda a união estável, mesmo à falta de expressa

---

[800] TEPEDINO, 2006, op. cit., p. 16-17. Acerca do julgado, a matéria foi submetida ao STF, em *habeas corpus* impetrado contra a obrigatoriedade do exame, determinada pelo Juiz monocrático no Rio Grande do Sul, em decisão confirmada pelo TJRS. O STF, por maioria apertada, manifestou-se pela concessão da ordem, em acórdão redigido pelo Ministro Marco Aurélio. STF, HC 71373-4/RS, Tribunal Pleno, Rel. Min. Francisco Rezek, julg. 10.11.1994. Sobre o tema, cumpre ressaltar que foi editada a Súmula n. 301, assim enunciada: "Em ação investigatória, a recusa do suposto pai a submeter-se ao exame de DNA induz presunção *juris tantum* de paternidade".

[801] As decisões estão publicadas na *Revista do Consumidor*, v. 4, p. 260, e v. 17, p. 179.

[802] Agravo de Instrumento n. 599075496, julgado pela 8ª Câmara Cível do TJRS, em 17.06.1999. Ver o comentário sobre a referida decisão em: NOGUEIRA DA GAMA, Guilherme Calmon. A união estável entre pessoas do mesmo sexo. *Revista Trimestral de Direito Civil*, v. 2, 2000.

previsão infraconstitucional, trazendo como fundamento os vínculos de solidariedade que estão entremeados na entidade familiar, permitindo que se faça incidir a disciplina de alimentos, prevista para a extinção da sociedade conjugal.[803] Novamente o STJ, por sua 3ª Turma, entendeu ser discriminatória a disposição estatutária de um clube social que não aceitava como dependente do sócio uma criança que, sob a guarda judicial do sócio, não fosse seu descendente, caso em que o STJ mandou o clube incluir o menor como sócio-dependente. O voto do Relator, Ministro Eduardo Ribeiro, reconheceu a ampla liberdade das associações privadas para, em seus estatutos, agirem da forma que lhes parecer mais adequada; dito de outro modo, nada impediria, por exemplo, que determinassem que só poderiam ser sócios, na qualidade de dependentes, os menores de 15 anos ou, inclusive, que não haveria tal categoria de sócios, mas o que não podem é estabelecer discriminação que a lei não admite.

Está-se diante, portanto, de algumas decisões em que os Julgadores têm sido chamados a se pronunciar, independentemente de norma regulamentar específica, fazendo uso direto do Texto Constitucional, isto é, de princípios constitucionais que diretamente estão servindo para solucionar controvérsias. Neste sentido, "em todas elas verifica-se a redefinição valorativa dos institutos de Direito Privado, contemplando a jurisprudência a prevalência de situações existenciais, sobre situações patrimoniais definidas expressamente pelo Legislador ordinário".[804] Inocêncio M. Coelho,[805] por seu turno, defende que não se pode fugir à constatação de que a Lei Maior, em sua estrutura normativo-material, apresenta diferenças significativas no que se refere à lei, primordialmente no que concerne à interpretação e à aplicação. "Enquanto a lei ostenta um grau relativamente alto de determinação material e de precisão de sentido, podendo, por isso, ser diretamente aplicável, a Constituição – pela sua natureza, estrutura e finalidade – apresenta-se como um sistema aberto de regras e princípios que necessitam da mediação de Legisladores e Juízes para lograr efetividade".

Com o intuito de trazer à baila pontos de discussão relevantes acerca do assunto, deve-se salientar que, quando se estiver tratando de um particular "poderoso", restando configurado o *desequilíbrio de poder social* na relação jurídico-privada em causa, ter-se-á, de acordo com parte expressiva da doutrina,[806] uma vinculação direta e uma eficácia vertical, e não propriamente horizontal como deveria ser em razão de se estar diante de particulares. É o que se costuma chamar de "Poderes Privados", em que se radica a constatação de que os direitos fundamentais também precisam de proteção quando se tratar de agentes privados, dotados de significativo poder social e/ou

---

[803] Recurso Especial n. 102.819-RJ, decidido por unanimidade pela 4ª Turma do STJ, in DJ de 12.04.1999. Ver a análise do referido acórdão em: ALMEIDA, Mara Christina de. Em sede de Especial, a sensível abertura de olhar. *Revista Trimestral de Direito Civil*, v. 1, 2000.
[804] TEPEDINO, 2003, op. cit., p. 17-18.
[805] COELHO, 2007, op. cit., p. 8.
[806] Dentre os nomes, ver: BILBAO UBILLOS, Juan María. *La eficacia de los Derechos Fundamentales frente a particulares*. Madrid: Centro de Estudios Políticos y Constitucionales. 1997, p. 250.

econômico, sendo mais um fenômeno que sugere a ameaça dos mais fortes sobre os mais fracos. No entanto, na sociedade moderna, todos são, simultaneamente, objeto e atores sociais poderosos dos direitos fundamentais por fazerem parte de algumas organizações como igrejas, associações culturais, sindicatos, partidos políticos, podendo acontecer de os poderosos privados serem, ao mesmo tempo, "uma ameaça e fator de proteção para o indivíduo e os direitos fundamentais".[807]

A toda sorte, "não é a existência de uma situação de 'poder privado' ou de desigualdade na relação entre particulares que irá alterar o caráter jurídico-privado da relação jurídica em causa", pois o particular ou a entidade detentora do Poder Social igualmente são detentores de direitos fundamentais, havendo, pode-se dizer, um conflito de direitos fundamentais e a necessidade de uma harmonização para o caso concreto, mas não se tratando de uma situação semelhante a particular-Poder Público. O mais forte pode "invocar a sua autonomia privada, na condição de titular de direitos fundamentais" e, assim, "as categorias 'poder privado' ou 'poder social' não são assimiláveis a 'poderes públicos'". Ainda que se reconheça a necessidade de se limitar os Poderes Sociais com o intuito de proteger os direitos dos particulares, os que defendem uma aplicabilidade imediata dos direitos fundamentais aos particulares contestam que exista a estatização do Direito Privado, aduzindo que é uma perversão da própria noção de direitos fundamentais o fato de usá-los com o objetivo de destruir o jusfundamentalmente assegurado Direito Privado. Cabe, pois, ao Legislador, em um primeiro momento, a tarefa de exercer este controle, como quando trata de cartéis, da livre concorrência, do impedimento de cláusulas abusivas e outros. Entretanto, cabe ao Judiciário, nos casos de omissão do Legislador, o dever de proteção, inclusive, se necessário, colmatando lacunas com base nas normas de direitos fundamentais.[808]

A aplicabilidade imediata dos direitos fundamentais aos particulares justifica-se não só pelo fato de uma evidente necessidade de limitação do Poder Social bem como uma resposta às persistentes desigualdades sociais, culturais e econômicas. Contudo, "um dos efeitos colaterais indesejáveis decorrentes de uma hipertrofia da *constitucionalização da ordem jurídica* acaba por ser uma por vezes excessiva e problemática judicialização das relações sociais"[809] (grifo do autor); em outras palavras, há riscos de se transformar as Cortes Constitucionais em Tribunais de revisão de conflitos de natureza eminentemente privada, situação ligada à sobrecarga de processos nos Tribunais Superiores, infelizmente realidade que não é única do STF.

Outra objeção à aplicabilidade imediata dos direitos fundamentais à esfera privada é que o reconhecimento disso conduziria a uma estatização do Direito Privado e a um consequente esvaziamento da autonomia privada; assim, os direitos fundamentais não são diretamente oponíveis, porém ne-

---

[807] SARLET, 2000, op. cit., p. 129.
[808] SARLET, 2000, op. cit., p. 129-132.
[809] Id., 2007, op. cit., p. 143.

cessitam de uma intermediação, ou seja, de uma transposição a ser efetuada pelo Legislador na falta de normas legais privadas; desta forma, os Julgadores,[810] através de uma interpretação conforme aos direitos fundamentais[811] e, eventualmente, fazendo uso de uma integração jurisprudencial de eventuais lacunas, têm uma forma de recepção dos direitos fundamentais pelo Direito Privado.[812] Inocêncio M. Coelho[813] refere ser evidente que incumbe essencialmente ao Juiz, e não ao Legislador, "encontrar as *primeiras* respostas para os novos problemas sociais, uma tarefa da qual só poderá desincumbir-se a tempo e modo se for capaz de olhar para o futuro e trilhar caminhos ainda não demarcados" (grifo nosso); ainda, se for possível enfrentar a opinião dominante ao invés de percorrer caminhos já estabelecidos pela jurisprudência; também, se conseguir arcar com o ônus de lutar contra ideias cristalizadas que, via de regra, traduzem falsas unanimidades e que são preconceitos coletivos, resultado de muita autoridade que "esteriliza[m] o pensamento e impede[m] os vôos mais arrojados". (grifo nosso)

Razão não há, todavia, para acolher a tese de que em todas as hipóteses de uma eficácia nas relações entre particulares se estará, em última análise, frente a um agir do Judiciário, que tem o dever de aplicar normas jurídicas às relações privadas, ou, ainda, diante da efetivação pelos órgãos estatais do direito de um particular para com outro, como no caso de um Oficial de Justiça, por exemplo, casos em que, a bem da verdade, aparece configurada uma vinculação não dos particulares, mas, sim, do Poder Público aos direitos fundamentais. Um Juiz deve alcançar aos direitos fundamentais, o

---

[810] E ainda: "a atuação dos órgãos judiciais, ao aplicarem os direitos fundamentais às relações jurídico-privadas, assume uma função supletiva (...) ressalvada a função de exercer o controle de constitucionalidade das normas jurídico-privadas (infraconstitucionais), bem como a tarefa de interpretá-las em conformidade com a Constituição (...) na concretização e no preenchimento dos conceitos indeterminados e na interpretação das cláusulas gerais do Direito Privado". Na sequência, o autor ainda afirma que: "dificilmente poder-se-á aceitar uma 'liberação' dos órgãos judiciais, mesmo quando se lhes atribui a competência de solver litígios entre particulares, de aplicarem diretamente as normas constitucionais, notadamente em se tratando de normas de direitos e garantias fundamentais". SARLET, 2000, op. cit., p. 145, 146. Cumpre recordar o conteúdo do art. 4º da LICC, que: "Quando a lei for omissa, o Juiz decidirá o caso de acordo com a analogia, os costumes e os princípios gerais do Direito".

[811] Em um sentido mais amplo, ou seja, tendo-se por base a interpretação conforme a Constituição, cumpre referir que se trata de um instrumento válido para o âmbito de controle de constitucionalidade, não sendo uma simples regra de interpretação. É, mais do que nunca, uma diretriz de prudência política que reforça o princípio da unidade constitucional e o da correção funcional. Recomenda o autor:"que os aplicadores da Constituição, em face de normas infraconstitucionais de múltiplos significados, escolham o sentido que as torne inconstitucionais e não aquele que resulte na sua declaração de inconstitucionalidade". Assim, valoriza-se o trabalho do Legislador, pois são aproveitadas e conservadas as leis, evitando conflitos acaso os Juízes, por falta de cuidado, invalidassem atos legislativos sem critério. No entanto, é útil referir que "essa prudência, por outro lado, não pode ser excessiva a ponto de induzir o intérprete a salvar a lei à custa da Constituição, tampouco contrariar o sentido inequívoco da lei, para constitucionalizá-la de qualquer maneira". COELHO, 2007, op. cit., p. 107-108.

[812] SARLET, 2000, op. cit., p. 123-124, 126. O referido autor argumenta: "Inobstante ainda sustentando uma eficácia, em princípio e em primeira linha indireta, houve, na própria Alemanha, uma revisão crítica das primeiras concepções sobre a vinculação dos particulares aos direitos fundamentais, destacando-se, entre outros, autores como Konrad Hesse, Albert Bleckmann, Klaus Stern e Claus-Wilhelm Canaris, apenas para citar alguns dos que lograram alcançar maior expressão, que, agregando novos fundamentos, acabaram formulando novas alternativas e soluções mais ou menos diferenciadas, inclusive admitindo um espaço significativamente maior para uma vinculação direta".

[813] COELHO, 2007, op. cit., p. 26.

valor que eles possuem, e não declarar que esses direitos apresentam valor porque foram aplicados por um Juiz. Não há como deixar de considerar que as agressões a direitos fundamentais, no âmbito das relações privadas, têm como autor um particular, sendo somente mediatamente cobertas pelo Estado. Esses particulares, igualmente, não agem mediante uma autorização do Estado, mas porque assim o quiseram, de acordo com a sua autonomia privada e o seu direito de liberdade – apenas objeto de regulamentação e de proteção por parte do Legislador.[814]

Com efeito, a principal tarefa do Legislador é realizar o conteúdo dos direitos fundamentais de modo diferenciado e concretamente a fim de harmonizar proporcionalmente as posições fundamentais dos particulares, delimitando a liberdade de uns frente aos outros; entretanto, repita-se, esse fato não afasta a vinculação direta dos particulares, a menos que isso seja expressamente previsto em lei. O fato de o Legislador ter a prerrogativa e a primazia da concretização das normas de direitos fundamentais no que toca às relações privadas é decorrência da própria vinculação direta do Legislador aos direitos fundamentais, o que não pode ser confundido com o problema específico da vinculação dos particulares; até porque "a mera existência de um conflito em nada afeta – no nosso entender – a possibilidade de um particular alegar e buscar em Juízo a satisfação de um direito fundamental seu, afetado por terceiros (outro particular)".[815]

Existe, ainda, o problema da compatibilidade dos princípios constitucionais indeterminados e a necessidade de regras claras e determinadas no Direito Privado. Dito de outra maneira, se, apesar da indeterminação das normas que consagram os direitos fundamentais, há uma vinculação direta para o Poder Público, qual é a razão de, no âmbito dos particulares, a referida indeterminação, por si só, ser considerada como impeditiva de uma eficácia direta aos particulares? Sem sombra de dúvida, não faz sentido essa diferença.[816]

Cabe agora destacar que a problemática da eficácia jurídica tem uma lógica própria ligada à fundamentalidade do comando jurídico; então "quanto mais fundamentais forem as circunstâncias reguladas e os efeitos pretendidos pela norma, mais consistentes deverão ser as modalidades de eficácia jurídica a ela atribuídas, de modo que o efeito pretendido e a eficácia jurídica se aproximem o máximo possível". É por esta razão que "as normas-princípios sobre a dignidade da pessoa humana são, por todas as razões, as de maior grau de fundamentalidade na ordem jurídica como um todo, a elas devem corresponder as modalidades de eficácia jurídica mais consistentes".[817]

---

[814] SARLET, 2000, op. cit., p. 137-138, 142. Em outras palavras: "Os direitos fundamentais, em que pese serem aplicáveis às relações jurídico-privadas, dependerão de uma mediação pelo legislador e/ou pelos órgãos judiciais".

[815] Ibid., p. 143.

[816] Ibid., p. 144.

[817] BARCELLOS, 2002, op. cit., p. 202, 204. A autora complementa, exemplificando: "Imagine-se um Município onde não é oferecido Ensino Fundamental gratuito regular, mas apenas o noturno, de maneira que os jovens e adultos freqüentam a escola, mas as crianças não. Imagine-se, então, que as autoridades municipais pretendem fechar a escola noturna. Certamente tal ação poderá ser impedida judicialmente com fundamento nas modalidades negativa ou vedativa do retrocesso da eficácia jurídica, reconhecida

Fazendo um contraponto, e com alusão às normas programáticas, Eugênio Facchini Neto[818] aduz que:

> Embora a eficácia social (ou efetividade) das normas jurídicas dependa mais da Administração do que do Judiciário, nós, Juízes, podemos dar uma contribuição substancial para garantir, no mínimo, a eficácia jurídica das mesmas. Não devemos jamais perder de vista a ideia de que todas as normas, *mesmo as programáticas*, são providas de eficácia jurídica. No mínimo, tais normas têm o condão de revogar disposições contrárias que sejam incompatíveis com o novo programa nelas estabelecido. Além disso, elas impõem ao Legislador Ordinário o dever de legislar em conformidade com as normas programáticas, desenvolvendo e particularizando seu programa. Ao Executivo, elas impõem o dever de implementar as políticas públicas necessárias para a paulatina concretização e efetivação do programa constitucional. Relativamente ao Judiciário, tais normas representam o paradigma para eventual declaração de inconstitucionalidade da legislação posterior e, mais importante ainda, servem de filtro hermenêutico para a interpretação de toda a legislação infraconstitucional.
>
> Diante de tais normas programáticas, de mais tênue densidade e que, por isso mesmo, reclamam maior esforço hermenêutico, acresce o papel do intérprete, a quem é transferida uma parcela de poder – o poder necessário para a efetiva concretização e aplicação da norma. (grifo nosso)

Igualmente sobre as normas programáticas, cumpre ressaltar que não há norma constitucional alguma que não tenha eficácia jurídica, ainda quando a irradiação de seus efeitos nem sempre seja plena, comportando graduação. As normas programáticas, como são dirigidas aos órgãos estatais, devem informar, desde o seu surgimento, a atuação esperada do Legislativo, da Administração e do Judiciário ao aplicá-las, tanto de ofício como contenciosamente. Todavia, "desviando-se os atos de quaisquer dos Poderes da diretriz lançada pelo comando normativo superior, viciam-se por inconstitucionalidade, pronunciável pela instância competente". Das normas programáticas não decorrem, para as pessoas, direitos subjetivos no sentido de poder exigir uma prestação, mas nascem direitos subjetivos negativos, uma vez que se pode exigir que o Poder Público se abstenha de praticar determinados atos. São normas que não prescrevem uma conduta exigível; em outras palavras, "não existe, tecnicamente, um dever jurídico que corresponda a um direito subjetivo", a despeito de terem o poder de invalidar determinados comportamentos que lhes sejam antagônicos.[819]

Objetivamente, as normas programáticas revogam atos normativos anteriores que dispõem em sentido contrário com o que substanciam e carreiam um juízo de inconstitucionalidade para atos normativos editados posteriormente, acaso com aquelas incompatíveis. Subjetivamente, porém, as regras

---

às normas que dispõem sobre a educação em geral e o oferecimento de ensino noturno adequado em particular. Sem a eficácia positiva ou simétrica, porém, nada poderá ser feito, no âmbito jurídico, para que o ensino regular diurno seja também oferecido. E note-se que as duas normas em questão – a do Ensino Fundamental e a do Ensino Fundamental Noturno – envolvem, a rigor, regras, e não princípios. (...) sem a eficácia positiva ou simétrica as normas examinadas restam esvaziadas logo de início e, com elas, o próprio Estado de Direito, já que este pressupõe a submissão – exigível diante do Judiciário, caso descumprida – de governados e governantes à lei, seja esta (...) com muito mais razão, a Constituição Federal".

[818] FACCHINI NETO, 2004, op. cit., p. 20-21.
[819] BARROSO, 2006, op. cit., p. 116-117.

alcançam ao administrado o direito de, judicialmente, opor-se tanto ao cumprimento de regras como à sujeição a atos que os atinjam, se contrários à proposição constitucional; também, dão o direito de obter, nas prestações jurisdicionais, exegese e decisão no sentido e na direção apontadas por essa norma, sempre que em discussão interesses constitucionalmente tutelados. Outrossim, um exame mais detido revela que o fato de uma norma constitucional prever determinado direito cujo exercício dependa de legislação integradora não a torna, só por isso, programática. Por exemplo: dizer que a família tem especial proteção do Estado (art. 226 da CF/88) não permite exigência alguma, a não ser a situação de o Poder Público se abster de atos que não possibilitem a proteção da família.[820]

Deve-se ter em mente que todas as normas constitucionais são imediatamente aplicáveis, já que "mesmo as normas programáticas terão, pelo menos, o efeito de revogar a legislação anterior com elas manifestamente incompatíveis, gerando a inconstitucionalidade dos atos normativos posteriores que lhes forem contrários, além de atuarem como diretrizes materiais para a interpretação do Direito Infraconstitucional", o que igualmente vale para o Direito Privado.[821]

Programáticas são as normas constitucionais "através das quais o Constituinte, em vez de regular, direta e imediatamente, determinados interesses, limitou-se a traçar-lhes os princípios para serem cumpridos pelos seus órgãos, como programas das respectivas atividades, visando à realização dos fins sociais do Estado".[822] Essas normas investem as pessoas em uma posição jurídica menos consistente do que as normas definidoras de direitos; por não traçarem uma conduta a ser seguida, não permitem um desfrute imediato do bem jurídico, necessitando uma prestação positiva como complemento. As normas programáticas, vale enfatizar: "1) revogam as leis anteriores com ela incompatíveis; 2) vinculam o Legislador, de forma permanente, à sua realização; 3) condicionam a atuação da Administração Pública; 4) informam a interpretação e aplicação da lei pelo Poder Judiciário"; dito de outra forma, elas possuem eficácia paralisante de todos os atos que não sejam referentes às proposições recém-expostas, facultando à pessoa o reconhecimento e a declaração de sua inconstitucionalidade.[823]

Cabe ressaltar também que a teoria da aplicabilidade imediata e a da aplicabilidade mediata têm traços em comum: a) a superação da concepção liberal-burguesa de que os direitos fundamentais são oponíveis apenas contra o Estado; b) partem do pressuposto de que os direitos fundamentais expressam uma ordem objetiva de valores, tendo os efeitos uma "eficácia irradiante"; c) têm reconhecido uma vinculação direta no caso de entidades particulares dotadas de Poder Social, por se tratar de situação semelhante à particular-Estado, já que se constata que os direitos fundamentais não estão

---

[820] BARROSO, 2006, op. cit., p. 118.
[821] SARLET, 2000, op. cit., p. 146.
[822] SILVA, 1999, op. cit., p. 129.
[823] BARROSO, 2006, op. cit., p. 150-151.

mais limitados a uma função de direitos de defesa dos sujeitos contra os órgãos do Estado.[824]

A opção por uma eficácia direta e pela aplicabilidade imediata dos direitos fundamentais para os particulares "traduz uma decisão política em prol de um constitucionalismo da igualdade, objetivando a efetividade do sistema de direitos e de garantias fundamentais no âmbito do Estado Social de Direito, ao passo que a concepção defensora de uma eficácia apenas indireta encontra-se atrelada ao constitucionalismo de inspiração liberal-burguesa". Outrossim, os direitos fundamentais são concretizações do princípio da dignidade da pessoa humana, o que é mais do que um motivo para, ao menos no que toca a esse princípio, vincular diretamente não só o Estado como também o particular; ainda, o fato de a dignidade humana não ser um princípio absoluto, mas sujeito a restrições, não apresenta o condão de afastar uma vinculação direta dos particulares.[825]

Que a *Lex Mater* está condicionada pela realidade histórica, isso não se pode negar. Não pode aquela ser separada da realidade concreta de seu tempo, pois "a pretensão de *eficácia* da Constituição somente pode ser realizada se se levar em conta essa realidade". (grifo nosso) Ademais, graças ao elemento normativo, a Constituição ordena e conforma a realidade política e social, e as possibilidades e os limites da força normativa são consequência da correlação entre ser (*Sein*) e dever-ser (*Sollen*).[826]

Por se entender que não há como contornar o problema de uma fundamentação da eficácia dos direitos fundamentais nas relações entre particulares, impõe que se diga que, por todo o exposto, entende-se como a melhor e mais prudente escolha a imposição de uma eficácia direta e de uma aplicabilidade imediata dos direitos fundamentais para as pessoas físicas ou jurídicas, pelas razões elencadas acima, cabendo igual raciocínio para a reparação de danos imateriais, acaso aceita esta última como direito fundamental pelo ordenamento jurídico, discussão que se passa a tratar em específico.

### 4.3. Da necessidade, ou não, da formulação de uma verdadeira cláusula geral de direito à reparação de danos prevista na Lei Maior e das suas consequências.

A Lei Fundamental de um país expressa as relações de Poder nele dominantes, como é o caso do Poder Militar, representado pelas Forças Arma-

---

[824] SARLET, 2000, op. cit., p. 140-141.

[825] Ibid., p. 147, 150. Com o intuito de complementar a ideia, vale referir que: "Ainda que se possa questionar que todos os direitos fundamentais da nossa Constituição encontrem seu fundamento diretamente no princípio da dignidade da pessoa humana, verificar-se-á, por outro lado, que na maioria dos casos (que não são muitos) nos deparamos com normas que expressamente vinculam sujeitos particulares, o que se aplica a todos os direitos sociais dos trabalhadores (art. 7º e ss.) da nossa Lei Fundamental. O princípio da dignidade da pessoa humana, ao menos como fundamento e medida para uma vinculação direta dos particulares, poderá assumir, portanto, relevância autônoma apenas onde não se estiver em face de uma vinculação desde logo expressamente prevista no texto constitucional".

[826] HESSE, 1991, op. cit., p. 24.

das, do Poder Econômico, representado pela grande indústria e pelo capital, e do Poder Intelectual, representado pela consciência e pela cultura gerais. Assim, "as relações fáticas resultantes da conjugação desses fatores constituem a força ativa determinante das leis e das instituições da sociedade, fazendo com que estas expressem, tão somente, a correlação de forças que resulta dos fatores reais de Poder. Esses fatores reais de Poder formam a Constituição real do país".[827]

Deve-se levar em conta que "o Direito mudou": se, antes, o Direito servia apenas de mecanismo de contenção, de controle e de conservação, hoje, ele também exerce uma "função promocional".[828]

Os primeiros direitos de personalidade surgiram da oposição entre indivíduo e Estado, que são os direitos à vida, à liberdade e à integridade física. No entanto, com o aumento populacional das cidades, com o crescimento dos meios de comunicação, com o avanço tecnológico, outras expressões do direito de personalidade emergiram, mas, agora, para proteger o indivíduo da intervenção lesiva de outros particulares. Não se pode negar que a evolução do Direito Positivo e da doutrina conduzem ao reconhecimento, a cada dia, de novos direitos de personalidade. Cediço concluir, portanto, que, se surgem novos direitos de personalidade, igualmente aparecem novos danos imateriais – com estes, a urgência da respectiva reparação. Para Paulo de Tarso Sanseverino,[829] "a reparação do dano injustamente causado constitui uma exigência de Justiça Comutativa, como já fora vislumbrado por Aristóteles na *Ética a Nicômaco*, devendo ser a mais completa possível, o que se chama, modernamente, de princípio da reparação integral do dano".

À medida que a sociedade fica mais complexa e só fazem aumentar as violações às pessoas, novas situações passam a exigir proteção jurídica adequada, pertinente, eficaz e condizente com os direitos tutelados. Outrossim, o reconhecimento da normatividade dos princípios constitucionais e a consagração da tutela de interesses existenciais, conquistas da Ciência contemporânea, ampliaram o objeto protegido pelo Direito em face da atuação lesiva, o que mais uma vez conduz ao pensamento de que a tutela aquiliana necessita ter a mesma natureza do direito violado – isto é, a violação de direitos constitucionalmente protegidos merece uma proteção constitucional.

André Tunc[830] alerta que a responsabilidade civil está em um "estado de crise",[831] expressão que denota desequilíbrio da responsabilidade civil que vive, atualmente, patologias inesperadas, imprevisíveis, cujos remédios são

---

[827] HESSE, 1991, op. cit., p. 9.
[828] FACCHINI NETO, 2004, op. cit., p. 25.
[829] SANSEVERINO, 2010, op. cit., p. 34.
[830] TUNC, 1989, op. cit., p. 6. "Le droit de la responsabilité civile est donc dans un état de crise".
[831] Tunc questiona, inclusive, a função da responsabilidade civil, que, para este autor, sempre foi mal definida. Considera que até se pode pensar que a responsabilidade civil, resultado de uma evolução quase tão longa quanto a da própria Humanidade, possui funções bem estabelecidas e claramente definidas, mas infelizmente este não é o caso (tradução livre). Ibid., p. 133.

ainda desconhecidos e talvez inexistentes.[832] Humberto Ávila[833] assevera que "o importante não é saber qual a denominação mais correta desse ou daquele princípio. O decisivo, mesmo, é saber qual é o modo mais seguro de garantir a sua aplicação e sua efetividade", que é o objetivo do presente estudo com o princípio do direito à reparação de danos imateriais, admitido como corolário constitucional.

### 4.3.1. Fundamentos jurídicos e legais

A Lei Maior é a grande expressão de força de um ordenamento, razão pela qual se entende que é o lugar para constar, formal ou materialmente, a reparação de danos imateriais, uma vez que é instrumento de tutela de bens de valor precípuo na vida das pessoas. De acordo com Konrad Hesse:[834]

> A Constituição não configura, portanto, apenas a expressão de um ser, mas também de um dever-ser; ela significa mais do que o simples reflexo das condições fáticas de sua vigência, particularmente as forças sociais e políticas. Graças à pretensão de eficácia, a Constituição procura imprimir ordem e conformação à realidade política e social. Determinada pela realidade social e, ao mesmo tempo, determinante em relação a ela, não se pode definir como fundamental nem a pura normatividade, nem a simples eficácia das condições sociopolíticas e econômicas. A força condicionante da realidade e a normatividade da Constituição podem ser diferenciadas; elas não podem, todavia, ser definitivamente separadas ou confundidas.

Pode-se dizer que "la preminenza della Costituzione consiste nel fatto che essa esprime i princìpi dell'ordinamento giuridico, proclamando i diritti e i doveri fondamentali dei cittadini e dei gruppi sociali e delineando le strutture organizzative pubbliche".[835] Outrossim, "La necesidad de conservar el equilibrio estable de los derechos y de los intereses de las personas en su vida de comunidad, ha sido considerada como la finalidad propia de la responsabilidad civil".[836] Quem sabe, para que este objetivo seja alcançado, ou seja, para que exista uma estabilidade entre o Direito, a Justiça e as Pessoas, não se faça necessário dar a estas um direito seguro e estável de reparação, pelo menos dos danos imateriais, visto que são eles que alcançam a esfera subjetiva de todos.

Já durante o século XX, o objetivo da Lei Maior deixou de ser, exclusivamente, o de estabelecer o Estado de Direito e o de limitar o Poder Político: tomou contornos de uma moldura dos direitos dos particulares, fenômeno

---

[832] Em sentido semelhante, já afirmou Agnes Heller que "se uma civilização encontra-se em crise, devemos supor duas hipóteses: ou suas doenças são curadas ou ela entrará em colapso. As alternativas são: a solução dos problemas mais graves, de um lado, ou o caos político e social, a decomposição, talvez mesmo a autodestruição, de outro. Digo isso porque tenho sérias dúvidas se a crise é a expressão correta para descrever o que está em jogo hoje". HELLER, Agnes. Uma crise global da civilização: os desafios futuros. In: HELLER, Agnes et alii. *A crise dos paradigmas em Ciências Sociais e os desafios para o século XXI*. Rio de Janeiro: Contraponto, 1999, p. 13.
[833] ÁVILA, 2003, op. cit., p. 22.
[834] HESSE, 1991, op. cit., p. 15.
[835] TRIMARCHI, 1996, op. cit., p. 28.
[836] BALLESTEROS, 1996, op. cit., p. 13.

que se chamou de *publicização do privado* e que conduziu a uma tensão dialética entre o Direito Público e o Privado. No entanto, a Constituição não tinha o escopo de exaurir a matéria acerca dos direitos fundamentais, cabendo, então, a pergunta se o Código Civil "atendeu à necessidade de o Direito brasileiro ser dotado com uma disciplina específica da matéria". Há quem defenda, como Fábio S. Andrade, que "o Código Civil de 2002 não atende a estes objetivos", não alcançando, minimamente ao Juiz, elementos de ponderação, objetivos e seguros, no sentido de propiciar a tutela dos direitos de personalidade, nem coordenando os temas ligados a tais direitos, porque ainda estão espalhados em leis especiais, sem nenhuma ampla norma *centralizadora* por parte do Código Civil.[837]

Os direitos de personalidade, que têm origem no Direito Civil, foram elevados à dimensão constitucional, porém a tarefa do Código Civil de 2002 era a de codificá-los, proporcionando "uma adequada regulação da matéria, que seguisse a *ratio* e o *telos* da Constituição"; a despeito disso, "este objetivo ainda segue sem implementação plena no âmbito do Direito Civil brasileiro codificado". Em outras palavras: "a matéria dos Direitos da Personalidade ainda recebe uma disciplina tópica e pontual".[838]

Aos poucos o Direito Positivo foi sendo moldado pela consideração de que a pessoa é o bem superlativo; dito de outro modo, o sistema jurídico tem saído do patrimonialismo e retomado a máxima romana que dizia *"hominun causa omne jus constitum est"* – todo o Direito é constituído para as causas do homem. Assim, considerar a pessoa eixo do Direito pode até parecer truísmo; contudo, o Legislador Constituinte, de forma exaustiva, tornou a proteção à pessoa um princípio fundamental, querendo sepultar a estúpida época da ditadura. Ao dispor, logo no início da Lei Maior, sobre os Direitos e sobre as Garantias Fundamentais, quis o Legislador deixar fora de dúvida a importância da pessoa para o Direito. Reforçando esta ideia, Carlos Alberto Bittar[839] afirma que a natureza do dano imaterial "reveste-se de caráter atentatório à personalidade, de vez que se configura através de lesões a elementos essenciais da individualidade", o que demonstra a necessidade de

---

[837] ANDRADE, 2006, op. cit., p. 103, 118. O autor, em outro texto, igualmente acentua que: "Paralelamente a esta lenta evolução da teoria dos Direitos de Personalidade no Direito Civil, porém, configurou-se a extraordinária evolução do Direito Público no Século XX, representado pelo fato de que a Constituição preocupa-se em dispor sobre temas originariamente pertencentes ao Direito Privado. O objetivo da Constituição deixa de ser, única e exclusivamente, o de estabelecer o Estado de Direito e limitar o poder político e passa a ser o de estabelecer a moldura da atividade dos indivíduos. Ela se transforma seja em centro de direção para a legislação ordinária, como em lei fundamental do Direito Privado – e dos demais ramos do Direito. Trata-se de um fenômeno tão relevante, que a ele se atribui o título de publicização do privado. Surge, assim, uma crescente interação da esfera pública com o setor privado, que origina, no Direito Privado, uma profunda modificação em relação ao ideário existente no século XIX. Estabelece-se, em suma, entre estas duas áreas uma tensão dialética, que conduz à noção de constante interrelação [sic] entre os dois grandes setores do Direito". Id., 2009, op. cit., p. 165.

[838] Id., 2006, op. cit., p. 118. Igualmente reconhecendo a pessoa como centro do ordenamento e constatando a necessidade de reparação, ainda que patrimonial, desses danos, Carlo Castronovo comenta que: "La persona ha sollecitato una disciplina varia che l'ha messa in valore e tutelata secondo una molteplicità di profili che hanno vinto la monocultura degli ordinamenti liberali, i quali alla persona riservavano una posizione bensì preminente ma quasi esclusivamente orientata in senso patrimoniale". CASTRONOVO, 1998, op. cit., p. 2.

[839] BITTAR, 1994, op. cit., p. 53.

proteção desses direitos por meio de uma reparação igualmente constitucionalmente protegida.

É certo que mecanismos como o *habeas corpus*, o mandado de segurança, o *habeas data*, a ação popular e a ação civil pública[840] resguardam direitos do homem, mas apenas contra atos de autoridades, com exceção da lei da ação civil pública; em outras palavras, sobra um resquício que não satisfaz a sociedade como um todo, pois nem sempre o dano injusto é praticado por uma autoridade, uma vez que o particular igualmente vai de encontro à Constituição. Devem ser compensadas lesões a direitos fundamentais, à dignidade humana, que acabam por abalar, verdadeiramente, o aspecto psicológico das pessoas. A reparação é, portanto, indefectível, já que o sujeito não pode ficar à mercê de outrem que insulta a dignidade e a igualdade jurídica que deve estar sempre presente. Trazer a reparação de danos efetiva e verdadeiramente para dentro da Lei Maior vai tutelar o remédio da mesma forma que protege os direitos em questão, ou seja, vai colocar em igual patamar a doença e a droga que permite a cura, pois os incisos V e X do art. 5º da Constituição Federal *não tratam propriamente de todas as reparações por danos imateriais*, além do fato de se pretender que os efeitos da reparação de danos imateriais fiquem consolidados *como* um direito fundamental. Busca-se, portanto, enfatizar que tanto a própria reparação bem como seus efeitos são direitos fundamentais; intenta-se, assim, uma interpretação conforme a Lei Maior.

Não é nada animadora a anárquica variedade de entendimentos e de interpretações que permeiam a responsabilidade civil, gerando, não raras vezes, soluções díspares para hipóteses idênticas, pois, ao contrário das regras seguras e estáveis que viriam sugeridas pela utilidade da responsabilidade civil, "o que se tem é um terreno movediço, caracterizado pela incerteza e pela mutabilidade", sendo que "neste solo instável, proliferam pedidos de indenização".[841] Sem dúvida, isso está longe de ser o ideal almejado quando se trata da reparação de danos tão relevantes, razão pela qual se propõe, de imediato, a proteção constitucional.

Acaba sendo imprescindível, portanto, que o intérprete una axiologicamente o corpo codificado e a Lei Maior para conseguir alcançar um valor uniforme às cláusulas gerais, ainda que as já existentes, sempre à luz dos princípios constitucionais que têm por escopo reunificar o Direito Privado diante das inúmeras fontes normativas e da constante e progressiva perda de centralidade interpretativa do Código Civil.[842] O que se pode constatar é

---

[840] Eugênio Facchini Neto disserta: "No caso brasileiro, a ação popular constitui exemplo emblemático de exercício de uma democracia participativa. Por meio dela se confere legitimidade a qualquer cidadão para pleitear 'a anulação ou a declaração de nulidade de atos lesivos ao patrimônio da União, do Distrito Federal, dos Estados, dos Municípios, de entidades autárquicas, de sociedades de economia mista', além de outros órgãos onde haja participação pública, sendo que a noção de patrimônio público abrange, para tal efeito, 'os bens e direitos de valor econômico, artístico, estético, histórico ou turístico' (art. 1º e § 1º, da Lei n. 4.7171/65). Igualmente a ação civil pública e, em certos casos, o mandado de segurança coletivo poderão representar canais adequados para que membros da sociedade civil possam controlar ações ou omissões estatais". FACCHINI NETO, 2009b, op. cit., p. 49.

[841] SCHREIBER, 2007a, op. cit., p. 3.

[842] TEPEDINO, 2002, op. cit., p. 115.

"uma profunda intromissão da Constituição em setores anteriormente regidos pelo Código Civil. De modo que tudo levaria a crer que a Constituição – e, por via de consequência, o Direito Público – passaram a ter total predominância", mas, ao mesmo tempo, comenta Fábio S. de Andrade, fazendo um contraponto, "aponta-se uma decadência da importância constitucional". Dito de outro modo, apesar de todo o poderio aparente das normas constitucionais, a Lei Maior, segundo o autor, não é capaz de substituir o primado do Código Civil, e a razão está no fato de "a realização de uma Constituição democrática exigir o consenso". O que Fábio S. de Andrade pontua com firmeza, no entanto, é que "a Constituição assume um papel de centralidade para instituir princípios ao sistema do Direito Privado";[843] ou, ainda, como comenta Carlos Ghersi: "la consolidación de los derechos personalísimos, incluso a nivel de algunas constituciones provinciales, es una jerarquización de la dignidad del ser humano, no como esfera de imputación, sino como respuesta ética de la sociedad".[844] Assim, se há a necessidade da consolidação dos direitos de personalidade na Lei Maior, necessidade também há da consolidação da reparação dos danos causados a tais direitos, ainda que isso se dê pela inclusão material desses direitos na Constituição.

A reparação de danos reconhecida como um direito fundamental se aproxima das noções de respeito à essência da pessoa humana, às características e aos sentimentos da pessoa humana, à distinção da pessoa humana em relação aos demais seres. É, por certo, um sentido subjetivo, pois depende dos sentimentos da pessoa, das suas características físicas, sociais e culturais; até porque é sabido que "la vida del derecho no ha sido lógica: ha sido experiência".[845] Em outras palavras, o conteúdo da reparação de danos não tem como vir total e cabalmente delimitado pelo Direito, porque dependerá muito, e também, das circunstâncias sociais e do sentimento de dignidade que cada pessoa tem a respeito de si mesma.

Se com os direitos à personalidade se protege o que é próprio da pessoa, como a vida, a integridade física e psíquica, o direito ao corpo, à intimidade, da mesma forma a reparação desses direitos merece especial atenção, significado e colocação jurídica adequada e efetiva, ou seja, a sua verdadeira inserção na Lei Maior; afinal, "não há negócio jurídico ou espaço de liberdade privada que não tenha seu conteúdo redesenhado pelo Texto Constitucional".[846]

Com o fito de apresentar os prós e contras da *real* entrada da reparação de danos como um dos direitos fundamentais, ou seja, pela necessidade de alteração *positiva* (no sentido de inclusão, e não de exclusão) na Lei Maior, cumpre asseverar que um dos esteios da fundamentalidade material e formal da Constituição Federal é o fato de os direitos fundamentais terem sido

---

[843] ANDRADE, Fábio Siebeneichler de. *Da Codificação* – crônica de um conceito. Porto Alegre: Livraria do Advogado, 1997, p. 126-127, 135.
[844] GHERSI, 1997, op. cit., p. 56.
[845] HOLMES JR., Oliver Wendell. *The Common Law*. Trad. de Fernando Vedia. Buenos Aires: TEA, 1964, p. 15.
[846] TEPEDINO, 2002, op. cit., p. 119.

expressamente erigidos à condição de cláusula pétrea, constituindo, desta maneira, limites materiais à Reforma Constitucional. Denota-se, no entanto, que o problema dos referidos limites à Reforma diz respeito tanto à permanência como à mudança da Lei Maior, pois, se, de um lado, a imutabilidade da Constituição traz consigo o risco de um descompasso entre a *Lex Mater* e a realidade social, econômica, política e cultural, de outro, a garantia de certos conteúdos essenciais tutela a Constituição contra casuísmos da Política e do absolutismo das maiorias parlamentares. Uma Reforma Constitucional jamais poderá ameaçar a identidade e a continuidade da Constituição, e a existência de limites materiais expressos traz uma proteção a todos, visto que proíbe a destruição da ordem constitucional e a reforma de seus elementos essenciais. Para além dos limites expressos (art. 60, § 4°, da CF), contudo, vale ressaltar que há também limites implícitos, quais sejam, os princípios fundamentais do Título I (arts. 1 a 4), sendo que boa parte deles já foi prevista no rol das cláusulas pétreas. Textualmente, de acordo com Ingo W. Sarlet: "a possibilidade de reformas constitucionais talvez seja mesmo uma espécie de 'mal necessário' e, como todo 'mal' (por mais necessário que seja) deve ser mantido sob rigorosos limites, estes fixados expressa e/ou implicitamente pelo Poder Constituinte Originário".[847]

Existe quem defenda, todavia, como Gustavo Tepedino,[848] que "a superação dessa dificuldade não se encontra no Plano Legislativo. De nada adiantaria aguardar a intervenção reformista do Legislador, sendo mais útil, ao revés, e urgente, procurar soluções interpretativas que ampliem a proteção da pessoa humana", na mesma linha do que defende Juarez Freitas, conforme enunciado neste texto, ou seja, no sentido de que, em última análise, caberá ao Juiz promover alterações, por meio da intepretação.

Antonio Baldassare[849] defende que os direitos fundamentais não precisam de uma previsão específica, porque considera que os direitos de personalidade são paradigmas gerais que englobam várias possibilidades. Há, no entanto, quem sustente uma concepção fechada e taxativa[850] (previsão legal específica) do rol dos direitos de personalidade, como Pietro Perlingieri.[851]

Davide Messinetti[852] doutrina que a norma constitucional é apenas um instrumento de formalização de um valor, que deve, a partir daquela ser concretizado; afinal, "os valores aos quais diz respeito toda a possibilidade

---

[847] SARLET, Ingo Wolfgang. Os Direitos Fundamentais Sociais como cláusulas pétreas. *Revista da Ajuris*, n. 89, passim e p. 121, mar. 2003 a.

[848] TEPEDINO, 2006, op. cit., p. 15.

[849] BALDASSARE, Antonio. *Diritti della Persona e valori costituzionalli*. Torino: G. Giappichelli. s.d, p. 57.

[850] Os que optam pela taxatividade aduzem que apenas os direitos de personalidade previstos no Código Civil, na Constituição ou em leis especiais devem ser admitidos como tais, a menos que surja lei dispondo a respeito de um novo direito de personalidade. Essa concepção, no entanto, não é consentânea com a realidade, pois a previsão será sempre insuficiente para proteger a dignidade da pessoa humana na sociedade atual.

[851] PERLINGIERI, Pietro. *Perfis do Direito Civil*: introdução ao Direito Civil Constitucional. Trad. de Maria Cristina de Cicco. Rio de Janeiro: Renovar, 1999, p. 154.

[852] MESSINETTI, Davide. Personalità (diritti della). *Enciclopedia Giuridica*. Milano: Giuffrè, 1984, p. 360.

de vida do homem desenvolvem-se de forma material e, por assim dizer, existencial, ou seja, em uma palavra, vivendo".

A personalidade humana é, antes de tudo, um valor jurídico, ou seja, é insuscetível de redução a uma *situação jurídica-tipo* ou a um elenco de *direitos subjetivos típicos*; assim, o modelo tipificado será sempre insuficiente para atender às situações em que a personalidade humana exige proteção.[853]

Em um primeiro momento, a inserção dos direitos de personalidade no Direito Civil resta justificada pelo fato de que tal Direito é o depositário dos princípios gerais do Direito e, no dizer de Oliveira Ascensão,[854] "toda a matéria comum às várias disciplinas, tendencialmente a todas, é deixada para o Direito Civil, mas, principalmente, por ser atribuição dessa disciplina jurídica o estudo da pessoa e da personalidade e pelo fato de a responsabilidade civil do ofensor aos direitos da personalidade do ofendido ser, também, tutelada pelo Direito Civil". A pergunta que urge nesse momento é: precisa continuar sendo assim para sempre, sendo possível que a própria Constituição *eficaz e verdadeiramente* preveja a reparação de todos os danos imateriais por lesões a esses direitos? Não seria bastante razoável que juntamente com os direitos que são tutelados aparecessem as normas que permitem e, mais do que isso, que exigem a sua reparação? Por que deixar parte dos direitos de personalidade para o Direito Civil e parte para a Lei Maior, se tudo pode estar engrenado, tratado e unido e de forma sistemática? Se os direitos de personalidade, ausentes no Código Civil de 1916, e *parcialmente* presentes no Código Civil de 2002, foram assim admitidos no Brasil por força de construções doutrinárias embasadas em leis especiais e na Constituição, então porque não admitir que são aqueles previstos na Lei Maior e que isso basta, da mesma forma que a previsão da reparação na *Lex Mater*, igualmente faria sentido? Todas estas respostas foram e continuam sendo dadas ao longo deste texto.

Na seara do Direito Civil-Constitucional, é notável a insuficiência de seus institutos, "mormente da responsabilidade civil, no seu âmbito de atuação, para um verdadeiro apaziguamento social por suas tradicionais funções".[855]

É, igualmente, da Constituição que se pode inferir a afirmação da validade das disciplinas do Direito que devem se subordinar aos princípios do Direito Constitucional, não podendo, de forma alguma, ser incompatíveis com os mesmos. Nesse sentido afirma Kelsen ser a Lei Maior a norma fundamental de um país, por ser a fonte de validade das demais normas e que, contrariadas ou conflitantes, são inconstitucionais. Para o autor austríaco, a inserção de um rol de garantias fundamentais do indivíduo nas Constituições tem por objetivo não permitir que o Legislador crie leis que causem danos aos direitos da pessoa humana, podendo ser essas leis violadoras de

---
[853] TEPEDINO, 2002, op. cit., p. 117.
[854] ASCENSÃO, José de Oliveira. *O Direito*: introdução e Teoria Geral. Lisboa: Fundação Calouste Gulbenkian, 1978, p. 291.
[855] VAZ, 2009, op. cit., p. 95.

natureza civil ou penal.[856] O que não se pode olvidar, todavia, é que *"law is tied to life"*, ou seja, "o direito está ligado à vida", como declara Stephen Breyer.[857]

Já Judith Martins-Costa,[858] ao contrário, defende que "o novo Código Civil constitui uma estrutura receptora do sistema geral de proteção à pessoa humana, com lugar especial à rede de bens da personalidade"; para a autora, não há a necessidade de a Constituição Federal prever a reparação de danos, porque isso já está estabelecido, e, segundo ela, suficientemente, no Código Civil. Para Martins-Costa, "a relação entre a dignidade humana, a tutela à pessoa e os direitos de personalidade não é visualizada como uma pirâmide – descendendo da Constituição – mas como uma *rede*, harmoniosa e articulada" (grifo do autor). A autora afirma que o Código Civil atual não tem mais o caráter constitucional que tinha o Código de 1916, mas que cumpre a função de garantia, assumindo a responsabilidade de unificar e de harmonizar o caos irracional dos microssistemas, promovendo, no campo dos direitos de personalidade, a comunicação, racionalmente ordenada, entre os direitos fundamentais e as normas infraconstitucionais; de acordo com a referida autora, basta o Código Civil para garantir um efetivo direito de reparação de danos imateriais.[859] Neste sentido[860]: "mesmo na modelagem da responsabilidade civil – que constitui a resposta 'tradicional' às lesões à personalidade –, veremos que o novo Código oferece soluções abertas e afinadas à variedade de situações jurídicas existenciais que se podem apresentar na prática social". Fábio S. de Andrade, nessa mesma linha de raciocínio, aduz que: "a codificação, hoje colocada numa situação de crise, dificilmente poderá ser substituída ou superada. Isto porque ela representa uma categoria altamente representativa que, por estar associada ao princípio da continuidade, sempre estará a (co)ordenar o Direito Privado".[861]

---

[856] KELSEN, 2007, op. cit., p. 310.
[857] BREYER, 2005, op. cit., p. 100.
[858] MARTINS-COSTA, 2003a, op. cit., p. 103.
[859] Ibid, p. 255. A referida autora, em outro texto, disserta: "O desafio de normatizar as plurais relações intersubjetivas na vida da *cives*, com base na concreção, perpassa todo o novo Código Civil, seja através da linguagem, seja em razão das soluções metodológicas que adota, viabilizadoras de uma intertextualidade com outros *corpi* normativos. (...) Creio que essas características culturalistas do novo Código viabilizam uma incessante comunicação e *complementaridade intertextual* entre o Código e os Direitos Fundamentais, o que é especialmente possibilitado pela conexão entre a *estrutura* [fundada numa Parte Geral que inicia com a invocação não-taxativa dos Direitos da Pessoa, seguida de uma Parte Especial constituída por cinco Livros, todos eles correlacionados à Parte Geral] e a *linguagem utilizada*. A abertura semântica é garantida pela existência de cláusulas gerais estrategicamente colocadas, permissivas das três ordens de conexão sistemáticas [intra-sistemáticas; inter-sistemáticas, e extra-sistemáticas]. (...) A não-taxatividade – isto é, o fato de o Código não ter apresentado um fechado 'rol de direitos' da personalidade, mas apenas enunciado algumas situações merecedoras de tutela – somada à cláusula geral do art. 21 (relativa à inviolabilidade da vida privada), permite alcançar a ideia de a presonalidade humana constituir um todo, um complexo multifacetado, singular e unitário, merecedor de garantia e tutela no seu particular modo de ser e em todos os variados aspectos que a singularizam". Id., 2003b, op. cit., p. 76-79. (grifo do autor)
[860] Id., 2003b, op. cit., p. 80.
[861] ANDRADE, 1997, op. cit., p. 173.

Igualmente Luiz Edson Fachin e Carlos Eduardo P. Ruzyk[862] sustentam que "os direitos fundamentais não são tutelados apenas por conta de sua positivação constitucional (...). O direito é instrumento para uma racionalidade que o antecede: a que enfatiza a necessidade de servir à produção e à reprodução da vida e a dignidade. *Antecede o jurídico uma dimensão ética*, a ele indissociável, que lhe dá fundamento" (grifo do autor). Nesse ponto concorda-se com a ideia do autor, porquanto se acredita que a ética vem antes de tudo e que ela sempre deverá estar presente como baliza mestra, não sendo, no entanto, suficiente.

Bruno Miragem,[863] por seu turno, comenta que "atualmente, entretanto, um eventual paralelismo entre as tutelas civil e penal da personalidade cede espaço para o influxo de um segundo fenômeno de aproximação e relação entre o Direito Privado e o Direito Constitucional. Em outros termos, à expressão que já referimos, a *publicização* ou *constitucionalização do Direito Privado*".[864] (grifo do autor)

No mesmo caminho, Yussef Said Cahali[865] comenta que: "sob o pálio agora das normas constitucionais, a tutela no plano civil do direito de personalidade, por via da reparação do dano moral, traz latente o *interesse público* na preservação dos valores tutelados, de resto também protegidos na esfera do Direito Penal". (grifo nosso)

André Andrade[866] traz à baila a preocupação explicitada ao longo deste estudo quando assevera que: "a dimensão do princípio da dignidade humana e a forma mais adequada de protegê-lo são questões *ainda em aberto*, as quais, *pela sua importância*, devem ser objeto de *reflexão dos Juristas e dos ope-*

---

[862] FACHIN, Luiz Edson; RUZYK, Carlos Eduardo P. Direitos Fundamentais, dignidade da pessoa humana e o novo Código Civil: uma análise crítica. In: SARLET, Ingo Wolfgang (org.). *Constituição, Direitos Fundamentais e Direito Privado*. Porto Alegre: Livraria do Advogado, 2003, p. 103.

[863] MIRAGEM, 2005, op. cit., p. 90.

[864] A constitucionalização do Direito Civil refletiu-se também na responsabilidade civil – e de forma notável. Acerca disso, referência fundamental é TEPEDINO, Gustavo. Premissas metodológicas para a constitucionalização do Direito Civil. In: ——. (coord.). *Temas de Direito Civil*. Rio de Janeiro: Renovar, 1999b, p. 1-22. Sobre o assunto, Luís Renato Ferreira da Silva argumenta: "quando a Constituição Federal, no inciso I do art. 3º, prevê como um dos objetivos fundamentais da República estabelecer uma sociedade solidária, tendo em vista o que se disse antes sobre o imiscuir do Direito Civil com o Direito Constitucional, cabe que se pergunte qual o papel do Direito Civil neste contexto". Na sequência, o autor conclui que: "Ao mesmo tempo que ganha consciência individual, o homem das sociedades complexas perde em autonomia no seio da sociedade. Perde-se a naturalidade no admitir que se depende. (...) Neste tipo de sociedade, a solidariedade que se estabelece é entre órgãos com funções autônomas". É essa a razão de Durkheim a chamar de *sociedade orgânica*, porque esta "se assemelha à que observamos entre os animais superiores. De fato, cada órgão aí tem sua fisionomia especial, sua autonomia e, contudo, a unidade do organismo é tanto maior quanto mais acentuada essa individuação das partes". FERREIRA SILVA, Luís Renato. A função social do contrato no novo Código Civil e sua conexão com a solidariedade social. In: SARLET, Ingo Wolfgang (org.). *O novo Código Civil e a Constituição*. Porto Alegre: Livraria do Advogado, 2006, p. 150-151. Igualmente importante é a lição de Gustavo Tepedino, referente à constitucionalização do Direito Civil, destacando que são necessários: "novos parâmetros para a definição de ordem pública, relendo o Direito Civil à luz da Constituição, de maneira a privilegiar, insista-se ainda uma vez, os valores não-patrimoniais e, em particular, a dignidade da pessoa humana, o desenvolvimento da sua personalidade, os direitos sociais e a Justiça Distributiva, para cujo atendimento deve se voltar a iniciativa econômica privada e as situações jurídicas patrimoniais". TEPEDINO, 1999b, op. cit. p. 4.

[865] CAHALI, 2005, op. cit., p. 60.

[866] CORRÊA DE ANDRADE, 2009, op. cit., p. 28-29.

*radores do Direito em geral"*, ponderando, ainda, que cabe aos primeiros determinar o alcance da proteção que a Constituição dá à dignidade humana, o que *"não é tarefa fácil ou isenta de controvérsias*. Todavia, algumas premissas fundamentais podem e devem ser estabelecidas" (grifo nosso). Levanta o autor, como primeira premissa, o fato de toda a pessoa, em virtude da sua condição de ser humano, ter direito à indenização por danos imateriais, não se devendo levar em conta se é uma criança, um doente mental, uma pessoa em estado de inconsciência, pois a falta de consciência não exclui a Humanidade que é inerente a cada um. Outrossim, a lesão à dignidade humana abrange tanto as ofensas à pessoa individual como social, sendo mais do que aquilo que afeta o mínimo existencial, pois a dignidade pode ser violada em diversos níveis.

Pietro Perlingieri[867] aduz, textualmente, que: "o instrumento do ressarcimento dos danos e da responsabilidade civil, embora adaptado às exigências da vida moderna, demostra-se, frequentemente, inidôneo". André Andrade[868] complementa: "impõe-se, portanto, uma revisão nos próprios fundamentos da responsabilidade civil tradicional, que não oferece solução adequada aos inúmeros problemas trazidos pela sociedade moderna". O que se denota, portanto, é que resta expressa a insatisfação da responsabilidade civil como forma de tutelar, principalmente, os direitos de personalidade, razão mais do que suficiente para se apostar em uma mudança.

O sentimento da insuficiência do Direito Civil para regular os danos oriundos da violação dos direitos de personalidade também é o argumento de Caroline Vaz,[869] para quem "os institutos de que dispõe até o momento o Direito Civil não conseguiram coibir nem reduzir a prática de novos ilícitos, o Direito, que deve servir à vida e ter uma utilidade prática, já que feito por homens para homens, deve amoldar-se às novas necessidades, para solver os conflitos oriundos de uma nova ordem social". Outrossim, muito se resolve quando se aceita que a questão "radica no fato de os direitos fundamentais, enquanto parte da Constituição, terem um grau mais elevado na hierarquia das normas do que o Direito Privado, podendo, por conseguinte, influenciá-lo".[870]

Igual é o sentimento de Gustavo Tepedino[871] quando afirma que: "verifica-se a inadequação das técnicas de proteção da pessoa humana elaboradas pelo Direito Privado, consubstanciadas na doutrina dos chamados direitos da personalidade". De acordo com o autor, os mecanismos de proteção apresentam-se "aquém das inúmeras e crescentes demandas da pessoa humana, inseridas em situações que se multiplicam e se diversificam ao sabor dos avanços tecnológicos, sendo insuscetíveis de se ajustarem à rígida

---

[867] PERLINGIERI, 1999, op. cit., p. 32.
[868] CORRÊA DE ANDRADE, 2009, op. cit., p. 229.
[869] VAZ, 2009, op. cit., p. 138.
[870] CANARIS, Claus-Wilhelm. A influência dos Direitos Fundamentais sobre o Direito Privado na Alemanha. In: SARLET, Ingo Wolfgang. (org.). *Constituição, Direitos Fundamentais e Direito Privado*. Porto Alegre: Livraria do Advogado, 2003a, p. 225.
[871] TEPEDINO, 2006, op. cit., p. 13.

previsão normativa, muito embora merecedoras de tutela pelo ordenamento jurídico".

Cumpre, por pertinente, reconhecer a importância dos ensinamentos de Boris Starck, que não tratou apenas da pena privada, pois defende que a responsabilidade civil tem dupla função: a de garantia, que passaremos a tratar; a de pena privada, já mencionada em momentos anteriores deste estudo, quando se tratou da função punitiva, no tópico 4.1.2.

Acerca da tese de Starck, Vaneska Araujo[872] comenta que:

> Sobre a conjugação da culpa e do risco como fundamentos da responsabilidade civil, B. Starck apresentou em sua tese de Doutorado uma teoria bastante inovadora, a da garantia. A partir da consideração de que a responsabilidade deve ser vislumbrada do ponto de vista da vítima, e não mais do autor do dano, parte a pesquisa de quais seriam os direitos que não podem ser violados sem que haja uma indenização correspondente e em que medida devem ser protegidos contra a atividade do outro.
>
> Trata-se, portanto, do embate entre o "droit d'agir" (direito de agir) e o "droit à la securitè" (direito à segurança). Segundo o autor, em caso de atentado à integridade corporal ou material dos bens que lhe pertencem, deve prevalecer o direito à segurança, de maneira que se aplicará a garantia objetiva da responsabilidade sem culpa. (...) De acordo com seu entendimento, o fundamento único da responsabilidade civil é a garantia dos direitos essenciais do indivíduo e do grupo, e não a culpa ou o risco, que variarão conforme o tipo de dano em questão.
>
> A despeito de sua originalidade, entendemos que tal tese merece críticas principalmente no que tange à consideração de que os danos à integridade física são mais graves do que os danos morais, com o que não podemos concordar já que ambos advêm da violação de direitos da personalidade.

Starck[873] analisa o problema do fundamento da responsabilidade civil que, segundo o autor, tem como único ponto de vista o do *autor do dano* – isso é digno de crítica –, pois, para Starck, o dano causado gera um problema para *a vítima*,[874] sendo que ela merece tutela e cuidados. Aliás, há quem sustente que "a esfera da indenização da *vítima* é o domínio da responsabilidade objetiva por excelência, já que esta garante o ressarcimento da vítima independentemente da conduta do autor do dano".[875] (grifo nosso) Voltando a Starck, ele defende, portanto, que é inconcebível construir um sistema de reparo sem se inquietar com as razões que a vítima poderia invocar para reclamar uma reparação. A resposta para esse tipo de atitude, de acordo com

---

[872] ARAUJO, 2007, op. cit., p. 435.

[873] STARCK, 1947, op. cit., p. 37 e ss.

[874] Aliás, a constatação é a de que, no século passado, a lei, a doutrina e a jurisprudência ligadas à responsabilidade civil tinham muito mais preocupação em excluir a responsabilidade do lesante, do que, efetivamente, com o ressarcimento da vítima; no entanto, a título de evolução, o autor comenta que: "A evolução da responsabilidade civil gravita em torno da necessidade de socorrer à vítima, o que tem levado doutrina e jurisprudência a marchar adiante dos códigos, cujos princípios constritores entravam o desenvolvimento e a aplicação da boa Justiça. Foi preciso recorrer a outros meios técnicos, e aceitar, vencendo para isto resistências quotidianas, que *em muitos casos o dano é reparável sem fundamento da culpa*". (grifo nosso) GABURRI, Fernando. Da insuficiência da noção de culpa e de risco: da necessidade de um sistema geral objetivo de imputação de responsabilidade civil extracontratual. In: NOVAES HIRONAKA, Giselda Maria Fernandes; DIAZ FALAVIGNA, Maria Clara Osuna (coords.). *Ensaios sobre responsabilidade civil na Pós-Modernidade*. Porto Alegre: Magister, 2007, p. 91-92.

[875] ARAUJO, 2007, op. cit., p. 428.

o autor, decorre do fato de as questões de responsabilidade civil se apresentarem aos juristas como um aspecto particular da ideia de *liberdade*, pois "L'irresponsabilité, c'est le degré suprême de la liberté", isto é, a irresponsabilidade é o grau supremo da liberdade. A respeito do tema, comenta Eugênio Facchini Neto[876] que: "O homem, caso vivesse sozinho, disporia de uma liberdade absolutamente ilimitada – poderia apropriar-se de qualquer coisa, destruí-las, usá-las ou se abster de qualquer uso, ao seu bel-prazer. Todavia, sendo o homem um animal social por excelência, em convivendo com outros homens, tem necessidade de harmonizar a sua liberdade com a dos demais membros da sociedade".

Tendo a ciência de que a liberdade não é absoluta, mas sim, juridicamente limitada, deve-se ter cuidado para não cair no extremo oposto, que é o de defender que a liberdade é criada pelo aparelho regulamentador estatal, acolhendo equivocadamente a tese de que toda e qualquer atuação dos particulares é uma decorrência ou de uma autorização ou de uma não proibição do Estado. Entre particulares, tudo o que não for proibido será permitido, sob pena de se admitir que "toda a lesão provinda de um particular esteja fundada numa delegação estatal ou mesmo subordinada a uma proibição com reserva de autorização, o que, por outro lado, conflita frontalmente com o princípio da liberdade".[877]

Conforme Starck, a verdade é que os partidários da responsabilidade subjetiva consideram a obrigação de indenizar os danos como um entrave para a liberdade de ação; exigem aqueles que toda a responsabilidade seja subordinada à existência de um *erro* cometido pelo responsável. Quem defende a responsabilidade subjetiva entende por certo declarar irresponsável a pessoa que causou um dano, bastando que ela tenha agido dentro dos limites estabelecidos pela lei. A questão é que o homem deve agir, e isso comporta riscos tanto para si como para os outros.

Já os adeptos do risco, declara Starck, pensam de modo diverso, pois, para eles, a obrigação de consertar os danos é a contrapartida necessária para a liberdade de ação, tanto que a responsabilidade é tratada como o risco da liberdade. O impasse a que esse método conduz decorre do fato de que limitar a responsabilidade ao ativo culpado seria reduzir a quase nada o número de vítimas, porém estender a responsabilidade a todo e qualquer ato danoso, culposo ou não, seria sufocar a atividade pelo peso da indenização. Neste sentido, "a antítese da responsabilidade e da liberdade não nos permite resolver o problema".[878] Para Starck, repisa-se, os autores não pensam nos direitos e nas liberdades *das vítimas*, porque é claro que o homem pode agir, desde que dentro da lei, só que, na mesma linha de raciocínio, ele é livre para gozar tranquilamente de seus bens, sejam materiais ou imateriais, tendo igualmente o direito de conservar a sua integridade corporal e a sua vida, assim como a de seus próximos. Nesse sentido, corrobora-se o pensamento

---
[876] FACCHINI NETO, 2007b, op. cit., p. 154.
[877] SARLET, 2000, op. cit., p. 136.
[878] STARCK, 1947, op. cit., p. 38.

proposto pelo autor, uma vez que não se considera justo a vítima sofrer um dano, principalmente imaterial, e não ser ressarcida; mas tal afirmativa, por certo, merece temperamentos. Tamanha é a vontade de se ter a vítima ressarcida que se pugna pela tutela absoluta da reparação desse tipo de dano, alcançando à reparação um *status* constitucional para que todos a reconheçam com o destaque e com a importância que merece. Então, "(...) le fait d'infliger un dommage à autrui est une violation du droit à la sécurité qui appartient à chacun de nous".[879] Em outras palavras, causar um dano a outrem é uma violação do *direito à segurança* que pertence a cada um de nós, e justamente por esta razão merece reparação, que, salienta-se, precisa ter a mesma tutela dos direitos violados: constitucional.

O erro das doutrinas atuais, de acordo com Starck, está em ligar a responsabilidade apenas com a liberdade de ação, uma vez que é necessário pensar no conteúdo que diz respeito à segurança da vítima e aos seus direitos e liberdades. Por este prisma, refere o autor que, para apreciar o alcance da liberdade de ação, isto é, da *irresponsabilidade na ação*, não basta questionar se o homem tem o *direito de praticar determinado ato*, deve-se perguntar, também, se ele possui o *direito de cometer tal dano*. Parece se considerar, assevera o autor, que, a partir do momento em que uma atividade é permitida, que todas as suas consequências são autorizadas, não se levando em conta que as atividades não são exercidas em uma ilha deserta, mas sim, em um determinado meio social, e que os homens são rodeados não apenas de liberdades mas também do direito de gozar tranquilamente de sua vida e de seus bens.[880] Complementa Starck, afirmando que o direito à segurança será reconhecido se todo o dano não autorizado se tornar um dano ilícito, uma violação dos direitos do outro. Indaga o autor se não é esta violação suficiente para justificar uma sanção: ao longo do seu texto, ele defende que sim.

Eugênio Facchini Neto,[881] acerca da ideia de garantia, comenta que Starck defende que todos têm direito à vida e à integridade corporal, da mesma

---

[879] STARCK, 1947, op. cit., p. 39.
[880] Ibid., p. 39.
[881] FACCHINI NETO, 2003a, op. cit., p. 25. O autor, em outro texto, traz o seguinte complemento e comentário: "Uma outra ideia que encontra abrigo no amplo espectro da responsabilidade objetiva é a de garantia, que é particularmente eficiente para explicar certas espécies de responsabilidade objetiva, como quando o autor direto do dano é desprovido materialmente de bens ou renda. Ou seja, o legislador, exemplificativamente, ao responsabilizar os preponentes pelos atos dos prepostos, teria visado a assegurar às vítimas a efetivação de seu direito à indenização dos prejuízos injustamente sofridos, direito este que restaria seriamente comprometido, se dependesse unicamente da solvabilidade do autor direto do ato danoso. Uma ideia que transita sob a mesma denominação, porém com *configuração distinta*, foi formulada por B. Starck. Parte o ilustre autor da constatação de que as demais teorias buscam o fundamento da responsabilidade civil pelo lado do autor do dano. Na teoria da culpa, o agente responde porque agiu culposamente. Na teoria do risco, a responsabilidade se explica porque o agente teria criado um risco para os demais, ou porque retirou algum proveito de uma coisa ou do trabalho de outrem. *Criticando tais posicionamentos, entende Starck que tal fundamento deve ser buscado pelo lado da vítima.* Diz ele que toda a pessoa possui direito à vida e à integridade corporal, da mesma forma que tem direito à 'integridade material dos bens que lhe pertencem, e, mais genericamente, à segurança material e moral'. Existindo estes direitos subjetivos, 'eles devem ser protegidos e garantidos pelo Direito' (objetivo). Ou seja, Starck reconhece a existência de um direito individual à segurança, cuja violação não autorizada constitui um dano causado em contrariedade ao direito, uma injustiça em si mesmo, independentemente das disposições físicas ou psicológicas do seu causador" (grifo nosso). Id., 2007a, op. cit., p. 36.

forma que têm direito à integridade material dos bens que lhe pertencem; além disso, existindo esses direitos subjetivos, "eles devem ser protegidos e garantidos pelo Direito (Objetivo)".

Starck propõe "de faire un effort pour changer une habitude vieille de plusieurs millénaires", ou seja, um esforço para mudar um velho hábito, qual seja, tirar a visão da liberdade e passar a ênfase à vítima, que não merece os danos sofridos. Certifica o autor que não há nada mais natural do que organizar a proteção do ponto de vista do seu titular, isto é, a vítima, que é, inclusive, o que já se vem fazendo com a propriedade, por exemplo, pois é do ponto de vista do proprietário que se enxerga o litígio, e o Juiz, para sancionar, deve apenas questionar se o réu infringiu os direitos do autor.[882]

Starck sugere que a única conclusão lógica de tudo o que foi dito até então é a de se proclamar ilícito e, portanto, condenável todo o ato abusivo não autorizado sobre os direitos do outro, mas que os autores insistem em pedir, além do abuso sobre os direitos do outro, também a constatação, na pessoa do réu, de um certo *estado de espírito*: saber da previsão do dano ou, ao menos, da possibilidade de prevê-lo ou de evitá-lo.[883]

Boris Starck critica o fato de a vida, a integridade corporal, a honra, entre outros, não formarem a substância de um direito subjetivo preciso, protegido em si próprio, como a propriedade, pois a tutela desses direitos é organizada em função de um fator estrangeiro, cuja base não está na pessoa do titular do direito, mas sim, naquele que os infringiu – aliás, como deseja a *concepção individualista* do Direito. Para certos autores, Starck acentua que "la seule condition exigée du point de vue de la victime, c'est le dommage et non l'atteinte à un de ses droits"; em outras palavras, a única condição exigida do ponto de vista da vítima é o dano, e não a violação a um dos seus direitos.[884] Defende-se, todavia, que basta a violação do direito, pois este último pertence à pessoa e que não pode ser maculado, ainda que não exista dano, como, por exemplo, uma mulher bonita que tenha a sua foto sensual divulgada em uma revista, caso em que o tão só fato de existir a violação ao direito à imagem já sugere dever de reparação.

Para o autor, é da colisão entre liberdade de ação e direito à segurança que surgem os problemas de responsabilidade; para resolvê-los, faz-se necessário dar a preferência para um ou outro, estabelecendo entre eles uma hierarquia. Impossível, no entanto, procurar uma solução em abstrato, declarando, como querem os defensores da concepção individualista, que a liberdade sempre prevalecerá, ou sacrificando sempre a liberdade para dar proteção à segurança, como almejam os adeptos do risco. Starck defende uma solução mais moderada, pois "obliger les hommes à réparer tous les dommages serait les condamner à l'inertie, mais d'autre part il est un minimun de sécurité sans lequel nulle société ne saurait survivre. Certes, l'action

---
[882] STARCK, 1947, op. cit., p. 40.
[883] Ibid., p. 41.
[884] Ibid., p. 42.

est la loi de l'homme, mais le besoin de sécurité est alors son instinct de conservation".[885]

O objetivo da *teoria da garantia* é, para o autor, estudar a responsabilidade e o conflito entre os direitos do responsável e os da vítima, a fim de descobrir em que medida a ordem judicial garantirá as liberdades e as seguranças, justificando a obrigação de indenizar pelo fato de a vítima ter um *direito seu violado*.[886] Já a teoria do risco-proveito, de outra banda, traz a obrigação de reparação do dano como contrapartida necessária dos *benefícios que o lesante tira da sua atividade*,[887] ao passo que a teoria do risco-criado traz a responsabilidade que é o fundamento do Código de Defesa do Consumidor, porquanto os fabricantes respondem pelos danos que causarem os seus produtos ou serviços.

Para Starck, se a violação dos direitos do outro é a base legal da condenação do acusado, casos em que não pode o lesante se valer de um poder legítimo de prejudicar, cabe reconhecer que a vida humana, a integridade corporal, a integridade dos bens materiais é o mínimo de segurança que deve ter toda a sociedade.[888]

Como ponto bastante relevante da teoria da segurança, o citado autor[889] estabelece que em nenhum lugar é proclamada a existência de um direito à integridade corporal e o usufruto pacífico dos bens, direito cuja proteção seria inscrita no sistema jurídico positivo com a mesma precisão e cuja garantia seria realizada com força.[890] O que se destaca desse pensamento do autor é o fato de defender o direito que a pessoa tem de fruir daquilo que é seu – inclusive dos bens materiais, mas principalmente dos imateriais –, sem que ninguém perturbe, sob pena de responder por isso.

---

[885] Tradução livre: Starck defende uma solução mais moderada, pois obrigar os homens a pagar por todos os danos seria como condená-los à inércia. Por outro lado, é ter o mínimo de segurança sem a qual nenhuma sociedade saberia viver. Certamente, a ação é a lei do homem, mas a necessidade de segurança é, então, o seu instinto de conservação. Ibid., p. 43.

[886] Na ponderação de bens e direitos, busca a jurisprudência verificar se é justificável o sacrifício do direito fundamental em questão, admitindo a sua supressão quando esta for essencial e eficiente para a tutela de outro direito fundamental. Deve-se, então, compatibilizar, nos casos concretos, a privacidade, por exemplo, com os demais interesses merecedores de proteção pelo ordenamento. Stefano Rodotà afirma que o reconhecimento do direito à privacidade deve ser situado no amplo contexto em que se sobressaem os interesses do Estado (segurança interna ou internacional bem como outros motivos relacionados a questões políticas ou judiciárias) e outros interesses individuais e coletivos, como o direito à informação e à saúde. RODOTÀ, Stefano. *Tecnologie e Diritti*. Bologna: Il Mulino, 1995, p. 117.

[887] No original: "Estudier la responsabilité sous l'angle d'un conflit de droits opposant l'auteur du dommage et la victime, à l'effet de savoir dans quelle mesure l'ordre juridique positif garantit aux hommes leurs libertés ou leur sécurité, tel est l'objet popre de la théorie de la garantie. On voit immédiatement toute la distance qui sépare cette théorie de celle du risque. D'après cette dernière, l'obligation de réparer le dommage causé est la contrepartie nécessaire des avantages que le defendeur est censé retirer de son activité. La théorie de la garantie, au contraire, justifie l'obligation d'indemniser la victime par l'idée de violation de ses droits". STARCK, 1947, op. cit., p. 43-44.

[888] Ibid., p. 47.

[889] Ibid., p. 50.

[890] Na sequência de seu texto, Boris Starck volta a enfatizar que se continua a desconhecer a existência de um direito individual à segurança física que pertença a todo o membro da sociedade, direito cuja violação justificaria a obrigação de corrigir. No original: "Mais comme on continue de méconnaître l'existence d'un droit individuel à la securité physique appartenant à tout membre de la société, droit dont la seule violation justifie l'obligation de réparer". Ibid., p. 54.

Quando Boris Starck apresenta a teoria da garantia, ele comenta que a única vantagem que uma explicação teórica pode ter em relação a outros sistemas é que ela é mais simples, mais natural e mais produtiva no que concerne a consequências úteis, ressaltando que a referida teoria não apresenta outra ambição. Starck assevera que a teoria da garantia não possui por objetivo inserir no Direito uma ideia nova, pois a defesa de que existe um direito subjetivo à segurança e que a tão só violação do direito já gera, por si só, o dever de reparar (sem necessidade de exames psicológicos ou mentais e sem nenhuma apreciação moral da conduta do autor) já era abertamente reconhecida pela doutrina, mas com timidez e prudência, em casos especiais, e por razões particulares, configurando uma exceção à regra à qual se pretende manter fiel.

Esclarece o autor que "c'est un retour à une conception juridique primitive dont on s'enorgueillissait d'avoir triomphé", ou seja, é um retorno a uma concepção jurídica primitiva a qual nos orgulhávamos de ter superado. Longe de ser um aspecto de desregramento do mundo contemporâneo, longe de ser um retorno às ideias bárbaras dos séculos passados, a garantia da segurança corporal dos homens vivendo em sociedade é uma *constante de direito*;[891] é, de fato, um dos princípios de Direito Natural que resiste vitoriosamente às transformações sociais, morais ou técnicas. Starck explica que aos poucos alguns foram se dando conta de que a violação de um direito era suficiente para justificar uma sanção. Defende o autor que o direito lesado é de todos os direitos o mais elementar, o mais irredutível e o mais natural, uma vez que diz respeito à segurança dos bens e dos direitos de toda a pessoa.[892]

Boris Starck assegura que, se for verdade que a teoria da garantia se justifica pelo reconhecimento de um direito individual à segurança, o fato de se aplicar uma sanção pela simples violação do direito longe está de significar um retorno a uma concepção grosseira do Direito, podendo ser entendida, até mesmo, como um progresso manifesto do raciocínio jurídico, sendo resultado de uma lenta evolução que sempre foi perseguida. O autor comenta que, pela velha lei aquiliana, o homem se limitava a reagir contra o mal sofrido, sem se preocupar em saber se a sua vingança[893] se exercia contra o culpado ou contra o inocente, sob o fundamento de que a lei aquiliana não subordinava a pena prevista ao estabelecimento da culpa do réu, ou seja, com a noção puramente jurídica do caráter do ilícito da referida lei, pois os romanos não tinham, ainda, penetrado no domínio da subjetividade. A introdução da culpa foi obra dos jurisconsultos do fim da República, passando

---

[891] Assim: "A pessoa humana, cuja proteção constitui a finalidade primeira do Direito, não pode ser vista como um átomo isolado. Da inerente sociabilidade humana, do fato de o homem viver em sociedade, decorre que o Direito, ao normatizar as relações interpessoais, deve fazê-lo levando em conta as características e os valores da sociedade em que tal ser humano está inserido". FACCHINI NETO, 2007b, op. cit., p. 160.
[892] STARCK, 1947, op. cit., p. 50-51, 56, 58.
[893] Oliver Holmes Jr. teve o propósito de demonstrar que: "las diferentes formas de responsabilidad que conoce el derecho moderno han brotado del fundamento común de la *venganza*. (...) es de primera importancia en el derecho penal y en el de los actos ilícitos: allí muestra que ambos han partido de una base moral, de la idea de que la reprobación debe recaer sobre alguien". HOLMES JR. 1964, op. cit., p. 45.

a responsabilidade a adquirir uma alma, uma significação espiritual, sendo considerado o triunfo do espírito sobre a matéria. Para Starck, essa teoria é sedutora, mas não lhe parece fundada, pois o Direito dessa época era capaz de estabelecer uma discriminação fundada sobre a análise psicológica do agente, e não somente sobre o caráter lícito objetivo de sua ação. O vocabulário jurídico da época trazia a distinção entre danos voluntários e danos fortuitos, tanto que o homicídio por imprudência escapava à repressão, devendo o mesmo se dar para os danos menos graves como lesões corporais ou destruição de bens. Por seu turno, na terminologia moderna, a culpa é tida tanto no sentido estreito, erro não intencional, como no sentido largo, englobando o dolo.[894]

Para se ter uma ideia da transformação, passa-se de um estado de vida social em que não havia obrigação de agir prudentemente e diligentemente, por não ser necessário existir tal obrigação, para um momento em que as ocasiões de se prejudicar mutuamente se multiplicam e provocam o nascimento de regras de prudência e de previsão destinadas a evitar acidentes. Assim, a lei aquiliana, baseada na divisão entre danos intencionais e fortuitos, não podia mais bastar, passando os Juristas a admitirem que a defesa do homem devia ser organizada contra a violência, a esperteza, a futilidade e a imprudência, e o *damnun injuria* cobria tanto o dolo quanto a culpa. A trilogia dolo, erro (culpa) e força maior começava a nascer e guiou a todos por dois mil anos, porém restou falha, e os juristas tiveram que revisar os seus sistemas.[895]

O problema existente era que o dolo e a culpa permitiam a condenação do autor do dano, contudo a pergunta é se situação semelhante ocorreria em casos nos quais surgisse um dano, porém sem a culpabilidade do agente. Então, tendo que escolher entre a responsabilidade do autor do dano e a segurança da vítima, optou-se pela última; além disso, não pesou o fato de o réu não ter cometido um erro, pela simples razão de que a vítima igualmente não o tinha cometido – a ausência de culpa de um é neutralizada pela ausência de culpa do outro.

O grande questionamento para Starck é saber quem vence diante do duelo entre a segurança corporal e material das pessoas e o respectivo direito de liberdade. Na sequência, afirma, porém, o autor, que essa escolha não pode ser forçada, tampouco depende de alguma teoria; mais do que nunca, as contínuas transformações da técnica do direito da responsabilidade tinham como objetivo único a garantia cada vez mais perfeita da segurança corporal e material das pessoas em sociedade.

O fato é que aqueles que contemplam a evolução apenas do ponto de vista do *autor do dano* acabam se deparando com incessantes modificações das razões jurídicas de sua condenação, tanto que a responsabilidade por erro é "substituída" pela responsabilidade objetiva: primitivamente, exigia-se um erro intencional, logo bastava a simples imprudência; na sequência,

---

[894] STARCK, 1947, op. cit., p. 59-63.
[895] Ibid., p. 64-68.

há a substituição pelos erros mais e mais leves; depois de todo o traço de culpa perdido, está-se no objetivismo, com um norte bem delimitado, qual seja, garantir a segurança dos membros da sociedade contra as empresas prejudiciais aos homens. Para Boris, com isso "il n'y a ni retour à la barbarie, ni évolution en spirale, mais progression rectiligne", isto é, não houve nenhum retorno à barbárie, nem evolução em espiral, mas um progresso retilíneo.[896]

Starck enfatiza que nenhuma das razões que justificam e que obrigam o lesante a reparar está calcada na pessoa do *autor do dano*, pois nenhuma delas possui valor intrínseco, "valeur de principe". Tira-se proveito da mensagem do autor que revela que é em estado de crise que aparecem as virtudes de uma instituição, pois "aussi longtemps que la mer est calme on ne sait quelle est la solidité de la digue". Em bom português, enquanto o mar for calmo, não saberemos a solidez do dique. Boris[897] também afirma que:

> Le seul facteur immuable de cette évolution, c'est l'obligation des auteurs de dommages corporels et matériels d'en assurer la réparation. C'est dans la personne de la victime que se trouve la raison permanente, le principe de cette responsabilité. Pour que ce principe acquière la valeur technique d'une règle de droit positif, il suffira de reconnaître que l'homme possède un droit subjectif précis à sa sécurité, droit protége en lui-même et pour luimême et don la violation non autorisée par la loi réalise une injustice, donnant une raison suffisante à la condamnation du défendeur.

Por outro lado, o autor igualmente comenta que a responsabilização não encontra na teoria da garantia a sua expressão definitiva, porque a garantia não é uma *etapa* que conduzirá ao *seguro*,[898] entendido esse como uma nova fase. Todos reconhecem como impasse ao direito de receber a reparação o problema da insolvência do autor do dano. Boris alerta que as situações de fortuito e de insolvência são os grandes óbices ao sucesso da perfeita segurança da vítima, e o remédio para a insolvência pode ser tanto o segu-

---

[896] STARCK, 1947, op. cit., p. 69-70.

[897] Ibid., p. 70. Tradução livre: O único fator imutável dessa evolução é a obrigação de os autores de danos corporais e materiais assegurar o reparo. É na pessoa da vítima que se encontra a razão permanente, o princípio dessa responsabilidade. Para que esse princípio adquira o valor técnico de uma regra de Direito Positivo, bastará reconhecer que o homem possui um direito subjetivo preciso para a sua segurança, direito protegido nele mesmo, por si mesmo e cuja violação não autorizada pela lei realiza uma injustiça, dando razão suficiente para a condenação do réu.

[898] A título de ilustração, traz-se à baila a responsabilização das seguradoras, nas palavras de Luis Renato Ferreira da Silva, que comenta: "(...) após constatar a impossibilidade do autor do dano indenizar, mas existindo o seguro quitado, o STJ, por sua 4ª Turma [REsp. 97.590/RS, publicado na RSTJ 99/320] entendeu de atribuir legitimidade para a vítima cobrar diretamente da seguradora. (...) o Min. Ruy Rosado de Aguiar Jr., relator do feito, invocou o interesse público e a injustiça que seria a seguradora, que recebeu os prêmios para pagar a cobertura, exonerar-se por fato superveniente, no caso a insolvência do segurado. Afirma, a certa altura, o voto: 'A execução dessa sentença, diretamente contra a seguradora estaria permitida pela extinção de fato da sociedade comercial que figurou como ré na ação de indenização, contratante do seguro com a companhia ora recorrente. Esse fato superveniente põe em contraste dois interesses: o do lesado, de obter a reparação dos danos sofridos, se não do autor do dano, pelo menos daquele que assumira a obrigação contratual de dar cobertura a tal situação; de outro, o da companhia seguradora, de somente pagar depois de cumprida a sentença contra o seu segurado, uma vez que no processo figurara apenas como denunciada à lide. *Pondero o interesse público que existe na integral reparação dos danos e na efetividade da garantia prestada pelo segurador, para dar prevalência ao primeiro dos interesses acima expostos* (...) A companhia nada perde com isso, pois recebeu o prêmio e vai desembolsar o *quantum* previsto para o caso de sinistro, não parecendo justo que ela se desonere por um fato superveniente, alheio à vontade das partes...". (grifo nosso) FERREIRA SILVA, 2006, op. cit., p. 162.

ro como a instituição de fundos de garantia, porém desses assuntos não se tratará no decorrer deste texto a fim de se evitar o desvio do foco principal em questão.[899]

A teoria da garantia está apoiada sobre a lógica jurídica, sobre a utilidade social e sobre as lições de História, mas também, e principalmente, na ideia de igualdade, uma vez que o Direito é a arte do equilíbrio. O fato é que todos entendem quando alguém comete um erro e resta obrigado a repará-lo, mas como fazer as pessoas aceitarem que um inocente deve ressarcir os desgastes cometidos? Como resposta a isso, Boris traz outro questionamento: "nul ne connaît les buts du destin et ses voies sont impénétrables; l'une de ces voies ne serait-elle pas justement celle de l'imparfaite justice des hommnes?". Em outras palavras, ninguém conhece os objetivos do destino e os seus caminhos são impenetráveis; então será que uma dessas vias não seria justamente aquela da *imperfeita Justiça dos homens*?[900] Deve-se pensar se a imperfeição não seria justamente a saída que se busca como alternativa para se explicar a teoria da segurança.

Desta forma, Boris conclui no plano teórico o sistema de garantia, declarando que as certezas adquiridas pela reflexão não ganham sempre adesão geral, pois o século em que se vive é cético, restando, a quem defende esta ideia, experimentar a solidez das hipóteses trazidas para a análise de um resultado jurisprudencial.[901]

Voltando à suficiência, ou não, da responsabilidade civil como instrumento para a reparação de danos imateriais, Markesinis, Deakin e Johnston[902] trazem, ao longo de sua obra, *Tort Law*, alguns avisos gerais para os novos advogados que trabalham com a responsabilidade civil, pontuando que eles devem estar atentos aos seguintes pontos: "1. What interests academic lawyers is not always of similar importance to practitioners and litigants; 2. Tort law is using *old tools to meet social needs of a new and different era*". Tal conselho é um bom argumento para chamar a atenção para as ferramentas que se têm para trabalhar com os danos causados aos direitos de personalidade até o presente momento, porque, se a responsabilidade civil, por si só, não está solucionando satisfatoriamente os casos concretos, talvez seja pelo fato de, atualmente, os danos terem um alcance nunca antes imaginado, tanto que os autores ponderam que: "the longevity of some tort rules and concepts is as

---

[899] STARCK, 1947, op. cit., p. 72-75. O autor traz o seguro de responsabilidade como sendo um fator extrajurídico, porém importante. Apoiada sobre o seguro de responsabilidade, a garantia pode realizar um equilíbrio social e moral superior àquele da responsabilidade subjetiva, uma vez que atualmente e bem mais fácil contratar um seguro que evitar cometer um dos inumeráveis erros que as condições técnicas da vida moderna e a sutileza dos juristas introduzem no curso das atividades. O seguro permite suportar moral e materialmente o peso da garantia: não que aquele vá substituir a ideia de responsabilidade, porque o seguro intervém nos problemas de responsabilidade, mas a responsabilidade conserva as suas próprias regras. Assim, uma forma de garantir a segurança do indivíduo sem machucar o sentido da Justiça, nem entravar o progresso técnico é fazer com que os pretensos lesantes incorporem nos seus preços o valor de possíveis indenizações.

[900] Ibid., p. 72.

[901] Ibid., p. 76.

[902] MARKESINIS; DEAKIN; JOHNSTON, 1996, op. cit., p. 54-64.

admirable as it is remarkable. Thus, in this country, in many cases much of what we do and how we think today can be traced back to the Middle Ages. (...) To a large extent this survival is due to the flexible, if not amorphous, content of some of these concepts; 3. *Tort law needs reforming* but reform does not appear to be around the corner; 4. Tort law is, in practice, often inaccessible to the ordinary victim[903]; e 5. Doctrinal Untidiness".[904] As sugestões 2, 3 e 5 são boas razões para se pensar em algumas mudanças, inclusive no sentido do que propõe o presente estudo.

Com o intuito de complementar as ideias até então apresentadas, vale agora enfatizar as lições de Juarez Freitas[905] no que toca aos preceitos para uma efetiva interpretação sistemática da Constituição, lugar que se pretende consolidar como paradeiro da norma que traz que a reparação de danos imateriais, por tutelar direitos fundamentais, merece *status* constitucional, inclusive por atender a referidos preceitos que se passa a analisar.

O primeiro preceito para uma interpretação sistemática da Constituição é: "Numa adequada interpretação tópico-sistemática da Constituição os princípios fundamentais são a base e o ápice do sistema". Dentro desse primeiro preceito, Juarez Freitas recomenda que "na hierarquização prudencial dos princípios, das normas estritas (no sentido de regras) e dos valores constitucionais, deve-se fazer com que os princípios ocupem o lugar de destaque, ao mesmo tempo situando-os na base e no ápice do sistema, vale dizer, tomando-os, na prática, como fundamento e cúpula do ordenamento", isto porque o critério hierárquico-axiológico é convertido em diretriz superior ao critério cronológico e ao critério de especialidade, sendo que é a referida hierarquização que permite resolver o problema da colisão dos princípios. A interpretação da Constituição deve ser principiológica – pois assim será mais densa e consistente – e será melhor e mais legítima à medida que conferir coerência e abertura a todo o sistema, sempre buscando sintonia com as

---

[903] De acordo com os autores: "The multitude of cases that a student will encounter in tort textbooks may lead him to believe that victims of accident have easy and frequent recourse to this branch of the law. In reality nothing coul be further from the truth; and this misapprehension, as well, is encouraged by the fact that the operation of tort law in practice tends to be ignored by traditional books and cases. The reality thus is that most victims of accidents do not even go as far as consulting a lawyer as to what their rights are, let alone pursue them to a successful conclusion". MARKESINIS; DEAKIN; JOHNSTON, 1996, op. cit., p. 61.

[904] A respeito da doutrina desordenada, esta pode ser assim caracterizada: "We came to the conclusion that we should, in the belief that, despite limitations in time and space, the student should not be presented with the rudiments of a particular branch of the law in a compartmentalized way but, every now and then, should be asked to consider the 'details' against the broader fabric of English justice. (...) So here are some general observations to be tested against the more detailed study of the material provided in this book. (i) Our law of torts is increasingly dominated by statute (...) In itself this may not be a defect; but it becomes a problem given (1) the long-winded nature of English legislative drafting; (2) the lack of proper training in statutory construction; and (3) the lack of co-ordination between the courts and the legislators when dealing with law reform. (ii) Our case law – especially on tort – is the second headache. Judgements are getting longer, to some extent inevitably given the growing complexity of the law. (...). (iii) Another notable feature of the English case law is its narrowly focused approach to the individual problems it has to confront. This, of course, is the result of the English adjudicatory approach; and it has been defended *inter alia* on the grounds that the judicial and academic roles, especially in England, are very different. (...) This book has tried to take into account the needs of both". Ibid., p. 63-64.

[905] FREITAS, 2004, op. cit., p. 189-224.

aspirações da sociedade. O autor ainda comenta que: "fora de dúvida, o Juiz (não o Legislador) é quem culmina o processo de positivação jurídica. Eis o motivo pelo qual (...) a jurisprudência (...) deve ser reconhecida e proclamada, no mínimo, como a fonte material mais significativa". Freitas enfatiza que se deve preferir a postura "constitucionalista" em lugar da "legalista estrita", porquanto a Lei Maior "como documento jurídico superior, é plenamente assimilada em sua imperatividade material", até porque, interpretar bem a Carta significa colocá-la ligada à totalidade axiológica do sistema, a fim de se obter a máxima Justiça possível. Então, se, por exemplo, "a lei colidir com o *princípio* da justa indenização, então a *súmula*, no caso, deverá preponderar"[906] (grifo nosso).

O fato de existir este primeiro preceito levantado por Juarez Freitas é uma das razões e um dos fundamentos para se pretender que a reparação de danos seja erigida a princípio constitucional, ou seja, pela força e pela imperatividade dos referidos princípios.

O segundo preceito enuncia que: "As melhores interpretações são aquelas que sacrificam o mínimo para preservar o máximo de direitos fundamentais", o que é o próprio sentido da proporcionalidade, uma vez que em hipótese alguma poderá um direito de *status* constitucional suprimir outro de mesmo *status*. Proporcionalidade significa: "fazer concordar os valores e princípios jurídicos e, quando um tiver que preponderar sobre outro, mister salvaguardar, justificadamente, o que restou relativizado, preservando, no íntimo, os valores em colisão". A proporcionalidade, tida como Direito Positivo no ordenamento jurídico, a despeito de não ter uma norma específica que a preveja, decorre do texto do § 2º do art. 5º da CF/88, que alcança direitos fundamentais escritos e não escritos, assim considerados pelas suas respectivas naturezas intrínsecas. Desta feita, não se concebendo a existência de uma cláusula geral que insira a reparação de danos imateriais no corpo da Carta, o tão só fato de existir norma prevendo a proteção da dignidade humana permite que se conclua pela necessidade de proteção igualmente constitucional quando da violação desse direito fundamental abrangente. Outrossim, importa asseverar que uma Constituição democrática, como a que se tem, obrigatoriamente deverá apresentar "os multifacéticos anseios alojados no corpo e no espírito da sociedade", o que reforça a presente tese no sentido de se garantir, constitucionalmente, a proteção de uma reparação tão relevante para a sociedade como um todo, uma vez que labuta com os mais importantes bens de uma pessoa, inexistindo quem não tenha este anseio pela Justiça.[907]

O terceiro preceito aduz que: "Toda a exegese sistemática constitucional tem o dever de garantir a maior tutela jurisdicional possível"; em outras palavras, o intérprete deve prestar a tutela jurisdicional extraindo os mais significativos efeitos do mandamento constitucional que prega que "a lei não excluirá da apreciação do Poder Judiciário lesão ou ameaça a direito",

---

[906] FREITAS, 2004, op. cit., p.189-194.
[907] Ibid., p.194-196.

visto que é cláusula pétrea e que, por consequência, não pode ser abalada sob pena de ofensa aos incisos III e IV do § 4º do art. 60 da CF. A Lei Maior precisa de partes cuja rigidez tem de ser preservada, o que é mais um motivo para que a inafastabilidade do acesso ao Judiciário seja tutelada. Tornando--se a reparação de danos imateriais também um preceito constitucional, igual deferência merecerá, ou seja, tornar-se-á cláusula pétrea, com todas as consequências que decorrerão deste fato.[908]

O quarto preceito afirma que: "Uma interpretação sistemática constitucional deve buscar a maior otimização possível do discurso normativo", ou seja, existindo dúvida se uma norma tem eficácia plena, contida ou limitada, prefere-se a plenitude, devendo-se evitar alternativas que dificultem a eficácia imediata, pois "no núcleo essencial, todos os princípios gozam de aplicabilidade direta e imediata"; assim, reconhecida a reparação de danos imateriais como princípio fundamental, merecerá igual aplicabilidade imediata, já que "tudo que se encontra na Carta deve ser visto como tendente à eficácia", até porque, assevera Freitas, "em nosso ordenamento, lícito asseverar que algum efeito sempre estará sendo irradiado dos preceitos constitucionais em diálogo com o intérprete, que não os vê como objetos inertes", e "nada há nos comandos da Lei Maior que não deva repercutir na totalidade do sistema jurídico e, concretamente, na vida real" – aliás, objetivo perseguido, para a reparação de danos imateriais, no presente estudo.[909]

O quinto preceito pontua que: "Toda e qualquer exegese sistemática constitucional deve ser articulada a partir de uma fundamentação (hierarquização) racional, objetiva e impessoal das premissas eleitas"; dito de outro modo, considera-se como não sistemática e violadora do Direito a interpretação que se pautar por razões, ocultas ou não, que não tenham como ser generalizadas em uma sociedade livre e de iguais.

O sexto preceito traz que: "Uma boa interpretação sistemática constitucional é aquela que se sabe, desde sempre, coerente e aberta", isto é, o intérprete constitucional não deve desconhecer a abertura cognitiva e do próprio sistema positivo, pois é por meio dessa abertura que incorpora a condição de propulsor das mudanças constitucionais. No entanto, com o intuito de preservar essa abertura, o equilíbrio e a coerência, o intérprete deve, ousadamente, realizar as mutações indispensáveis para fins de um aproveitamento da flexibilidade potencial da Lei Maior. Segundo Juarez Freitas, é indubitável que, quando há Reforma Textual, está-se diante de um processo agressivo, sendo preferível, portanto, permitir que o exegeta atue como um atualizador e reformador, por excelência, do Texto da Carta, dela extraindo valiosas possibilidades oriundas da indeterminação, voluntária, ou não, de seus conceitos e categorias. No que diz respeito à dignidade da pessoa humana, por exemplo, a mencionada atualização do intérprete é de suma importância, porque não se tem, como já foi comentado, um rol exaustivo de direitos fundamentais que, por certo, estão sujeitos a danos.

---

[908] FREITAS, 2004, op. cit., p.196-197.
[909] Ibid., p.197-199.

De acordo com o sexto preceito, o Julgador atua como o ponto ápice de um processo de positivação, devendo ser confiado àquele o papel de realizador das mudanças constitucionais, e a consequência positiva retirada deste tipo de conduta é "o ganho sensível de previsibilidade, além do erguimento de pacificadora barreira à erosão constitucional". Ressalta-se, no entanto, que há previsibilidade em termos, pois não há somente pensamentos unânimes dentro do Poder Judiciário. Juarez Freitas defende que: "a ideia de revisão da Carta merece entendimento cabalmente restritivo, de modo que, no sistema brasileiro, não se deve admitir qualquer outra revisão, em sentido estrito. Ou seja, a que poderia ter sido feita, já o foi". Em um primeiro momento, a defesa do autor parece ir de encontro ao que se propõe no presente estudo; no entanto, Freitas complementa, aduzindo que: "doravante, há tão somente ensejo para reformas derivadas do poder de emendar, nos limites do art. 60 da Constituição Federal, ao lado das 'mutações constitucionais' realizadas parcimoniosamente pela via interpretativa, ambas as vias respeitando e fazendo respeitar os princípios sensíveis, entre os quais os asseguradores dos direitos e garantias fundamentais", que é justamente uma das propostas possíveis para o objetivo que se pretende alcançar. O autor prossegue, afirmando que: "deve-se suplantar a nefasta tendência de trivialização das emendas e da simultânea desconfiança com relação ao coeficiente transformador da exegese judicial", uma vez que se apresenta imprescindível chegar a uma estabilizadora função simbólica da Constituição. Cabe, para o autor, "conferir solidez ao trêmulo edifício jurídico, no afã de promover uma alastrada e *consuetudinária* reverência à Constituição no seu âmago espiritual voltado à afirmação da dignidade humana, do interesse público e da Justiça Material"[910] (grifo nosso).

O sétimo preceito destaca que: "As melhores interpretações constitucionais sempre procuram zelar pela soberania da vitalidade do sistema, sem desprezar o texto, mas indo além dele, como requer o próprio Texto Constitucional"; dito de outra maneira, deve-se adotar – quando necessário, e com parcimônia – a técnica da interpretação corretiva, sem dar ensejo a uma amputação afoita, uma vez que se tem como indispensável "a ousadia de corrigir o texto originário hermeneuticamente no intuito de preservar a vontade harmônica do sistema", até porque, como bem assevera Freitas, "o Direito está em incessante movimento, e deve ser interpretado à vista desta evidência". Acentua o autor que não há dispositivo constitucional que proíba julgamentos "morais" ou axiológicos, muito pelo contrário, "o Constituinte determina apreciações prudenciais e axiológicas, que forçosamente estarão situadas no plano da pré-compreensão e do pós-textual".[911]

O oitavo preceito pontifica que: "As melhores leituras sistemáticas da Constituição visualizam os direitos fundamentais como totalidade indissociável e, nessa medida, procuram restringir ao máximo as suas eventuais limitações, emprestando-lhes, quanto ao núcleo essencial, tutela reconhecedora

---

[910] FREITAS, 2004, op. cit., p. 200-202.
[911] Ibid., p. 203-205.

da eficácia direta e imediata"; aqui, não se deve pensar que só o art. 5º traz o rol dos direitos fundamentais, pois eles estão espalhados por toda a Carta, e também fora dela; outrossim, todos os direitos fundamentais têm, em regra, eficácia direta e imediata. Para Juarez Freitas, "uma vez reconhecido qualquer direito fundamental, a sua ablação e a sua inviabilização de exercício mostram-se inconstitucionais", e continua, destacando que, por força do § 2º, do art. 5º da CF/88, estão integrados ao rol dos direitos fundamentais os previstos na Declaração Universal dos Direitos do Homem. Desta forma, resta certo que, caso a reparação de danos imateriais receba o *status* de direito fundamental, igualmente terá uma eficácia direta e imediata, sendo que os olhos que sobre ela pousarem não terão dúvida do quão urgente e necessária é a solução do caso em concreto posto em discussão.

O autor alerta que: "a exegese deve servir como energético anteparo contra o descumprimento de preceito fundamental, razão pela qual deve ser evitado qualquer resultado interpretativo que reduza ou debilite, sem justo motivo, a máxima eficácia possível dos direitos fundamentais". As palavras de Freitas servem como propulsor para o objetivo que se pretende, pois é exatamente a "máxima eficácia" que se busca alcançar, trazendo a reparação de danos imateriais para o rol dos direitos fundamentais. Freitas traz um *plus* aos seus argumentos, quando ressalta que: "é irretorquível o mandamento segundo o qual, em favor da dignidade, não deve haver dúvida, sendo que todos os princípios constitucionais devem ser respeitados ao máximo e de modo harmonioso, sem se render o intérprete às seduções de privilegiar uma só das gerações de direitos fundamentais, qualquer que seja ela".[912]

Dentro do oitavo preceito, Juarez Freitas enfrenta dez proposições interpretativas em matéria de direitos fundamentais: I) não se deve aderir às concepções unilaterais e reducionistas, por mais tentadoras que sejam; ou seja, deve-se partir de uma teoria hermenêutica abarcante, complexa, não unilateral e não unidimensional. Assim, todos os direitos fundamentais devem ser interpretados à luz de uma teoria tópico-sistemática que abranja a luta entre a liberdade, a igualdade e princípios com a mesma importância, para fins de uma relativização ou de uma compatibilização recíprocas, evitando a falta de razoabilidade. Deve-se, portanto, rechaçar a visão unificadora, como a que busca deduzir todos os direitos fundamentais de um só dos direitos, e pretender concentrar o foco na maximização ou na otimização da eficácia da totalidade dos direitos fundamentais, sem preferências excludentes; II) não há direitos fundamentais sociais independentes do reconhecimento infraconstitucional. Os direitos prestacionais não são tipos puros, e ao menos no núcleo devem ser respeitados de maneira direta. Inegável, outrossim, que o Julgador tem de exercer, diretamente, o poder-dever de adaptar e de vivificar direitos em uma sociedade; então: "numa perspectiva tópico-sistemática, indo além do textualismo, o núcleo basilar dos direitos fundamentais não pode deixar de ser respeitado, no presente, não apenas pelo Legislador mas pelo intérprete, mormente em sistemas de jurisdição

---

[912] FREITAS, 2004, op. cit., p. 206-207.

única"; III) todo o direito fundamental traz consigo poderes positivos e negativos; assim, os direitos de segunda dimensão, por exemplo, não estão inteiramente sujeitos à delimitação pelo Legislador bem como as liberdades e as garantias apresentam uma dimensão prestacional, ou seja, existe um caráter dialético ou híbrido dos direitos nas suas dimensões; IV) todo direito fundamental é também individual, e seu núcleo será intangível, não podendo nem mesmo uma emenda constitucional aboli-lo. Eis aqui, novamente, o fundamento de se pretender que um determinado direito, no caso, o direito à reparação por danos imateriais, seja erigido a direito fundamental, pois, além de indiscutível importância, ainda resta intocável; V) os direitos fundamentais sociais devem ser regulamentados, mas não para a sua aplicação, pois, para tanto, independem de lei infraconstitucional, até porque eventual omissão regulamentadora deve ser imputada ao Poder Público, e não ao titular do direito posto em causa; além disso, o Juiz não tem o direito de não se manifestar, justamente por estar diante de uma omissão, visto que é ele quem controla, por último, as omissões inconstitucionais. Certo é que o titular do direito não pode receber sanções em decorrência de uma omissão a que não deu causa. Ademais, "a lei deve ser vista como instrumento para incrementar, conformar e densificar os direitos fundamentais, viabilizando avanços, não servindo para adiar prestações inadiáveis (v.g., o direito de receber prestação de assistência médica em situações-limite)". Neste ponto, Juarez Freitas tratou um dos pontos fulcrais do tema, porque se pretende a previsão constitucional, seja por meio de inclusão de cláusula geral, seja por meio da dignidade humana, seja pela abertura material da Constituição, justamente para evitar que a lei tranque ou dificulte qualquer prestação que tenha por objetivo restaurar, ainda que na medida do possível, os danos imateriais causados a uma vítima; VI) os direitos fundamentais são a base para que se evite a perpetuação de uma ordem insuportavelmente injusta, e a omissão deles é tão violadora como abusos e excessos; então: "toda a interpretação deve ser conforme as exigências da totalidade dos direitos fundamentais, consorciados sempre com deveres"; VII) em caso de dúvida, "deve-se preferir a interpretação que outorgue a máxima positividade aos direitos, mesmo aos aparentemente não fundamentais"; assim, "a interpretação deve ser de molde a levar às últimas consequências a 'fundamentalidade' dos direitos, afirmando a unidade essencial do regime dos direitos das várias gerações, bem como a presença de direitos fundamentais em qualquer relação jurídica"; VIII) não se entende como exagero "cobrar, em relação à íntegra dos direitos fundamentais, o imediato reconhecimento do mínimo nuclear de realização, assertiva válida igualmente para os direitos sociais"; IX) o catálogo dos direitos fundamentais não é exaustivo, uma vez que existe uma norma geral inclusiva prevista na Carta, sendo necessária uma interpretação em sintonia com a Declaração Universal dos Direitos do Homem; X) "inexiste direito fundamental absoluto"; neste sentido, em decorrência da intersubjetividade dos direitos, nem mesmo a dignidade da pessoa humana pode ser considerada como absoluta, porque supõe a proteção isonômica de todas as dignidades. Então: "assim é que se deve interpretar a totalidade dos direitos fundamentais, no seio da nossa Constituição, de maneira proporcional, respeitando a mútua e salutar relativização. Não enfraquece, mas, ao contrário, fortalece a totalidade dos direitos fundamentais o fato de serem reciprocamente complementares".[913]

O nono preceito assevera que: "Na perspectiva tópico-sistemática, uma lúcida interpretação das normas fundamentais sempre colima promover a preservação dos princípios constitucionais, ainda quando em colisão"; desta maneira, os princípios constitucionais nunca devem ser eliminados mutuamente, embora em colisão, diferentemente do que pode acontecer com as regras; aliás, "a antinomia das regras oculta sempre uma antinomia de princípios", assim prestigiando determinado princípio, uma regra cede a outra. Já a essência dos princípios deve permanecer intocada, pois carregam consigo o peso de serem considerados os pilares insuprimíveis, sob pena de morte do "organismo constitucional". Desta forma, quando um princípio se relativiza, é possível reconhecer um movimento descontínuo de contenção e de expansão, pois "os princípios jamais devem ser quebrados, sob pena de perecer o sistema. As regras não conseguem, sozinhas, erigir qualquer sistema. São os princípios que desempenham o papel de vitalizadores estruturais do sistema, de sorte que imperioso nuançá-los, já que não devem ser confundidos com as regras". Observa-se, então, que, se a reparação de danos imateriais for entendida como regra, em algum momento deverá ceder para que outra tenha espaço; já, se for considerada princípio, nunca será eliminada: apenas poderá ser sublimada diante de alguma circunstância concreta em que se constate que não há o dever de reparar. Lembra, ainda, Juarez Freitas que é "forçoso, neste sentido, que os intérpretes articulem e alicercem conscientemente os argumentos das suas decisões com uma fundamentação vinculante que transcende os limites do Direito posto, devendo ser qualificadamente também, sob certo aspecto, moral".[914]

E, por fim, o décimo preceito ensina que: "Uma pertinente e adequada interpretação sistemática só declara a inconstitucionalidade quando a afronta ao sistema revelar-se manifesta e insanável"; ou seja, o julgador declarará a inconstitucionalidade somente quando absolutamente patente a antijuridicidade, e as demais situações serão consertadas interpretativamente à base das variadas alternativas que a Constituição oferece, porque toda a interpretação jurídica também o é constitucional, uma vez que Lei Maior não apenas integra o sistema mas também serve de estatuto do ordenamento jurídico. Complementa Juarez Freitas, salientando que: "a vida ou sobrevida da Carta dependem, pois, de todos os intérpretes (...). São os Juízes os intérpretes que detêm e merecem continuar detendo, como sublinhado, a jurisdição em sentido próprio", afinal, diz o autor, "deles dependem, em larga medida, o futuro e a eficácia do Texto Constitucional e, por implicação direta, do nosso sistema democrático". Ademais, "quando configurada a inconstitucionalidade, nada se lucra em tardar a supressão da norma viciada". Em

---
[913] FREITAS, 2004, op. cit., p. 207-212.
[914] Ibid., p. 212-217.

síntese, em se tratando de interpretação constitucional, a interpretação tópico-sistemática funcionará, hierarquizando-se os princípios, regras e valores e estabelecendo como prioritários e diretamente eficazes aqueles que são considerados fundamentais e escalonados topicamente, quando em conflito, ou para evitar este último.[915]

Tomado conhecimento de todos os preceitos que podem e que devem ser aplicados para uma correta e sistemática interpretação, e constatado que, se aplicados pelo menos alguns desses cânones há a possibilidade jurídica de se elevar a reparação de danos imateriais a direito fundamental, cumpre salientar a necessidade disso tudo em razão de o dano injusto repugnar a consciência humana, sendo preciso proteger a individualidade para a coexistência pacífica da sociedade, até porque a responsabilização é um campo que exerce muita influência sobre a moral.

Afere-se, de todo o exposto, que os instrumentos tradicionalmente empregados na responsabilidade civil são insuficientes para resolver os problemas da atual sociedade, porquanto mecanismos jurídicos que se apresentavam satisfatórios em outros tempos não acompanharam o homem moderno, totalmente envolto com dificuldades ligadas à velocidade da comunicação, ao crescente volume de informações, à globalização cultural e econômica. "E essas soluções passam não apenas pela necessidade de uma reformulação legislativa mas também (e fundamentalmente) pela ampliação dos horizontes da dogmática jurídica, através de uma Hermenêutica renovada, de natureza constitucional-substancialista, que confira a maior eficácia possível aos valores e aos princípios constitucionais". Caso essas palavras não fossem de André Gustavo Corrêa de Andrade,[916] seriam da autora desta tese, pois o que foi afirmado pelo autor retrata, literalmente, a proposta do presente estudo que, espera-se, frutifique em um futuro não tão distante.

Sugere-se uma força constitucional a essa reparação, porque, como pontua Eugênio Facchini Neto:[917]

> Ainda nos casos em que não esteja presente, de forma direta, uma questão constitucional, o *Texto Constitucional* continuará sendo uma *fonte potencial de influência* sobre a interpretação de textos jurídicos. Quando uma escolha entre diversas possibilidades interpretativas é necessária, deverá ser preferida aquela que seja mais consistente com ditado constitucional. (grifo nosso)

Sem sombra de dúvida, o peso e a influência da Constituição sobre qualquer preceito, ação, direito são de relevo inquestionável pelas consequências daí advindas, como o fato de refletir este poder em todas as interpretações a serem feitas, pois quem dita o certo e o errado é a *Lex Mater*, e o que está nela jamais será desconsiderado ou subvalorizado. Ademais, "quanto mais o *conteúdo* de uma Constituição lograr corresponder à nature-

---
[915] FREITAS, 2004, op. cit., p. 218-221.
[916] CORRÊA DE ANDRADE, 2009, op. cit., p. 2.
[917] FACCHINI NETO, 2009b, op. cit., p. 41.

za singular do presente, tanto mais seguro há de ser o desenvolvimento de sua força normativa"(grifo nosso); no entanto, "um ótimo desenvolvimento da força normativa da Constituição depende não apenas do seu conteúdo mas também de sua práxis. De todos os partícipes da vida constitucional, exige-se partilhar aquela concepção anteriormente por mim denominada *vontade* da Constituição" (grifo do autor).[918]

Também serve de argumento o pensamento de Pier Monateri,[919] para quem: "Il risarcimenento del danno assolve ad una funzione *regolativa* delle attività sociali. (...) Il risarcimento del danno opera pertanto come un desincentivo". São razões mais do que fortes para que a reparação dos danos imateriais receba um tratamento de acordo com a sua importância.

Defendendo pensamento diverso, Inocêncio M. Coelho considera que existem juristas,[920] de grande expressão, para quem a Lei Maior ideal deveria conter poucas ou nenhuma declaração de direitos, e apenas por lei o regime dos direitos fundamentais seria tratado, para fins de tornar mais flexível e mais efetivo o cumprimento desses direitos; assim, "parece que a especificidade da interpretação constitucional acaba consistindo, também, no fato de que está restrita à parte dogmática das Constituições".[921]

É preciso haver a consciência de que, se todos têm *direitos humanos*, há a necessidade, para harmonizar os direitos humanos de cada qual, "de regras a ele superiores. A vida é um imperativo absoluto, mas os direitos humanos em geral não estão na mesma situação e precisam se compor". Em síntese, é preciso, hoje, ultrapassar o neopositivismo constitucional e a limitação dos direitos humanos, "seja corrigindo ou completando o Direito atual com a ideia de Direito como sistema de segunda ordem, cuja função é prevenir e solucionar conflitos, seja, paralelamente, aumentando e aprofundando os direitos humanos com o reconhecimento do valor ontológico da *vida*"[922] (grifo do autor).

Nesse sentido têm cabimento as palavras de Eugênio Facchini Neto:[923]

> Auxiliar na construção de um Brasil mais justo e solidário, com vida em abundância para todos, como queria Cristo, ou com vida digna para cada um, como desejou o Constituinte, pode parecer sonho, algo muito distante, uma utopia. Concebendo que seja sonho: como vamos realizar nossos sonhos se não os tivermos sonhado primeiro? Concebendo que seja algo muito distante: que tristes seriam os caminhos se não fora a presença distante das estrelas!, como lembrava Quintana. Seria quiçá uma utopia? Recordemos então Eduardo Galeano, que comparava as utopias ao horizonte: se eu avanço um passo, o horizonte recua um passo; se eu avanço dois passos, o horizonte recua dois passos; eu avanço cem metros, o horizonte recua cem metros; eu subo a colina e o horizonte se esconde atrás da colina seguinte. Mas então, perguntava ele, para que servem as utopias? Servem para isso, para nos fazer caminhar!

---

[918] HESSE, 1991, op. cit., p. 20-21.
[919] MONATERI, 1998, op. cit., p. 316.
[920] Ver: WHEARE, W. C. *Las Constituciones modernas*. Barcelona: Labor, 1975.
[921] COELHO, 2007, op. cit., p. 9.
[922] AZEVEDO, 2009, op. cit., p. 12.
[923] FACCHINI NETO, 2003b, op. cit., p. 55-56.

E é justamente com o propósito de dar alguns passos adiante, talvez até uma utopia, que se pretendeu demonstrar que alguns bens lesados merecem uma proteção ainda mais especial do que a já oferecida pela responsabilização civil como se encontra.

## Considerações finais

O anseio pelo aprimoramento de um determinado tema pode, por vezes, prejudicar o curso normal dos acontecimentos. Em um primeiro momento, escolhe-se o assunto; na sequência, há o aprofundamento tanto quanto possível, de acordo com o que o tempo permite, e na medida em que as ideias estejam, de certa forma, organizadas. Consuma-se a leitura de muitos títulos: com isso, se aprende e se frutificam novas ideias, ou, pelo menos, a sua diferente organização.

A matéria experimenta mais dúvidas do que certezas, mas é justamente esta situação que aumenta a vontade de pesquisar e de escrever sobre os meandros da reparação de danos imateriais somada aos direitos fundamentais. Os questionamentos aumentam à medida que se passa para o papel o que está na cabeça, e surgem novas indagações, mas sabe-se que isso é inevitável. No entanto, ainda que diante de incertezas, algumas impressões foram colhidas e são estas apresentadas daqui em diante.

A despeito de alguns valores emanarem do ordenamento jurídico, quando um desses valores é juridicizado e transformado em princípio, a sua força vinculante é maior e a sua carga axiológica passa a ter caráter obrigatório, vinculando todas as esferas jurídicas.

Com a Constituição Federal de 1988, houve uma mudança importante no núcleo do sistema do Direito Civil, uma vez que a proteção da dignidade humana se tornou prioridade absoluta. Neste sentido, a solução para os casos não podia mais ser encontrada, levando-se em conta apenas o dispositivo de lei que parecia resolvê-la, mas sim, todo o ordenamento jurídico e, em particular, os princípios fundamentais. As normas constitucionais passaram a ser estendidas às relações privadas, e o Código Civil foi perdendo a centralidade de outros tempos, o que, por certo, reforça a proposta do presente estudo, no sentido de, efetivamente, decorrer da Constituição Federal o direito à reparação de danos imateriais, uma vez que praticamente todos os assuntos ligados a isso já estão sob a alçada da Lei Maior.

Outrossim, todos os direitos tidos como princípios constitucionais são destinados a *informar* o ordenamento jurídico constitucional e infraconstitucional de um determinado país, mais uma razão para se transformar a reparação de danos imateriais em um daqueles.

No que diz respeito aos danos, deve-se recordar que a prova da culpa e do nexo causal chegaram a ser chamados de filtros da responsabilidade civil, porque eram reconhecidos como óbices que tinham por objetivo promover a seleção das reparações que, efetivamente, mereciam acolhida jurisdicional, evitando-se, assim, uma enxurrada descabida de demandas. Nos tempos atuais, contudo, a responsabilidade civil testemunha a erosão desses filtros, em razão da perda da importância da prova da culpa e do nexo causal.

A erosão do filtro nexo causal acabou por estimular pedidos de reparação, fundados mais na desgraça da vítima do que em uma justa possibilidade jurídica de imputação dos danos ao pretenso lesante, chegando-se à vitimização social, uma via totalmente inconsistente. E enquanto não se efetiva a necessária revisão dessa dogmática, vive-se um momento de perplexidade com a corrosão de uma das bases da responsabilidade civil, trazendo como consequência uma extraordinária expansão do dano ressarcível.

Da violação da personalidade humana decorrem, direta e principalmente, danos não materiais; dito de outro modo, prejuízos de ordem biológica, espiritual, moral, que, por serem insuscetíveis de avaliação pecuniária, por não integrarem propriamente o patrimônio do lesado, podem ser compensados por uma obrigação pecuniária imposta ao lesante, e não exatamente indenizados. Não obstante, pelo menos indiretamente, podem resultar danos patrimoniais, isto é, prejuízos de ordem econômica que se refletem no patrimônio do lesado e são suscetíveis de avaliação pecuniária, podendo ser estritamente indenizados, a exemplo de tratamentos decorrentes de uma ofensa corporal causadora de doença ou incapacidade para o trabalho e diminuição de clientela por conta de uma injúria ou difamação.

O dano, mesmo imaterial, deve ser ressarcido de forma pecuniária, sem que isso traga consigo o caráter pejorativo da mercantilização. É, sim, uma visão utilitarista, mas ela está sempre presente nas mais diversas relações privadas sendo inerente a tais relações. Concorda-se, ainda, que a retratação ou o desagravo sejam formas *cumuláveis* com a soma a ser despendida pelo cometimento de um dano imaterial, pois nem todos que leram a notícia vexatória, por exemplo, vão ler o desagravo, sendo apenas este, desta forma, insuficiente. E sobre o argumento dos valores destas reparações serem baixos, a solução é efetivamente se alcançar um caráter punitivo ao dano, elevando-se, substancialmente, os valores a serem pagos às vítimas.

Salienta-se, ainda, que o princípio da reparação integral do dano, que prega que a indenização deve ser a mais completa possível, a fim de ressarcir integralmente a parte lesada, inspirou o Legislador de 2002 que fez constar, no art. 944 do CC, que a indenização se mede pela extensão do dano. Ao vincular o valor da reparação à extensão do dano, o artigo quis evitar a interferência de considerações acerca das características do agente ou de sua conduta na determinação do *quantum* indenizatório, alcançando ampla proteção à vítima, e fazendo esforços para ela retornar ao *status quo ante*, sempre que isso for possível, ou na medida do possível, ou seja, de maneira aproximativa.

É necessária a evolução dos direitos de personalidade bem como a sua tutela, e isso pode ser alcançado, exemplificativamente, de algumas formas:

a) pelo trabalho constante e inevitável da jurisprudência, por certo amparada na doutrina, mas o que não promulga a segurança necessária e esperada; b) pelo entendimento de que a dignidade da pessoa humana é uma cláusula geral que a tudo abarca, redundando desta situação o direito incontestável de uma reparação por danos imateriais; c) pela criação de uma verdadeira, efetiva e inconteste cláusula geral de direito à reparação de todos esses danos formalmente constitucional, o que se sabe bastante difícil uma vez que se defende uma interpretação conforme a Lei Maior com uma ênfase aos *efeitos* desta reparação como princípio fundamental; d) se o direito à reparação de danos imateriais for realmente considerado um princípio constitucional por meio da abertura material da Lei Maior, a fim de dar ao conteúdo o *status* e a preocupação merecidos.

Os direitos tutelados no artigo 5º da CF/88 não protegem apenas a pessoa humana dos ataques praticados pelo Estado, uma vez que não há qualquer limite imposto no Texto nesse sentido. A proteção é ampla e, portanto, dirigida tanto ao Estado como aos particulares entre si. Os direitos de personalidade, por serem ínsitos à pessoa humana, transcendem uma só disciplina jurídica, pois os referidos direitos são de extensão muito ampla. Não se restringem às disciplinas de Direito Civil e Constitucional, alcançando, igualmente, o Direito Penal, o Administrativo e a Filosofia do Direito, razão pela qual se afigura, com mais necessidade, a previsão da reparação desses direitos na Lei Maior, seja de forma direta, seja indireta. Além disso, existe a tendência da constitucionalização de alguns direitos de personalidade com o intuito de assegurar a proteção das pessoas a partir da positivação desses direitos, como é o caso das liberdades públicas e, consequentemente, dos direitos de personalidade, por integrarem as referidas liberdades.

Os direitos fundamentais podem influenciar direta e imediatamente a relação entre particulares, e tão só o fato de o Juiz estar vinculado diretamente pelos deveres de proteção à aplicação dos direitos fundamentais com o intuito de proteção dos particulares, não significa que a aplicação seja apenas indireta. Em outras palavras, a circunstância de os órgãos estatais serem os destinatários diretos dos deveres de proteção estatais não conduz, inexoravelmente, os particulares à eficácia mediata. Mais do que nunca, o critério do destinatário *não* é o melhor critério para definir quem sofre, ou não, os efeitos diretos da Constituição. Por outro lado, posição com a qual não se concorda por todo o exposto durante o texto, há quem negue a vinculação direta dos direitos fundamentais para com os particulares, referindo ser esta apenas mediata; no entanto, a Constituição traz o conteúdo do art. 5º, § 1º, que por si só já basta para denotar o tratamento diferenciado que os direitos de personalidade apresentam no âmbito das relações entre a Lei Maior e o Direito Privado; outrossim, os direitos fundamentais são normas que expressam valores válidos a toda a ordem jurídica, reclamando, portanto, aplicabilidade imediata. Como se tudo o que foi dito ainda não bastasse, o princípio da dignidade da pessoa humana é o princípio de maior grau de fundamentalidade na ordem jurídica como um todo, e a este deve corresponder a modalidade de eficácia jurídica mais consistente.

O que se pode constatar é que o princípio da dignidade da pessoa humana, matriz da Lei Maior, possui *eficácia vinculante* em relação ao próprio Poder Público e a seus órgãos e em relação aos particulares, objetivo que se almeja, também, para quando da violação dos direitos fundamentais, mais precisamente dos direitos de personalidade. Considera-se, portanto, a dignidade como um supraprincípio, ou seja, a chave de leitura e de interpretação tanto dos demais princípios como dos direitos e das garantias fundamentais da Lei Maior. Igualmente, a procura de uma eficaz proteção da dignidade da pessoa ainda não encontrou uma resposta suficientemente satisfatória, e é um permanente desafio para aqueles que com alguma seriedade e reflexão estudam o assunto.

É o § 2º do art. 5º da CF/88 que permite que existam direitos fundamentais expressos em outras partes do Texto Constitucional, em Tratados Internacionais, decorrentes do regime e dos princípios da *Lex Mater*, afora os direitos implícitos das normas do Catálogo; ou seja, são aceitos direitos fundamentais *deduzidos* do sistema. O que se tem é um sistema aberto e flexível, receptivo a novos conteúdos e integrado ao restante da ordem constitucional; direitos esses que merecem, se *efetivamente* princípios fundamentais forem, aplicabilidade imediata e condição de cláusula pétrea, características que são buscadas à reparação dos danos imateriais. Desta feita, ainda que não exista uma *suficiente e abarcante* cláusula geral de reparação de danos prevista na Constituição, isto é, fundamentalidade formal, pode haver uma fundamentalidade material, pois já existe conteúdo, substância e relevância do assunto, para tanto. Cabe, porém, à jurisprudência descobrir e trabalhar todas as potencialidades do tema, sem esquecer que dificilmente haverá, no Direito Civil, uma matéria mais vasta, mais confusa e mais difícil de sistematização do que a responsabilidade civil, razão pela qual se propugna que a reparação dos danos imateriais tenha previsão constitucional.

É certo que os cidadãos devem estar sempre imbuídos de um sentimento constitucional que leve a todos a respeitar as normas da Lei Maior, não apenas porque existe um Direito Positivo prevendo essa imposição, mas também por acreditarem que as normas constitucionais fazem parte da cultura nacional e, portanto, são justas. Cabe, então, uma propagação do reconhecimento dos direitos fundamentais, a fim de que eles façam parte da pré-compreensão das pessoas, valendo-se, igualmente, da Hermenêutica, que tem um papel fundamental na solução de problemas.

O que se pretende é chegar a um objetivo possível. Não existe, necessariamente, um apelo ao Legislador, pois se trata muito mais de um apelo à comunidade jurídica que, é sabido, faz exigências àquele. Igualmente não há pressa, já que a caminhada existe para uma tomada de consciência, ou seja, colocar o estudo da pessoa como premissa do Direito, o que ainda não é de todo praticado, não pelo menos como se pretende. E depois, na sequência e progressivamente, a formação de um sistema coerente com a necessidade de uma armadura jurídica mais do que básica e especial para a personalidade humana, porque ter a reparação de danos imateriais, de forma efetiva e verdadeira, dentro ou decorrente da Constituição significa, repisa-se, tutelar o remédio da mesma forma que se protege os direitos em questão – ou seja, colocar, no mesmo patamar, a doença e a droga que permite a cura.

O presente estudo pretende contribuir para o debate acerca das consequências da reparação de danos imateriais ser real e verdadeiramente admitida e alçada a um *status* constitucional, da mesma forma que os direitos que ela tutela, sempre por meio da visualização do fio condutor da tese constante em todos estes capítulos.

Por certo que este estudo não tem o objetivo de exaurir o tema – aliás, nunca antes proposto por nenhum ordenamento –, mas tem por razão permitir um pensamento que rompa algumas barreiras, com o intuito de fazer pensar quem trabalha o Direito e com o Direito, em busca, sempre, da plena Justiça.

# Referências bibliográficas

ALEXY, Robert. Colisão de Direitos Fundamentais e realização de Direitos Fundamentais no Estado de Direito Democrático. *Revista da Faculdade de Direito da Universidade Federal do Rio Grande do Sul*, Porto Alegre, Trad. de Luís Afonso Heck, v. 17, p. 275, 1999.
——. Direitos Fundamentais, Ponderação e Racionalidade. *Revista de Direito Privado*, n. 24, p. 334, 2005.
——. *Teoria de los Derechos Fundamentales*. Madrid: Centro de Estudios Constitucionales, 1997.
ALMEIDA, Mara Christina de. Em sede de Especial, a sensível abertura de olhar. *Revista Trimestral de Direito Civil*, v. 1, 2000.
ALMEIDA COSTA, Mário Júlio de. *Direito das Obrigações*. Coimbra: Almedina, 2001.
ALPA, Guido. *L'arte di Giudicare*. Roma: Gius. Laterza & Figli, 1996. (Biblioteca di Cultura Moderna Laterza).
——. *Responsabilità civile e danno*. Lineamenti e questioni. Genova: Il Mulino, 1991.
——; BESSONE, Mario. *Atipicità dell'illecito*. Milano: Giuffrè, 1980.
——. *La responsabilità civile*. Milano: Giuffrè Editore, 1976.
ALTAVILLA, Enrico. *La colpa*. v. 1. Torino: UTET, 1957.
ALTERINI, Atilio A.; LOPEZ CABANA, Roberto M.. Responsabilidad contractual y extracontractual: de la diversidad a la unitad. In: ——. (coords.). *Derecho de Daños* (y otros estúdios). Buenos Aires: La Ley, 1992a.
——. Aspectos de la teoria de la culpa en el Derecho Argentino. In: ——. (coords.). *Derecho de daños* (y otros estúdios). Buenos Aires: La Ley, 1992b.
——. Mecanismos alternativos de la responsabilidad civil. In: ——. (coords.). *Derecho de daños* (y otros estúdios). Buenos Aires: La Ley, 1992c.
ALVARO DE OLIVEIRA, Carlos Alberto. O Processo Civil na perspectiva dos Direitos Fundamentais. *Revista de Processo*, n. 113, p. 13, 2004.
ALVES, Cleber Francisco. *O princípio constitucional da dignidade da pessoa humana*: o enfoque da doutrina social da Igreja. Rio de Janeiro: Renovar, 2001.
ALVES, Gláucia Correa. Sobre a dignidade da pessoa humana. In: MARTINS-COSTA, Judith H. (org.). *A reconstrução do Direito Privado*. São Paulo: Revista dos Tribunais, 2002.
ALVIM, Agostinho. Da inexecução das obrigações e suas consequências. São Paulo: Saraiva, 1980.
AMARAL, Francisco. *Direito Civil*: introdução. Rio de Janeiro: Renovar, 2002.
ANDRADE, Fábio Siebeneichler de. Considerações sobre a tutela dos Direitos da Personalidade no Código Civil de 2002. In: SARLET, Ingo Wolfgang (org.). *O novo Código Civil e a Constituição*. Porto Alegre: Livraria do Advogado, 2006.
——. Considerações sobre o desenvolvimento dos Direitos da Personalidade e sua aplicação às relações do trabalho. *Direitos Fundamentais & Justiça*, n. 6, ano 3, p. 163, jan./mar. 2009.
——. *Da Codificação* – crônica de um conceito. Porto Alegre: Livraria do Advogado, 1997.
——. Responsabilidade civil por danos ao meio ambiente. *Revista dos Tribunais*, v. 808, ano 92, p. 116, fev. 2003.
——. Responsabilidade civil do advogado. *Revista da Ajuris*, Porto Alegre, n. 59, ano XX, p. 103, nov. 1993.
ANTUNES ROCHA, Cármen Lúcia. O Constitucionalismo contemporâneo e a instrumentalização para a eficácia dos Direitos Fundamentais. *Revista Trimestral de Direito Público*, v. 16, p. 40, 1996.
ANTUNES VARELA, João de Matos. *Das Obrigações em geral*. v. 1. Coimbra: Almedina, 2000.
ARAUJO, Vaneska Donato de. O lugar da culpa e os fundamentos da responsabilidade civil no Direito contemporâneo. In: NOVAES HIRONAKA, Giselda Maria Fernandes; DIAZ FALAVIGNA, Maria Clara Osuna (coords.). *Ensaios sobre responsabilidade civil na Pós-Modernidade*. Porto Alegre: Magister, 2007.
ASCENSÃO, José de Oliveira. *O Direito*. Introdução e Teoria Geral. Rio de Janeiro: Renovar, 2001.
——. *O Direito*: introdução e Teoria Geral. Lisboa: Fundação Calouste Gulbenkian, 1978.

――. Os Direitos de Personalidade no Código Civil brasileiro. *Revista Forense*, Rio de Janeiro, v. 342, p. 127, abr./jun. 1998.
――. Pessoa, Direitos Fundamentais e Direito da Personalidade. In: DELGADO, Mário Luiz; ALVES, Jones Figueirêdo (coords.). *Novo Código Civil*. Questões controvertidas – Parte Geral do Código Civil. v. 6. São Paulo: Método, 2007 (Grandes Temas de Direito Privado).
――. *Teoria Geral do Direito Civil*. Coimbra: Editora Coimbra, 1997.
ATIYAH, Patrick. *The damages lottery*. Oxford: Hart, 1997.
ÁVILA, Humberto Bergmann. Distinção entre princípios e regras e a redefinição do dever de proporcionalidade. *Revista de Direito Administrativo*, n. 215, p. 151-179, jan./mar. 1999.
――. *Teoria dos princípios*: da definição à aplicação dos princípios jurídicos. São Paulo: Malheiros, 2003.
AZEVEDO, Álvaro Villaça. *Teoria Geral das Obrigações*. São Paulo: RT, 1997.
AZEVEDO, Antônio Junqueira de. *Novos estudos e pareceres de Direito Privado*. São Paulo: Saraiva, 2009.
BALDASSARE, Antonio. *Diritti della Persona e valori costituzionalli*. Torino: G. Giappichelli. s.d.
BALLESTEROS, Jorge Santos. *Instituciones de responsabilidad civil*. t. 1. Santafé de Bogotá: Universidad Javeriana. Facultad de Ciências Jurídicas, 1996. (Professores, n. 21).
BARATELLA, Maria Grazia. *Le pene private*. Milano: Giuffrè, 2006.
BARBOSA, Rui. Comentários à Constituição Federal brasileira. v. 6. 1970.
BARCELLOS, Ana Paula de. *A eficácia jurídica dos princípios constitucionais*: o princípio da dignidade da pessoa humana. Rio de Janeiro: Renovar, 2002.
BARRERA TAPIAS, Carlos Darío; BALLESTEROS, Jorge Santos. *El daño justificado*. Bogotá: Universidad Javeriana, 1997.
BARROS, Raimundo Gomes de. Relação de causalidade e o dever de indenizar. *Revista de Direito do Consumidor*, São Paulo, n. 27, p. 38, jul./set. 1998.
BARROSO, Luís Roberto. *Interpretação e aplicação da Constituição*. São Paulo: Saraiva, 1999.
――. *O Direito Constitucional e a efetividade de suas normas* – limites e possibilidades da Constituição brasileira. Rio de Janeiro: Renovar, 2006.
BECHARA, Marcelo. A inclusão digital à luz dos Direitos Humanos. CGI.br (Comitê Gestor da Internet no Brasil). *Pesquisa sobre o uso das tecnologias na Informação e da Comunicação 2005*. São Paulo: [s.e.], 2006. p. 33-37.
BELTRÃO, Sílvio Romero. *Direitos da Personalidade*: de acordo com o Novo Código Civil. São Paulo: Atlas, 2005.
BEVILÁQUA, Clóvis. *Teoria Geral do Direito Civil*. Rio de Janeiro: Ed. Rio, 1976.
BIANCA, C. Massimo. *Diritto civile*: il contratto. v. 1. Milano: Giuffrè, 1984.
――. *Diritto Civile*. v. 5. Milano: Giuffrè, 1994.
BILBAO UBILLOS, Juan María. *La eficacia de los Derechos Fundamentales frente a particulares*. Madrid: Centro de Estudios Políticos y Constitucionales. 1997.
BITTAR, Carlos Alberto. *Os Direitos da Personalidade*. Rio de Janeiro: Forense Universitária, 2003.
――. *Reparação civil por danos morais*. São Paulo: Revista dos Tribunais, 1994.
――. *Reparação do dano moral*. v. 1. São Paulo: Revista dos Tribunais, 1997.
――. Responsabilidade civil nas atividades perigosas. In: CAHALI, Yussef Said (coord). *Responsabilidade civil* – doutrina e jurisprudência. São Paulo: Saraiva, 1988.
――. Tutela judicial civil de Direitos Personalíssimos. *Revista dos Tribunais*, v. 718, ano 84, p. 13-15, ago. 1995.
BOBBIO, Norberto. *A era dos direitos*. Rio de Janeiro: Campus, 2004.
――. Kant e a Revolução Francesa. In: ――. *A era dos direitos*. Trad. de Carlos Nelson Coutinho. Rio de Janeiro: Campus, 1992.
――. *O futuro da Democracia*. Trad. de Marco Aurélio Nogueira. São Paulo: Paz e Terra, 2000a.
――. *Teoria do ordenamento jurídico*. Brasília: Editora da UnB, 1999.
――. *Teoria Geral da Política*. A Filosofia Política e as lições dos clássicos. cap. 8. Trad. de Daniela Beccaccia Versiani. Rio de Janeiro: Elsevier, 2000b.
BÖCKENFÖRDE, Ernst-Wolfgang. *Escritos sobre Derechos Fundamentales*. Trad. de Juan Luis Requejo Pagés e Ignacio Villaverde Menéndez. Baden-Baden: Nomos Verlagsgesellschaft, 1993.
BODIN DE MORAES, Maria Celina. A tutela do nome da pessoa humana. *Revista Forense*, Rio de Janeiro, n. 364, v. 98, p. 227-228, nov./dez. 2002.
――. *Danos à pessoa humana*: uma leitura civil-constitucional dos danos morais. Rio de Janeiro: Renovar, 2003a.
――. Deveres parentais e responsabilidade civil. *Revista Brasileira de Direito de Família*, v. 31, p. 55, 2005.
――. O conceito de dignidade humana: substrato axiológico e conteúdo normativo. In: SARLET, Ingo Wolfgang (org.). *Constituição, Direitos Fundamentais e Direito Privado*. Porto Alegre: Livraria do Advogado, 2003b.

——. *Punitive damages* em sistemas civilistas: problemas e perspectivas. *Revista Trimestral de Direito Civil*, ano 5, v. 18, p. 46, abr./ jun. 2004.
BONAVIDES, Paulo. *Curso de Direito Constitucional*. São Paulo: Malheiros, 2004.
——. Disponível em: <http://www.hseditora.com.br/DFJ/3_DOUTRINA_5_.htm>. Acesso em: 06 jul. 2010.
BONILINI, Giovanni. Pena privata e danno non patrimoniale. In: BUSNELLI, Francesco D.; SCALFI, Gianguido (orgs.). *Rivista Responsabilità Civile e Previdenza*. Milano: Giuffrè, 1985.
BORDON, Raniero. *Il nesso di causalità*. Milano: UTET Giuridica, 2006.
BRASILEIRO BORGES, Roxana Cardoso. *Direitos de Personalidade e autonomia privada*. 2. ed. São Paulo: Saraiva, 2007.
BRAZIER, Margaret; MURPHY, John. *Street on Torts*. Londres: Butterworths, 1999.
BREBBIA, Roberto H. *El daño moral*. Córdoba: Orbir, 1967.
BREYER, Stephen. *Active Liberty* – interpreting our Democratic Constitution. New York: Vintage Books, 2005. p. 3-5, 115.
BUSNELLI, Francesco Donato. Il danno alla persona al giro di boa. *Danno e Responsabilità*, ano 8, 2003.
BUSSANI, Mauro. *As peculiaridades da noção de culpa*: um estudo de Direito Comparado. Trad. de Helena Saldanha. Porto Alegre: Livraria do Advogado, 2000.
CABRAL PINTO, Luzia Marques da Silva. Os limites do Poder Constituinte e a legitimidade material da Constituição. Coimbra: Coimbra Editora, 1994.
CAHALI, Yussef Said. *Dano moral*. São Paulo: Revista dos Tribunais, 2005.
CALIL DE FREITAS, Luiz Fernando. *Direitos Fundamentais*. Limites e restrições. Porto Alegre: Livraria do Advogado, 2006.
CANARIS, Claus-Wilhelm. A influência dos Direitos Fundamentais sobre o Direito Privado na Alemanha. In: SARLET, Ingo Wolfgang. (org.). *Constituição, Direitos Fundamentais e Direito Privado*. Porto Alegre: Livraria do Advogado, 2003 a.
——. *Direitos Fundamentais e Direito Privado*. Trad. de Ingo Wolfgang Sarlet e Paulo Mota Pinto. Coimbra: Livraria Almedina, 2003b.
CANTILLO, Michele. *Le obligazioni*. t. 2. Torino: UTET, 1992.
CAPELO DE SOUZA, Rabindranath Valentino Aleixo. *O Direito Geral de Personalidade*. Coimbra: Coimbra Editora, 1995.
CAPITANT, David. Les effets juridiques des Droits Fondamentaux en Allemagne. Paris: L.G.D.J, 2001.
CARBONNIER, Jean. *Droit Civil*. v. 4. Paris: PUF, 1972.
CARLUCCI, Aida Kemelmajer de; BELLUSCIO; ZANNONI (orgs.). *Codigo Civil y leyes complementarias. Comentado, anotado y concordado*.Buenos Aires: Astra, 1984.
CARNELUTTI, Francesco. *Il danno e il reato*. Milano: Cedam, 1930.
CARVALHO, Orlando de. Les droits de l'homme dans le Droit Civil portugais. *Boletim da Faculdade de Direito da Universidade de Coimbra*, n. XLIX, 1973.
——. *Para uma teoria geral da relação jurídica*. Coimbra: Centelha, 1981.
CARVALHO NETO, Menelick de. A Hermenêutica Constitucional e os desafios postos aos Direitos Fundamentais. In: SAMPAIO, José Adércio (org.). *Jurisdição Constitucional e os Direitos Fundamentais*. Belo Horizonte: Del Rey, 2003.
CASSANO, Giuseppe. *La Giurisprudenza del danno esistenziale*. Piacenza: Casa Editrice La Tribuna, 2002.
CASTRO, Guilherme Couto de. *A responsabilidade civil objetiva no Direito brasileiro*. Rio de Janeiro: Forense, 1997.
CASTRONOVO, Carlo. *La nuova responsabilità civile*. Milano: Giuffrè, 1997.
CAVALCANTI DE ALMEIDA, Maria Carmem. Da legitimidade ativa do Ministério Público nas ações civis públicas de meio ambiente. *Revista de Direito Ambiental*, n. 19, p. 102, 2000.
CAVALIERI FILHO, Sérgio. *Programa de responsabilidade civil*. São Paulo: Atlas, 2010.
CENDON, Paolo. Il danno esistenziale. In: CENDON, Paolo; ZIVIZ, Patrizia (orgs.). *Il danno esistenziale. Una nuova categoria della responsabilità civile*. Milano: Giuffrè, 2000.
——. Responsabilità civile e pena privata. In: BUSNELLI, Francesco D.; SCALFI, Gianguido (orgs.). *Rivista Responsabilità Civile e Previdenza*. Milano: Giuffrè, 1985.
CHABAS, François. *L'influence de la pluralité de causes sur le droit a réparation*. t. LXXVII. Paris: Librairie Générale de Droit et de Jurisprudence, 1967.
CHAVES, Antônio. *Tratado de Direito Civil*: responsabilidade civil. São Paulo: Revista dos Tribunais, 1985.
CHIRONI, Colpa extracontrattuale, II, p. 320.
CHRISTANDL, Gregor. *La risarcibilità del danno esistenziale*. Milano: Giuffrè, 2007.
CIFUENTES, Santos. *Derechos Personalíssimos*. 2. ed. Buenos Aires: Astrea, 1995.
COELHO, Inocêncio Mártires. *Interpretação constitucional*. São Paulo: Saraiva, 2007.

COELHO MONTENEGRO, Antônio Lindbergh. *Responsabilidade civil*. Rio de Janeiro: Lumen Juris, 2005.
COING, Helmut. *Elementos fundamentais da Filosofia do Direito*. Trad. de Elisete Antoniuk. Porto Alegre: Sergio Antonio Fabris Editor, 2002.
COMANDÉ, Giovanni. *Risarcimento del danno alla persona e alternative istituzionali*. Studio di Diritto Comparato. Torino: G. Giappichelli Editore, 1999.
COMPAGNUCCI DE CASO, Rubén H.. Responsabilidad civil y relación de causalidad. In: COMPAGNUCCI DE CASO, Rubén H; ZANNONI, Eduardo A. *Seguros y responsabilidad civil*. Buenos Aires: Editorial Astrea, 1984.
COMPORTI, Marco. *Esposizione al pericolo e responsabilità civile*. Napoli: Morano Editore, 1965.
CORRÊA DE ANDRADE, André Gustavo. *Dano moral e indenização punitiva*: os *punitive damages* na experiência da *Common Law* e na perspectiva do Direito brasileiro. Rio de Janeiro: Forense, 2009.
COVIELLO, Nicola. *Doctrina General del Derecho Civil*, n. 9, p. 27, 1949.
CRUZ, Gisela Sampaio da. *O problema do nexo causal na responsabilidade civil*. Rio de Janeiro: Renovar, 2005.
CUNHA, Alexandre dos Santos. Dignidade da pessoa humana: conceito fundamental do Direito Civil. In: MARTINS-COSTA, Judith H. (org.). *A reconstrução do Direito Privado*. São Paulo: Revista dos Tribunais, 2002.
DANTAS, San Tiago. *Programa de Direito Civil*. v. 1. Rio de Janeiro: Ed. Rio, 1979.
DE CUPIS, Adriano. Danno e risarcimento. In: BUSNELLI, Francesco D.; SCALFI, Gianguido (orgs.). *Rivista Responsabilità Civile e Previdenza*. Milano: Giuffrè Editore, 1985.
———. *Os Direitos da Personalidade*. Lisboa: Morais, 1961.
DE MARTINI, Demetrio. *I fatti produttivi di danno risarcibile*. Padova: Cedam, 1983.
DESCARTES, René. *Meditações*. Trad. de Bento Prado Júnior e Jaime Ginsburg. São Paulo: Nova Cultural, 1988.
DIAS, José de Aguiar. *Da responsabilidade civil*. Rio de Janeiro: Renovar, 2006.
DÍEZ-PICAZO, Luis. *Derecho de daños*. Madrid: Civitas, 1999.
DIMOULIS, Dimitri. O art. 5º, § 4º, da CF: dois retrocessos políticos e um fracasso normativo. In: TAVARES, André Ramos; LENZA, Pedro; LORA ALARCÓN, Pietro de Jesús (coords.). *Reforma do Judiciário analisada e comentada*. São Paulo: Método, 2005.
DWORKIN, Ronald. *Levando os direitos a sério*. São Paulo: Martins Fontes, 2002.
EDELMAN, Bernard. La dignité de la personne humaine, un concept nouveau. In: *La personne en danger*. Paris: PUF, 1999.
EWALD, François. La faute civile. Droit et Philosophie. *Droits – Revue Française de Théorie Juridique*, Paris, n. 5, p. 49, 1985.
FACCHINI NETO, Eugênio. Da responsabilidade civil no novo Código. *Juris Plenum*, n. 18, ano III, nov. 2007a.
———. A função social do Direito Privado. *Revista da Ajuris*, n. 105, ano XXXIV, p. 188, mar. 2007b.
———. O Poder Judiciário e sua independência – uma abordagem de Direito Comparado. *Direitos Fundamentais & Justiça*, Porto Alegre, ano 3, n. 8, p. 122, jul./set. 2009a.
———. O Judiciário no mundo contemporâneo. *Juris Plenum*, ano V, n. 26, p. 53, mar. 2009b.
———. Estrutura e funcionamento da Justiça norte-americana. *Revista da Ajuris*, n. 113, ano XXXVI, p. 147-148, mar. 2009c.
———. A outra Justiça – Ensaio de Direito Comparado sobre os meios alternativos de resolução de conflitos. *Revista da Ajuris*, n. 115, ano XXXVI, p. 113-114, set. 2009d.
———. Premissas para uma análise da contribuição do Juiz para a efetivação dos Direitos da Criança e do Adolescente. *Juizado da Infância e Juventude*. Tribunal de Justiça do Estado do Rio Grande do Sul, Corregedoria-Geral da Justiça, Porto Alegre, n. 2, p. 12-15, mar. 2004.
———. Funções e modelos da responsabilidade aquiliana no novo Código. *Revista Jurídica*, Porto Alegre, n. 309, p. 29, jul. 2003a.
———. Reflexões histórico-evolutivas sobre a constitucionalização do Direito Privado. In: SARLET, Ingo Wolfgang (org.). *Constituição, Direitos Fundamentais e Direito Privado*. Porto Alegre: Livraria do Advogado, 2003b.
FACHIN, Luiz Edson; RUZYK, Carlos Eduardo P. Direitos Fundamentais, dignidade da pessoa humana e o novo Código Civil: uma análise crítica. In: SARLET, Ingo Wolfgang (org.). *Constituição, Direitos Fundamentais e Direito Privado*. Porto Alegre: Livraria do Advogado, 2003.
FARIAS, Edilsom Pereira de. *Colisão de direitos*. A honra, a intimidade, a vida privada e a imagem versus a liberdade de expressão e informação. Porto Alegre: Sergio Antonio Fabris Editor, 1996.
FELIPE, Jorge Franklin; MAGELA, Geraldo. *O novo Código Civil anotado*. Rio de Janeiro: Forense, 2003.
FERRARA, Francesco. *Trattato di Diritto Civile italiano*. Roma: Athenaeum, 1921.
FERRARI, Mariangela. La compensatio lucri cum damno come utile strumento di equa riparazione del danno. Milano: Giuffrè, 2008.

FERRAZ JÚNIOR, Tércio Sampaio. *Introdução ao estudo do Direito*. São Paulo: Atlas, 1996.
FERREIRA FILHO, Manoel Gonçalves. *Curso de Direito Constitucional*. São Paulo: Saraiva, 2008.
——. *Do Processo Legislativo*. São Paulo: Saraiva, 2001.
FERREIRA SILVA, Luís Renato. A função social do contrato no novo Código Civil e sua conexão com a solidariedade social. In: SARLET, Ingo Wolfgang (org.). *O novo Código Civil e a Constituição*. Porto Alegre: Livraria do Advogado, 2006.
FERRI, Giovanni B. Oggetto del Diritto della Personalità e danno non patrimoniale. In: BUSNELLI, Francesco D.; SCALFI, Gianguido (orgs.).*Rivista Responsabilità Civile e Previdenza*. Milano: Giuffrè, 1985.
FERRY, Luc. *Aprender a viver*. Trad. de Vera Lúcia dos Reis. Rio de Janeiro: Objetiva, 2007.
FLOUR, Yvonne. Faute et responsabilité civile: déclin ou renaissance? *Droits – Revue Française de Théorie Juridique*, Paris n. 5, p. 39, 1987.
FRANÇA, Rubens Limongi. Direitos da Personalidade I(verbete). *Enciclopédia Saraiva do Direito*. v. 28. São Paulo: Saraiva. 1977-1982.
——. *Instituições de Direito Civil*. São Paulo: Saraiva, 1999.
FREITAS, Juarez. *A interpretação sistemática do Direito*. São Paulo: Malheiros, 2004.
——. *Controle sistemático das relações administrativas*. São Paulo: Malheiros, 2009.
FUJITA, Jorge Shiguemitsu. Responsabilidade civil: indenização por equidade no novo Código Civil. In: NOVAES HIRONAKA, Giselda Maria Fernandes; DIAZ FALAVIGNA, Maria Clara Osuna (coords.). *Ensaios sobre responsabilidade civil na Pós-Modernidade*. Porto Alegre: Magister, 2007.
GABBA, Risarcibilità dei danni morali. *Questioni di Diritto Civile*, II, p. 225 e ss.
GABURRI, Fernando. Da insuficiência da noção de culpa e de risco: da necessidade de um sistema geral objetivo de imputação de responsabilidade civil extracontratual. In: NOVAES HIRONAKA, Giselda Maria Fernandes; DIAZ FALAVIGNA, Maria Clara Osuna (coords.). *Ensaios sobre responsabilidade civil na Pós-Modernidade*. Porto Alegre: Magister, 2007.
GADAMER, Hans Georg. *Verdade e método* – Traços fundamentais de uma Hermenêutica Filosófica. Rio de Janeiro: Vozes, 2004.
GALLO, Paolo. *Pene private e responsabilità civile*. Milano: Giuffrè, 1996.
GHERSI, Carlos A. *Teoría general de la reparación de daños*. Buenos Aires: Editorial Astrea, 1997.
——. *Reparación de daños*. Buenos Aires: Editorial Universidad, 1992.
GHESTIN, Jacques. L'utile et le juste dans les contrats. *Archives de Philosophie du Droit*, n. 26, p. 57, janv./déc. 1981.
——. Les donnés positives du Droit. *Revue Trimestrielle de Droit Civil*, Paris, n. 1, p. 20, jan./mars. 2002.
——. *Traité de Droit Civil*. Paris: L.G.D.J, 1977.
GOLDENBERG, Isidoro H. *La relación de causalidad en la responsabilidad civil*. Buenos Aires: La Ley, 2000.
GOMES, Orlando. Direitos de Personalidade. *Revista Forense*, n. 216, p. 6-7, 1966.
——. *Introdução ao Direito Civil*. Rio de Janeiro: Forense, 2003.
——. *Obrigações*. Rio de Janeiro: Forense, 2002.
GOMES ALONSO, Paulo Sérgio *Pressupostos da responsabilidade civil objetiva*. São Paulo: Saraiva, 2000.
GOMES CANOTILHO, Joaquim José. *Direito Constitucional*. Coimbra: Livraria Almedina, 1992.
GONÇALVES, Carlos Roberto. *Responsabilidade civil*. São Paulo: Saraiva, 2010.
GONZALES, Matilde Zavala. *Resarcimiento de daños*. Presupuestos y funciones del Derecho de Daños. v. 4. Buenos Aires: Hammurabi, 1999.
GRAU, Eros Roberto. *O Direito Posto e o Direito Pressuposto*. São Paulo: Malheiros, 1998.
GREENSPAN, Alan. *A era da turbulência*. Aventuras de um novo mundo. Capítulo especial sobre a crise americana. Trad. de Afonso Celso da Cunha Serra. Rio de Janeiro: Elsevier, 2008.
GROSSEN, Jacques Michel. La protection de la personalité en Droit Privée. *Revue de Droit Suisse*, n. 79, p. 101, 1960.
HÄBERLE, Peter. *Hermenêutica Constitucional*: a sociedade aberta dos intérpretes da Constituição: contribuição para uma interpretação pluralista e "procedimental" da Constituição. Trad. de Gilmar Ferreira Mendes. Porto Alegre: Sergio Antonio Fabris Editor, 2002.
HABERMAS, Jurgen. *Dèbat sur la Justice Politique*. Trad. de Catherine Audard e Rainer Rochiltz. Paris: Les Éditions du Cerf, 1997 (Humanites).
HASSAN RIBEIRO, Diógenes V. O permanente reconhecimento dos Direitos Fundamentais. *Revista da Ajuris*, n. 79, p. 96 e ss, 2000.
HATTENHAUER, Hans. *Conceptos fundamentales del Derecho Civil*. Trad. para o espanhol de Pablo Salvador Coderch. Barcelona: Ariel, 1987.
HELLER, Agnes. Uma crise global da civilização: os desafios futuros. In: HELLER, Agnes et alii. *A crise dos paradigmas em Ciências Sociais e os desafios para o século XXI*. Rio de Janeiro: Contraponto, 1999.

HERMITE, Marie-Angèle. Le corps hors du comerce, hors du marche. *Archives de Philosophie du Droit*, t. 33, p. 323 e ss.
HESSE, Konrad. *A força normativa da Constituição*. Trad. de Gilmar Ferreira Mendes. Porto Alegre: Sergio Antonio Fabris Editor, 1991.
HILL JÚNIOR, Thomas E. Dignité et respect de soi. In: CANTO-SPERBER, Monique (dir.). *Dictionnaire d'Éthique et de Philosophie Morale*. Paris: PUF, 1997.
HOBBES, Thomas. *Leviatã*. Trad. de João Paulo Monteiro e Maria Beatriz Nizza da Silva. São Paulo: Abril Cultural, 1983.
HOFMEISTER, Maria Alice. *O dano pessoal na sociedade de risco*. Rio de Janeiro: Renovar, 2002.
HOLMES, Stephen; SUNSTEIN, Cass R. *The cost of Rights*: why liberty depends on taxes. New York: W.W. Norton, 1999.
HOLMES JR., Oliver Wendell. *The Common Law*. Trad. de Fernando Vedia. Buenos Aires: TEA, 1964.
ÍMAZ, Eugenio. Prólogo. In: KANT, Immanuel. *Filosofía de la Historia*. Trad. de Eugenio Ímaz. México: Fondo de Cultura Econômica, 1941.
ITURRASPE, Jorge Mosset (dir.). *Responsabilidad civil*. Buenos Aires: Hammurabi, 1992.
——. El daño fundado en la dimensión del hombre en su concreta realidad. Daños a la persona. *Revista de Derecho Privado y Comunitario*, Buenos Aires, t. 1, 1995.
——. *Responsabilidad por daños*. El daño moral. t. 5. Buenos Aires: Rubinzal-Culzoni, 1999.
——. *Responsabilidad por daños*. Parte General. t. 1. Buenos Aires: Rubinzal-Culzoni, 1998.
JACQUES, Paulino. *Curso de Direito Constitucional*. Rio de Janeiro: Forense, 1983.
JASPERS, Karl. *Introdução ao pensamento filosófico*. Trad. de Leonidas Hegenberg e Octanny Silveira da Mota. São Paulo: Cultrix, 1997.
JOSSERAND, Louis. Evolução da responsabilidade civil. *Revista Forense*, Rio de Janeiro, n. 454/456, v. 86, abr./jun. 1941.
JOURDAIN, Patrice. *Les principes de la responsabilité civile*. Paris: Dalloz, 1998.
KANT, Immanuel. *Fundamentação da Metafísica dos Costumes*. Trad. de Paulo Quintela. Porto: Porto Editora, 1995.
KAYSER, Pierre. Les Droits de la Personalité – aspects théoriques et pratiques. *Revue Trimestrielle de Droit Civil*, n. 3, p. 455-456, 1971.
KEETON, William Page. *Prosser and Keeton on Torts*. Minnesota: West Group, 2001.
KELSEN, Hans. *Teoria Pura do Direito*: introdução à problemática científica do Direito. Trad. de J. Cretella Jr. e Agnes Cretella. São Paulo: Editora Revista dos Tribunais, 2007.
KIONKA, Edward J. *Torts in a Nutshell*. Minnesota: West Group, 1999.
KRUGMAN, Paul. *A Crise de 2008 e a Economia da Depressão*. Trad. de Afonso Celso da Cunha Serra. Rio de Janeiro: Elsevier, 2009.
LAFER, Celso. *A reconstrução dos Direitos Humanos*: um diálogo com o pensamento de Hannah Arendt. São Paulo: Companhia das Letras, 1998.
LAMATTINA CECÍLIA, Silvana Louzada. A dignidade da pessoa humana como objeto da responsabilidade civil. In: NOVAES HIRONAKA, Giselda Maria Fernandes; DIAZ FALAVIGNA, Maria Clara Osuna (coords.). *Ensaios sobre responsabilidade civil na Pós-Modernidade*. Porto Alegre: Magister 2007.
LARENZ, Karl. *Derecho Civil*: parte general. Trad. de Miguel Izquierdo y Macías-Picavea. Madrid Editorial Revista de Derecho Privado/Edersa, 1978.
——. *Derecho de Obligaciones*. Trad. de Jaime Santos Briz. t. 1. Madrid: Editorial Revista de Derecho Privado, 1959.
——. *Metodologia da Ciência do Direito*. Trad. de José Lamego. 3. ed. Lisboa: Fundação Calouste Gulbenkian, 1997.
LEITE, Eduardo de Oliveira. *Procriações artificiais e o Direito*. São Paulo: RT, 1995.
LEVI, Giulio. *Responsabilità civile e responsabilità oggettiva*. Milano: Giuffrè, 1986.
LIMA, Alvino. *Culpa e risco*. São Paulo: Revista dos Tribunais, 1999.
LIMA, Ruy Cirne. Direito Público e Direito Privado. *Revista Jurídica*, Porto Alegre, n. 1, ano I, p. 12, jan./fev. 1953.
LOPES, Teresa Ancona. *Nexo causal e produtos potencialmente nocivos*: a experiência do tabaco brasileiro. Tese apresentada para a obtenção do título de Livre-Docente da Faculdade de Direito da Universidade de São Paulo, mai. 2001.
LOPEZ CABAÑA, Roberto M. Nuevos daños jurídicos. In: ALTERINI, Atilio A.; LOPEZ CABAÑA, Roberto M. (coords.). *Derecho de daños* (y otros estúdios). Buenos Aires: La Ley, 1992.
LORENZETTI, Ricardo Luis. *Fundamentos do Direito Privado*. São Paulo: Revista dos Tribunais, 1998.
LOUZADA BERNARDO, Wesley de Oliveira. *Dano moral*: critérios de fixação de valor. Rio de Janeiro: Renovar, 2005.

LUDWIG, Marcos de Campos. *Direito Público e Direito Privado*: a superação da dicotomia. In: MARTINS-COSTA, Judith H. (org.). *A reconstrução do Direito Privado*. São Paulo: Revista dos Tribunais, 2002a.

──. O direito ao livre desenvolvimento da personalidade na Alemanha e possibilidades de sua aplicação no Direito Privado brasileiro. In: MARTINS-COSTA, Judith H.(org.). *A reconstrução do Direito Privado*. São Paulo: Revista dos Tribunais, 2002b.

LUTZKY, Daniela Courtes. O controle do Poder. In: ASSIS, Araken de; ANDRADE MADEIRA, Luís Gustavo (coords.). *Direito Processual Civil* – As reformas e questões atuais do Direito Processual Civil. Porto Alegre: Livraria do Advogado, 2008.

MARELLA, Maria Rosaria. *La riparazione del danno in forma specifica*. Pádua: Cedam, 2000.

MARINHO, Josaphat. Os Direitos da Personalidade no Projeto do novo Código Civil brasileiro. *Boletim da Faculdade de Direito da Universidade de Coimbra*, Coimbra, v. 40, 2000.

MARINONI, Luiz Guilherme. *Técnica processual e tutela dos direitos*. São Paulo: Revista dos Tribunais, 2004.

──; ARENHART, Sérgio Cruz. *Manual do Processo de Conhecimento*. São Paulo: Revista dos Tribunais, 2005.

MARKESINIS, B. S. *The German Law of Obligations*. v. 2 – The Law of Torts: a comparative introduction. Oxford: Clarendon Press, 1997.

──; DEAKIN, Simon; JOHNSTON, Angus. *Tort Law*. Oxford: Clarendon Press, 1996.

MARMITT, Arnaldo. *Perdas e danos*. Rio de Janeiro: Aide, 1992.

MARTINS, José Salgado. *Preparação à Filosofia*. Porto Alegre: Globo, 1978.

MARTINS-COSTA, Judith H. Os danos à pessoa no Direito brasileiro e a natureza da sua reparação. In: ──. (org.). *A reconstrução do Direito Privado*. São Paulo: Revista dos Tribunais, 2002.

──. *Pessoa, Personalidade, Dignidade* – ensaio de uma qualificação. Tese de Livre Docência em Direito Civil apresentada à Congregação da Faculdade de Direito da Universidade de São Paulo. São Paulo, 2003a.

──. Os Direitos Fundamentais e a opção culturalista do novo Código Civil. In: SARLET, Ingo Wolfgang (org.). *Constituição, Direitos Fundamentais e Direito Privado*. Porto Alegre: Livraria do Advogado, 2003b.

──. Conceito de ilicitude no novo Código Civil. *Revista Literária de Direito*, p. 25-26, ago./set. 2003c.

──.; PARGENDLER, Mariana. Usos e abusos da função punitiva. *Revista da Ajuris*, Porto Alegre, n.100, p. 236-237, dez. 2005.

MARTINS DA SILVA, Américo Luís. *O dano moral e sua reparação civil*. São Paulo: Revista dos Tribunais, 2005.

MARTY, Gabriel; RAYNAUD, Pierre. *Droit Civil*. t. 1. v. 1: les obligations. Paris: Dalloz, 1963.

MASSIN, Ernest. *Du caractère pécuniaire des condamnations*: droit romain. *De l'exécution forcée des obligations de faire ou de ne pas faire*: droit français, 1893.

MATOZZI, Ignacio de Cuevillas. *La relación de causalidad en la órbita del derecho de daños*. Valencia: Tirant lo Blanch, 2000.

MATTIA, Fábio Maria de. Direitos da Personalidade II. *Enciclopédia Saraiva do Direito*. v. 28. São Paulo: Saraiva, 1977-1982.

MAXIMILIANO, Carlos. *Comentários à Constituição brasileira*. v. 3. Rio de Janeiro: Jacintho Ribeiro dos Santos, 1918.

MAYNEZ, Eduardo García. *Introdución al estúdio del Derecho*. México: Porrua, 2000.

MAZEUD, Henri; MAZEUD, Leon; TUNC, André. *Traité théorique et pratique de la responsabilité civile délictuelle et contractuelle*. Paris: Montchrestien, 1965.

MAZUOLLI, Valério de Oliveira. *A influência dos Tratados Internacionais de Direitos Humanos no Direito interno*. Disponível em: <http://www1.jus.com.br/doutrina/texto.asp?id=1608>. Acesso em: 03 ago. 2010.

MAZZILLI, Hugo Nigro. *A defesa dos interesses difusos em juízo*. São Paulo: Saraiva, 2001.

MAZZOLA, Marcello Adriano. *Responsabilità civile da atti leciti dannosi*. Milano: Giuffrè, 2007.

MEDEIROS, Rui. O Estado de Direitos Fundamentais português: alcance, limites e desafios. *Anuário Português de Direito Constitucional*, Coimbra, v. 2, p. 25, 2002.

MESSINEO, Francesco. *Manual de Derecho Civil y Comercial*. t. 3. Buenos Aires: Jurídicas Europa-América, 1954.

MESSINETTI, Davide. Personalità (diritti della). *Enciclopedia Giuridica*. Milano: Giuffrè, 1984.

MINOZZI, Alfredo. *Studio sul danno non patrimoniale (danno morale)*. Milano: Società Editrice Libraria, 1917. p. 41; TUHR, Andreas Von. *Derecho Civil*. Teoria General del Derecho Civil alemán. v. 1, t. 2. Buenos Aires: Editorial Depalma, 1948.

MIRAGEM, Bruno. *Abuso de direito*: proteção da confiança e limite ao exercício das prerrogativas jurídicas no Direito Privado. Rio de Janeiro: Forense, 2009.

——. *Responsabilidade civil da imprensa por dano à honra*: o novo Código Civil e a Lei de Imprensa. Porto Alegre: Livraria do Advogado, 2005.

MIRANDA, Jorge. *Manual de Direito Constitucional*: Direitos Fundamentais. t. 4. Coimbra: Editora Coimbra, 1993.

MONATERI, Pier Giuseppe. *Le fonti delle obbligazioni 3 – La responsabilità civile*. Milano: UTET, 1998.

MORAES, Walter. Direito da personalidade. *Enciclopédia Saraiva do Direito*. v. 26. São Paulo: Saraiva, 1977-1982.

MOTTA, Sylvio; BARCHER, Gustavo. *Curso de Direito Constitucional*. São Paulo: Campus, 2007.

NEGREIROS, Teresa. *Fundamentos para uma interpretação constitucional do princípio da boa-fé*. Rio de Janeiro: Renovar, 1998.

NETTO LÔBO, Paulo Luiz. *Direito das Obrigações*. Brasília: Brasília Jurídica, 1999.

NOGUEIRA DA GAMA, Guilherme Calmon. A união estável entre pessoas do mesmo sexo. *Revista Trimestral de Direito Civil*, v. 2, 2000.

NORONHA, Fernando. *Direito das Obrigações*. v. 1. São Paulo: Saraiva, 2003.

NOVAIS, Jorge Reis. *As restrições aos Direitos Fundamentais não expressamente autorizados pela Constituição*. Coimbra: Coimbra Editora, 2003.

ORGAZ, Alfredo. *El daño resarcible*. Buenos Aires: Editorial Bibliografica Argentina, 1952.

PAIVA NETO, Vicente Ferrer. *Elementos de Direito Natural ou de Philosophia de Direito*. Coimbra: Imprensa da Universidade de Coimbra, 1850.

PAJARDI, Daniela. *Danno biologico e danno psicologico*. Milano: Giuffrè, 1990.

PALIERAQUI, Ricardo Saab. *Responsabilidade civil comum decorrente do acidente do trabalho*. Dissertação (Mestrado), Brasília, Unb/UNIGRAN, dez. 2002.

PAVIA, Marie-Luce. Le principe de dignité de la personne humaine: un nouveau principe constitucionnel. In: CABRILLAC, Rémy; ROCHE-FRISON, Marie Anne; REVET, Thierry (orgs.). *Droits et libertes fundamentaux*. 4. ed. Paris: Dalloz, 1997.

PEDRAZZI. Del *danno morale*. Giur. It., 1892, IV.

PEREIRA, Rodolfo Viana. *Hermenêutica Filosófica e Constitucional*. Belo Horizonte: Del Rey, 2001.

PERELMAN, Chaim. *Ética e Direito*. São Paulo: Martins Fontes, 2005.

PÉREZ LUÑO, Antonio-Enrique. Derechos Humanos y Constitucionalismo en la actualidad. In: ——. (org.). *Derechos Humanos y Constitucionalismo ante el Tercer Milenio*. Madrid: Marcial Pons, 1996.

——. Las generaciones de Derechos Humanos. *Revista del Centro de Estudios Constitucionales*, n. 10, 1991.

PÉREZ, Jesus Gonzáles. *La dignidad de la persona*. Madrid: Civitas, 1986.

PERLINGIERI, Pietro. *La personalità umana nell'ordinamento giuridico*. Camerino: Jovene Editore, 1972.

——. *Manuale di Diritto Civile*. Nápoles: Edizione Scientifiche Italiane, 2003.

——. *Perfis do Direito Civil*: introdução ao Direito Civil Constitucional. Trad. de Maria Cristina de Cicco. Rio de Janeiro: Renovar, 1999.

PESSOA JORGE, Fernando de Sandy Lopes. *Ensaio sobre os pressupostos da responsabilidade civil*. Coimbra: Almedina, 1999.

PINHEIRO CARNEIRO, Paulo Cezar. *A atuação do Ministério Público na área cível*. Rio de Janeiro: Lumen Juris, 2001.

PIVA, Otávio. *Comentários ao art. 5º da Constituição Federal de 1988 e teoria dos Direitos Fundamentais*. São Paulo: Método, 2009.

PIZARRO, Ramón Daniel. *Daño moral*. Buenos Aires: Hammurabi, 2000.

——. Responsabilidad civil de los medios masivos de comunicación. In: ——. *Daños por noticias inexactas o agraviantes*. Buenos Aires: Hammurabi, 1999.

PLANIOL, Marcel; RIPERT, Georges. *Traité pratique de Droit Civil français*. Paris: L.G.D.J, 1930.

——; ——; BOULANGER, Jean. *Traité Élémentaire de Droit Civil*. t.2. Paris: Générale de Droit et de Jurisprudence, 1947.

PONTES DE MIRANDA, Francisco Cavalcanti. *Tratado de Direito Privado*. Direito de Personalidade. Direito de Família. Rio de Janeiro: Borsoi, 1955.

——. *Comentários à Constituição de 1967* (com a Emenda n. 1, de 1969). v. 5. São Paulo: Revista dos Tribunais, 1970.

——. *Tratado de Direito Privado*. v. 7, t. 2. Rio de Janeiro: Borsoi, 1971a.

——. *Tratado de Direito Privado*. t. 22. Rio de Janeiro: Editor Borsoi, 1971b.

PONZANELLI, Giulio. *La responsabilità civile*. Profili di Diritto Comparato. Bologna: Il Mulino, 1992.

——. Non c'è bisogno del danno esistenziale. *Danno e Responsabilità*, n. 5, p. 551, 2003.

PRADEL, Xavier. *Le préjudice dans le Droit Civil de la responsabilité*. Paris: LGDJ, 2004.

PSARO, Marcelo. Il danno esistenziale. In: CENDON, Paolo; ZIVIZ, Patrizia (orgs.). *Il danno esistenziale. Una nuova categoria della responsabilità civile*. Milano: Giuffrè, 2000.

RAISER, Ludwig. Il futuro del Diritto Privato. In: ——. *Il compito del Diritto Privato*. Trad. de Marta Graziadei. Milano: Giuffrè, 1990.
RAMOS, Erasmo M. Estudo comparado do Direito de Personalidade no Brasil e na Alemanha. *Revista dos Tribunais*, São Paulo, n. 799, v. 91, p. 31, mai. 2002.
RAWLS, John. *Justiça como Equidade*. Uma reformulação. Org. por Erin Kelly. Trad. de Claudia Berliner. São Paulo: Martins Fontes, 2003.
REALE, Miguel. *Estudos de Filosofia e Ciência do Direito*. São Paulo: Saraiva, 1978.
——. O dano moral no Direito brasileiro. In: ——. *Temas de Direito Positivo*. São Paulo: Revista dos Tribunais, 1992.
——. *O Projeto do novo Código Civil*. São Paulo: Saraiva, 1999.
REICH, Norbert. *Mercado y Derecho*. Trad. de Antoni Font. Barcelona: Ariel, 1985.
REIS, Clayton. *Os novos rumos da indenização do dano moral*. Rio de Janeiro: Forense, 2000.
RIEDEL, Eibe. Menschenrechte der dritten dimension. *EUGRZ*, p. 17, 1989.
RIPERT, Georges. *A regra moral nas obrigações civis*. Trad. de Osório de Oliveira. Campinas: Booksellers, 2000.
RIZZATTO NUNES, Luiz Antonio. *O princípio constitucional da dignidade da pessoa humana*. São Paulo: Saraiva, 2002.
ROCA, Encarna. *Derecho de Daños*. Textos y Materiales. Valencia: Tirant lo Blanch, 2000.
RODOTÀ, Stefano. *Il problema della responsabilità civile*. Milão: Giuffrè, 1967.
——. *Tecnologie e Diritti*. Bologna: Il Mulino, 1995.
RODRIGUES, Sílvio. *Direito Civil*. v. 1. São Paulo: Saraiva, 2002.
ROUSSEAU, Jean-Jacques. *Discurso sobre a origem e os fundamentos da desigualdade entre os homens*. Discurso sobre as Ciências e as Artes. v. 2. Trad. de Lourdes Santos Machado. São Paulo: Nova Cultural Ltda., 1999.
RUSTAD, Michael; KOENIG, Thomas. The historical continuity of punitive damages awards: reforming the tort reformers. *The American University Law Review*, v. 42, p. 1269 e ss, 1993.
SALOMÃO FILHO, Calixto. *Regulação da atividade econômica* – princípios e fundamentos jurídicos. São Paulo: Malheiros Editores, 2001.
SALVI, Cesare. Danno. *Digesto delle Discipline Privatistiche*. Seção Civil. v. 5. Turim: UTET, 1989.
SANSEVERINO, Paulo de Tarso Vieira. *Princípio da reparação integral* – Indenização no Código Civil. São Paulo: Saraiva, 2010.
——. *Responsabilidade civil no Código do Consumidor e a defesa do fornecedor*. São Paulo: Saraiva, 2002.
SANTOS, Romualdo Baptista dos. Responsabilidade civil e dignidade da pessoa humana. In: NOVAES HIRONAKA, Giselda Maria Fernandes; DIAZ FALAVIGNA, Maria Clara Osuna (coords.). *Ensaios sobre responsabilidade civil na Pós-Modernidade*. Porto Alegre: Magister, 2007.
SARLET, Ingo W. *Dignidade da Pessoa Humana e Direitos Fundamentais na Constituição Federal de 1988*. Porto Alegre: Livraria do Advogado, 2010.
——. *A eficácia dos Direitos Fundamentais*. Porto Alegre: Livraria do Advogado, 2009.
——. A influência dos Direitos Fundamentais no Direito Privado: o caso brasileiro. In: MONTEIRO, Antônio Pinto; NEUNER, Jörg; SARLET, Ingo Wolfgang. (orgs.). *Direitos Fundamentais e Direito Privado* – uma perspectiva de Direito Comparado. Coimbra: Almedina, 2007.
——. Algumas considerações em torno do conteúdo, eficácia e efetividade do direito à saúde na Constituição de 1988. *Revista Interesse Público*, São Paulo, n. 12, p. 98, 2008.
——. As dimensões da dignidade da pessoa humana: construindo uma compreensão jurídico-constitucional necessária e possível. In: ——. (org.). *Dimensões da dignidade*: ensaios de Filosofia do Direito e Direito Constitucional. Trad. de Ingo Wolfgang Sarlet, Pedro Scherer de Mello Aleixo, Rita Dostal Zanini. Porto Alegre: Livraria do Advogado, 2005.
——. Os Direitos Fundamentais Sociais como cláusulas pétreas. *Revista da Ajuris*, n. 89, mar. 2003a.
——. Constituição e proporcionalidade: o Direito Penal e os Direitos Fundamentais entre proibição de excesso e de insuficiência. *Revista de Estudos Criminais*, n. 12, ano 3, p. 105, 2003b.
——. Direitos Fundamentais e Direito Privado: algumas considerações em torno da vinculação dos particulares aos Direitos Fundamentais. In: ——. (org.). *A Constituição concretizada*: construindo pontes com o público e o privado. Porto Alegre: Livraria do Advogado, 2000.
SAVIGNY. *Traité de Droit Romain*, I, p. 330.
SCALIA, Antonin. *A matter of interpretation*: Federal Courts and the Law: an essay. Princeton, New Jersey: Princeton University Press, 1997.
SCHIPANI, Sandro. *Augusto Teixeira de Freitas e il Diritto latino americano*. Padova: Cedam, 1988. arts. 35; 53; 221-226.
SCHLUETER, Linda; REDDEN, Keneth R. *Punitive damages*. v. 1. New York: Lexis, 2000.
SCHREIBER, Anderson. Arbitramento do dano moral no novo Código Civil. *Revista Trimestral de Direito Civil*, v.12, p. 3-24.

——. *Novos paradigmas da responsabilidade civil*. Da erosão dos filtros da reparação à diluição dos danos. São Paulo: Atlas, 2007a.

——. Novas tendências da responsabilidade civil brasileira. In: ALVIM, Angélica Arruda; CAMBLER, Everaldo Augusto (coords.). *Atualidades do Direito Civil*. v. 2. Curitiba: Juruá, 2007b.

SEN, Amartya Kumar. *Sobre Ética e Economia*. Trad. de Laura Teixeira Motta. São Paulo: Companhia das Letras, 1999.

SEOANE, José Antonio. La universalidad de los Derechos Humanos y sus desafios (los "derechos especiales" de las minorias). *Persona y Derecho*, Pamplona, n. 38, p. 192, 1998.

SESSARIEGO, Carlos Fernandez. Protección a la persona humana. *Revista da Ajuris*, Porto Alegre, v. 56, p. 87-88, 1992.

SEVERO, Sérgio. *Danos extrapatrimoniais*. São Paulo: Saraiva, 1996.

SHARP JR., Ronald A. *Dano moral*. Rio de Janeiro: Destaque, 2001.

SILVA, José Afonso da. *Aplicabilidade das normas constitucionais*. São Paulo: Malheiros, 1999.

SILVA, Roberto de Abreu e. *A falta contra a Legalidade Constitucional*. Rio de Janeiro: Lumen Juris, 2002.

SILVA, Wilson Melo da. *O dano moral e sua reparação*. Rio de Janeiro: Forense, 1983.

SILVA PEREIRA, Caio Mário da. *Instituições de Direito Civil*. Rio de Janeiro: Forense, 2004.

——. *Responsabilidade civil*. Rio de Janeiro: Forense, 1999.

SILVA SANTOS, Antônio Jeová da. *Dano moral indenizável*. São Paulo: LEJUS, 1999.

SILVA SOARES, Guido Fernando. *Common Law*: introdução ao Direito dos EUA. São Paulo: Revista dos Tribunais, 1999.

SIQUEIRA CASTRO, Carlos Roberto. *A Constituição aberta e os Direitos Fundamentais*. Rio de Janeiro: Forense, 2003.

SOARES, Flaviana Rampazzo. *Responsabilidade civil por dano existencial*. Porto Alegre: Livraria do Advogado, 2009.

SOUZA CRUZ, Álvaro Ricardo de. Hermenêutica Constitucional e Democracia. *Revista da Faculdade Mineira de Direito – PUC Minas*, Belo Horizonte, v. 3, n. 5, 6, p. 22, 1º e 2º sem. 2000.

SPAGNOLO, Juliano. Uma visão dos alimentos através do prisma fundamental da dignidade da pessoa humana. In: PORTO, Sérgio Gilberto; USTÀRROZ, Daniel (orgs.). *Tendências constitucionais no Direito de Família*. Porto Alegre: Livraria do Advogado, 2003.

STARCK, Boris. *Essai d'une théorie générale de la responsabilité civile considérée en sa double fonction de garantie et de peine privée*. Paris: L. Rodstein Libraire -Editeur, 1947.

STEIGLEDER, Annelise Monteiro. *Responsabilidade civil ambiental*: as dimensões do dano ambiental no Direito brasileiro. Porto Alegre: Livraria do Advogado, 2004.

STOCO, Rui. *Tratado de responsabilidade civil*: responsabilidade civil e sua interpretação doutrinária e jurisprudencial. São Paulo: Revista dos Tribunais, 2004.

——. Tutela antecipada nas ações de reparação de danos. *Informativo Jurídico Incijur*, p. 24-25, s.d.

STRECK, Lenio Luiz. *Hermenêutica Jurídica e(m) crise*. Porto Alegre: Livraria do Advogado, 2000.

——. *Jurisdição Constitucional e Hermenêutica*: uma nova crítica do Direito. Rio de Janeiro: Forense, 2004.

SZANIAWSKI, Elimar. *Direitos de Personalidade e sua tutela*. 2. ed. São Paulo: Revista dos Tribunais, 2005.

——. O embrião excedente – O primado do direito à vida e de nascer. *Revista Trimestral de Direito Civil*, v. 8, p. 91, 2001.

TAVARES DA SILVA, Regina Beatriz (coord.). *Novo Código Civil comentado*. São Paulo: Saraiva, 2004.

TELLES JUNIOR, Goffredo. Direito Subjetivo. *Enciclopédia Saraiva de Direito*. v. 28. São Paulo: Saraiva, 1977-1982.

TEPEDINO, Gustavo. A incorporação dos Direitos Fundamentais pelo ordenamento brasileiro: sua eficácia nas relações jurídicas privadas. *Revista Jurídica*, n. 341, ano 54, mar. 2006.

——. Notas sobre o nexo de causalidade. *Revista Trimestral de Direito Civil*, v. 6, abr./jun. 2001.

——. A tutela da personalidade no ordenamento civil-constitucional brasileiro. In: ——. (coord.). *Temas de Direito Civil*. Rio de Janeiro: Renovar, 1999a.

——. Premissas metodológicas para a constitucionalização do Direito Civil. In: ——. (coord.). *Temas de Direito Civil*. Rio de Janeiro: Renovar, 1999b.

——. Ainda há Juízes no Brasil. *Revista Jurídica Consulex*, ano XI, n. 248, 15 mai. 2007.

——. Cidadania e Direitos da Personalidade. *Revista Jurídica*, n. 309, p. 11, jul. 2003.

——. Crise de fontes normativas e técnica legislativa na Parte Geral do Código Civil de 2002. *Revista Forense*, Rio de Janeiro, v. 364, nov./dez. 2002.

——. O Direito Civil e a Legalidade Constitucional. *Revista Del Rey Jurídica*, Belo Horizonte, n. 13, 2004.

——; BARBOZA, Heloisa Helena; BODIN DE MORAES, Maria Celina. *Código Civil interpretado* – conforme a Constituição de República. Parte Geral e Obrigações (arts. 1º a 420º). v. 1. Rio de Janeiro: Renovar, 2007.

TOBEÑAS, José Castan. *Los Derechos de la Personalidad*. Madrid: Réus, 1952.

TOMASINI, Raffaele. *Soggetti e area del danno risarcibile*: l'evoluzione del sistema. Turim: G. Giappichelli Editore, 2001.

TORRENTE, Andrea; SCHLESINGER, Piero. *Manuale di Diritto Privato*. Milano: Giuffrè, 1999.

TOURNEAU, Philippe le. *La responsabilité civile*. Paris: Dalloz, 1982.

TRABUCCHI, Alberto. *Instituciones de Derecho Civil*. Trad. da 15. ed. italiana por Luis Martínez-Calcerrada. Madrid: Editorial Revista de Derecho Privado, 1967.

TRIMARCHI, Pietro. *Istituzioni di Diritto Privato*. 11. ed. Milano: Giuffrè, 1996.

——. *Rischio e responsabilità oggettiva*. Milano: Giuffrè, 1961.

TUNC, André. *La responsabilité civile*. Paris: Economica, 1989.

VALLE DRESH, Rafael de Freitas. *Fundamentos da responsabilidade civil*: pelo fato do produto e do serviço: um debate jurídico-filosófico entre o formalismo e o funcionalismo no Direito Privado. Porto Alegre: Livraria do Advogado, 2009.

VALLE, Christino Almeida do. *Dano moral*. Rio de Janeiro: Aide, 1993.

VASCONCELOS E BENJAMIN, Antônio Herman de. Responsabilidade civil pelo dano ambiental. *Revista de Direito Ambiental*, São Paulo, n. 9, ano 3, jan./mar. 1998.

VAZ, Caroline. *Funções da responsabilidade civil* – da reparação à punição e dissuasão – os *punitive damages* no Direito Comparado e brasileiro. Porto Alegre: Livraria do Advogado, 2009.

VIDE, Carlos Rogel. *Derecho de la Persona*. Barcelona: Cálamo, 2002.

VIEIRA DE ANDRADE, José Carlos. *Os Direitos Fundamentais na Constituição portuguesa de 1976*. Coimbra: Livraria Almedina, 1987.

VIGO, Rodolfo Luis. *Los principios jurídicos* – perspectiva jurisprudencial. Buenos Aires: Abeledo-Perrot, 2000.

VINEY, Geneviève. De la Codification du Droit de la responsabilité civile: l'expérience française. *Actes du Colloque International de Droit Civil Compare* – Codification: Valeurs et Langage. Disponível em: <www.cslf.gouv.qc.ca>. Acesso em: 15 set. 2010.

——. De la responsabilité personnelle à la répartition des risques. *Archives de Philosophie du Droit. La responsabilité*, Paris, t. 22, p. 5, 6, 22, janv./déc. 1977.

——. Introduction à la responsabilité. In: GHESTIN, Jacques (dir.). *Traité de Droit Civil*. 2. ed. Paris: L.G.D.J., 1995.

——. Les obligations. La responsabilitè: conditions. In: GHESTIN, Jacques (dir.). *Traité de Droit Civil*. Paris: L.G.D.J., 1982.

——. Les obligations. La responsabilité: effets. In: GHESTIN, Jacques (dir.). *Traité de Droit Civil*. Paris: L.G.D.J., 1988.

——; JOURDAIN, Patrice. Les conditions de la responsabilité. In: GHESTIN, Jacques (dir.). *Traité de Droit Civil*. 2. ed. Paris: L.G.D.J., 1998.

——. Les effets de la responsabilité. In: GHESTIN, Jacques (dir.). *Traité de Droit Civile*. Paris: L.G.D.J, 2001.

VIOLANTE, Andrea. *Responsabilità oggettiva e causalità flessibile*. Nápoles: Edizione Scientifiche Italiane, 1999.

VISINTINI, Giovanna. *I fatti illeciti*. I. Ingiustizia del danno. Padova: CEDAM, 1997.

——. *Trattato breve della responsabilità civile*. Padova: Cedam, 1990 a.

——. *I fatti illeciti*. II. La colpa in rapporto agli altri criteri di imputazione della responsabilità. Padova: CEDAM, 1990b.

VIVEIROS DE CASTRO, Flávia de Almeida. *Interpretação constitucional e prestação jurisdicional*. Rio de Janeiro: Lumen Juris, 2000.

WEBER, Thadeu. *Ética e Filosofia Política*: Hegel e o formalismo kantiano. Porto Alegre: EDIPUCRS, 1999.

WHEARE, W. C. *Las Constituciones modernas*. Barcelona: Labor, 1975.

WHEELER, Malcolm. A proposal for further Common Law development of the use of punitive damages. Modern Product Liability Litigation. *40 Alabama Law Review*, n. 919, 1989.

WUNENBURGER, Jean-Jacques. Le procès de la responsabilité. *Droits – Revue Française de Théorie Juridique*, Paris, n. 5, p. 95, 1985.

YÁGUEZ, Ricardo de Ángel. *La responsabilidad civil*. Bilbao: Universidad de Deusto, 1989.

ZANITELLI, Leandro Martins. Tópica e pensamento sistemático: convergência ou ruptura? In: MARTINS-COSTA, Judith H. (org.). *A reconstrução do Direito Privado*. São Paulo: Revista dos Tribunais, 2002.

ZANNONI, Eduardo. *El daño en la responsabilidad civil*. Buenos Aires: Astrea, 1987.

ZAVALA, Rodolfo Martín; GONZALES, Matilde Zavala. Indemnización punitiva. In: BUERES, Alberto José; CARLUCCI, Aíde Kemelmajer de (dirs.). *Responsabilidad por daños en el Tercer Milenio*. Homenaje al Profesor Doctor Atilio Aníbal Alterini. Buenos Aires: Abeledo-Perrot, 1997.

***Impressão:***
Evangraf
Rua Waldomiro Schapke, 77 - POA/RS
Fone: (51) 3336.2466 - (51) 3336.0422
E-mail: evangraf.adm@terra.com.br